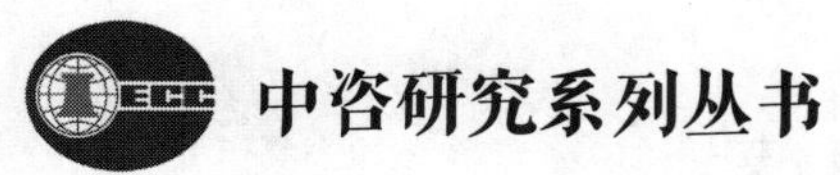

中国工程咨询专业指南

第五卷

全过程工程咨询专业指南

主编　李开孟

副主编　牛耘诗　余涛

内 容 提 要

本书主要阐述工程项目、工程咨询与全过程工程咨询的关系，全过程工程咨询的服务类型、责任主体、主要特征、发展状况及未来发展趋势，全过程工程咨询的价值导向、理论基础及方法工具，工程项目全过程的参与主体及其诉求，服务于政府部门和项目业主的全过程工程咨询要求，投资决策综合性咨询的主要任务、基本特征及内容深度要求，工程建设全过程咨询的主要任务、基本特征、业务类型及组织模式，特定领域全过程专业化咨询服务的业务类型、基本特征及组织实施，以及全过程工程咨询行业管理和规范发展要求，可用于各工程咨询机构、发展改革及住建部门、项目业主单位、投融资机构相关领域专业人员开展专业学习、继续教育用书，也可作为高等院校相关专业教材用书。

图书在版编目（CIP）数据

中国工程咨询专业指南．第五卷，全过程工程咨询专业指南/李开孟主编．—北京：中国电力出版社，2023.3

（中咨研究系列丛书）

ISBN 978-7-5198-7176-5

Ⅰ.①中… Ⅱ.①李… Ⅲ.①投资-咨询服务-中国-指南②建筑工程-咨询服务-中国-指南 Ⅳ.①F832.48-62②F426.9-62

中国版本图书馆CIP数据核字（2022）第198453号

出版发行：中国电力出版社
地　　址：北京市东城区北京站西街19号（邮政编码100005）
网　　址：http：//www.cepp.sgcc.com.cn
责任编辑：孙建英　董艳荣
责任校对：黄　蓓　常燕昆
装帧设计：赵丽媛
责任印制：吴　迪

印　　刷：三河市万龙印装有限公司
版　　次：2023年3月第一版
印　　次：2023年3月北京第一次印刷
开　　本：710毫米×1000毫米　16开本
印　　张：23.5
字　　数：354千字
定　　价：110.00元

本书编委会

主　　编　李开孟

副 主 编　牛耘诗　余　涛

参编人员　（按姓氏拼音排序）

曹　玫　李　超　李　东　李　燕

李仁坤　刘　刚　刘祥兵　刘义成

刘作斌　鲁　静　陆君明　苗雨菲

申海燕　唐淮安　吴雪玲　伍　迪

徐成彬　徐小元　杨凯越　张　蓉

总 序

现代咨询企业怎样才能不断提高核心竞争力？我们认为，关键在于不断提高研究水平。咨询就是参谋，如果没有对事物的深入研究、深层剖析和深刻见解，就当不好参谋，做不好咨询。

我国的工程咨询业起步较晚。以1982年中国国际工程咨询公司（简称中咨公司）的成立为标志，我国的工程咨询业从无到有，已经发展成具有较大影响的行业，见证了改革开放的历史进程，并且通过自我学习、国际合作、兼容并蓄、博采众长，为国家的社会经济高质量发展做出了重要贡献，同时也促进了自身的成长与发展壮大。

但应该清醒地看到，我国工程咨询业与发达国家相比还有不小差距。西方工程咨询业已经有一百多年的发展历史，其咨询理念、理论方法、工具手段，以及咨询机构的管理等各方面已经成熟，特别是在专业研究方面有着深厚基础。而我国的工程咨询业尚处于成长期，尤其在基础研究方面显得薄弱，因而总体上国际竞争力还不强。当前，我国正处于社会经济发生深刻变革的关键时期，不断出现各种新情况、新问题，很多都是我国特定的发展阶段和转轨时期所特有的，在国外没有现成的经验可供借鉴，需要我们进行艰辛的理论探索。立足新发展阶段，完整、准确、全面贯彻落实新发展理念，构建新发展格局，对标世界一流专业咨询机构，建设中国特色新型高端智库，促进高质量发展，对工程咨询提出了新的更高要求，同时也指明了发展方向，提供了巨大发展空间。这更需要我们研究经济建设特别是投资建设领域的各种难点和热点问题，创新咨询理论方法，以指导和推动咨询工作，提高咨询业整体素质，造就一支既熟悉国际规则，又了解国情的专家型人才队伍。

中咨公司历来非常重视知识资产的创造和积累，每年都投入相当的资金和人力开展研究工作，向有关机构提供各类咨询研究报告，很多都具有一定的学术价值和应用价值。《中咨研究系列丛书》的出版，就是为了充分发挥这些宝贵的智力财富应有的效益，同时向社会展示我们的研究实力，为提高我国工程咨询业的核心竞争力和促进高质量发展做出贡献。

立言，诚如司马迁所讲“成一家之言”，“藏诸名山，传之其人”。一个人如此，一个单位也是如此。既要努力在社会上树立良好形象，争取为社会做出更大贡献，同时还应当让社会倾听其声音，了解其理念，分享其思想精华。中咨公司会向着这个方向不断努力，不断将自己的研究成果献诸社会。我们更希望把《中咨研究系列丛书》这项名山事业坚持下去，让中咨的贡献持久恒长。

《中咨研究系列丛书》编委会

2022 年 9 月

前 言

中咨公司是顺应我国投资体制改革，贯彻投资决策科学化、民主化而成立的国内规模最大、涉及行业最多的综合性工程咨询机构，在我国工程咨询理论方法研究领域一直发挥着行业引领作用。公司自1982年成立以来，一直接受国家发展和改革委员会等有关部门的委托，并结合自开课题研究等形式，对工程咨询理论方法进行持续创新研究，取得了非常丰富的研究成果。部分成果以国家有关部委文件的方式在全国印发实施，部分成果以学术专著、论文、研究报告等方式在社会上推广应用，大部分成果则是以中咨公司内部咨询业务作业指导书、业务管理制度及业务操作规范等形式，用于规范和指导公司各部门及所属企业承担的各类工程咨询业务。中咨公司开展的各类咨询理论方法研究工作，为促进我国工程咨询行业健康发展发挥着重要作用。

自1982年成立以来，中咨公司为中央政府在国家重大建设项目的决策和实施中发挥了重要参谋作用，并为地方政府、企业、银行等各类客户提供大量咨询服务。参与了西气东输、西电东送、南水北调、退耕还林、青藏铁路、京沪高铁、港珠澳大桥、首钢搬迁、奥运场馆、百万吨级乙烯、千万吨级炼油、百万千瓦级超超临界电站、大飞机工程、载人航天、探月工程以及京津冀协调发展、长江经济带、粤港澳大湾区建设、海南自贸区、“一带一路”、生态文明建设、战略性新兴产业、西部大开发、东北振兴、新疆和藏区发展、三峡工程后续工作、汶川和玉树地震灾后重建规划等一大批关系国计民生、体现综合国力的建设项目和发展规划，积累了工程咨询业务实施的丰富经验，具有重要的总结提炼和推广应用价值。

中咨公司作为我国规模最大的综合性工程咨询机构，在推动我国工程咨询理论方法研究方面一直发挥着引领带动作用，始终坚持通过理论方法的研究创新，促进公司各项咨询业务的创新开展。工程咨询理论方法体系建设及创新研究，是中咨公司立足新发展阶段，完整、准确、全面贯彻新发展理念，构建新发展格局，对标世界一流专业咨询机构，建设中国特色新型高端智库，促进高质量发展的重要举措，在中咨公司发展战略布局中占有重要地位。

创新是引领发展的第一动力，创新驱动是经济增长动力由资源、投资等要素向知识、创新、人力资本等要素转换的动力源泉。新时代高质量发展对工程咨询理论方法创新提出更高要求，需要在把握投资建设客观规律、服务高质量发展总体目标、体现新发展理念的原则要求、强调可行性研究的核心地位、推动全过程工程咨询服务健康发展、融入“一带一路”建设的国际合作体系、扎实推进工程咨询行业标准规范体系建设、加强培育理论方法创新研究应用人才队伍等方面进行深入研究和实践探索。

工程咨询是一项专业性要求很强的工作，工程咨询业务受到多种不确定性因素的影响，需要对特定领域的咨询对象进行全面系统的分析论证，往往难度很大。这就需要综合运用现代工程学、经济学、管理学等多学科理论知识，借助先进的科技手段、调查预测方法、信息处理技术，在掌握大量信息资料的基础上对未来可能发生的情况进行分析论证，因此对工程咨询从业人员的基本素质、知识积累，尤其是对其所采用的分析评价专业方法提出了很高的要求。

研究工程咨询专业分析评价关键技术方法，要在继承的基础上，通过方法创新，建立一套与国际接轨，并符合我国国情的工程咨询创新研究专业指南，力求在项目评价及工程管理的关键路径和方法层面进行创新。所提出的关键技术方法路径，应能满足工程咨询业务操作的实际需要，体现工程咨询理念创新的鲜明特征，与国际工程咨询所采用的业务导则接轨，并能对各领域不同环节开展工程咨询实践活动起到规范引导的作用。

本次结集出版的《中国工程咨询专业指南》丛书，是《中咨研究系列丛书》中的一个系列，是针对工程咨询业务实施及高端智库研究方法的创新研究专业成果。中咨公司出版《中咨研究系列丛书》的目的，一是与国内外工程咨询业界同行交流中咨公司在工程咨询及高端智库理论方法研究方面取得的成果，搭建学术交流的平台；二是推动工程咨询及高端智库理论方法的创新研究，探索构建我国专业咨询及高端智库研究知识体系的基础架构；三是针对我国专业咨询及高端智库发展的新趋势及新经验，出版公司重大课题研究成果，为推动我国专业咨询及高端智库创新发展做出中咨公司的特殊贡献。

丛书的编写出版工作，由中咨公司研究中心具体负责。研究中心是中咨公司专门从事工程咨询基础性、专业性理论方法及行业标准制定相关研究工作的内设机构。其中，开展专业咨询及高端智库理论方法研究，编写出版《中咨研究系列丛书》，是中咨公司研究中心的一项核心任务。

发展是人类社会面临的永恒主题，创新是人类社会进步的不懈追求。我国工程咨询理论方法体系，从新中国建立以来学习借鉴前苏联东欧经验阶段，到改革开放以来学习借鉴西方市场经济国家及相关国际组织经验阶段，目前已经进入按照高质量发展的要求进行全面创新的新时代。工程咨询行业的高质量发展，呼唤着咨询理念及理论方法体系进行全面创新，并具体指导各类专业咨询实践活动。我们希望，《中国工程咨询专业指南》丛书的出版，能够对推动我国咨询业务实施及专业方法创新，推动我国专业咨询及高端智库研究事业健康发展，推动中国特色新型高端智库及世界一流专业咨询机构建设发挥积极的引领和带动作用。

作者

2022 年 9 月

目 录

总序

前言

第一章 全过程工程咨询概述 ······ 1

第一节 工程咨询与全过程咨询 ······ 1

第二节 全过程工程咨询发展 ······ 13

第三节 全过程工程咨询服务的类型及主要特征 ······ 21

第二章 全过程工程咨询价值导向及理论方法 ······ 34

第一节 全过程工程咨询的价值导向 ······ 34

第二节 全过程工程咨询的理论基础 ······ 69

第三节 全过程工程咨询方法及工具 ······ 91

第三章 全过程工程咨询服务需求及其实施模式 ······ 115

第一节 工程项目全过程主要参与方及其诉求 ······ 115

第二节 服务于政府部门的全过程工程咨询 ······ 130

第三节 服务于项目业主单位的全过程工程咨询 ······ 143

第四章 投资决策综合性咨询 ······ 154

第一节 项目投资决策阶段综合性咨询的主要任务 ······ 154

第二节 投资决策综合性咨询的内容及深度要求 ······ 168

第五章 工程建设实施全过程咨询 ······ 188

第一节 工程建设实施全过程咨询的主要任务 ······ 188

第二节 工程建设全过程咨询的内容及深度要求 ······ 202

第六章 特定专业领域的全过程咨询 ······ 254

第一节 工程设计全过程专业咨询 ······ 255

第二节 工程造价全过程专业咨询 ······ 261

第三节　工程招标采购及合同管理全过程专业咨询…………………… 274
第四节　工程投融资全过程专业咨询…………………………………… 281
第五节　全过程项目管理专业咨询及综合集成………………………… 287
第七章　全过程工程咨询行业管理及规范发展……………………………… 306
第一节　以全过程工程咨询服务推动工程咨询业高质量发展………… 306
第二节　推动全过程工程咨询业务平台建设…………………………… 310
第三节　完善政策法规规范行业管理…………………………………… 314
第四节　全过程工程咨询风险管控……………………………………… 322
附件：中咨公司全过程工程咨询业务导则…………………………………… 331
参考文献……………………………………………………………………… 358

第一章

全过程工程咨询概述

本章主要厘清工程项目、工程咨询与全过程工程咨询之间的关系，全过程工程咨询服务的类型、责任主体及主要特征，国内外全过程工程咨询服务的发展历程、基本状况，以及我国全过程工程咨询服务的前景展望，为以后各章的专题研究提供背景支撑。

第一节　工程咨询与全过程咨询

一、工程项目与工程咨询

（一）工程项目与工程建设组织模式

1. 工程项目的内涵

（1）工程项目的定义与作用。工程项目是人类生产生活的重要载体，是综合集成了科学、政治、技术、财务、经济、环境、社会和文化等多方面要素的系统，是为形成特定的生产能力或目的而进行投资和建设的活动。工程项目主要参与方包括政府投资主管部门、政府行政（行业）主管部门、投资者（或建设单位、业主方）、施工单位、金融机构、工程咨询机构等。

本书所提的工程项目，多为固定资产投资项目。固定资产投资是指为了建造、购置或更新生产性和非生产性固定资产，为发展国民经济的物质基础而进行的经济活动。它是维持简单再生产、进行扩大再生产、调整经济结构、改善生产力布局、增强经济和国防实力，以及提高人民群众物质和文化生活水平的重要手段。固定资产投资规模、速度、结构、效益直接影响着一定时期的经济发展水平。

（2）工程项目的特征。工程项目具有如下基本特征：

一是独特性。工程项目具有特定的建设时间、地点、条件和实施模式，每个项目都是独一无二的。

二是一次性。每个工程项目都有确定的起点和终点，都是一次性的。

三是整体性。一个工程项目往往由多个单项工程和多个单位工程组成，彼此之间紧密相关，结合到一起才能发挥工程项目产品的整体功能和效益。

四是不可逆转性。工程项目实施完成后，具有不可逆转性。

五是不确定性大。工程项目从策划到建设完成往往需要较长时间，有的甚至长达数年，建设过程中涉及面广，各种情况复杂多变，不确定性因素较多。

六是复杂性。工程项目特别是大型工程项目，其决策、建设与生产过程的各参与方存在“信息孤岛”等问题。同时，工程项目组织与环境的复杂性突出。

2. 工程项目的分类

（1）政府投资项目与企业投资项目。根据《政府投资条例》及《企业投资项目核准和备案管理条例》规定，按照投资主体不同，境内投资项目可分为政府投资项目与企业投资项目，其中政府采取直接投资、资本金注入方式投资的项目，统称政府投资项目；其余项目为企业投资项目。

（2）其他分类。依据其他标准，工程项目不同的分类方式如下：

一是按建设性质，分为新建项目、改建项目、扩建项目和更新改造项目；

二是按项目用途，分为生产性项目和非生产性项目；

三是按产业领域，分为工业项目、交通运输项目、农林水利项目和社会事业项目等；

四是按照项目经济特征，分为经营性项目、非经营性项目和其他项目；

五是政府主管部门根据市场监管的需要，分为大型、中型和小型项目。

3. 工程项目的全生命周期阶段

项目生命周期管理的阶段主要划分为规划阶段、计划阶段、实施阶段和完成阶段。实际工作中可以针对不同领域或不同方法进行具体划分。工程项目生命周期的一般划分如图 1-1 所示。

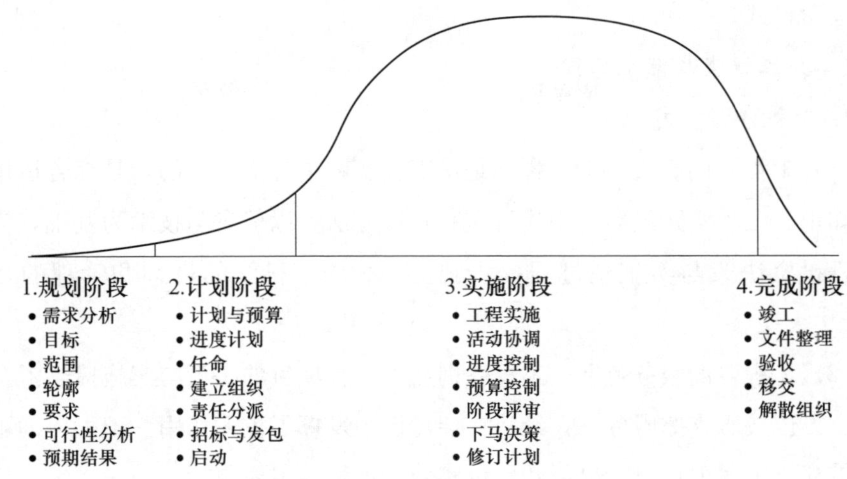

图 1-1　工程项目生命周期示意图

4. 工程建设组织模式

(1) 工程建设组织模式的内涵。工程建设组织模式是将投资者的投资目标变成有形产品（服务），项目参与各方实施项目的组织方式。

(2) 工程建设组织模式的分类。根据不同的工程项目承发包管理分类，可分为 DBB（Design Bid Build，设计-招标-建造）模式、DB（Design Build，设计-建造）模式、DBO（Design Build Operate，设计-施工-运营）模式、EPC（Engineer Procurement Construction，设计-采购-施工）模式、EPCM（Engineering Procurement Construction Management，设计-采购-施工管理承包）模式、EP（Engineering Procurement，设计-采购总承包）模式、PC（Procurement Construction，采购-施工总承包）模式等，其中最基本的两种模式是 DB 模式与 EPC 模式。

以上组织模式均在国内外工程项目实践中形成，并得到广泛应用。相关组织模式仍在不断创新和完善，例如在基础设施与公共服务项目中，广泛采用政府和社会资本合作（Public-Private Partnership，PPP）模式实施。

(3) 与工程项目的关系。工程建设组织模式是工程项目组织实施的行动指南，它确定了工程项目管理的总体框架，明确了项目参与各方的职责、义务和风险分担，因而在很大程度上决定了项目的建设速度、工程质量和造价，以及后期运营模式。

（二）工程实践催生工程咨询

1. 工程咨询的内涵

（1）工程咨询定义。工程咨询是从工程实践中分离出来的，是综合运用多学科知识、工程实践经验、现代科学和管理方法，以信息与技术为基础，为项目工程投资决策与实施全过程提供独立、公正、科学的咨询和管理的智力服务。

（2）工程咨询服务范围。工程咨询业为工程项目的决策与实施提供了全过程、全方位技术支撑服务，在经济社会建设中发挥了重大作用。工程咨询服务内容贯穿于工程项目投资决策和建设实施全过程，主要包括：

一是规划咨询：含总体规划、专项规划、区域规划及行业规划的编制；

二是工程咨询：含项目投资机会研究、投融资策划、项目建议书（预可行性研究）、项目可行性研究报告、项目申请报告、资金申请报告的编制，PPP项目咨询等；

三是评估咨询：各级政府及有关部门委托的对规划、项目建议书、可行性研究报告、项目申请报告、资金申请报告、PPP 项目实施方案、初步设计的评估，规划和项目中期评价、后评价，项目概预决算审查，以及其他履行投资管理职能所需的专业技术服务；

四是全过程工程咨询：为投资者在固定资产投资的项目决策、工程建设、项目运营过程中，提供综合性、跨阶段、一体化的综合咨询服务，包括勘察设计、造价咨询、项目管理、工程监理等。

2. 工程咨询体系

（1）工程咨询机构。工程咨询机构是指在中国境内设立的从事工程咨询业务并具有独立法人资格的企业、事业单位，是聚集若干咨询工程师于一体，开展工程咨询工作的重要组织。截至 2020 年 4 月，在中国投资在线审批监管平台进行告知性备案的工程咨询机构共 16 260 家。其中前三位的地区分别为广东（共 1438 家）、北京（共 1236 家）与四川（共 1130 家）。

我国的工程咨询机构可分为综合性工程咨询机构、专业性工程咨询机构（设计、监理、造价等专业）与管理性工程咨询机构。其中专业性工程咨询机构可细分为提供规划咨询及评估、投资机会研究、可行性研究报告、资金申请报告以及项目申请报告等工程项目前期服务为主的工程咨询机构；负责设计的各种设计单位；负责建设工程、机电设备采购以及服务招标的招标代理单位；提供房建、市政、机电或综合监理服务的监理单位；专门负责项目成本管控的造价咨询机构等。

（2）工程咨询行业管理协会。中国工程咨询协会（China National Association of Engineering Consultants，CNAEC）是由我国工程咨询机构、咨询工程师（投资）及在工程技术经济领域富有咨询和管理经验的专家、学者自愿组成的非营利性行业组织，是经民政部注册登记具有法人资格的全国性社会团体，是对外代表中国工程咨询业的行业协会。该协会接受国家有关部门授权或委托，参与相关法律法规、部门规章、发展规划、行业标准和规范、行业准入条件及收费标准的研究制定工作，依法参与咨询行业资信管理、制定并组织实施工程咨询行业职业道德准则等行规行约，推动工程咨询行业诚信建设和廉洁管理，建立并完善行业自律和约束机制，规范会员行为，维护公平竞争的市场环境等相关工作。

（3）工程咨询管理体系。为加强对工程咨询行业的管理，规范从业行为，保障工程咨询服务质量，2017 年，国家发展改革委发布了《工程咨询行业管理办法》（中华人民共和国国家发展和改革委员会令 第 9 号）（简称“9 号令”），并于 2017 年 12 月 6 日起施行。“9 号令”共 6 章 36 条，规定了工程咨询机构管理、从业人员管理、行业自律和监督检查、法律责任等，是我国工程咨询行业发展的纲领性文件。

此外，《工程咨询单位资信评价标准》（发改投资规〔2018〕623 号），建立了工程咨询机构资信评价制度；《国家发展改革委 住房城乡建设部关于推进全过程工程咨询服务发展的指导意见》（发改投资规〔2019〕515 号）等文件，进一步推动和完善了工程咨询行业管理政策与制度体系。

3. 不同的工程咨询模式

（1）投资者自行决策、工程咨询服务萌芽。投资者是工程项目的总策划者、总组织者和总集成者，因此其管理模式很大程度上决定了项目咨询的总体模式。投资者自行管理模式是投资者主要依靠自身力量，自行组织、自主完成工程项目的管理。自行管理方式可以充分保障投资者对工程项目的控制，可以随时采取措施以保障投资者利益的最大化，但也具有组织机构庞大、专业力量不足、管理资源利用率低等缺点，对于缺少连续性项目的投资者而言，不利于管理经验的积累等。

投资者自行管理模式下，投资者内部的部门或机构自行开展论证工作，做出投资决策，相关工程咨询服务开始萌芽，辅助开展技术经济论证等基础性工作。

（2）市场化、碎片化、专业化工程咨询服务。随着工程项目的规模扩大发展、建设内容相互交织影响、实施难度越来越大、专业化程度越来越高，投资者自行组织模式已难以较好地实现其投资目标。1994 年，国家颁布《工程咨询业管理暂行办法》，推行和完善工程招投标制度和建设监理制度。市场上逐步形成工程监理、造价咨询、技术顾问等各种不同专业咨询服务。自行组织模式中，投资者可根据其咨询需求，碎片化向咨询机构采购造价咨询、工程监理等专业性强、关联度低的咨询服务。

当前，工程咨询走向专业化、独立化发展模式，投资者对高质量、专业化管理的要求越来越迫切，委托咨询机构提供专业咨询服务成为一种趋势。目前我国工程咨询服务市场化快速发展，形成了投资决策、招标代理、勘察、设计、监理、造价、项目管理等专业化的咨询服务业态。

以项目管理的咨询服务为例。项目管理对建设工程的规划、控制、协调起着十分重要的作用，是决定项目成功与否的关键因素之一。随着投资者管理能力的偏重和强弱不同，社会化、专业化的咨询服务资源进行补充，形成不同的项目管理模式，主要包括建设单位管理模式（传统模式）、一体化项目管理模式（Integrated Project Management Team，IPMT）、建设单位方项目管理团队（Project Management Team，PMT）、项目管理承包（Project Management Contracting，PMC）模式与“代建制”模式等。主要项目管理模式及特点如表 1-1 所示。

表 1-1　　主要项目管理模式及特点

名称	模式简介	主要特点	备注
建设单位管理模式（传统模式）	由建设单位自行负责工程项目的勘察、设计、采购、施工等管理工作	优点：管理方法成熟、程序清晰；有利于建设单位的进度、质量、投资的管理控制。 缺点：建设单位管理和协调工作复杂，管理费用较高；建设单位承担工程项目的工期、质量与费用的全部管理责任与风险	适用于技术难度较小、投资额不大、组织工作较小等工程项目
IPMT 模式（一体化项目管理团队）	建设单位与工程项目管理咨询公司按照合作协议，共同组建一体化项目管理团队。该团队受建设单位委托实施工程项目的全过程管理	优点： （1）项目管理的层次较少，信息沟通较方便，项目合同简练； （2）建设单位可直接利用项目管理咨询公司的管理经验，同时把控项目的决策权或参与决策。 缺点：IPMT 团队承担的管理职责与风险较大	IPMT 的主要工作内容与 PMT 基本一致，但实施深度不同。IPMT 需要更多承担项目的直接管理
PMT 模式（建设单位方项目管理团队）	建设单位组建项目经理负责制的“项目经理部”。PMT 团队代表建设单位承担组织项目建设的责任，全权负责建设项目的组织和实施，业务上向建设单位报告并受建设单位的领导，行政关系上作为建设单位下属的一个临时职能机构	优点：PMT 作为建设单位项目唯一机构，有利于项目管理流程的简化，便于加强对项目各方的监督、管理和协调力度。 缺点：PMT 团队需要协调的各方比较多，协调工作量较大；建设单位承担主要的管理职责与风险	与 IPMT 聘请管理咨询公司不同，PMT 管理层中的重要岗位均属于建设单位的长期雇员，次要岗位多为临时借聘或招聘

续表

名称	模式简介	主要特点	备注
PMC 模式（项目管理咨询）	建设单位通过项目管理咨询公司对项目进行管理咨询（PMC），再由 PMC 承包商协助或代表建设单位通过招投标，择优选定承包商，完成设计、采购、施工、试运等工作	优点： （1）建设单位仅需保留很小部分的基建管理力量对一些关键问题进行决策，而绝大部分的项目管理工作都由 PMC 承包商来承担； （2）主要管理责任与风险转移给项目管理咨询公司 缺点：建设单位不直接管理项目建设，丧失部分项目的决策权或参与权	对建设项目而言，由于项目组织比较复杂，技术、管理难度比较大，需要整体协调的工作比较多，建设单位选择 PMC 承包商协助项目管理比较有利
建设项目管理代理（代建制）	代建制是指建设单位通过规定的程序，委托或聘用具有相应资质的工程管理公司或具备相应工程管理能力的其他企业，代理投资人或建设单位组织和管理项目建设的模式。 代建制除项目管理的内容外，还包括项目策划，报批，办理规划、土地、环境影响评价（简称环评）、消防、市政、人防、绿化、开工等手续，采购施工承包商和监理服务单位等内容	优缺点与 PMC 模式基本相同	按照规定，政府投资项目的建设单位（多为国家机关或事业单位）不具备自行建设和管理能力、管理人员、技术水平的，可实行代建制。 国内常见的代建制模式，本质上就是政府或者事业单位作为项目法人，委托当地政府的建设管理代理机构履行 PMC 的管理职责

（3）集成化整合组织模式。近年来，以设计-采购-施工（Engineering Procurement Construction，EPC）模式为代表的集成化、整合式工程发包模式在国内外得到广泛使用。EPC 模式是指投资者选择且仅选择一个主要项目承包商，由其直接负责整个项目的设计、采购、施工和试车等，最终根据合同要求，完成整个项目并交付投资者使用。EPC 模式一般适用于工程规模较大、

工期较长、技术较复杂的项目。EPC模式的重要特点之一就是需要充分发挥市场机制作用，投资者对EPC承包商提出的主要要求相对简单。

此外，大型、超大型工程项目的技术含量越来越高、实施难度越来越大，建设期与涉及区域不断扩大，投资者在固定资产投资项目决策、工程建设、项目运营过程中，对综合性、跨阶段、一体化的咨询服务需求日益增强。同时，随着工程领域的分工进一步深化，集成化、智能化、柔性化的工程项目咨询成为趋势。全生命周期造价管理，以及基于设计的跨周期工程咨询现已广泛应用于房建与大型市政工程领域。

（三）现代工程咨询的内涵及特点

1. 现代工程咨询的内涵

我国工程项目领域“放管服”改革进一步深化，工程咨询业所处的政策、法律以及市场需求、信息化工具、经济社会环境发生了重大变化，工程咨询服务的范围、内容、方式、技术方法和要求等也有了新的发展，逐步形成新时代下的现代工程咨询。

现代工程咨询是咨询机构遵循独立、公正、科学的原则，综合运用跨学科知识、工程实践经验、现代科学管理方法、建筑信息模型（BIM）信息化手段与工具，在投资决策综合性咨询和工程建设全过程咨询中，为投资者和政府部门提供定制化、集成化、智能化的智力咨询服务。

2. 现代工程咨询的特点

现代工程咨询的特点是定性分析和定量分析相结合，重视定量分析；静态分析与动态分析相结合，重视动态分析；统计分析与预测分析相结合，重视预测分析。

（1）定性分析与定量分析。

一是定性分析。通过研究项目构成要素间相互联系的方法，在逻辑分析、判断推理的基础上，对客观事物进行分析与综合，从而找出事物发展内在规律，确定事物的本质。在工程咨询研究中，许多难以用计量表达的场合，定性分析方法可以发挥重要作用。

二是定量分析。依据统计数据，选择建立合适的数学模型，计算出分析项目的各项指标。通过反映一定质的事物量的关系来揭示事物内在规律的方法，在数学、统计学、运筹学、计量学、计算机等学科基础之上，通过方程、数学图表和模型等方式来研究事物的本质。采用定量分析的方法，对工程项目进行数据处理分析，使问题更为清晰，解决方案更精确。

（2）静态分析与动态分析。

一是静态分析。指观测和评价事物某一时点状态的一种方法，如项目评价中通过计算静态投资回收期、总投资收益率、资本金净利润率等指标，可对项目的财务效益得出初步的判断。

二是动态分析。在工程咨询服务的各个阶段，特别是在项目决策评价阶段，要树立动态观念，如考虑资金时间价值、市场供求变化、技术发展变化、社会经济环境的变化等。项目财务评价一般以动态分析为主，主要进行项目现金流量分析，计算财务净现值、内部收益率等指标，并进行风险概率分析等。

（3）统计分析与预测分析。

一是统计分析。对分析对象过去和现在的信息进行收集、整理、统计和分析。在现代工程决策研究咨询中经常需要采取多种方法和渠道，收集大量的统计数据，包括行业、区域、市场、技术、企业等的统计资料和信息，从而分析、归纳和总结事物的发展规律，把握发展动向；在项目执行阶段，也需要对项目的执行情况进行监控，对投资、质量、进度等进行统计分析，并与计划进行比较，判断项目的进展情况，以便采取有针对性的应对措施，促进项目的顺利进行。

二是预测分析。指依据分析对象过去和现在的信息，采用一定的方法，对事物未来发展趋势进行分析、推测、判断的方法。预测分析是现代工程咨询的重要方法，尤其是在投资前期决策阶段，预测分析是项目咨询的重要工作。投资项目决策是建立在对未来预测的基础上的，需要对未来的社会经济环境、产业政策走向、技术发展趋势、市场需求变化、原材料供应、配套条件约束、资金市场等进行科学预测。

二、全过程工程咨询

（一）全过程工程咨询的产生背景

改革开放以来，我国工程咨询服务市场化快速发展，形成了投资咨询、招标代理、勘察、设计、监理、造价、项目管理等专业化的咨询服务业态，部分专业咨询服务建立了执业准入制度，促进了我国工程咨询服务专业化水平提升。PMC、“代建制”等集成化项目管理模式得到广泛使用，建设项目全过程造价管理与基于设计的跨周期工程咨询等跨阶段的现代化咨询得到广泛应用。另外，我国工程咨询领域仍然存在行业管理体制机制不完善，咨询机构信息交流不畅、咨询服务水平低、业务工作分割且相互掣肘，咨询机构数量多但综合实力不强，国际化竞争能力弱的现象。

此外，PPP模式、装配式建筑的采用、大型（超大型）项目的陆续落地，必然导致超级承包商的产生，承包商将投资、设计、施工与采购整合在一起的集团模式具备极强的综合实力与议价能力，形成对投资者的不对称信息优势。因此，涵盖前期策划、方案设计、招投标、监理、造价甚至运行与维护等工程咨询全产业链的高水平综合性工程咨询公司，可协助投资者合理把控项目控制权，客观、公正平衡业主与承包商之间的关系。

随着我国固定资产投资项目建设水平逐步提高，为更好地实现投资建设意图，投资者在固定资产投资项目决策、工程建设、项目运营过程中，对综合性、跨阶段、一体化的咨询服务需求日益增强。这种需求与现行制度造成的单项服务供给模式之间的矛盾日益突出。为较好满足新时代国内外咨询市场需求、促进行业可持续健康发展，国家开始加强顶层设计，出台系列文件加快培育全过程工程咨询，引导工程咨询行业健康发展。2017年，国务院印发《国务院办公厅关于促进建筑业持续健康发展的意见》（国办发〔2017〕19号），随后住建部印发《住房城乡建设部关于开展全过程工程咨询试点工作的通知》（建市〔2017〕101号），启动全过程工程咨询试点工作。2019年，《国家发展改革委　住房城乡建设部关于推进全过程工程咨询服务发展的指导意见》（发改投资规〔2019〕515号），进一步明确了全过程工程咨询服务发展的路径。

（二）全过程工程咨询的内涵及特征

1. 全过程工程咨询的内涵

全过程工程咨询是指咨询机构在工程项目投资决策、建设实施与运营阶段，提供综合性、跨阶段、一体化的高质量智力技术服务。具体包括投资决策综合性咨询的投资机会研究、可行性研究及专项论证等，以及建设实施阶段的招标代理、勘察、设计、监理、造价、项目管理、运营维护等多个专业的咨询服务。

2. 全过程工程咨询的目的与作用

（1）进一步深化投融资体制改革，促进政府提高事中事后监管能力，推动工程咨询行业组织结构优化；

（2）为投资者提供项目立项阶段的综合咨询服务，提升工程项目投资决策科学化水平；

（3）进一步完善工程建设组织模式，推动工程建设组织管理集成化、专业化、信息化；

（4）提高投资效益、工程建设质量，实现项目的集成化管理，提升项目运营效率与投资效益；

（5）促进工程咨询服务业质量提升，包括推动工程咨询行业人才队伍的建设和综合素质的提高，培养具备国际视野的人才；促进咨询机构水平和能力的提升，推动业务国际化发展。

3. 全过程工程咨询的特点

（1）咨询服务覆盖面广。全过程工程咨询服务服务周期覆盖项目策划决策、建设实施（设计、招标、施工）、运营维护等过程。服务内容包括投资决策、技术咨询、管理咨询等跨周期、跨专业的综合咨询服务。

（2）强调智力型策划。工程咨询机构要运用工程技术、经济学、管理学、法学等多学科的知识和经验，为委托方提供高水平的智力服务。

（3）实施集成化管理。工程咨询机构需要综合考虑项目质量、安全、环保、投资、工期等目标以及合同管理、资源管理、信息管理、技术管理、风险管理、沟通管理等要素之间的相互制约和影响关系，实施集成化管理，避免项目管理要素独立运作而出现漏洞和制约。

（三）全过程工程咨询的核心价值

1. 促进投资决策科学化

投资决策环节在项目建设程序中具有统领作用，对项目全生命周期的顺利实施、有效控制和高效投资至关重要。通过委托工程咨询机构提供综合性咨询服务，统筹考虑影响项目立项、建设实施、运营等跨周期的各种因素，增强决策论证的协调性，促进投资决策科学化。

2. 提高项目建设水平

（1）加快进度。全过程工程咨询机构可最大限度协调内部关系，大幅度减少投资者日常管理工作和人力资源投入，优化管理界面，提高信息质量；优化项目组织和简化合同关系，并克服设计、造价、招标、监理等相关单位责任分离、相互脱节的问题，缩短项目建设周期。

（2）降低成本控制。由于工程咨询机构服务覆盖全过程，整合了各阶段咨询服务内容，更有利于实现全过程投资控制，通过限额设计、优化设计和精细化管理等措施降低成本超支风险，提高投资收益，促进实现项目投资目标。

（3）提高质量。各专业过程的衔接和互补，可提前规避和弥补原有单一服务模式下可能出现的管理疏漏和缺陷，承包商既注重项目的微观质量，更重视建设品质、使用功能等宏观质量。

3. 提高项目运营效率

全过程工程咨询中，投资者能够有效参与工程项目实施过程，统筹考虑项目运营阶段工作，改变工程建设领域的“重建设、轻运营”现状。通过科学决策、提高项目建设实施水平，减少运营期间的维修与生产安全事故，有效提高项目的运营效率与投资价值。

第二节　全过程工程咨询发展

一、国外工程咨询发展状况

（一）发达国家发展现状

英美等西方国家的工程咨询业经过数百年的发展，已成为相当成熟和发达的产业，其共同特点是专业领域宽，业务范围大；有较完善的行业法规；机构种类多，从业人员和公司数量多；技术水平高、市场竞争激烈，积极发展海外业务。主要国家咨询业发展如下：

1. 美国咨询服务业

美国咨询业起源于19世纪中期。随着技术革命的发展，产生了许多新产业，并产生大量专业咨询需求。到20世纪中期，已有将近10 000家咨询公司。20世纪40年代以前咨询业发展缓慢，第二次世界大战后才快速发展起来。20世纪70年代下半期，美国的管理咨询公司就能提供115种咨询业务，包括生产管理咨询、人事咨询、市场营销咨询、会计咨询、行政管理咨询等11大类。咨询业产值的年均增长率为25%～30%。20世纪80年代受西方经济衰退的影响，咨询业的发展速度有所下降。进入20世纪90年代以后，咨询业又呈现出良好的发展势头。1992年美国咨询业产值达2030亿美元，占国民生产总值的20%，占全球咨询业总产值的27%，上升势头强劲，占全球咨询市场份额的60%～70%。当前，美国现有咨询公司1万余家，咨询业发达，在全球市场份额占有率较高。

2. 英国咨询服务业

19世纪起，英国工程师受聘于私营企业，从事工业生产、工程设计和施工管理。随着从事工程咨询人员的增多，建筑领域开始出现行会组织。以1818年英国建筑学家约翰·斯梅顿成立的“英国土木工程师协会”为代表，至今已有百余年历史。由于英联邦国家遍布全球，为英国发展海外咨询创造了有利条件。此外，英国政府对发展海外咨询业务非常重视和支持，例如规定对外援助项目都由本国咨询公司承担业务，加之英国本土咨询机构具有较强的开拓精神，英国咨询业的海外业务发展良好。现有各种规模的咨询机构约两千余家，服务范围按性质可分为工程咨询、产品与技术咨询、经营管理咨询三大类。

3. 其他发达国家咨询服务业

德国、法国两国工程咨询业都有着悠久的历史，在本国和世界多数国家的建设活动中起着重要作用。目前，德法咨询机构规模呈两极分布状态，以大型或小型公司为主。日本咨询业在20世纪60年代兴起，目前已进入稳步发展的阶段，日本政府成立了“日本海外工程咨询公司协会”，大力开拓海外咨询业务。此外，新加坡、加拿大、澳大利亚等一些发达国家也拥有较强实力的工程咨询机构，积极参与国际市场竞争。

（二）发展中国家发展现状

经济全球化带来发展中国家经济独立和高速发展，特别是联合国开发计划署（United Nations Development Programme，UNDP）等国际援助机构，以及世界银行、亚洲开发银行等国际金融组织，对发展中国家和地区援助和贷款项目的实施，促进了相关国家咨询业的形成和发展，这些国家的工程建设不仅为世界咨询业提供了市场，而且也为本国咨询业的产生和成长创造了条件。

1. 印度

印度咨询业起步于 20 世纪 50 年代。主要有人力资源、材料、金融管理、市场调查、企业诊断和运营管理等方面的咨询服务，还包括建设项目的可行性研究和项目管理等。印度是咨询业发展较快的国家，正在积极打入国际市场，其软件业服务等优势明显。

2. 越南

越南咨询公司的标准化发展提高了相关咨询公司竞争力。越南政府修改、补充了投资和建设管理法、投标法、企业创新法，鼓励有能力参与并能赢得国际市场投标的企业成立咨询机构，鼓励成立大型合作集团承担 EPC 项目。

3. 马来西亚

马来西亚咨询工程师协会于 1963 年成立，制定了诸如服务费用标准、设计和监理协议范本等规范性文件，以促进工程咨询业稳步发展，在 20 世纪 70 年代基础设施工程建设中起了很大作用，并通过与国外咨询专家合作交流提升专业能力。近 50 年马来西亚的工程咨询业越来越壮大，熟悉专业技术和知识，具备承担大中型整体工程的能力，通常可以全部利用当地咨询机构设计机场、高速公路、电厂和其他重要工程。

（三）国际组织发展情况

国外对工程咨询市场的监管主要依靠法律规范，没有直接的政府管理部门。自律性行业协会是国际工程咨询业产业管理组织的重要形式。1818 年英国建筑师约翰·斯梅顿组织成立了第一个土木工程师学会，1852 年美国建筑师学会成立。1904 年丹麦成立国家咨询工程师协会，随后美国、英国、比利时、法国、瑞士等国家也相继成立工程咨询协会。1913 年国际咨询工程师联合会成立，由此标志着工程咨询在世界范围内形成一个独立行业。

目前，国际咨询工程师联合会（Fédération lnternationale Des lngénieurs Conseils，FIDIC）是国际上最具权威的自律组织，它所制定的职业准则及各种规范性文本，在国际工程咨询业务活动中被作为国际惯例应用。在 FIDIC 组织的推动下，许多国家建立了类似的组织，并在行业管理和市场监管中发挥重要作用。

二、我国全过程工程咨询发展状况

（一）我国工程咨询业发展历程

在新中国成立以前，我国已有工程咨询的萌芽，一些实业部门设立了设计和施工管理机构。20 世纪 50 年代以后，我国主要学习引进苏联东欧国家的社会主义基本建设管理经验，在工程建设过程中开展工程技术经济分析论证，建设项目一般通过计划任务书和初步设计两个阶段予以实施。特别是 156 项重点工程的建设实施，较好地执行了技术经济论证制度。改革开放之后逐步发展起来的中国工程咨询业又经历了以下四个阶段。

一是 1978—1992 年的起步阶段。期间成立了中国国际工程咨询公司等工程咨询机构，建立了“先评估、后决策”的制度。

二是 1992—2004 年的规范发展阶段。1992 年中国工程咨询协会的组建、2003 科学发展观的提出，促进了我国现代工程咨询业的形成和发展，包括从项目评估发展到工程监理、造价咨询等多个领域。

三是 2004—2012 年的创新发展阶段。2004 年国务院关于投资体制改革决定的颁布实施等标志性事件，正式建立核准制，完善了投融资体制机制，咨询理念、理论及方法体系不断创新。

四是 2012 至今的高质量发展新时代。标志性事件是党的十八大以来各种新理念的提出，要求中国的工程咨询必须转型发展，迈向高质量发展轨道。同时，伴随国内企业在“一带一路”的对外投资增多，相关涉外工程项目需要配套的项目管理、设计、监理等综合咨询服务。国内大型咨询机构开始走出去，从事国际工程相关咨询业务。

（二）我国工程咨询业发展现状与问题

1. 发展现状

我国工程咨询业作为新兴产业，加入世贸组织以来发展迅速，已具有相当规模和实力。工程咨询业的发展，有力地推动了我国投资决策的科学化、民主化进程，在保障工程质量、提高投资效益、规避投资风险、优化重大布局、调整产业结构、加强和改善投资宏观调控、促进经济社会可持续发展等方面做出了重要贡献。工程咨询业发展现状如下：

一是截至 2020 年 4 月，在中国投资在线审批监管平台进行告知性备案的工程咨询机构共 16 260 家。我国工程咨询机构数量及分布（截至 2020 年 4 月）如图 1-2 所示。

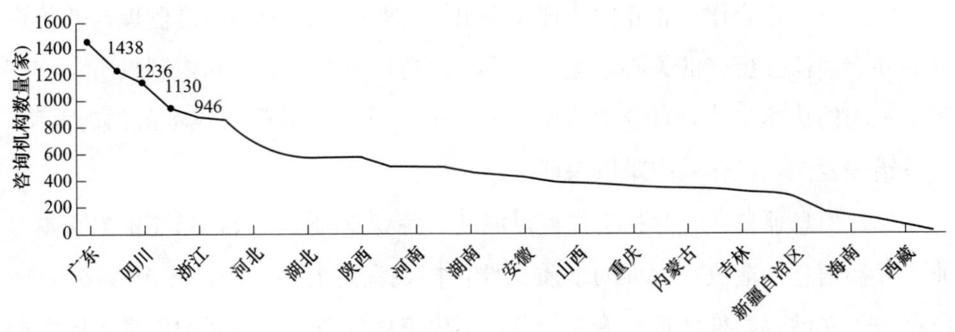

图 1-2 我国工程咨询机构数量及分布（截至 2020 年 4 月）

二是 2017 年国家发展改革委取消了对工程咨询机构的资质准入管理，导致近年大批新的工程咨询机构注册成立。目前具有 10 年以上执业年限的工程咨询机构共 4144 家，占全国工程咨询机构总数的比例为 25%。

三是工程咨询机构资信等级分为甲级、乙级。在以上工程咨询机构中，约有 1500 家单位拥有甲级资信，占比为 10%。约有 4000 家单位拥有乙级资信，占比为 25%。其余大部分为乙级专业资信预评价。

四是形成咨询专业技术人才队伍。2004 年以来，全国共有约 80 万人报名考试，50 万人参加考试，10 万人取得咨询工程师水平证书，在中国投资在线审批监管平台备案的咨询工程师数量约 8 万人，分布在 21 个专业领域，一支以咨询工程师为核心的高素质工程咨询专业技术人才队伍已经形成。

2. 存在的问题

我国高质量发展的总体要求，对高质量的工程咨询服务产生巨大需求；同时，我国工程咨询机构普遍存在高端咨询服务专业能力不足，尤其是高端专业智库软实力严重不足的问题，集中体现在：

(1) 碎片化经营，工作质量整体不高。工程项目的实施需要从整体上统筹考虑，鉴于大多数咨询机构业务单一的现状，业主不得不在各阶段、各专业领域聘请多家咨询机构参与，如前期工程咨询机构、设计院、招标代理、监理、造价咨询等，不同咨询机构各自遵守自身的工作规范和行业惯例，极少能从项目价值最大化的层面上去为投资者思考，整体工作质量难以达到最优，业主协调工作量较大。

(2) 分工难合作，相互制约现象突出。实践中，最典型的是监理与造价咨询的冲突，监理更多的关心质量与进度，而造价更在意节约和控制投资，它们属于不同的法律主体，且分别接受投资者的工程管理部门与成本部门的监管，关系错综复杂，工作效率难以保证。

(3) 信息孤岛化，存档文件重复混乱。各专业的咨询公司只注重提交本专业的存档信息，造成一大堆的纸质文件在档案室内束之高阁，甚至最终散失；留存电子文件时，彼此重复输入信息，不仅浪费资源，环节间的信息不匹配或矛盾一般很难及时发现与纠正。

(4) 企业规模小，局限性强且发展堪忧。业务单一导致咨询机构整体规模偏小，从业人员专业面狭窄，抗风险能力低。例如：设计对项目投资影响极大，但设计单位几乎不或很少考虑建设成本。造价咨询机构按图核算，大部分不知道如何从整体上实现项目价值最大化。

(5) 国际化竞争实力不强。我国工程咨询业的实力与发达国家相比，尚有明显差距。绝大多数工程咨询机构主要是立足于国内市场，只有极少数单位“走出去”。工程咨询的管理体制和机制还不完全适应国内外发展形势，工程咨询队伍的知识结构还存在缺陷，咨询的理念、理论和方法还不够先进，咨询的深度和质量还存在一些不足。

（三）全过程工程咨询的主要法规及标准规范

1. 国家部分相关政策

为深化建筑业放管服改革，完善监管体制机制，优化市场环境，提升工程质量安全水平，强化队伍建设，增强企业核心竞争力，促进建筑业持续健康发展，打造中国建造品牌，《国务院办公厅关于促进建筑业持续健康发展的意见》（国办发〔2017〕19号）明确："培育全过程工程咨询。鼓励投资咨询、勘察、设计、监理、招标代理、造价等企业采取联合经营、并购重组等方式发展全过程工程咨询，培育一批具有国际水平的全过程工程咨询机构。制定全过程工程咨询服务技术标准和合同范本。政府投资工程应带头推行全过程工程咨询，鼓励非政府投资工程委托全过程工程咨询服务"。

2. 部委部分相关文件

《国家发展改革委　住房城乡建设部关于推进全过程工程咨询服务发展的指导意见》（发改投资规〔2019〕515号）指出，除投资决策综合性咨询和工程建设全过程咨询外，咨询机构可根据市场需求，从投资决策、工程建设、运营等项目全生命周期角度，开展跨阶段咨询服务组合或同一阶段内不同类型咨询服务组合。鼓励和支持咨询机构创新全过程工程咨询服务模式，为投资者提供多样化的工程咨询服务。

3. 地方部分相关文件

近年来，山东、浙江、广州等多地出台文件，推动全过程工程咨询的发展。

(1)《山东省住房和城乡建设厅　山东省发展和改革委员会关于在房屋建筑和市政工程领域加快推行全过程工程咨询服务的指导意见》（鲁建建管字〔2019〕19号），鼓励在全省房屋建筑和市政工程项目开展全过程工程咨询；鼓励投资咨询、招标代理、勘察、设计、监理、造价、项目管理等企业联合经营、并购重组，培育一批高水平的咨询机构。鼓励建设单位选择具备全牌照、全资质的咨询机构开展全过程工程咨询服务。

(2)《浙江省推进全过程工程咨询试点工作方案》（浙发改基综〔2019〕368号）。为贯彻发改投资规〔2019〕515号以及《省发展改革委　省建设厅关于贯彻落实〈国家发展改革委 住房城乡建设部关于推进全过程工程咨询服务发展的指导意见〉的实施意见》（浙发改基综〔2019〕324号）等文件精神，浙江省出台浙发改基综〔2019〕368号文件，选取1个设区市和1～2个县（市、区）作为综合试点区，启动该省全过程工程咨询试点工作，加快探索有当地特色的全过程工程咨询服务体系。

(3)《陕西省全过程工程咨询服务导则（试行）》（陕建发〔2019〕1007号），要求各市（区）县住房城乡建设主管部门要积极与发改、财政、税务、审计等相关部门统筹协调，优先在政府投资建设项目中采用全过程工程咨询组织模式，努力推动全过程工程咨询组织管理模式“落地生根”；要科学指导试点工作，积极实践探索，大胆创新，扎实推进全过程工程咨询试点。各试点企业要积极探索、勇于实践、不断总结，全面整合工程建设过程中所需的投资咨询、勘察、设计、监理、招标代理、造价咨询等业务。同时，该文配套出台《陕西省全过程工程咨询服务合同示范文本（试行）》，指导开展全过程工程咨询服务。

(4)广东省《建设项目全过程工程咨询服务指引（咨询机构版）》（征求意见稿）。该文件明确全过程工程咨询机构可根据投资人的委托，独立承担项目全过程全部专业咨询服务，全面整合项目建设过程中所需的投资咨询、勘察、设计、造价咨询、招标代理、监理、运营维护咨询以及全过程工程项目管理等咨询服务业务。也可提供菜单式服务，即1+N模式，1是指全过程工程项目管理，N包括但不限于投资咨询、勘察、设计、造价咨询、招标代理、监理、运营维护咨询等专业咨询（可选项），全过程工程咨询机构应根据委托要求进行项目全过程工程咨询风险管理，关注项目决策、勘察设计、招标采购、工程施工、竣工验收及运营维护各阶段可能发生的风险，对涉及人为、经济、自然灾害等诸多方面的风险因素进行分析并提出合理化建议。

（四）开展全过程工程咨询试点情况

全过程工程咨询的发展得到了国家政策上的鼓励和支持，顶层设计不断深入，各地积极开展试点工作。2017年5月2日，住房和城乡建设部下发了《住房城乡建设部关于开展全过程工程咨询试点工作的通知》（建市〔2017〕

101号），选择北京、上海、江苏、浙江、福建、湖南、广东、四川8省（市）以及中国建筑设计院有限公司等40家企业开展全过程工程咨询试点，试点单位主要由大型设计院和综合性咨询公司组成。随后，各省市行政区也推出了自己辖区范围内的试点单位。国家及省级层面上的试点单位已经超过1000家。全过程工程咨询符合国际工程咨询服务的惯例，例如在FIDIC条件下的咨询工程师，其业务和工作范围就涵盖了我国所说的全过程工程咨询的内容。

建市〔2017〕101号发布后，广东、浙江、陕西等地相继发文，推动开展相关试点工作，例如《省住房城乡建设厅关于公布全过程工程咨询试点企业和试点项目的通知》（苏建科〔2018〕79号）、《温州市全过程工程咨询试点工作实施方案》（温住建发〔2018〕130号）。长三角区域、粤港澳大湾区等市场经济发达地区的投资者，对高端全过程工程咨询的需求较大。以深圳为例，深圳市建筑工务署工程管理中心受市政府委托，于2018年组织三批次共19个项目的全过程咨询服务。此外，湖北、四川、长三角、雄安等地均有项目落地。

第三节　全过程工程咨询服务的类型及主要特征

一、全过程工程咨询类型

从专业内容上看，全过程工程咨询包括投资咨询、招标代理、勘察、设计、监理、造价、项目管理等不同专业的咨询服务业态；从项目实施阶段上看，工程项目全生命周期一般包括项目决策、建设实施（含勘察设计、招标采购、工程施工、竣工验收等）、运营维护等阶段。不同的专业与阶段可组合成三种全过程工程咨询服务，即跨专业、跨阶段的集成咨询服务，特定专业的跨周期工程咨询和特定阶段的跨专业工程咨询。

（一）跨专业、跨阶段的集成咨询服务

1. 适用条件及其优缺点

集成咨询服务是在工程项目的全生命周期提供项目决策、招标代理、勘察设计、造价咨询、工程监理、项目管理、竣工验收及运营维护等咨询服务，其

类似地方性平台公司提供“代建制”服务。该模式可广泛应用房屋建筑和市政基础设施领域。

投资者通过委托综合咨询机构提供投资决策、招标代理、勘察、设计、监理、造价、项目管理等跨阶段、跨专业的咨询服务，增强工程实施过程的协同性，提高工程效率，实现价值最大化。

2. 工程咨询全产业链整体价值最大化

通过一次招标确定集成的综合咨询，可使合同成本大大低于传统模式下设计、造价、监理等参建单位多次发包的合同成本，直接降低项目总成本。同时，在工程项目决策、实施与运营过程中围绕共同目标提高工作效率，工程咨询机构对内通过合同提高其履约责任，推动整合造价、监理、工程管理等专业的优势，对外协调投资者与工程项目参与各方（特别是施工主体）的关系，促进信息快速高效传输，推动各方资源互补，最终实现工程建设项目全产业链整体价值最大化。

（二）特定专业的跨周期工程咨询

特定专业的跨周期工程咨询是指工程咨询机构在为项目不同阶段提供某种专业咨询服务，例如全过程工程项目管理、全生命周期造价管理、基于设计的跨周期工程咨询等。

1. 全过程工程项目管理

全过程工程项目管理中，项目管理咨询机构按照合同约定，在工程项目决策阶段，可为投资者编制可行性研究报告，进行可行性分析和项目策划；在工程项目的准备和实施阶段，可为投资者提供招标代理、设计管理、采购管理、工程监理、施工管理和试运行（竣工验收）等服务，代表投资者对工程项目进行质量、安全、进度、费用、合同、信息等管理和控制。

2. 全生命周期造价管理

全生命周期造价咨询业务是指专业的工程造价咨询机构受项目的建设单位或者其他单位的委托，对建设项目从决策阶段、设计阶段、实施阶段到竣工各阶段、各环节的工程造价进行全过程监督和控制，并提供有关造价决策方面的咨询意见。

为推动全生命周期造价管理，2014 年住建部颁发了《建筑工程施工发包与承包计价管理办法》（住建部令 第 16 号），提出“国家推广工程造价咨询制度，对建筑工程项目实行全过程造价管理”，首次从国家层面推行建设项目全过程造价管理。2017 年 9 月，住建部再次印发《住房城乡建设部关于加强和改善工程造价监管的意见》（建标〔2017〕209 号），再次强调“积极培育具有全过程工程咨询能力的工程造价咨询机构，鼓励工程造价咨询机构融合投资咨询、勘察、设计、监理、招标代理等业务开展联合经营，开展全过程工程咨询，设立合伙制工程造价咨询机构。”

3. 基于设计的跨周期工程咨询

在国际上，建筑设计公司通常可以向业主提供从建筑策划至设计全程（含策划、方案、招标图、施工图等）、招投标、施工监理等“一条龙”的全过程工程咨询服务，也可以根据投资者需要，提供一个或数个阶段的设计咨询。在国内，设计院普遍仅提供设计图或参与 EPC 项目中，不能满足投资者对工程建设组织方式的多样化需求。

为促进基于设计的跨周期工程咨询健康发展，2017 年 5 月，住建部印发的《工程勘察设计行业“十三五”规划》中提出要“培育全过程工程咨询，鼓励投资咨询、勘察、设计、监理、招标代理、造价等企业采取联合经营、并购重组等方式发展全过程工程咨询，培育一批具有国际水平的全过程工程咨询机构。”文件提出促进大型企业向工程公司或工程顾问咨询公司发展；中小型企业向具有较强专业技术优势的专业公司发展；鼓励有条件的企业以设计和研发为基础，以自身专利及专有技术为优势，拓展装备制造、设备成套、项目运营维护等相关业务，逐步形成工程项目全生命周期的一体化服务体系。

（三）特定阶段的跨专业工程咨询

《国家发展改革委 住房城乡建设部关于推进全过程工程咨询服务发展的指导意见》（发改投资规〔2019〕515 号）中，鼓励跨阶段咨询服务组合或同一阶段内不同类型咨询服务组合的全过程工程咨询服务模式。特定阶段的跨专业工程咨询即为项目某个阶段提供不同专业咨询服务。例如在投资决策综合性咨询阶段，将环评、社会稳定风险评估（简称稳评）等专门篇章纳入可行性研究报告一并论证；PPP 项目将项目立项、PPP 模式可行性论证、两评一案（物有所值评价、财政承受能力论证、实施方案）、招标代理、合同草案等咨询工作整合成前期全过程工程咨询服务。项目建设阶段，投资者可向一家综合性咨询机构采购项目管理、造价咨询及工程监理等专业咨询服务。运营阶段，投资者向大型运营承包商采购项目的物业管理、运营维护、招商引资等综合服务。

二、全过程工程咨询服务的主要特征

（一）以工程效率提升为核心

投资决策阶段，全过程工程咨询机构受托对项目的市场、技术、经济、生态环境、能源、资源、安全等影响可行性的要素，结合国家、地区、行业发展规划及相关重大专项建设规划、产业政策、技术标准及相关审批要求进行分析研究和论证，同时整体平衡项目建设与运营过程的投资目标与风险因素，经过综合分析论证后提出的投资决策咨询意见更加科学合理，也更具操作性。

实施阶段，一是全过程工程咨询机构最大限度处理咨询机构内部关系，克服设计、造价、招标、监理等相关单位责任分离、相互脱节的矛盾，大幅度减少投资者日常管理工作和人力资源投入；二是不同于传统模式冗长繁多的招标，可有效优化项目组织和简化合同关系，缩短项目建设周期；三是帮助投资者降低工程施工的信息不对称，制约承包方不合理的利益诉求，有效控制建设进度、成本与质量，提高工程实施效率，促进工程综合价值最大化。

（二）咨询服务内容变革

传统的工程组织模式深受行政、市场、产业的制约，工程项目的立项、勘察、设计、监理、施工往往各自为战，运营管理与设计、建设环节的内在联系较少。全过程工程咨询可提供招标代理、勘察、设计、监理、造价等全过程咨询服务，满足建设单位一体化服务需求，通过有机融合咨询服务内容，增强工程建设全过程的协同性。

（三）咨询组织模式创新

传统上投资者同时面对工程咨询机构、勘察设计单位、招标代理单位、造价咨询机构和工程监理单位，组织模式复杂，投资者需要协调的矛盾和纷争较多。全过程工程咨询服务可优化工程建设组织管理模式，通过打破原有组织的界面，咨询机构内部通过矩阵式组合做到无缝连接与有机运行，用同一个信息出口来对接投资者，需由投资者协调的矛盾和纷争内化为咨询公司的内部业务沟通。

（四）咨询方法与工具变革

项目管理通用方法包括目标管理方法、过程管理方法与绩效管理方法，常规的项目管理工具包括 Microsoft Project、Wrike、P6 等。全过程工程咨询服务可通过 5G、BIM 与城市信息模型（City Information Modeling，CIM）系统、云平台等最新技术，实时收集海量的工程建设数据，通过人工智能处理分析，细化项目的绩效考核管理，有效降低项目综合成本、缩短工期、保障质量，提高全过程工程咨询的服务价值。

三、全过程工程咨询责任主体

投资者可委托给一家全过程工程咨询机构（或联合体）承担，也可按菜单模式将项目的投资咨询、勘察、设计、全过程工程项目管理、造价咨询、招标代理、工程监理等各专业咨询业务的一项或多项委托给多家咨询机构分别承担，投资人与各咨询机构分别签订委托合同，但可明确承担全过程工程项目管理业务的单位为牵头单位，同时投资人应明确牵头单位和其他各咨询机构的权利、义务和责任。

（一）牵头单位及成员单位的职责

咨询实施过程中，多家工程咨询机构共同投标并与建设单位签订咨询合同，约定联合实施全过程工程咨询，通过联合体协议明确牵头单位以及联合体成员单位所承担咨询服务的内容、权利与义务。

1. 牵头单位的责权利

牵头单位在全过程咨询过程中发挥着巨大的、决定性作用。牵头单位运用系统的理论和方法，对工程项目全过程咨询进行计划、组织、指挥、协调和控制等活动，同时负责项目各专业咨询的管理、协调与服务。牵头单位应派出与国家现行法律规定、工程规模和委托工作内容相适应的工程咨询全过程咨询项目负责人，负责牵头整个项目的全过程工程咨询项目。

牵头单位将有关专业咨询工作分包给具备相关专业咨询资质和能力的咨询

机构时，与分包咨询机构签订分包咨询合同并提交投资人认可备案，同时对其咨询成果与质量承担连带责任。完成约定咨询工作后，牵头单位按照约定获取相关酬金（含相应统筹管理费用）。

2. 成员单位的责权利

按照全过程工程咨询合作协议（或联合体协议），相关成员单位的全过程工程咨询服务应安排专业咨询工程师组成服务团队，提供满足要求的投资咨询、勘察、设计、造价咨询、招标代理、监理等专业咨询服务。完成约定咨询工作后，成员单位应按约获得相关酬金。

（二）对牵头单位及其人员的要求

1. 牵头单位的选择与能力要求

（1）牵头单位的选择。全过程工程咨询机构应当在技术、经济、管理、法律等方面具有丰富经验，具有与全过程工程咨询业务相适应的服务能力，同时具有良好的信誉。全过程工程咨询机构应当建立与其咨询业务相适应的专业部门及组织机构，配备结构合理的专业咨询人员，提供综合性多元化服务及系统性问题一站式整合服务能力。原则上根据工程项目不同的实施阶段与需要，四类咨询机构可作为全过程工程咨询牵头单位。

一是工程咨询机构作为牵头单位。原则上在项目的前期阶段（即项目立项）介入，工程咨询机构可提供全生命周期的项目整体策划，包括充分考虑项目前期准备与实施阶段的冲突，统筹运营期的效益与成本，帮助建设单位做出系统性投资决策和实施安排。

二是设计单位作为牵头单位。在项目准备阶段（即完成立项、启动设计工作时）介入。设计单位可统筹与施工单位做好充分沟通衔接，减少设计变更，提高项目建设效率。

三是项目管理单位作为牵头单位。在项目建设阶段介入。这是目前全过程工程咨询的主流模式。项目管理咨询机构作为牵头咨询机构，协调建设单位与招标采购、设计、施工、监理等建设主体的关系。

四是第三方运营单位作为牵头单位。若项目拟聘请第三方作为运营单位，且该运营单位具备较强的项目管理能力时，则该运营单位可在项目前期阶段介入，牵头全过程工程咨询。该模式有利于提前解决项目运营中可能遇到的问题，可最大限度提高项目综合价值。该模式对运营单位的综合能力要求较高。

（2）牵头单位的能力要求。

一是具有国家现行法律规定的与项目规模和委托工作内容相适应的规划、勘察、设计、工程监理等相关专业资质。

二是具有与项目相适宜的全过程工程咨询能力和经验，包括但不限于：能够制订详细、先进、可行的全过程工程咨询方案，鼓励采用新型咨询和管理技术提高咨询服务水平和项目价值。

三是具有与项目相适应的专业力量，包括但不限于：明确全过程咨询项目负责人以及各专业咨询工程师，且配合推行专业人员职业责任保险。

四是大力开发和利用建筑信息模型（BIM）、大数据、物联网等现代信息技术和资源，努力提高信息化管理与应用水平，为开展全过程工程咨询业务提供保障。

五是具有良好的信用记录，包括但不限于：全过程工程咨询机构、项目负责人和主要的专业咨询工程师近三年内无不良信用记录，能提供履约保函等。

2. 牵头单位服务人员要求

工程建设全过程咨询项目负责人应当取得工程建设类执业资格且具有工程类、工程经济类高级职称，并具有类似工程经验。

（1）牵头单位项目负责人任职资格与核心能力。牵头单位项目负责人应取得工程建设类执业资格（如建筑师、结构工程师及其他勘察设计工程师、造价工程师、监理工程师、建造师、咨询工程师等一个或多个执业资格）或具有工程类、工程经济类高级职称，并具有与项目要求相匹配的能力和类似工程经验等。具有良好的职业道德，遵纪守法、廉洁奉公、作风正派、责任心强，执业信用记录良好。具有与承担项目咨询任务相适应的专业技术管理、经济和法律等知识体系。沟通协调能力较好。

（2）咨询工程师在投资决策综合性咨询项目中的主导作用与核心能力要求。咨询工程师是工程咨询行业的核心技术力量。自 2001 年我国设立咨询工程师执业资格制度以来，咨询工程师资格经历了从准入类到水平评价类的转变，但是咨询工程师作为工程咨询行业骨干核心力量的地位没有变。特别是2017年工程咨询机构资格认定取消后，咨询工程师更将发挥核心作用。其中，政府审批、核准的固定资产投资项目，必须由咨询工程师主持其工程咨询业务。咨询工程师也可以主持其他建设单位委托的工程咨询业务。

投资决策综合性咨询应当充分发挥咨询工程师的作用，鼓励其作为综合性咨询项目负责人，提高统筹服务水平。合格的咨询工程师必须具备的基本素质包括：

一是构建多学科、复合型知识体系，包括土建、安装、电气等行业专业知识，以及经济学、管理科学等基础知识；

二是多方面的工作能力，包括快速学习能力、组织协调沟通能力、分析判断和处理问题的能力、应对复杂多变情况的能力，以及总结归纳信息、文字表达、数学运算、计算机与网络的应用等基本能力；

三是掌握多种工程咨询方法，包括战略分析法、市场预测法、投资估算法、资源利用评价法、经济分析方法、社会评价方法、方案比选方法、风险分析方法。

（3）建筑师在民用建筑项目全过程工程咨询中的主导作用与核心能力要求。《国务院办公厅关于促进建筑业持续健康发展的意见》（国办发〔2017〕19号）提出“在民用建筑项目中，充分发挥建筑师的主导作用，鼓励提供全过程工程咨询服务”。设计单位在民用建筑中实施全过程工程咨询的，要充分发挥建筑师的主导作用。建筑师负责制是以建筑师为责任主体，受建设单位委托，在工程建设中，从建筑设计到工程竣工的全过程，有时甚至延伸到使用质保期，全权履行建设单位赋予的领导权利，最终将符合建设单位要求的建筑作品和工程完整地交付给建设单位。建筑师负责制中，建筑师的角色从国内传统的设计师变成了全过程咨询项目负责人，除了发挥设计作用外，还负责建造管理等综合职能。

建筑师的核心能力要求包括：一是建筑技术方面知识的积累、建筑法规与规范知识的积累；二是表达和沟通能力，清晰说明自身意图，进行讨论并接受反馈意见；三是组织协调能力，建筑设计是一个分工协作的复杂过程，在建筑从策划、设计到施工、验收使用的漫长过程中，建筑师对外联系着使用者、投资者和建造者，对内协调着结构、水、暖、电各工种，承担着核心和纽带的作用。建筑师要组织各类人员的协同工作，必须较好协调各专业间的矛盾。

（三）对专业咨询机构及人员的要求

（1）选择原则。全过程咨询服务单位应当自行完成自有资质许可范围内的业务，在保证整个工程项目完整性的前提下，按照合同约定或经建设单位同意，可将自有资质证书许可范围外的咨询业务，依法依规择优委托给具有相应资质或能力的咨询机构。由全过程工程咨询机构与分包咨询机构签订分包咨询合同并提交投资人认可备案。同时，全过程咨询服务单位应对其联合实施业务负总责。

（2）核心能力要求。咨询机构提供勘察、设计、监理或造价专业咨询服务时，应当具有与工程规模及委托内容相适应的资格要求。咨询机构要建立自身的服务技术标准、管理标准，不断完善质量管理体系、环境管理体系等，通过积累咨询服务实践经验，建立具有自身特色的工程咨询服务管理体系及标准。

（3）对专业咨询服务人员要求。全过程咨询服务单位应根据项目管理需要配备具有相应执业能力的专业技术人员和管理人员。对于工程建设全过程咨询服务中承担工程勘察、设计、监理、造价咨询与项目管理业务的负责人，应具有法律法规规定的相应执业资格。承担工程建设全过程咨询业务中勘察、设计、造价、监理岗位的人员应符合国家和地方现行相关从业人员的规定。相关人员应具备匹配委托任务要求的工作能力，具有良好的信用记录等。

四、我国全过程工程咨询发展趋势

（一）全过程工程咨询的优势和挑战

1. 全过程工程咨询的优势

（1）相较于碎片化的专项咨询服务无法为建设单位提供连续、高效的工程咨询服务，全过程工程咨询通过集约化项目管理和专项咨询服务，提高咨询服务质量、降低项目风险，使得项目实施更加顺畅。

（2）全过程工程咨询有助于工程咨询机构发挥主动性，积极推动新方法、新理论及新技术的应用。同时，通过投资咨询、设计监理、项目管理等各环节的无缝衔接，充分解决传统咨询形式下的管理漏洞，提升工程质量与价值。

（3）全过程工程咨询项目中，工程咨询机构能较早参与项目，能及时预测工程风险及可能发生索赔的风险，制定防范对策，同时通过完善的工程项目风险管控机制有效预防生产事故的发生，从而降低项目建设单位风险，避免项目多头管理。

2. 全过程工程咨询视角下咨询行业面临的挑战

（1）优化全过程工程咨询范围和行政审批流程。为消除可能出现的资质、审批等地方壁垒，建立全国统一的全过程咨询服务大市场，应进一步出台关于全过程工程咨询的技术、收费等指导性标准，促进全过程咨询服务更好地发挥作用。

（2）我国工程咨询机构存在的普遍问题是业务范围不全面、人才队伍素质不高。新时代全过程工程咨询要求工程咨询机构根据国家相关政策，努力转型为具有全过程工程咨询能力的企业，以市场化为基础、国际化为导向，扩大咨询范围，将业务链辐射到项目策划、准备、实施、运营维护等整个流程所涉及的服务，各业务板块联动衔接。同时，通过配备具有招标、监理、造价、管理、法律、经济、BIM、PPP 等专业能力和丰富实战经验的技术人才，不断进行技术升级、管理创新和组织改革，形成与多元化全过程工程咨询市场需求相适应的核心竞争力。

（3）我国大多数工程咨询机构资质单一、咨询板块和业务范围狭窄，复合型人才缺乏。小规模工程咨询机构在全过程工程咨询发展过程中，不论是人力资源、精细化管理还是服务范围等势必将无法承接全过程工程咨询所有业务。联合经营、并购重组扩大企业规模将是工程咨询机构发展的主要方向，也是与大型国际咨询公司发展战略方向接轨、顺应行业发展的潮流。

（4）全过程工程咨询要求在项目的前期准备、方案设计、工程实施、总结评价等项目周期全过程的各个环节创新理论方法和咨询工具，建立包括投资决策综合性咨询和工程建设全过程咨询的评价、监测及跟踪机制，并配备必要的专业机构和人员，确保全过程咨询机制的有效运行。

（二）工程咨询行业发展趋势

1. 需求端发展趋势

工程咨询服务目前在全球已形成一个巨大产业，工程咨询业需求的变化，特别是国际业务的发展与世界各国经济发展状况密切相关，并且在很大程度上受到国际社会大环境、发展战略和政策、世界经贸体制以及科技进步等因素的影响。

由于经济全球化进一步深化，以及“一带一路”倡议持续推进，亚太地区、中东以及非洲等区域将出现新兴的国际工程咨询市场，基础设施开发与工业开发项目的国际工程咨询业的发展面临一些新的需求。

另外，在简政放权及深化行政审批制度改革的宏观背景下，我国传统的为政府审批服务所衍生的各类传统咨询服务需求急剧下降。

2. 供给端发展趋势

一是企业咨询业务多样化。大型跨国工程咨询公司都具有为投资和工程建设提供全过程服务的实力，有能力承揽前期咨询、设计、设备材料采购、项目管理、生产运行管理服务等项目全过程服务和建设项目总承包业务。

二是企业规模大型化。由于工程规模越来越大，对工程咨询机构技术能力和抗风险能力要求越来越高，一些大型综合性咨询机构在市场竞争中处于更加有利的地位。

三是企业核心竞争力越来越强。大型工程咨询公司注意培育企业的核心业务能力，特别强调核心专业领域内的纵向延伸，强调专业领域内知识和技能的积累、专家人才的培养等；在水平方向的扩张是比较适度的，主要依托核心专业领域的关联性展开。

四是国际竞争加剧。通过兼并重组巩固和占领市场。随着经济全球化趋势的加快及全球服务贸易的扩展，在世贸组织服务贸易相关规则的推动下，大型工程咨询公司获得越来越多进入全球工程咨询市场的机会，加剧了国际市场的竞争。

（三）我国开展全过程工程咨询的前景展望

1. 政府对全过程工程咨询管理趋于精细化

一是政府的“放管服”深化，在宏观层面上做好顶层设计，消除资质、地方及审批手续等壁垒，协同出台完善全过程工程咨询的配套管理政策，加强行业制度化和规范化管理，以进一步积极推进全过程工程咨询的精细化管理。

二是在地方推动全过程工程咨询项目试点落地的基础上，政府投资项目鼓励率先试行全过程工程咨询，对其实施效果及对项目效益发挥进行综合评价，并根据试行成果进一步明确全过程工程咨询的内涵，调整相关咨询及项目管理的政府管理程序及办法。

2. 工程咨询机构积极转型与融合

一是内部融合。内部融合是企业在原有建设服务业务的基础上对组织、管理模式、人才、技术、知识数据等方面进行全面整合，以满足全过程工程咨询的市场需求。在组织融合方面，企业需打破传统思维模式，勇于创新，根据自身专业优势整合企业内部资源，发动企业全体成员参与流程改造和变革。

二是外部整合。原本只承担单一业务的咨询公司都在寻求向全过程工程咨询业务方向靠拢或转型，它们或通过申办它项资质拓宽业务领域，或横向联合形成具有全过程工程咨询能力的团队，把原本分散的投资咨询、勘察、设计、监理、招标代理、造价等业务全部或大部分整合在一起，为投资者提供综合性的咨询服务。

3. 信息化技术与工具增多

随着信息化技术的高速发展［例如大数据和 BIM、云计算，以及 WMS（仓储管理系统）、CRM（客户关系管理）］，工程造价数据分析积累系统、智慧工地等先进信息化工具在行业中不断应用。借助这些先进的工具和技术，使得建筑、市政行业能高效完成复杂的全过程工程管理工作，为全过程工程咨询服务打下了良好的基础。在信息化技术与工具的加持下，原本碎片化的咨询信息的传递更加顺畅，工程项目管理的整体服务能力更强。

4. 融入“一带一路”建设的国际合作体系

“一带一路”建设需要长期、稳定、可持续、风险可控的资金支持，孕育着巨大的投资机会。我国工程咨询应该发挥先导作用，主动研究“一带一路”沿线国家的国别风险，创新跨境基础设施和产能合作等领域的咨询方法，开展第三方市场合作、多边合作及政府和社会资本合作，结合各国国情，从双边做起，建立以多边为主的合作和监管框架，与相关国家一道推进重大项目建设，促进我国工程咨询服务业与国际接轨。

5. 扎实推进工程咨询行业标准规范体系建设

标准不仅是智慧和经验的结晶，也是一种话语权。“一流企业做标准”，工程咨询机构应该积极主动参与国内外行业标准研究及制定工作。例如，中国国际工程咨询有限公司根据联合国欧洲经济委员会的要求，在牵头制定联合国城市轨道交通 PPP 国际标准的过程中，不仅系统总结了我国城市轨道交通 PPP 模式的经验，而且积极参加国际论坛和学术交流活动，组织全球二十多个国家及地区的 PPP 专家共同参与标准制定工作，在国内外 PPP 领域产生了重要影响。

第二章

全过程工程咨询价值导向及理论方法

本章侧重于理论研究，重点阐述全过程工程咨询专业服务的价值导向、理论基础及方法体系，阐述工程项目参与各方的价值诉求，以及为了满足相关价值诉求所需要的理论基础和全过程工程咨询方法体系，包括各类通用方法和专业性方法工具，以指导全过程工程咨询具体实践。

第一节　全过程工程咨询的价值导向

一、全过程工程咨询价值链战略分析

价值链的概念最早于1985年由哈佛商学院教授迈克尔·波特教授在其著作《竞争优势》一书中提出。他认为："每一个企业都是用来进行设计、生产、营销、交货等过程及对产品起辅助作用的各种相互分离的活动的集合。"这一系列既相互独立又相互联系的多项价值活动构成一条活动成本链，即是企业的价值链，也是一个企业的价值增值过程。

上述价值链理论包含四层含义：一是价值链上的每一项价值活动都会对最终实现的价值造成影响。二是价值链中的各项活动是可以分离的，而各项价值活动之间又是密切联系的。三是在经济活动中价值链是无处不在的，不仅包括企业内部各业务单元之间的内部价值链（或企业价值链），还包括上下游关联企业之间的外部价值链（或行业价值链）。四是针对不同企业、不同行业，价值链的分类、侧重点是不同的。

全过程工程咨询的服务活动贯穿于工程项目的整个建设经营过程，与企业的经营过程比较类似，工程咨询服务完成的过程就是实现项目目标的过程。因

此，价值链在全过程工程咨询领域可定义为：提供组织、管理、经济和技术服务等各专业工程咨询服务单元之间，各上下游企业之间为生产经营工程项目所经历的增加价值的活动过程，它涵盖了工程项目从前期阶段、准备阶段、实施阶段到运营阶段全生命周期的所有工程咨询活动。这里主要从价值链模型角度出发，探索全过程工程咨询的价值导向。

（一）工程价值再创造是全过程咨询的核心理念

全过程工程咨询的核心是基于项目全生命周期，通过对部分或全部专业工程咨询服务进行有机整合与集成，打造一条环环相扣的价值链，实现工程项目价值再造和价值增值。主要包括三层内涵：

1. 各专业工程咨询服务的有机整合

全过程工程咨询将互不相同，但又相互关联的碎片化工程咨询服务整体集成，从松散转向集中、从部分转向整体、从碎片转向整合，为项目提供局部或整体解决方案和管理服务。

2. 项目建设与运营阶段的有效衔接

全过程工程咨询以项目全生命周期的整体最优为目标，覆盖由前期决策到运营维护各个阶段，避免了工程项目建设管理与运营管理的孤岛现象，实现项目全生命周期的增值。

3. 建设项目各个信息界面互联互通

全过程工程咨询不仅能够有效减少分阶段工程咨询的工作界面和协调难度，而且使项目信息在不同咨询、项目实施业务之间全面采用统一的编码、传递、解码规则，避免专业之间传递过程中的信息遗漏或信息孤岛。

（二）全过程工程咨询价值构成及其集成体系

全过程工程咨询价值链分析主要包括以下三个方面：一是基本价值活动的识别；二是辅助价值活动的识别；三是价值链的确定及分析。

1. 价值的识别

价值活动分为基本价值活动和辅助价值活动两类。基本价值活动是使工程咨询产出增加的价值活动，是对产品或服务进行的实质创造，其反映了全过程工程咨询生产经营活动的主线；辅助价值活动是对目前和未来各项价值活动起到支持作用的价值活动，强调对其他价值活动的增值贡献。

（1）基本价值活动。全过程工程咨询可划分为四个阶段，即前期阶段、准备阶段、实施阶段和运营阶段。根据全过程工程咨询的服务阶段划分及业务模式，其基本价值活动具体如下：

1）前期阶段。前期阶段咨询又称投资前咨询，是对投资与否和投资可能取得的效益进行分析决策的阶段。该阶段的基本价值活动主要包括规划咨询、投资机会研究、初步可行性研究（项目建议书）、可行性研究、项目申请报告、资金申请报告、环境影响评价等。

2）准备阶段。准备阶段是指工程投资决策后为组织工程实施所做的包括勘察设计等技术工作在内的准备性工作阶段。该阶段的基本价值活动主要包括工程勘察、工程设计、造价咨询、工程和设备采购咨询等。

3）实施阶段。实施阶段是指工程项目从开工建设至竣工总结的阶段。该阶段的基本价值活动主要包括项目管理、施工监理、设计服务、运营准备咨询、人员培训、竣工验收咨询等。

4）运营阶段。项目运营阶段指工程项目建成后投入正常生产运营的阶段。该阶段的基本价值活动主要包括运维技术咨询、运维管理咨询、后评价、延续更新咨询等。全过程工程咨询基本价值活动汇总表如表 2-1 所示。

表 2-1　　全过程工程咨询基本价值活动汇总表

序号	基本价值活动	活动内容
一	投资咨询	主要包括规划咨询、投资机会研究、项目建议书、可行性研究报告、项目申请报告、资金申请报告、环境影响评价、社会稳定风险评估、节能评估、交通影响评估、地质灾害危险性评估等
二	工程勘察	主要包括初步勘察、详细勘察等
三	工程设计	（1）概念设计、方案设计、初步设计和施工图设计； （2）BIM 咨询、绿建咨询、海绵城市设计及其他专项设计
四	招标代理	主要包括招标方案策划、招标文件编制、合同条款策划及管理审核、招标组织管理等

续表

序号	基本价值活动	活动内容
五	造价咨询	(1) 投资估算、初设概算、施工图预算、工程结算和竣工决算。 (2) 财务评价和经济评价。 (3) 工程量清单、最高投标限价、合同管理咨询。 (4) 方案比选、限额设计、优化设计的造价咨询。 (5) 拟订合同文本，协助合同谈判等。 (6) 资金使用计划建议、审核工程款支付；工程变更、工程签证和工程索赔的处理等
六	项目管理	主要包括项目报批管理、合同管理、设计管理、进度管理、质量管理、安全生产管理、资源管理、信息与知识管理、收尾管理等
七	工程监理	主要包括进度管理、质量管理、职业健康安全与环境管理、工程变更索赔及施工合同争议处理、信息和合同管理、工程验收策划与组织、分部分项工程和单位工程验收、竣工资料收集与整理、工程质量缺陷管理等
八	运维管理	主要包括资产管理、绩效评价、项目后评价等
九	其他服务	涉及组织、管理、经济和技术等有关方面的其他工程咨询服务

(2) 辅助价值活动。根据全过程工程咨询服务的运营管理模式，其辅助价值活动具体如下：

1) 企业资质。工程咨询是高智力的专业服务工作，选择专业化、高水平的全过程工程咨询机构，能够降低业务管理成本，提高工程效率和效益。因此，应重点关注咨询机构的资质、声誉、同类工程业绩、团队相关工程经验及其诚信状况等。

2) 人力资源。人力资源主要指项目团队的组建与管理，主要包括任务分解、岗位责任和权限、人员配置、业务培训、绩效考核、薪资安排等。团结合作、运行高效的项目团队是实现价值链的有效保障。

3) 技术创新。咨询技术与新方法的开发活动既是价值链形成过程的各种创造和改良活动，也是全过程工程咨询价值增值的关键因素和技术支撑。

4）行政事务。行政管理活动是贯穿整个价值链始终的一般管理活动。信息化手段将有助于实现数据资源的快捷传递、高度共享，使行政管理向无纸化、标准化、透明化方向发展，从而降低项目管理中的耗费，降低管理成本，提高管理效率。

5）行业协会。行业协会在价值链中的作用不容忽视。行业协会的基本职能是制定行业规范、业务标准，开展业务培训和职业道德教育，并建立健全对咨询机构及从业人员的诚信考评、约束、处罚和激励机制，进一步加强行业自律管理与约束。全过程工程咨询辅助价值活动汇总表见表 2-2。

表 2-2　　全过程工程咨询辅助价值活动汇总表

序号	辅助价值活动	活动内容
一	企业资质	为全过程工程咨询服务提供准入条件
二	人力资源	为全过程工程咨询服务提供人才保障
三	技术创新	为全过程工程咨询服务提供技术支持
四	行政事务	为全过程工程咨询服务提供组织管理平台
五	行业协会	为全过程工程咨询服务提供行业监管

2. 价值链集成

全过程工程咨询不是将咨询、设计、造价、招标、监理等进行简单叠加，形成“碎片化”咨询服务的拼接，而是对传统咨询模式中割裂的服务内容进行统筹、整合，融会贯通后系统集成全过程工程咨询服务体系，实现价值提升。

对全过程工程咨询的基本价值活动和辅助价值活动进行识别后，整合集成价值链，具体如图 2-1 所示。

（三）全过程工程咨询价值链策划与价值形成

1. 全过程工程咨询价值链策划

可根据市场需求和咨询机构实际情况，通过多种咨询服务的组合，构建不同的全过程工程咨询价值链模式，对工程咨询服务进行集成化管理，形成具有连续性、系统性、集成化的全过程工程咨询管理系统，实现建设项目的有效增值和咨询服务价值的高质量提升。

全过程工程咨询价值链策划主要包括 $1+N$ 咨询服务组合价值链、跨阶段

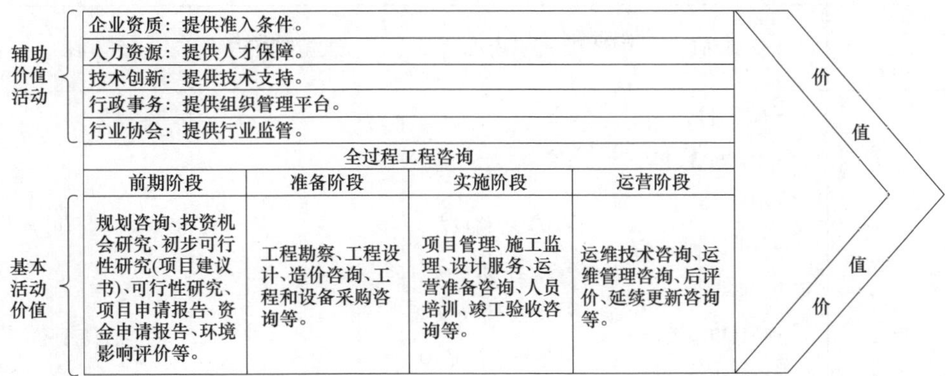

图 2-1　全过程工程咨询价值链模型

咨询服务组合价值链和跨类型咨询服务组合价值链三种模式。

（1）1＋N 咨询服务组合价值链。满足业主单位对建设项目一体化服务需求（包括纵向——全生命周期和横向——各单项咨询服务），增强建设项目的系统性和协同性，可采用 1＋N 咨询服务组合价值链。“1”是指全过程项目管理、全过程造价咨询和全过程设计（包括 BIM）等，“N”是指投资咨询、招标代理、勘察、设计、监理、造价等其他单项咨询服务。

（2）跨阶段咨询服务组合价值链。满足业主单位对建设项目的多阶段咨询服务需求，可采用跨阶段咨询服务组合价值链。跨阶段咨询服务组合是指根据业主需求，咨询机构承担建设项目前期阶段、准备阶段、实施阶段、运营阶段中两个或两个以上阶段的咨询服务，具体见表 2-3。

表 2-3　　全过程工程咨询价值链策划思路

服务内容	前期阶段	准备阶段	实施阶段	运营阶段
全过程工程项目管理	项目全生命周期的策划管理、报建报批、勘察管理、设计管理、合同管理、投资管理、招标采购管理、施工组织管理、参建单位管理、验收管理以及质量、计划、安全、信息、沟通、风险、人力资源等管理与协调			

续表

服务内容	前期阶段	准备阶段	实施阶段	运营阶段
投资咨询	• 规划咨询 • 投资机会研究 • 项目建议书 • 可行性研究报告 • 项目申请报告 • 资金申请报告 • 社会稳定风险评价 • 环境影响评价报告 ……	• 节能评估报告 • 安全评价 • 水土保持方案 • 地质灾害危险性评估 • 交通影响评价 ……		• 项目后评价 ……
工程勘察		• 初步勘察 • 详细勘察 ……	• 参与项目地基与基础分部工程和单位工程验收 ……	
工程设计	• 概念设计 • 方案设计 ……	• 初步设计 • 施工图设计 ……	• 设计交底和图纸会审 • 现场重大和关键工序施工方案优化咨询 • 设计变更管理 • 现场施工的配合工作 • 参与项目地基与基础分部工程、主体结构和单位工程验收 ……	

续表

服务内容	前期阶段	准备阶段	实施阶段	运营阶段
招标采购	招标采购策划，编制招标文件（含工程量清单、招标控制价、合同条款等），发布招标（资格预审）公告，组织招标文件答疑和澄清，组织开标、评标工作，编制评标报告报投资人确认，发送中标通知书，协助合同签订等			
造价咨询	• 投资估算 • 财务评价 • 经济评价 ……	• 初设概算 • 施工图预算 • 工程量清单 • 招标控制价 • 拟定合同文本，协助合同谈判 • 资金使用计划建议 ……	• 合同价款咨询（包括合同分析、合同交底、合同变更管理工作） • 施工阶段造价风险分析及建议 • 工程预付款和进度款 • 变更、签证及索赔管理 • 材料、设备的询价，提供核价建议 • 施工现场造价管理 • 竣工结算 • 竣工决算 ……	• 项目维护与更新造价管控 ……

续表

服务内容	前期阶段	准备阶段	实施阶段	运营阶段
工程监理			• 项目监理规划和实施方案 • 进度管理 • 质量管理 • 职业健康安全与环境管理 • 工程变更、索赔及施工合同争议处理 • 信息和合同管理 • 工程验收策划与组织 • 分部分项工程、单位工程验收 • 竣工资料收集与整理 • 工程质量缺陷管理 ……	
运营维护咨询				• 项目后评价 • 项目绩效评价 • 设施管理 • 资产管理 ……

续表

服务内容	前期阶段	准备阶段	实施阶段	运营阶段
BIM咨询	•采用BIM进行项目方案与财务分析工具集成 •修改相应参数，实时获得项目各方案的投资收益指标 ……	•采用BIM进行自动化算量，成本控制 •基于BIM的设计优化与变更 •采用BIM进行自动化算量及错漏处理 •基于BIM的快速询价 ……	•采用BIM进行成本、进度、材料、设备等多维信息管理及流程优化 •采用BIM的竣工成本控制与审核 ……	•采用BIM进行运营信息的管理、修改、查询、调用工作 ……

（3）跨类型咨询服务组合价值链。满足业主单位对建设项目的多类型咨询服务需求，可采用跨类型咨询服务组合价值链。跨类型咨询服务组合是指根据业主需求，咨询机构承担各种类型咨询服务中两个或两个以上类型的咨询服务，具体见表2-3。

2. 全过程工程咨询价值形成

建设工程作为人类生产实践的重要形式之一，是一个综合集成了科学、政治、技术、财务、经济、环境、社会和文化等多方面要素的整体。因此，作为对建设工程进行全方位科学管理的全过程工程咨询，其价值也具有多元性。全过程工程咨询的价值即是实现工程技术价值、财务价值、经济价值、环境价值和社会价值等多元价值的协调统一和保值增值。

（1）技术价值。技术价值是工程项目的基础价值，是以更低全生命周期成本实现项目更高功能的具体体现，其涵盖的技术先进性、规模适宜性、功能科学性、经济合理性、使用可靠性等方面直接影响工程项目的使用价值和经济效益。

（2）财务价值。财务价值是指投资项目的盈利能力、偿债能力和财务生存能力，不仅是从项目角度出发考察财务可行性的重要依据，还是减少和规避投资风险、充分发挥投资效益的关键判据。

（3）经济价值。经济价值是指投资项目在宏观经济方面的合理性，主要包括项目的经济效率和效果，引导和促进社会资源优化配置，实现企业利益、地区利益与全社会利益的有机结合与平衡等方面。

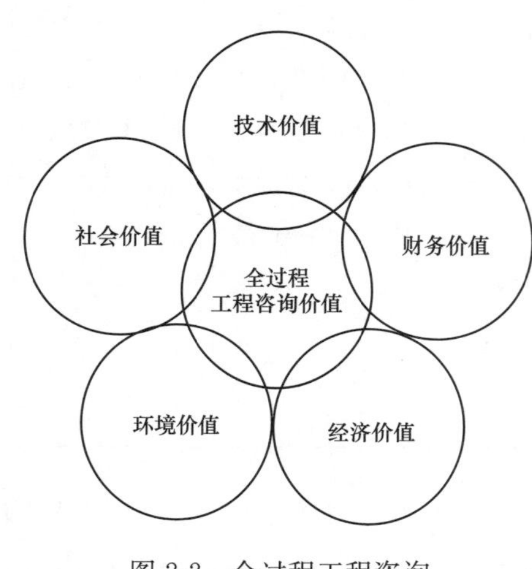

图 2-2　全过程工程咨询价值体系示意图

（4）环境价值。环境价值是指对建设项目实施后可能产生的环境影响（后果）进行系统识别、预测和评估，提出科学合理的环境保护措施，把因人类活动而产生的环境污染或生态破坏限制在最小范围，实现绿色建设和可持续发展的价值。

（5）社会价值。社会价值是指工程项目在国家、地方、社区三个层面对社会发展和目标人群做出的贡献，主要包括提升利益相关群体的教育水平和知识技能，提高人民群众的健康水平，促进社会公共福利增长以及公平分配等方面。全过程工程咨询价值体系示意如图 2-2 所示。

（四）全过程工程咨询价值增值的实现路径

借鉴建设项目全生命周期的价值管理理念，全过程工程咨询的价值也经历了价值规划、价值形成、价值实现三个阶段，分别对应建设项目的前期阶段和准备阶段、实施阶段、运营阶段。

1. 价值规划阶段的增值路径

价值规划阶段（即前期阶段和准备阶段）是全过程工程咨询价值链的上游阶段。该阶段虽然投入少，但较大程度决定了项目投资和使用功能，前期决策的失误将导致重大的投资损失，因此对项目价值大小起到关键性作用，增值的可塑性较强。

(1) 尽职调查。尽职调查主要是对目标企业和项目所涉及的政策法规、市场需求、技术经济等方面进行全面系统的调研，识别项目风险，确定项目可行性，为项目决策提供有价值的信息。

(2) 项目策划。项目策划是在尽职调查的基础上，深度挖掘项目，对项目定位、基本目标、功能构成、建设规模等总体规划进行论证与策划，选择满足业主需求的最优项目和技术路线。

(3) 投融资策划。将价值工程与全生命周期成本管理相结合，把关注点向后延伸至项目运营阶段，向前推进到项目前期阶段，选择全生命周期成本最小而资产价值最优化的投融资模式。

(4) 方案比选。根据项目策划成果，参考设计规范、标准，构建备选方案，并基于价值工程进行方案比选和优化，选择性价比最高的方案。同时，计算选定方案内部各系统的价值指数，大于1要增加设计限额，小于1则应减少设计限额。

(5) 风险管理。项目前期阶段存在较多不确定因素，若不对其进行科学合理的分析论证，势必阻碍价值增值。工程咨询服务应对风险管理给予高度重视，及早预测工程各项风险，并提出合理应对措施将其影响控制在可接受的范围内。

2. 价值形成阶段的增值路径

价值形成阶段（即实施阶段）是全过程工程咨询价值链的中间部分。该阶段是将决策成果转化为工程实体价值的过程，也是预期价值目标能否实现的重要阶段，各种动态因素增多，管理控制难度较大，因此以保值和小幅增值为主，主要通过施工技术与组织优化来实现。优化设计方案，并对其匹配的施工方案进行适配性分析，主要可从降低施工措施费、便于控制工期、有利于降低死伤事故、有利于安全、方便施工质量控制等可施工性方面进行论证。

3. 价值实现阶段的增值路径

价值实现阶段（即运营阶段）是全过程工程咨询价值链的完成阶段。该阶段主要通过鉴定、修缮、加固和拆除等活动，保证建设项目的功能和性能满足正常使用要求，与预期价值目标进行对比分析，总结经验、汲取教训、提出建议，为下一个建设项目的价值增值提供借鉴，主要通过运营维护方案优化来实现。

运营维护方案优化追求运营绩效最优，包括可经营项目的成本/效益分析、运营价格市场接受程度分析、环保项目邻避效应风险评估、项目对使用者便利性分析（换乘方便、残疾人利用、行动路线最短）、维修的便利性和经济性、未来市场需求风险评估、公共安全风险分析等要素。

二、全过程工程咨询技术价值导向

（一）工程技术方案及其在项目价值形成中的基础性地位

工程技术方案是指采用适宜的工程技术理论及技术经济方法，按照现行技术标准，对某一特定项目的技术、经济、资源和环境等进行综合分析论证，并提供作为建设依据的设计文件和图纸的活动。全过程工程咨询强调智力性策划、多阶段集成，通过对工程技术方案进行技术经济分析论证和实施全过程管控，为委托方投资决策和建设管理提供增值服务。相关研究表明，工程技术方案对工程项目的投资、质量、进度和运营成本均有较大影响，在一定程度上决定了项目价值的形成。

1. 工程技术方案影响项目投资

工程项目的目的是以最低的生命周期成本实现必要的功能。据统计，工程技术方案在可行性研究阶段，影响项目投资的可能性为75%～95%；在初步设计阶段，影响项目投资的可能性为35%～75%；在施工图设计阶段，影响项目投资的可能性为5%～35%；而施工阶段，项目投资节约的可能性一般低于12%。可见，项目投资控制的关键是可行性研究阶段和设计阶段。因此，从工程项目生命周期成本的角度分析，技术方案具有十分重要的作用。应正确处理工程技术方案中技术与经济的关系，强化功能分析和方案比选，通过设计管理控制项目生命周期成本，保证质量目标实现，达到工程项目的增值。

2. 工程技术方案影响项目质量

工程项目质量的形成是一项系统工程，是前期阶段、准备阶段、实施阶段和运营阶段全生命周期质量的综合反映。按照实际工作统计，工程项目质量出现问题的原因主要表现在如下几个方面：设计问题占40.1%，施工责任占

29.3%，材料问题占14.5%，使用责任占9.0%，其他占7.1%。可见，工程技术方案问题是影响工程质量的首要因素，技术是否可行、工艺是否先进、经济是否合理、设备是否配套、结构是否安全可靠等，都将决定工程实体的质量，决定工程项目建成后的使用价值和功能。

3. 工程技术方案影响项目进度

工程技术方案设计是工程项目建设中的一个重要阶段，同样也是影响工程项目建设进度的关键因素。工程技术方案采用规范标准的更新和废止、忽视了周边环境和条件的要求、设计图纸的错误和不合理以及信息沟通不顺畅等，都将直接影响整个工程项目的进度。

4. 工程技术方案影响项目运营

工程技术方案的质量不仅影响项目建设的一次性投资，还会影响使用阶段的运行费用。例如，可能增加工程运行过程中的维护、保养和检测费用等。当然，工程一次性投资与运行费用在一定范围内呈反比关系。通过提高工程技术方案的质量可最大限度实现工程一次性投资与运行费用之间的最佳结合，实现工程建设项目运行的全生命周期费用最低化。

（二）工程技术标准体系的制定及执行

工程技术标准体系是不同类型、不同技术工程在建设各环节中必须遵守的技术依据和行动准则。它以科学技术和实践经验的综合成果为基础，以保证工程建设的安全、质量、环境和公众利益为核心，以促进项目最佳社会效益、经济效益、环境效益和最佳效率为目的，对提高建设项目价值、维持社会稳定、节约资源和保护环境有重要的现实意义，是我国工程建设十分重要的技术基础工作。

我国工程建设标准经过60余年的发展，国家、行业和地方标准已达7000余项，形成了覆盖经济社会各领域、工程建设各环节的标准体系，在保障工程质量安全、促进产业转型升级、强化生态环境保护、推动经济提质增效、提升国际竞争力等方面发挥了重要作用。

从工程建设标准的制定来看，体系构建及标准修订工作已较为成熟，但也存在标准实施监督无抓手、国际标准难落地、认证和培训体系尚未建立、技术向标准转化和标准与政策衔接不畅通等问题，需要加大标准供给侧改革，完善标准体制机制，建立新型标准体系。2018年，按照工程建设标准化改革要求，坚持新时代工程建设高质量发展，并适应工程建设“走出去”和国际化的需要，我国构建了国际化工程建设规范标准体系。截至2018年底，由我国住房城乡建设部标准定额司发布的《国际化工程建设规范标准体系表》中，工程建设规范、术语标准、方法类和引领性标准共计4209项。其中，工程建设规范和术语标准部分的项目相对固定，内容将适时进行提高完善；方法类和引领性标准部分的项目，将根据产业发展和市场需求动态调整更新。

从工程建设标准的执行来看，部分标准存在执行不到位、实施效果差、社会影响不明显等问题，难以保证工程价值的形成和提升。因此，需要进一步加强工程建设标准实施监督工作，推动标准全面有效实施。其一，完善强制性标准监督检查机制。建立工程建设标准化管理机构和相关监管机构共同参与、协同配合的工作机制，以强制性标准为重点，制定年度监督检查计划，开展标准实施情况专项检查或抽查，依法对违反强制性标准的行为进行处罚，及时通报监督检查结果，实现标准监督检查工作常态化。其二，建立标准实施信息反馈机制。广泛收集建设活动各方对标准实施的意见、建议，定期开展综合分析，重点对标准制定提出建议，形成标准制定、实施和监督的联动机制。其三，逐步建立标准实施情况评估制度。对建设项目勘察、设计、施工及运营维护阶段等全生命周期执行标准的全面、有效和准确程度进行实时监控并开展评估，充分发挥标准在落实国家方针政策、保证工程质量安全、维护人民群众利益等方面的引导约束作用。

（三）工程技术创新及组织实施

面对世界科技的迅猛发展和日趋激烈的国际竞争，增强自主创新能力，进一步发挥科技进步和创新的重要作用，对实现经济社会的可持续发展，加快推进现代化强国建设具有重要的现实意义和深远的历史意义。

工程技术方案是建设工程的灵魂，是建设项目价值形成的基础，是将科研成果转化为现实生产力的桥梁和纽带，决定着我国现代化水平及综合国力的提高。从这方面而言，工程技术工作在科技创新中有着不可替代的地位，它对工程项目基本建设和技术改造的方向、规模和投资效益起着决定性的作用。我国部分工程技术及新型材料设计技术已接近或达到了国际先进水平，三维协同设计、BIM、云计算、物联网等新兴信息技术也在工程技术创新方面有了一定应用。但工程技术的开发仍然主要通过消化吸收和模仿性开发为主，原始创新技术少、专有技术和专利技术不多、整体工程技术开发创新能力不强。亟需根据市场需求，组织突破一批关键技术、核心技术、共性技术、高端技术，继续加强专有技术和拳头产品的开发，建立起有利于自主技术开发创新的体制和机制。

1. 构建自主技术创新平台

以勘察设计企业为主体，与科研、施工、高校相结合，构建工程技术自主创新平台。平台应以工程项目需求为目标，全面打造紧密型产学研一体化体系，重点做好两方面工作，一是领导和组织在建项目技术攻关，提高常规作业的技术含量，改进现有的服务产品；二是选择有发展潜力的技术开发项目进行研究，开发新的服务产品进行技术储备。

2. 加强引进技术消化吸收

引进技术是迅速提高技术水平的捷径，可采用成套引进技术或设备、购买技术许可证、与国际技术咨询公司合作设计、聘请外国技术专家及非贸易形式等多种方式，引进国外先进技术并进行消化吸收再创新，通过创新掌握核心技术，形成自主知识产权。

3. 重视项目管理创新工作

工程技术创新是由项目使命、项目目标和项目管理的具体任务决定的。因此，项目管理是影响技术创新的重要因素，应借鉴国外在项目规划管理、采购与合同管理、进度管理、质量管理、安全管理、技术管理和成本管理等方面的先进理念和技术，尽快与国际通行的模式接轨，进一步助力工程技术创新。

4. 推进信息技术深度融合

对通用工程设计软件进行二次开发和应用，以加快设计进度；推行以工程数据库和三维模型设计为主体的集成化设计系统，对项目相关资源进行系统整合，实现项目管理效益的最大化；采用计算机模拟加微型中试或局部测线试验等方法，进行准确的运算和多方案优化，替代工程放大实验；建立包括前期工作、设计、施工、采购、开车等项目数据库，为技术创新提供科学依据。

（四）工程技术方案优化及跟踪评价

工程技术方案是实现技术与经济对立统一的具体过程，其标准符合性、技术先进性、功能科学性、经济合理性、使用可靠性等直接影响建设项目的使用价值和经济效益。因此，工程技术方案是控制项目全生命周期成本最有效的手段，是建设项目缩短工期、节省投资、提高效益的重要环节。

工程项目的实施过程，实质上是一个功能与成本转换的过程。在这个过程中，功能的实现与成本支出是动态相关、对立统一的两个方面。选择最优的设计方案，以更低的成本实现更高的功能，是工程技术方案比选优化及跟踪检测评价的基本目标，也是可持续性设计理念的具体体现。这与价值工程的基本原理——“以最低的生命周期成本，实现使用者所需功能”是一致的。在设计的各个阶段，均应在明确功能的基础上，从影响全生命周期成本的角度出发进行方案设计，再利用价值工程方法进行方案评价和方案选择。

1. 方案设计

明确项目的功能需求和可获资源状况，分析项目全生命周期成本的构成，不能仅追求限额设计的初始投资，还应充分考虑投入使用后的运营维护费用；同时寻找影响项目全生命周期成本的主要因素，并在此基础上进行方案设计。

2. 方案评价

价值工程（VE-Value Engineering）将功能（F-Function）转化为能够与成本（C-Cost）直接相比的量化值，其数学模型表达式为 $VE=F/C$。价值与功能成正比关系，而与成本成反比关系，价值的提高取决于功能和成本两个因素，提高价值可以通过以下五种途径：一是成本不变，功能提高，则价值提高；二是成本降低，功能不变，则价值提高；三是成本略有提高，功能大幅度提高，则价值提高；四是成本大幅度降低，功能略有下降，则价值提高；五是成本下降，功能提高，则价值提高。

3. 方案选择

根据方案评价结果，选择费用效率最优、最具有可持续性的设计方案。

在工程技术方案中应用价值工程原理，从技术优缺点、工程费用、适应性、运行维护等方面对建设项目全生命周期内不同阶段的工程技术方案进行技术经济分析、优化和创新，有利于合理匹配建设项目的工程造价、使用成本及项目功能，在最低成本的基础上实现价值最优化。工程项目技术价值跟踪评价内容见表2-4。

表2-4 工程项目技术价值跟踪评价内容

生命周期	技术方案阶段	技术价值管理内容
前期阶段	启动策划阶段	收集、整理和分析与设计有关的基础资料，如项目所在地区的总体规划、项目所在地区的居住人口、项目用地现状、工程地质水文、项目周边交通条件、项目周边公共设施等资料。对这些资料进行分析，结合建设单位对所建项目的定位和功能要求，转化为设计需求参数条件，为准确而有效地编制设计文件打好基础
准备阶段	方案设计阶段	对整体方案进行设计、评价和优选
	初步设计阶段	对各专业工程方案进行设计、评价和优选
	施工图设计阶段	对各分部分项工程方案进行设计、评价和优选
建设阶段	控制纠偏阶段	针对生产工艺方案、技术先进性、建筑材料选用，并结合现场施工方案的可行性开展设计优化
运营阶段	后评价阶段	通过与原始设计目标的对比，总结经验教训，提高同类项目的设计质量和效益

三、全过程工程咨询财务价值导向

（一）工程项目的财务价值目标

工程项目的财务价值指投资项目的盈利能力、偿债能力和财务生存能力，不仅是从项目角度出发考察财务可行性的重要依据，还是减少和规避投资风险、充分发挥投资效益的关键判据。其价值目标主要体现在以下方面。

1. 项目决策的重要依据

财务价值结论是多方案比选和投资决策的重要依据。项目发起人决定是否发起或进一步推进拟建项目；出资人决定是否投资于拟建项目；债权人决定是否对拟建项目予以贷款；投资主管部门决定是否批复拟建项目。

2. 合作谈判的重要基础

多元投资主体项目，存在多种合作方式，主要有国内合资或合作项目、中外合资或合作项目、多个外商参与合资或合作项目等。在酝酿合资合作的过程中，财务价值结论起着促使投资各方平等合作的重要作用。

3. 财务方案的重要参考

在项目运作过程中，需要根据财务价值结论制定和优化项目实施的财务方案，编制财务实施计划。对于非经营性项目，可通过财务价值分析来判断项目的财务生存能力和资金缺口，研究提出改进项目财务状况的措施方案，寻求实现项目具有财务可持续性的途径。

（二）工程项目财务价值影响因素及分析评价

1. 影响因素

在投资建设中，一切投资项目都可以抽象为现金流量系统，它是进行财务价值分析评价的基础。项目现金流入通常包括营业收入、补贴收入、回收资产余值和回收流动资金等；现金流出通常包括建设投资、流动资金、经营成本等。因此，对于一般项目而言，投资、成本、收入、税金等变量是构成经济系统现金流量的基本要素，也是工程项目财务价值的影响因素。

（1）项目总投资。项目总投资是指项目建设和投入运营所需要的全部资金，其构成为建设投资、建设期利息和全部流动资金之和。项目总投资应在项目的建设规模、产品方案、生产技术方案、选址方案、工程建设方案以及项目进度计划和融资方案等基本确定的基础上进行估算。

投资估算是拟建项目现金流量预测的主要内容之一。它不仅确定了工程项目的初始现金流出，为投资决策提供重要依据，而且由于资产的投入与预测未来的营业收入紧密相联，固定资产投资规模将持续影响企业未来的营业收入，因此高估或低估都将导致严重的后果，直接影响工程项目预期财务目标的实现。

（2）财务收入。财务收入是对项目运营期未来收入的预测，主要根据投资项目产品方案和预测价格进行测算，具体包括销售收入（销售商品及提供劳务服务）、让渡资产使用权的收入、政府补助收入及其他收入。

财务收入预测是工程项目进行财务价值评价的核心。它为企业投入运营的日常财务活动提供了重要依据，使企业明确项目运营的财务目标。项目的各项收支以预测值为基准，控制偏差、适时调整，以保证项目建设和运营顺利进行。实践经验证明，企业的成功与发展，在很大程度上取决于过去与现在的运营收入及其未来变动趋势。

（3）成本费用。总成本费用是指在运营期内为生产产品或提供服务所发生的全部费用，等于经营成本与折旧费、摊销费和利息支出之和。

成本是产品定价的基础，成本预测是否准确，直接影响产品定价的合理性，影响项目盈利能力和偿债能力的评价结果，影响项目利益相关者的财务决策，关系到项目运作的成败。在市场经济条件下，产品成本是衡量生产消耗补偿的尺度，投资项目必须以产品销售收入抵补产品生产过程中的各项支出，才能获得盈利。产品原材料消耗水平、劳动生产率的高低等，都会通过生产成本反映出来，成为衡量投资项目生产工艺先进性、设备选型合理性、运营组织管理方案科学性的综合性技术经济指标，从而使得投资项目产品成本费用预测和估算在投资项目财务价值分析评价中具有重要作用。

（4）税费。税费是投资项目现金流出量的重要内容之一，税费计算的正确性直接影响项目财务分析评价指标的合理性，进而影响项目的投融资决策。工程项目财务价值的影响因素见表 2-5。

表 2-5　　工程项目财务价值的影响因素

序号	影响因素	具体内容
1	政策法规	对项目的鼓励性或限制性政策、市场准入标准、技术标准、会计政策等
2	投融资条件	资本金比例、股比构成、总投资、资金使用计划、还款方式等
3	建设进度	建设期年限、计算期年限、资金到位情况等
4	财务收入	同类产品市场变化情况、产品价格变化趋势、产品竞争力及市场占有率分析、竞争对手影响、补贴收入等
5	成本费用	原材料价格变化、能源价格变化、利率税率和汇率变化、通货膨胀、资金周转、投资者经营情况等

2. 分析评价

工程项目的财务价值分析评价是在现行投资、财政、税收、金融、财务及会计管理体制下，运用政府公共理财和现代企业理财的理论与方法，采用市场价格预测投资项目投入与产出的净现金流量，分析投资项目的盈利能力、项目财务主体对项目长期债务的还贷能力、项目实施后项目财务主体的财务生存能力及财务可持续性，评价项目的财务可接受性，并通过多方案比选推荐较优方案。

（1）盈利能力分析。盈利能力分析是对项目投资收益能力水平的评价，是财务价值评价的主要内容之一，主要包括动态现金流量分析和静态分析（非折现盈利能力分析）两部分。盈利能力指标可以考察工程项目一定时期内的获利状况、预测未来收益情况，是投资者提高营销能力、降低成本消耗能力、规避经营风险能力的综合体现。投资者也会依托盈利能力指标分析判断项目未来的发展能力，决定是否要对该项目进行投资。

（2）财务生存能力分析。财务生存能力分析是指企业是否有足够的净现金流量维持正常运营，通过分析其财务可持续性，判断项目在财务上的生存能力。可持续性的基本条件首先是有足够的经营净现金流量，其次各年累计盈余资金不应出现负值。财务生存能力指标可以直接揭示项目计算期内各年存在的资金问题，有助于及时应对，调整经营战略，优化还本付息方式，使项目投资活动、融资活动和经营活动所产生的现金流实现资金平衡。

（3）偿债能力分析。偿债能力分析是指在拟定的融资方案下，对项目按规定期限和要求还本付息的能力进行评价。偿债能力指标要通过现金流量分析是否有足够的现金余量用于偿还到期债务的本息，还要通过资产负债率、流动比率、速动比率等指标，揭示举债的合理程度、长期债务和短期债务构成的效益性、举债经营的效果以及清偿债务的实际能力等。其大小不仅直接关系到项目持续经营能力的强弱，还关系到贷款风险和还本付息保障程度的高低，对评价项目的财务价值具有极其重要的意义。

（三）工程项目财务价值管理及跟踪监测评价

一个工程项目自策划到竣工验收和使用运营，整个生命周期需要经历漫长的过程。为保证项目投资决策的正确性，确保投资得到良好的经济回报，规避运营管理风险，除了加强设计优化论证和投资限额控制外，还应加强项目价值管理及跟踪监测评价，全面分析项目财务盈利能力是否达到预期，偿债能力和抗风险能力是否得到保证。采用工程项目财务价值跟踪监测评价，可以根据项目各项影响因素的变化进行调整，使评价结果更具时效性和准确性；可以反映项目存在的投资风险，及时提醒项目投资者做出合理调整；可以倒推提高项目效益的措施和优化方向，有利于节约工程投资和优化工程方案。因此，对工程项目进行财务价值跟踪评价是十分必要的。

1. 财务价值跟踪评价的概念

工程项目财务价值跟踪评价是指从项目角度出发在其全生命周期内结合各阶段的内外部条件变化，适时修正评价参数，进行财务价值评价，并与基础财务价值评价结果和同行业平均水平进行对比分析，及时反馈项目的财务效益情况，提出切实可行的调整优化措施及建议，从而指导项目投资决策和下一阶段的生产经营活动，不断提升项目价值。财务价值跟踪评价有以下特点。

(1) 监测性。财务价值跟踪评价将使用项目的计划与设计数据、项目投入运营的实际数据、项目发展的后续预测数据三类数据进行纵向对比分析，具有较强的监测性。

(2) 动态性。财务价值跟踪评价是在项目全生命周期内结合各阶段内外部条件变化进行的一种跟踪和评价工作，它反映了某一阶段或某一时点的评价结果，具有较强的动态性。

(3) 反馈性。财务价值跟踪评价的重要意义在于为项目管理者反馈信息，提前揭示条件变化对项目带来的各项风险，提出降低项目投资、运营风险的措施及建议，为下一步的项目管理和运营提供依据和指明方向。

2. 财务价值跟踪评价的内容

财务价值跟踪评价包括阶段评价和纵向对比两部分内容。

(1) 阶段评价。工程项目的财务价值评价模型所涉及的内外部影响因素较多。应密切关注项目内外部的主要影响条件，一旦发现某些条件变化可能导致项目财务价值评价结果发生较大变化，应及时进行调整，重新进行财务价值评价，并向项目决策层进行及时反馈。

（2）纵向对比。工程项目在全生命周期内会进行多次财务价值评价。应注意保存和整理好历次评价的相关数据和材料，对项目各项边界条件的变化趋势进行分析，论证对项目带来的各项影响，并在此基础上适度预测未来项目变化走向，为项目平稳推进提供可靠数据支撑。工程项目财务价值跟踪评价内容见表 2-6。

表 2-6　　工程项目财务价值跟踪评价内容

生命周期		财务评价方法	财务价值管理内容
前期阶段	规划和机会研究阶段	阶段评价	对项目的内外部条件认识还不深刻，不确定性比较大，可以采用综合性资料，计算简便的财务指标进行静态分析
	项目建议书阶段	阶段评价	重点围绕项目立项建设的必要性和可能性，分析论证项目的财务条件和财务状况，采用的基础数据可较为粗略，评价指标也可适度简化
	可行性研究阶段	阶段评价	通过盈利能力、财务生存能力和偿债能力分析，对建设项目的财务可接受性进行详细、全面的分析论证
建设阶段		跟踪评价（阶段评价、纵向对比）	（1）通过跟踪评价，反馈项目完成率，判断项目预期效益目标的实现程度，调整运营策略。 （2）总结经验教训，提高类似项目的决策、管理和实施水平
运营阶段		跟踪评价（阶段评价、纵向对比）	侧重于项目运营过程的财务效果反馈，将运营期间取得的实际数据，从投资、产量、成本和效益四个层面进行跟踪评价，实时监控项目的运营效果。通过完成指标与前期阶段指标的对比，分析差异和原因，评价项目的阶段效果，为发展战略、管理决策和运营方案调整提供建议

四、全过程工程咨询经济价值导向

（一）工程项目经济价值目标

工程项目的经济价值是指投资项目在宏观经济方面的合理性，主要包括项目的经济效率和效果，引导和促进社会资源优化配置，实现企业利益、地区利益与全社会利益的有机结合与平衡等方面。

1. 正确反映项目贡献

由于企业利益并不总是与国家和社会利益完全一致，因此经济价值主要从国家给予项目补贴、企业向国家缴税、项目外部效果等项目对社会资源增加所做贡献和项目引起社会资源耗费增加的角度进行分析，以便正确反映项目对社会福利的净贡献。

2. 合理配置社会资源

由于不完全或非市场项目市场竞争不充分、具有外部性或非边际性以及公共性和公益性等特征，以实际市场价格为基础的收入和支出不足以或不能反映项目的社会经济效益和费用，市场导向的投资决策会偏离社会的需求（供应不足或供应过度），造成资源配置的浪费。经济价值评价的目的即是通过项目的经济效益和费用的分析和计算，实现企业利益、地区利益与全社会利益的有机结合与平衡，形成并推荐资源配置最为合理的项目方案。

3. 提升决策的科学性

审批和核准项目，需要从社会经济角度评价和考察，支持和发展对社会经济贡献大的项目，并限制和制止对社会经济贡献小甚至有负面影响的项目。因此，从发展战略规划、投资机会研究和项目初步可行性研究阶段开始，就应正确运用经济分析，在项目决策中有效察觉盲目建设、重复建设，引导形成经济上合理的投资方案，而不只是对最终方案进行指标的计算和评估。

（二）工程项目经济价值影响因素及其分析评价

1. 影响因素

（1）直接效益和直接费用。直接效益和直接费用也可称为内部效果，是指由项目产出物直接产生，并在项目计算范围内的经济效益和经济费用。直接效益和直接费用一般在财务价值评价中会得到反映，但有时会有一定程度的失真，因而需要用经济价格等进行调整。

直接效益表现为项目为社会生产提供的物质产品、科技文化成果和各种服务所产生的效益。主要包括项目产出用于满足国内新增需求时，直接效益为国内新增需求的支付意愿；项目产出用于替代其他厂商的其他产品或服务时，直接效益为被替代厂商减产或停产节省的社会资源价值；项目产出直接出口或替代进口商品，从而导致进口减少时，直接效益为国家外汇收入的增加或支出的减少。

直接费用表现为投入项目的各种物料、人工、资金、技术以及自然资源而带来的社会资源的消耗。主要包括社会扩大生产规模满足项目对投入的需求时，直接费用为增加耗用的社会资源价值；社会不能增加供给导致其他人被迫放弃使用这些资源来满足项目需要时，直接费用为社会因其他人被迫放弃使用这些资源而损失的效益。

（2）间接效益和间接费用。间接效益和间接费用也可称为外部效果，是指由项目外部性所导致的项目对外部的影响，而项目本身并未因此获得实际收入或支付费用。主要包括环境和生态效果、技术扩散效果、“上下游”产业关联效果、乘数效果和价格影响等。一般在财务价值评价中没有得到反映。

2. 分析评价

工程项目的经济价值评价是从社会资源优化配置的角度考察项目实施的经济合理性。项目占用的各类社会资源都具有不同程度的稀缺性，经济价值评价要求从资源配置的效率和公平角度分析和评估拟建项目方案是否值得进行、是否优于其他可替代的项目方案。

（1）经济费用效益分析。经济费用效益分析是项目经济效率分析的重要方法之一，是将对应主要项目目标的、可以用货币表示的效益与费用进行对比，以资源配置的效率性为准则（即补偿准则），对项目方案做出判断和比选的方法框架。多数项目目标都为满足各种消费或服务的需求、增加外汇的净收入、减少资源的耗用或占用、使社会资产增值、减少消费者的各种耗费等。通过这种比选方法，不仅能从资源配置的效率角度判断推荐方案的经济可行性，而且可以形成满足项目目标的、经济上最有效率的项目建设方案。因此，经济费用效益的指标判据是项目决策的重要依据。

（2）经济费用效果分析。经济费用效果分析适用于难以用货币单位计量目标的非市场项目，诸如国防、环境、卫生、安全、教育等，其效果主要体现在增强国防实力、提高健康水平、挽救生命、改善环境以及提高文化知识水平等方面。可以用费用-效果分析代替费用-效益分析，按资源配置的效率准则，选择最佳的项目方案。这种方法也可以用于市场项目前期或项目局部的方案比较。

使用经济费用效果分析有可能在各种可行的方案中选择资源配置最有效率的方案。但是，由于效果和费用采用不同的量纲，无法通过对方案本身的效果与费用的比较来得出被选出的方案是否值得进行投资建设的结论。因此，运用这种方法的前提是要有尽可能多的、能实现项目目标的、在其他方面可行的备选方案，同时要辅以其他评价准则，以判定项目是否一定要进行。

（3）经济影响分析。项目的经济影响分析，可以采用各种指标，通过定性和定量分析的方法进行分析评价，主要包括客观评价和主观评价两种。

1）客观评价。在对项目的产出与其影响后果进行客观分析的基础上，对其影响后果进行预测分析。通常可采用总量指标、结构指标、国力适应性指标以及就业和收入分配指标等，对项目的经济影响进行量化分析计算。

2）主观评价。以真实或假设的市场行为的可能后果为依据，通过项目评价人员的主观判断，对项目的区域或宏观经济影响进行分析评价。

（三）工程项目经济价值流向及受益受损分析

1. 项目经济价值流向分析

工程项目的经济价值流向首先要进行利益相关者分析。利益相关者是指与项目或发展规划有利害关系的个人、群体或机构。主要利益相关者，是指项目的直接受益者或直接受到损害的人；次要利益相关者，是指与项目的方案规划设计、具体实施等相关的人员或机构，如政府部门、融资机构、民间组织等。经济评价重点关注关键利益相关者，他们既可以是主要利益相关者，也可以是次要利益相关者。

工程项目建设和运营过程中谁受益，受益多少，以及谁付出，付出多少，有可能极大程度地影响着项目的实施和持续性，因此必须对项目进行相关利益群体的效益费用流分析。项目利益主体的效益费用流分析是通过比对经济分析和财务分析的差异，识别和估计各利益主体的效益费用流，以观察各利益群体的受益和受损情况，计算各利益主体得益或受损的比率，从而充分估计出特定项目对有关各方的影响，并且可以预测哪个群体会是净收益者，而哪个群体会是净损失者。

2. 贫困分配影响分析

贫困分配影响分析用于确定项目经济效益在贫困群体与非贫困群体间的分配。进行贫困分配影响分析可在估算出各参与群体所取得的经济净效益基础上，按贫困人口在各个群体中所占的比例计算分配给贫困人口的净效益。一般设置贫困影响系数来表示，贫困影响系数表达了经济净效益中贫困人口所分配到的比例。

3. 公益性基础设施项目收费分析

按受益原则和效率原则，使用者应该对项目所提供产品或服务支付费用，并使边际支付意愿等于边际社会成本。但考虑到公益性和公共性项目提供正的外部效果以及低收入群体的支付能力，收费水平往往要低于上述的均衡价格。这类项目一般不能通过收费来达到项目投资商业性的回报标准，需要政府补贴。但不收费（除非收费在技术上不可行或成本太高）或收费太低，也不符合公平负担原则，并可能造成过度消费。收费水平实质上体现着投资者、政府财政和受益者之间的利益分配关系。

4. 公平分配效果分析

公平分配效果分析就是考虑项目对社会分配目标的影响，通过计算分配权重，根据不同社会群体所获得的效益和付出的费用给以不同的权重，重新计算项目的净现值。按经过调整的净现值是否大于等于零来判断项目方案是否达到目标。这种方法要事先给出不同群体的权重，称之为显性权重评价。公平分配效果的分析，不能代替原有的、以资源配置效率为目的的评价准则，可以作为附加的另一个层次的分析。

（四）工程项目经济价值管理及跟踪评价

工程项目经济价值跟踪评价，既要考虑项目的直接效益，又要考虑项目的间接效益；既要考虑项目的直接成本，还要考虑间接成本。财务价值评价跟踪关注与项目直接相关的货币流动；而经济价值评价跟踪则需要围绕项目发生的资源流动，因此，在具体评价方法和评价内容上，经济价值跟踪评价需在财务价值跟踪评价的基础上进行调整。工程项目经济价值跟踪评价内容见表 2-7。

表 2-7　　工程项目经济价值跟踪评价内容

生命周期		经济评价方法	经济价值管理内容
前期阶段	规划和机会研究阶段	阶段评价	（1）确定项目类型； （2）直接、间接费用和效益的初步识别； （3）判断是否需要从资源配置经济效率角度进行详细的经济评价
	项目建议书阶段	阶段评价	分析论证项目的经济条件和经济状况，采用的基础数据较为粗略，评价指标也可适度简化
	可行性研究阶段	阶段评价	通过费用效益分析或费用效果分析的方法判断建设项目的经济合理性；特大型建设项目还需进行区域经济影响分析和宏观经济影响分析
建设阶段		跟踪评价 （阶段评价、纵向对比）	通过跟踪评价，判断项目预期经济效益目标的实现程度，调整项目战略规划以及相应方案； 总结经验教训，提高类似项目的决策、管理和实施水平
运营阶段		跟踪评价 （阶段评价、纵向对比）	侧重于项目运营过程的经济效果反馈，将运营期间取得的实际数据，从直接效益和费用、间接效益和费用两个层面进行跟踪评价，实时监控项目的经济效果。通过完成指标与前期阶段指标的对比，分析差异和原因，评价项目的阶段效果，为管理决策、运营方案调整提供建议

五、全过程工程咨询环境价值导向

（一）工程项目的环境价值目标

工程项目的环境价值是指对建设项目实施后可能产生的环境影响（后果）进行系统识别、预测和评估，提出科学合理的环境保护措施，把因人类活动而产生的环境污染或生态破坏限制在最小范围。

1. 为开发建设活动决策提供科学依据

环境价值分析针对具体的开发建设或生产活动，综合考虑活动特征和环境特征，通过对污染治理设施的技术、经济和环境论证，为决策提供科学合理的环境信息，从而实现绿色决策和可持续决策。

2. 保证建设项目选址和布局的合理性

合理的经济布局是保证环境与经济持续发展的前提条件，而不合理的布局则是造成环境污染的重要原因。环境价值评价结论可用于从建设项目所在地区的整体角度，考察建设项目的不同选址和布局对区域整体环境的不同影响，通过比选保证建设选址和布局的合理性。

3. 为区域开发的社会经济发展提供导向

环境价值分析可以通过对区域的自然条件、资源条件、社会条件和经济发展等进行综合分析，掌握该地区的资源、环境和社会等状况。因此环境价值结论有利于引导该地区发展方向、发展规模、产业结构和产业布局的科学决策和规划，实现可持续发展。

（二）工程项目环境价值影响因素及分析评价

1. 影响因素

工程项目在建设阶段和生产运行阶段可能会对大气环境、地表水环境、地下水环境、声环境、土壤环境和生态环境等要素造成不同程度的影响。影响这些环境要素的主要因素包括：

（1）建设项目的工程特点。

1）建设阶段活动：包括施工方式、施工时序等；

2）运营阶段活动：包括工程性质、工程规模、运行方式、调度调节方式、能源及资源的使用量及类型、污染物排放特点（主要污染物种类、性质、排放浓度、排放量、处理方式、排放方式和排放去向等）。

（2）建设项目所在地区的环境特征。主要包括自然环境特点、环境敏感程度、环境质量现状及社会经济环境状况等。

2. 分析评价

工程项目的环境价值评价是指对建设项目实施后可能产生的环境影响（后

果）进行系统识别、预测和评估，提出科学合理的环境保护措施。环境价值评价主要分为三个层次：

（1）现状环境影响评价。现状环境影响评价内容主要包括：

1）自然环境现状调查与评价。包括地形地貌、气候与气象、地质、水文、大气、地表水、地下水、声、生态、土壤、海洋、放射性及辐射（如必要）等调查内容。

2）环境保护目标调查。调查评价范围内的环境功能区划和主要的环境敏感区，详细了解环境保护目标的地理位置、服务功能、四至范围、保护对象和保护要求等。

3）环境质量现状调查与评价。根据建设项目特点、可能产生的环境影响和当地环境特征选择环境要素进行调查与评价。评价区域环境质量现状，说明环境质量的变化趋势，分析区域存在的环境问题及产生的原因。

4）区域污染源调查。选择建设项目常规污染因子和特征污染因子、影响评价区环境质量的主要污染因子和特殊污染因子作为主要调查对象，注意不同污染源的分类调查。

（2）环境预测与评价。根据地区发展规划对拟建项目进行环境影响分析，预测该项目建设后产生的各类污染物对环境产生的影响，并做出评价。

环境预测与评价应重点预测建设项目生产运行阶段正常工况和非正常工况等情况的环境影响。当建设阶段的大气、地表水、地下水、噪声、振动、生态以及土壤等影响程度较重、影响时间较长时，应进行建设阶段的环境影响预测和评价。同时可根据工程特点、规模、环境敏感程度、影响特征等选择开展建设项目服务期满后的环境影响预测和评价。

（3）环境影响经济损益分析。以建设项目实施后的环境影响预测与环境质量现状进行比较，从环境影响的正负两方面，以定性与定量相结合的方式，对建设项目的环境影响后果（包括直接和间接影响、不利和有利影响）进行货币化经济损益核算，估算建设项目环境影响的经济价值。

（三）工程项目环境价值管理及跟踪评价

环境价值跟踪评价主要是针对大型建设项目和环评规划，在建设过程中或者建成后项目实施过程中进行跟踪评价，当项目出现了与预期结果有较大差异时必须改进的一种评价制度，跟踪评价是环境管理的重要手段。

1. 环境价值跟踪评价的作用

实施环境价值跟踪评价主要有以下作用：

（1）验证对比功能。环境价值评价过程和项目实施过程伴随着一系列不确定性因素。跟踪评价通过合规性审查，可对环境影响的预测和实际是否发生以及发生程度进行对比，并验证评价方法是否适当，采取的环保措施是否合理。

（2）早期预警功能。跟踪评价的实质是对项目实施过程中的环境变化进行监测。通过对预测和实际产生的环境影响进行比较，可及时识别未能预见的环境影响，以便采取适当的减缓措施。

（3）优化方法功能。跟踪评价可分析和对比现有评价方法和技术的适用范围、使用效果以及存在的缺陷，进而提高对环境因果关系的认识，并对其进行修正和更新。

（4）协助管理功能。项目的预期性、长期性、动态性，决定其时刻面临相关政策标准、自然或社会环境等的变化，跟踪评价可及时有效地将这些变化反馈至决策机构，便于决策者进行适应性管理和及时修正。

2. 环境价值跟踪评价的内容

环境价值跟踪评价是在建设项目环境影响评价基础上进行的回顾性评价和预测评价。跟踪评价不仅要通过回顾性评价来验证建设项目环境影响评价的准确性和判定减缓措施的有效性，而且还要根据评价结果提出改进措施，以指导和调整建设项目尚未实施的部分，对后续发展情况进行预测评价。

跟踪评价的工作内容主要包括四个方面。

（1）项目回顾评价。分析建设项目实施阶段和决策阶段的异同，重点分析在发展定位、目标与规模、产业结构（包括主导产业）、功能布局和基础设施建设等方面在具体实施过程中的落实情况，识别以上影响要素具体实施和建设项目环境影响评价（以下简称“原环评”）中的差异性，并对差异造成的环境影响变化进行识别。

（2）环评回顾评价。主要分析原环评中的减缓措施和结论以及相应环评审查意见的执行情况，对建设项目实施导致的环境影响和原环评中预测成果的异同进行分析评价。

（3）环境质量回顾评价。分析建设项目区域及周边环境质量的变化程度和趋势，论述区域开发对环境的影响和存在的主要环境问题及环境制约因素。

（4）后续发展预测评价。基于回顾评价的结论和环境质量现状，对建设项目已实施部分进行优化调整，对未实施部分进行重新预测，对原环评的减缓措施进行调整，或提出新的减缓措施要求和环境管理与监控要求。工程项目环境全过程管理内容见表 2-8。

表 2-8　　工程项目环境价值全过程管理内容

生命周期	管理环节	环境价值管理内容
前期阶段	规划环节	规划环境影响评价
准备阶段	立项环节或施工前	建设项目环境影响评价
建设阶段	施工建设	环保设施“三同时”企业工程环境监理
	竣工验收	环保设施自验收
	施工建设	环境影响评价，包括项目回顾评价、环评回顾评价、环境质量回顾评价、后续发展预测评价等
运营阶段	运行前	工业企业申请排污许可证
	运行期	日常环境监督管理
	运行 3～5 年后	环境影响后评价
	报废	矿山项目等土地复垦、污染工业企业场地环境修复等

六、全过程工程咨询社会价值导向

（一）工程项目社会价值与企业社会责任

从 21 世纪初至今，企业社会责任开始得到广泛关注。企业除了考虑自身的财政和经营状况外，也要加入其对社会和自然环境所造成影响的考量，主要包括企业对员工的责任、对消费者的责任、对所在社区的责任、对弱者的责任、对资源和环境的责任以及对国家的责任等方面的社会责任。

1. 工程项目社会价值的内涵

工程项目是企业生产经营过程中的一项活动，也承担着社会责任，并创造相应的社会价值。工程项目的社会价值是指工程项目在国家、地方、社区三个层面对社会发展和目标人群做出的贡献，主要包括提升人民群众教育水平和知识技能，提高人民健康水平，促进社会公共福利增长以及公平分配等方面。

2. 工程项目宏观层面的社会价值

在宏观层面上，工程项目的社会价值主要包括实现经济和社会的稳定、持续和协调发展；满足人们的基本社会需求；保证不同地区之间的公平协调发展；充分利用地方资源、人力、技术和知识，增强地方的参与程度；减少或避免项目建设和运行可能引起的社会问题等。

3. 工程项目微观层面的社会价值

在微观项目层面上，工程项目的社会价值主要包括制定一个能够切实完成项目目标的机制和组织模式；保证项目收益在项目所在地区不同利益相关者之间的公平分配；预测潜在风险并分析减少不良社会后果和影响的对策措施；提出为实现各种社会目标而需要对项目设计方案进行改进的建议；增强项目所在地区民众有效参与项目建设和管理，以维持项目效果的可持续性；防止或尽量减少项目对地区社会环境造成负面影响等。

（二）工程项目社会价值影响因素及分析评价

1. 影响因素

社会价值评价涉及的社会因素一般可分为影响人类生活和行为的因素、影响社会环境变迁的因素和影响社会稳定和发展的因素。

（1）影响人类生活和行为的因素：主要包括对就业、收入分配、社区发展和城市建设、居民身心健康、文化教育事业、社区福利和社会保障等的影响因素。

（2）影响社会环境变迁的因素：主要包括对自然和生态环境、资源综合开发利用、能源节约、耕地和水资源等的影响因素。

（3）影响社会稳定和发展的因素：主要包括对人们风俗习惯、宗教信仰、民族团结的影响，对社区组织结构和地方管理机构的影响，对国家安全和地区发展的影响等。

2. 分析评价

社会价值的分析评价主要包括社会影响分析、项目与所在地区的互适性分析和社会风险分析。

（1）社会影响分析。项目的社会影响分析从国家、地区、社区三个层面展开，主要研究内容包括项目对所在地居民收入的影响，对所在地区居民生活水平和质量的影响，对所在地区居民就业的影响，对所在地区不同利益相关者的影响，对所在地区弱势群体利益的影响，对所在地区文化教育和卫生的影响，对当地社会基础设施、社会服务容量和城市化进程的影响，对所在地区少数民族风俗习惯和宗教的影响。

（2）社会适应性分析。社会适应性分析是通过利益相关者分析，阐述拟建项目能否为当地的社会环境、人文条件所接纳，评价该项目与当地社会环境的相互适应性。主要研究内容包括分析预测与项目直接相关的不同利益相关者对项目建设和运营的态度及参与程度、项目所在地区的社会组织对项目建设和运营的态度、所在地区社会环境和文化状况能否适应项目建设和发展需要。

（3）社会风险分析。社会风险分析的主要目的是要全面了解目标人群和项目潜在影响的其他群体的风险及其脆弱性，并针对这些风险和脆弱性制定相应的应对策略，通过将传统的风险降低和管理机制与项目方案设计和实施的其他措施相结合，提高目标人群承受风险的能力。主要研究内容包括移民安置问题、民族矛盾和宗教问题、弱势群体支持问题和受损补偿问题。

（三）工程项目社会价值管理及跟踪评价

社会价值评价工作应贯穿于项目周期的全部过程，但项目周期各阶段的社会价值评价工作的侧重点应有所不同。在项目前期阶段，应进行初步社会筛选；在准备阶段应进行详细社会评价与分析；在实施阶段，应进行社会监测与评价；在运营阶段，应进行后评价工作。

初步社会筛选的目的是识别对项目设计或实施具有重要影响的社会因素，并确定是否需要在项目准备阶段进行详细社会分析。

详细社会评价的目的是为项目设计和实施提供有关社会组织和文化习俗方面的信息，为消除和减缓负面社会影响的行动方案提供详尽的社会经济数据，以确保项目准备的质量和实施的成功。

社会监测和评价的目的是衡量项目的实施成功与否，评价项目设计方案能否满足项目目标群体的需求。

社会影响后评价分析的内容、方法、步骤与详细社会评价基本相同，但后评价主要是结合评价项目实施后产生的实际情况，对项目进行再分析，并与详细社会评价结论进行对比，找出变化原因，为今后建设同类项目提供经验。工程项目社会价值跟踪评价内容见表 2-9。

表 2-9　　工程项目社会价值跟踪评价内容

项目周期	社会评价阶段	社会价值管理内容
前期阶段	初步社会筛选	(1) 识别有战略性参与意义的关键利益相关者； (2) 识别对项目方案制定和实施有重要意义的社会因素； (3) 按项目内容归纳关键社会问题； (4) 根据项目地区的发展优先次序及社会发展目标，从社会评价的角度论证项目建设的必要性； (5) 识别项目可能引发的负面社会影响； (6) 寻找项目影响人群受益的机会； (7) 判断是否需要进一步详细地进行社会分析评价
准备阶段	详细社会评价	(1) 提供当地社会组织和文化习俗等方面的信息； (2) 评价项目活动与当地需求之间的兼容程度； (3) 评价机构和组织方面的问题，确认有助于利益相关者参与项目的社会资源状况； (4) 制定参与框架，使男性和女性、穷人和脆弱群体及更广泛意义上的利益相关者能够参与项目的有关过程； (5) 作为参与框架的一部分，设计参与机制框架； (6) 确定每个利益相关者的具体责任和可供监测的项目活动； (7) 制定实施方案，包括机构调整、能力建设、目标定位、职能排序和激励机制； (8) 评价社会效益和社会风险； (9) 提出减缓项目负面影响应采取的措施

续表

项目周期	社会评价阶段	社会价值管理内容
实施阶段	社会监测与评价	（1）制定公开的可核查监测与评价程序； （2）制定监测与评价指标，以衡量项目实际产生的社会影响； （3）评估项目满足目标群体需求的程度； （4）确保在各类负面影响减缓方案中建立监测与评价程序； （5）及时提出消除妨碍项目社会目标实现的调整方案
运营阶段	后评价	（1）重新明确项目的目标与实际影响范围； （2）采用过程监测数据和现场调查数据重新预测论证项目的社会影响、互适性分析和持续性分析； （3）注重实际影响与预测影响的对比分析，找出变化原因，并对仍然存在的不利社会影响采取适当的减轻措施

第二节　全过程工程咨询的理论基础

一、项目周期管理理论

（一）工程项目生命周期内涵

1. 生命周期理论

生命周期理论（Life Cycle Theory）最早由 F·莫迪利亚尼基于对商品消费行为的研究提出，其基本含义可以理解为商品，或者更广义的物品，"从摇篮到坟墓"（Cradle-to-Grave）的整个过程。在目前有关生命周期理论的研究中，主要有两种生命周期划分方法：一种是较为传统的方法，即根据市场发展理论来对产品和行业的生命周期进行划分；另一种方法则是针对客户需求的变化来提供能够及时满足客户需求变动的产品组合，并根据产品组合的变动来划分生命周期。按照诸多学者研究对象的不同，生命周期理论主要分为产品生命周期理论、企业生命周期理论、客户生命周期理论、产业生命周期理论等类别。

2. 项目生命周期

项目生命周期的概念是由产品生命周期衍生而来的。产品生命周期指的是某种新产品从进入市场到最终被市场完全淘汰的全过程，随着产品生命周期的演进，产品所涉及的资本、技术的密集程度不断变化，其市场需求、生产地域、生产要素等一系列相关因素也都随着生命周期阶段的变化不断改变。产品的利益相关者如果要进行产品决策，就必须综合考虑到产品在不同生命周期阶段所涉及因素的复杂性和差异性，并且针对不同阶段予以区别对待。工程项目由于也具有存在生产者（实施方）和消费者（委托方）的属性，因而可以被视作为一种特殊的产品。工程项目从开始到结束，所经历的各个生命阶段，包括从研究立项开始，历经可行性分析阶段、规划设计阶段、施工建设阶段、竣工验收阶段及后续生产管理阶段的全过程，就是工程类项目特有的生命周期。自20世纪70年代起，美国军队领域逐步将产品和设备的全生命周期管理概念应用于国防军工、交通、能源开采等多个领域的项目管理中，目的在于保障相关领域核心项目在实施过程中的合理规划、工程质量、运行效率及可靠性等关键要素，确保项目在整个生命周期实现整体最优的管理目标。

（二）工程项目周期的阶段划分

项目生命周期是描述项目从开始到结束所经历的各个阶段，目前主流的项目生命周期管理的阶段划分理论，是针对项目从规划到交付的全过程，划分为“需求识别阶段、方案制定阶段、项目实施阶段、项目结束阶段”四个阶段，通常也可描述为规划阶段、计划阶段、实施阶段和完成阶段。实际工作中可以针对不同领域或不同方法进行划分。

1. 规划阶段：项目策划

项目生命周期的第一阶段是整个项目的规划阶段，主要完成的工作是提出项目建设需求，作出项目具体定义以及做出项目需求分析决策。在该项目阶段的开始之初，由项目调研机构或内部项目发展、立项相关人员发起针对本项目的需求调研，通过对项目的需求分析提案或者报告进行论证分析，形成具体的项目需求分析报告（Request for Proposal，RFP）。项目需求报告交由项目管理组织报送至企业管理层，管理层针对项目的实际情况进行需求风险，需求合理性、完整性的分析和讨论，并结合企业发展战略，最终进行决策，决定是否启动项目规划和具体的论证实施工作。在工程项目中，项目生命周期第一阶段又称为项目策划阶段，主要工作包括项目需求分析，项目目标、范围和要求的确定，项目立项论证分析，项目可行性分析和项目预期结果研究等。

2. 计划阶段：施工准备

项目生命周期的第二阶段是整个项目的计划阶段，在工程项目中也称为施工准备阶段。在此阶段内，项目管理人员应根据第一阶段所确定的项目建设需求，制定实现这些项目需求所要完成的工作。一般情况下，这些工作包括项目前期管理规划、项目招投标、项目实施方案规划（包括施工进度、成本控制、质量保障方案、资源需求计划等）。此外，还要针对性地开展项目相关的设计工作，包括技术方案、实施所需相关设备和生产参数等。一些财务资金方面的规划工作，如制定预算、分析资金需求等工作，也需要在这一阶段完成。

3. 实施阶段：工程建设

项目全生命周期的第三阶段为实施阶段，当工程项目进入到实施阶段，项目管理工作就逐步向工程建设方面转移。除了项目施工相关的管理工作，项目人员还需要开展与项目有关的控制工作、保障工作，确保项目的进展同前期计划一致，其中包括项目中期检查、项目质量控制、项目安全检查、预算控制、物资采购管理等工作。工程项目实施阶段是整个项目产出物的形成阶段，因此一切管理工作都是为了保证在该阶段顺利完成项目成果的生成。

4. 完成阶段：竣工验收和运营

项目实施后即进入项目的完成阶段，需要通过项目验收确认完工节点，并确保项目成果交付完成后投入运营。工程项目的完成阶段，代表着项目的建设产出物和成果已经通过了项目业主的检查和使用者、委托者或者第三方的确认，所有项目围绕产出物的生产、建设管理和移交工作已经完成。项目竣工验收并投入运营后，项目公司还需要对项目的生产数据进行记录和分析，收集社会各方对该项目的正面、负面评价，对项目的实施成果进行全方位评估，并进一步论证项目是否达到前期规划目标要求，总结项目经验，整理并保存项目材料，形成项目文档备查。

（三）项目周期管理及其在全过程工程咨询中的应用

1. 项目周期各阶段的主要活动

（1）项目策划阶段。项目策划阶段需要确定建设项目目标，包括宏观目标和具体目标两个层次。宏观目标是指项目建设对国家、地区、部门或行业要达到的整体发展目标所产生的积极影响和作用；具体目标是指项目建设要达到的直接效果，主要包括效益目标、规模目标、功能目标和市场目标等。项目目标的确定需要重点解决“该不该建、在哪儿建、建什么、建多大、何时建、如何实施、如何规避风险、谁来运营、产生什么社会效应和经济效益”等决策问题，所确定的项目目标对工程项目长远经济效益和战略方向起着关键性和决定性作用。

（2）施工准备阶段。工程项目施工准备阶段是实现工程项目建设目标的准备阶段，通过在策划阶段形成的项目建议书、可行性研究报告、投资估算等基础上进行深化研究，对拟建项目进行综合分析、论证，编制项目勘察设计文件、进度计划、成本预算等并进行招投标的过程。

（3）工程建设阶段。工程项目建设阶段根据前期设计、发承包阶段所确定下来的设计图纸（包括建设规模、建设功能、技术标准、材料设备选型等）、技术要求、招投标文件、施工合同的约定以及其他规定进行项目的建设。工程建设阶段涉及的利益相关主体众多，参与单位主要集中在投资人、施工承包商及设备、材料供应商等。其中，投资人的工作职责包括确定施工承包商及设备、材料供应商并签订合同，对项目实施进行监督；施工承包商及设备、材料供应商在项目实施过程中负责相应项目工程的协调，并按合同要求完成承包任务。

（4）竣工验收和运营阶段。工程项目竣工验收阶段的主要工作包括工程资料整理、竣工验收、竣工结算等，一方面需要投资人整理和收集从决策、设计、发承包、实施等阶段中形成的过程文件、图纸、批复等资料，完成竣工验收、结算、移交等工作，另一方面需要把经过检验合格的建设项目及工程资料完整移交给运营机构，并进入运营阶段。工程项目竣工管理包括竣工收尾、竣工验收、竣工结算、竣工决算、回访保修及管理考核评价等。

2. 项目周期全过程工程咨询应用

全过程工程咨询应以工程项目为载体，将项目生命周期各阶段所需要的咨询产品和内容结合，为项目提供全过程工程项目管理以及建设可行性研究、项目实施总体策划、工程规划、工程勘察、工程设计、工程监理、造价咨询、招标代理、运维管理等全方位、全过程的工程咨询服务。全过程工程咨询需要将咨询产品和工程项目有机联系起来，使全过程工程咨询流程和工程项目全生命周期的工作流程相呼应。

(1) 项目策划阶段通过了解研究项目利益相关方的需求，确定优质工程项目的目标，汇集优质工程项目评判标准。通过项目建议书、可行性研究报告、评估报告等形成建设项目的咨询成果，为施工准备阶段提供基础。

(2) 施工准备阶段对策划阶段形成的研究成果进行深化和修正，将项目利益相关方的需求以及优质工程项目目标转化成设计图纸、概预算报告等咨询成果，为选择承包人提供指导方向；通过招标策划、合约规划、招标过程服务等咨询工作，对优质工程项目选择承包人的条件、资质、能力等指标进行策划，并形成招标文件、合同条款、工程量清单、招标控制价等咨询成果，为工程建设阶段顺利开展提供控制和管理的依据。

(3) 工程建设阶段根据发承包形成的合同文件约定和条款进行成本、质量、进度的控制，进行合同管理和信息管理，全面组织协调各参与方，并最终完成工程项目实体。在建设过程中，还应及时整理工程资料，为竣工阶段的验收、移交做准备。

(4) 竣工验收和运营阶段中，首先通过验收检验是否按照合同约定履约完成，然后将验收合格的工程项目以及相关资料移交给运营人，为运营阶段提供保障；项目投入运营后对工程项目进行后评价，研究是否实现项目策划阶段设定的建设目标，是否通过运营体现优质工程项目的价值；最后总结运营人的运营需求，并反馈到下一个项目的策划阶段，为工程项目的前期决策提供更充分的依据。

基于项目生命周期理论，全过程工程咨询不再是传统的碎片化、分阶段的咨询服务，而是由一个具有目标明确的各类专业人员组成的集合体，通过统一规划、分工实施、协调管理、沟通融通，来提供综合性咨询服务，从而有效提高工程项目质量与进度，更好地完成优质工程项目的目标。

（四）项目周期各阶段的专业咨询服务需求

1. 项目策划阶段

全过程工程咨询在策划阶段的主要工作包括项目建议书、可行性研究报告（包括确定投资目标、建设方案、风险分析等）、运营策划、评估报告（包括节能评估报告、环境影响评价、安全评价、社会稳定风险评价、地质灾害危险性评估、交通影响评价以及水土保持方案）等相关报告的编制以及报送审批工作。从项目建议书到可行性研究报告，是一个由粗到细、由浅入深的逐步明晰工程目标的过程。

2. 施工准备阶段

施工准备阶段全过程工程咨询工作主要包括项目勘察设计策划、勘察设计目标管理、过程管理、沟通管理以及招标采购管理（或代理业务）。

（1）工程项目勘察设计策划。全过程工程咨询机构需要在项目前期策划和决策成果基础上，通过深入收集资料和调查研究，进一步分析和明确投资人需求，运用组织、管理、经济和技术等手段精心策划项目勘察设计工作，实现项目勘察、设计和投资控制的集成与融合，为顺利推进项目招标和施工等奠定良好的基础。

（2）工程项目勘察设计目标管理。目标管理主要包括工程项目勘察设计质量管理、进度管理和投资管理，三者互相影响、相辅相成。对于工程项目来说，投资人的目标主要是在保证工程质量的前提下，缩短工期、降低造价，因此要求咨询机构从投资人的角度出发，以满足项目各参与方的最大利益为契合点，优化工程项目的进度、质量、成本等目标，实现工程项目管理的整体优化。

（3）过程管理。过程管理主要根据国家关于工程建设管理办法、勘察设计有关法律法规，对方案设计阶段、勘察阶段、初步设计阶段、施工阶段的工作依据、工作内容、工作流程以及注意事项等内容进行系统管理，为工程建设提供详细的勘察设计管理指导。

（4）沟通管理。沟通管理是指在合同约定的基础上进一步明确勘察、设计专业咨询工程师与投资人之间在勘察、设计工作方面的关系、联络方式、报告审批制度。工程项目管理具有环环相扣、协调一致的特征，忽视任何环节的沟通都有可能造成混乱。在项目内部树立良好的沟通管理意识，通过咨询机构与各配合单位之间建立顺畅的沟通渠道，才能更好地实现工程项目建设的目标。

（5）招标采购管理。全过程工程咨询机构的工作内容主要包括协助招标人制定招标采购管理制度、招标采购策划、招标采购过程管理、合同管理和招标采购项目后评估。如果采用招标采购代理业务，则需要负责招标或资格预审公告的编制及发布、资格预审及招标文件编制及发布、勘察现场（根据实际情况决定）、招标答疑、开标评标及定标、中标公示、投诉质疑处理、发中标通知书、签订合同等工作。

3. 工程建设阶段

工程建设阶段是工程项目全生命周期中的重要阶段，需要施工承包商按照合同规定对工程成本、质量、进度进行控制，需要投资人对合同、信息进行有效的监管，对能否顺利完成工程项目成果起到至关重要的作用。该阶段需要全过程工程咨询机构进行有效管理，通过对项目建设实施进行全过程、全方位的管理和协调，集成各参建单位的关系和管理以确保项目目标的实现。根据各项管理要点，工程建设阶段的咨询内容可以划分为以下五类。

（1）建设阶段勘察设计咨询。工程项目在设计阶段形成设计文件之后，为了更好地将设计转化为工程实体，需要对设计文件进行现场咨询、专项设计及深化设计咨询、设计交底与图纸会审相关咨询服务。

（2）成本控制。工程建设阶段，全过程工程咨询在工程造价上的控制重点在工程计量以及工程价款支付、施工组织安排，施工中变更、索赔、签证的发生进行审核等工作。

（3）质量控制。工程建设产品是一次性产品，其体量大、投资大、建设周期长、工艺要求复杂，施工环境众多，不便于综合测试，一经建成便不能更换。因此，在工程建设过程中保证工程质量是所有参建各方必须重视和关心的焦点。建设阶段工程质量的控制任务是根据投资人的委托，按照建设工程施工合同，监督承包单位按图纸、规范、规程、标准施工，使施工安装有序地进行，最终形成合格的、具有完整使用价值的工程。

(4) 进度控制。由于工程项目建设过程中，影响其建设进度的因素比较多，导致众多工程的建设进度一拖再拖，不能实现进度目标。因此需要借助 Project 等专业的项目时间管理工具进行进度控制。

(5) 其他管理。包括职业健康与安全管理、风险及防范、现场综合考评、信息管理、组织协调等其他管理和咨询内容。

4. 竣工验收和运营阶段

工程项目竣工管理的内容主要包括竣工验收管理、竣工结算管理、竣工资料管理、竣工移交管理、竣工决算管理、保修期管理等任务，完成竣工阶段后，需要咨询机构交付给投资人的工作成果包括五个部分：合格的建设项目产品、竣工验收报告、档案资料、编制（审核）竣工结算报告、编制（审核）竣工决算报告。

工程项目竣工验收后即进入运营阶段，全过程工程咨询机构在运营阶段的主要任务是检验工程项目是否优质地完成预期目标。咨询机构一方面需要通过评估，评价工程项目全过程的教训和经验，提炼项目决策要点，为下一个工程项目提供更完善的决策参考依据；另一方面需要协助运营人，为工程项目提供清晰的运营设备材料清单以及该等设备材料的使用要求和使用寿命，协助规划其维修方案和费用估算。因此，全过程工程咨询机构在项目运营阶段的主要工作内容包括项目后评价、项目绩效评价、项目设施管理以及资产管理等。

二、工程系统论、控制论与信息论

（一）工程系统论及其在全过程工程咨询中的应用

1. 系统论概述

L. V. 贝塔朗菲于 1932 年提出“开放系统理论”，创立了系统论（systems theory）的思想；随后他于 1937 年提出的“一般系统论原理”，奠定了系统论的理论基础。系统论作为一门科学，是研究系统的一般模式、结构和规律的学问，它研究各种系统的共同特征，用数学方法定量地描述其功能，寻求并确立适用于一切系统的原理、原则和数学模型，是具有逻辑和数学性质的一门科学。

系统论的核心思想是系统的整体性。任何系统都是一个有机的整体，它不是各个部分的机械组合或简单加成，要素之间相互关联构成了一个不可分割的整体，系统的整体功能是各要素在孤立状态下所不具备的，如果将要素从系统整体中割离出来，它将失去要素的作用。任何一个系统都必须具备三个基本要素：系统结构（系统的诸部件及其属性）、系统环境及其界限、系统行为（系统的输入和输出）。系统论的基本思想方法，就是把所研究和处理的对象当作一个系统，分析该系统的结构和功能，研究系统、要素、环境三者的相互关系和变动的规律性，并优化和完善系统功能。

2. 工程项目系统及系统分析

工程项目具有鲜明的系统特征，在项目管理过程中，系统方法是最重要、最基本的思想方法和工作方法。

（1）工程项目系统结构。工程项目系统的结构分析主要包括两种方式，一种是根据项目生命周期的不同阶段，认为工程项目全过程由项目启动阶段、项目计划阶段、项目实施和控制阶段以及项目结尾阶段组成，另一种是根据作用方式的不同分为行为子系统和组织子系统。

（2）工程项目系统环境。工程项目系统环境是指对工程项目有影响的所有外部因素的总和，它们构成项目的边界条件。工程项目系统环境一方面决定着项目需求和项目价值，另一方面又决定着项目的技术方案和实施方案，项目的实施过程就是项目与环境之间互相作用的过程。工程项目系统环境通常包括政治环境、经济环境、法律环境、自然条件、项目基础设施、社会人文环境、同类工程项目资料等。

（3）工程项目系统行为。从整个工程项目管理过程来看，项目目标要求和业主期望为系统的总体输入，项目所需的原材料、设备、资金、劳动力、服务、信息、能源等为具体输入，经过全面的、系统的项目管理和控制，最终输出令业主满意的工程产品。综合工程项目的系统结构、系统环境和系统行为，工程项目系统的基本框架如图 2-3 所示。

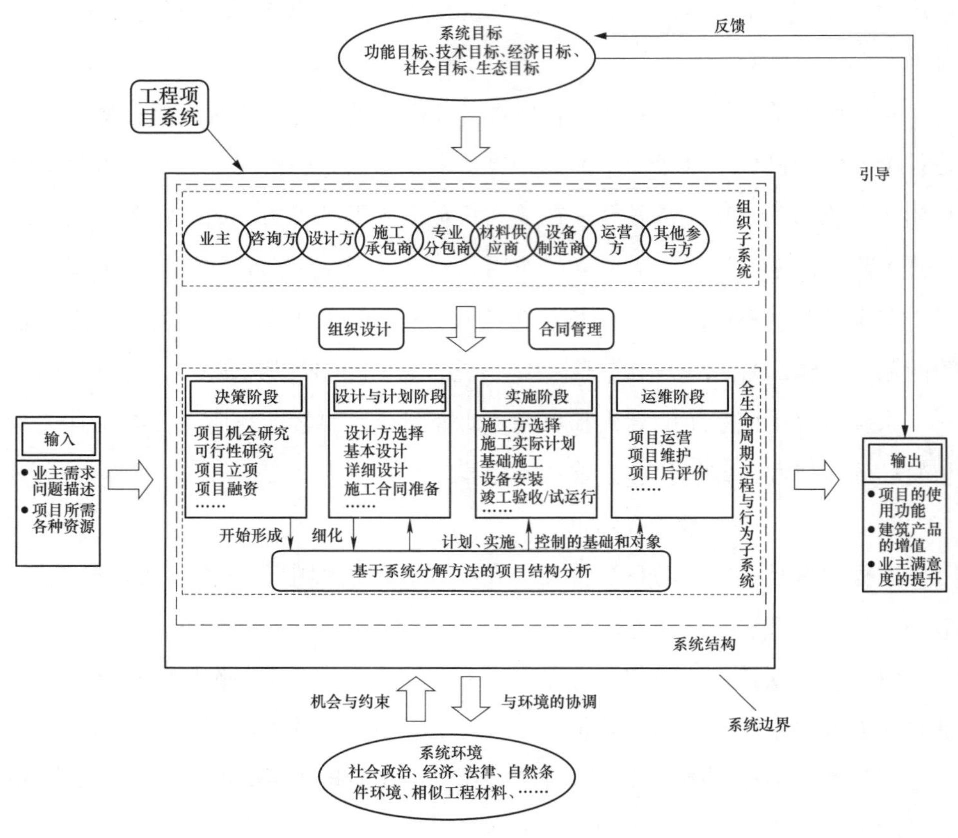

图 2-3　工程项目系统的基本框架

3. 工程系统论在全过程工程咨询中的应用

（1）工程系统论在全过程工程咨询中的应用优势。传统工程项目的全过程有着明显的阶段性。由于建设专业不同，或实施时段不同，或实施方不同，项目生命周期的上下游阶段之间缺乏系统性和连续性，导致缺乏贯穿项目全生命周期的统一的整体目标。例如，工程在进行项目定义和经济评估时，虽然也会考虑运营维护费用，但评估的重点仍然是一次性建造费用；在项目施工阶段，其投资控制目标是一次性建造费用不超过计划投资，使得运营阶段对运维费用的控制处于被动。因此，传统工程项目管理的各阶段目标难以影响工程项目的决策和实施，从而难以达到项目整体目标的优化。

工程项目在全生命周期的所有过程和活动是不可分割的，需要用系统的观点统筹考虑。全过程工程咨询需要实现工程项目全生命周期的数据、资源的共享和各方的协同工作，将原来孤立的各个工程项目过程进行整合，形成一个协调的系统。全过程工程咨询是建立在信息共享基础上的各个阶段之间的协调，通过消除项目实施过程中各种冗余和非增值的子过程，以及影响过程效率的人为因素和资源问题等，使项目总体目标达到最优。

（2）全过程工程咨询的系统性管理。结合工程生命周期和工程项目系统，全过程工程咨询的系统管理过程由项目启动阶段、项目计划阶段、项目实施和控制阶段以及项目结尾阶段组成，每个阶段（子系统）均包括启动过程、计划编制过程、执行过程、控制过程和收尾过程。各子过程通过里程碑标志阶段成果，使项目管理的各个阶段（子系统）由这五个过程组成有机的整体，前后有机地融合在一起，组成了全过程工程咨询进行系统性管理的全过程，如图 2-4 所示。

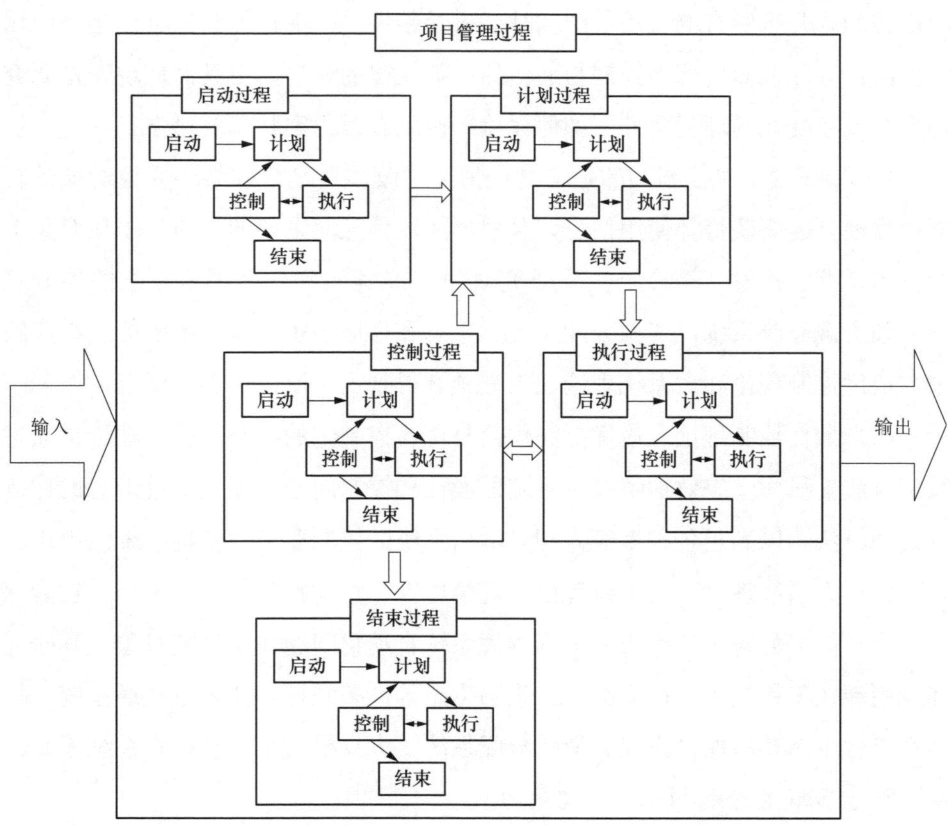

图 2-4　全过程工程咨询的系统性管理过程

在整个系统性管理过程中，各个层级的子过程都是一组将输入转化为输出的相互关联或相互作用的活动。任何一个过程都是由输入、活动、输出三个要素组成。每一个过程均有输入和成果的输出，对过程控制是通过控制规则和资源限制来实现的。在全过程工程咨询过程中，对过程的控制应针对性地落实到项目的各实施单位和管理单位，通过对子过程的协调和管控，实现整个工程项目系统的管理目标。

（二）工程控制论及其在全过程工程咨询中的应用

1. 控制论概述

1834 年，法国物理学家安培在一篇论述科学哲理和分类的文章中，将管理国家的科学称为“控制论”。1948 年，诺伯特·维纳发表了著名书籍《控制论——关于在动物和机器中控制和通讯的科学》，认为控制论的思想和方法已经渗透到了几乎所有的自然科学和社会科学领域。维纳把控制论看作是一门研究生命社会和机器内部中控制与通信的一般规律的科学，更具体地说，是研究动态系统在变化的环境条件下如何保持平衡状态或稳定状态的科学。

在控制论中，“控制”的定义是：为了“改善”某个或某些受控对象的功能或发展，需要获得并使用信息，并根据获取信息而采取的、施加于该对象上的作用。控制论发展至今，主要研究对象已经延伸到众多因素复杂的控制系统，如宏观经济系统、资源分配系统、生态和环境系统、能源系统等。在实践中，最优控制理论和大系统理论在工程领域得到了广泛应用和发展。

（1）最优控制理论。最优控制理论是现代控制论的核心，这一理论是通过数学方法，科学、有效地解决大系统的设计和控制问题，强调采用动态的控制方式和方法，以满足各种多输入和多输出系统的控制要求，实现系统最优化。

（2）大系统理论。大系统理论以规模庞大、结构复杂、目标多样、功能综合、因素繁多的各种工程或非工程的大系统自动化问题作为研究对象，其研究和应用涉及工程技术、社会经济、生物生态等许多领域，如城市交通系统、社会系统、生态环境保护系统、消费分配系统、大规模信息自动检索系统等。

2. 控制论在全过程工程咨询中的应用

项目管理通过信息反馈来揭示成果与标准之间的差距，并采取纠正措施，使系统稳定在预定的目标状态，是一种典型的控制系统。用控制论的概念和方法分析项目管理过程，更便于揭示和描述其内在机理。

（1）工程项目管理中项目控制的目标。全过程工程咨询机构的首要任务，就是在项目实施过程中跟踪和控制项目规划目标的实现。项目目标一经确定，咨询机构必须将其具体化为各项计划和任务、职责分工以及详细的工作流程，项目管理也就进入了控制周期。

项目控制是保证组织的产出和规划一致的一种管理职能。计划是相对的、变化是绝对的，这并非否定工程管理过程中计划的必要性，而是强调变化的绝对性和目标控制的重要性。工程项目管理成败如何，很大程度上取决于项目规划的科学性和项目控制的有效性。

（2）工程项目的控制流程。在工程项目管理中，项目控制围绕投资控制、质量控制和进度控制三大目标进行，这种目标控制是动态的，并且贯穿于工程项目实施的始终。工程项目控制流程示意图如图 2-5 所示。

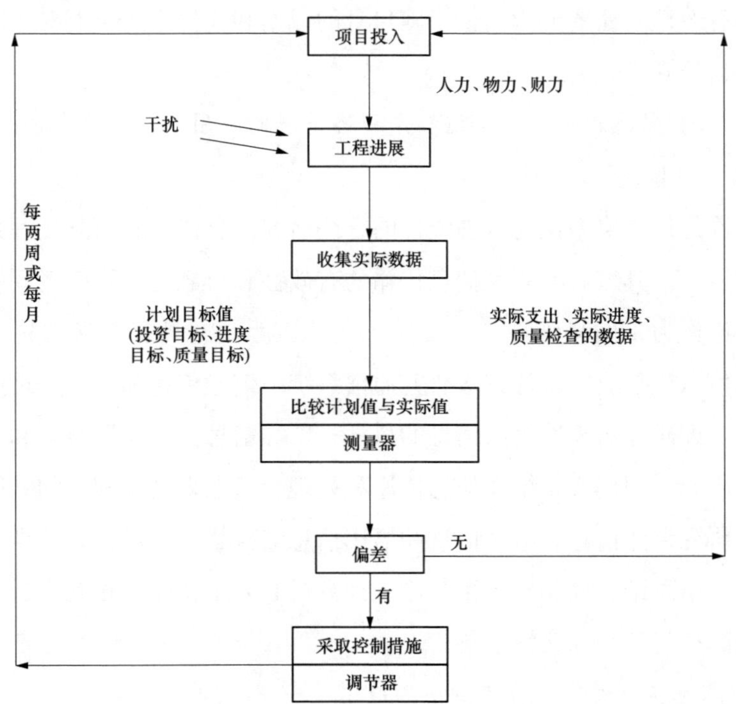

图 2-5　工程项目控制流程示意图

根据图 2-5，全过程工程咨询机构的项目控制流程具体包括：

1）以实现工程项目目标为目的，进行人力、财力、物力的投入；

2）在工程项目建设过程中存在的风险干扰，如恶劣气候、设计出图不及时、材料设备不到位、市场需求发生变化等；

3）收集实际数据，对工程项目进展情况进行评估；

4）把投资目标、进度目标和质量目标等方面的计划值与实际投资发生值、实际进度和质量检查数据进行比较，必要情况下对计划目标值进行论证和分析；

5）如果实际值和计划值没有偏差，则项目继续进展；如果实际值和计划值存在偏差，则分析原因并采取控制措施，以确保项目目标的实现。

控制措施包括组织措施、经济措施、合同措施和技术措施等，选用何种控制措施需要立足于偏差发生的具体情况，同时必须注意这种纠偏措施的选用可能会给项目的目标控制带来新的影响。因此，选择纠偏措施时，不仅要考虑纠偏措施的有效性，还要分析纠偏措施自身的成本和代价以及可能对工程项目目标造成的新的影响。

（三）工程信息论及其在全过程工程咨询中的应用

1. 信息论概述

信息论是运用概率论与数理统计的方法研究信息传输和信息处理系统中一般规律的科学，其核心问题是信息传输的有效性和可靠性以及两者间的关系。

信息论作为一门科学理论，发端于通信工程。它具有广义和狭义两个概念：狭义信息论是应用统计方法研究通信系统中信息传递和信息处理的共同规律的科学，即研究概率性语法信息的科学；广义信息论是应用数学和其他有关科学方法研究一切现实系统中信息传递和处理、信息识别和利用的共同规律的科学，即研究语法信息、语义信息和语用信息的科学。广义信息论也称为信息科学，是由信息论、控制论、系统论、计算机和人工智能等相互渗透、相互结合而形成的一门新兴综合性学科。

2. 信息论在全过程工程咨询中的应用

（1）信息在项目全生命周期中的作用。信息存在于项目全生命周期中的各个阶段，是如实记录和反映工程建设及运营状态和规律的一种载体，在工程项目全过程中发挥着重要作用。

1）信息是评判工程目标是否实现的直接证据。工程信息伴随着项目的进展而发生，最终以咨询报告、手续证照、监测报告、分析报告、验收报告、运营报告等形式，提供给政府主管部门、项目投资人、承包商、使用者及项目管理者。工程项目全过程信息数据与现行的政策法规和标准规范进行对比、与预期的全生命周期投资综合效益进行对比的结果，既是评判工程建设运营目标是否实现的依据，更是工程咨询服务合同履约、管理成效及咨询价值评判的证明。

2）信息是提供科学咨询决策的依据。政策背景、建设需求、项目定位、建设环境、社会风险、组织形式、预期收益等信息是投资决策阶段的依据；现场调研、场址勘察、规范标准、专家意见、政府批文等信息是设计阶段规划、限额设计、实现价值工程的重要依据；工程设计图纸、合同文件、实体图片、过程数据、统计分析等数据和信息是造价咨询、招标采购、项目管理、工程监理等科学决策、管控的重要依据。

3）高效科学的信息管理是顺利完成建设目标、全过程协调管理的有力手段。项目全过程牵涉到众多参建单位和政府主管部门，其相互之间通过函件、报表、文件来传递信息，数量巨大且繁杂，因此必须建立高效科学的信息管理组织，及时收集、整理、筛选、统计、分析、预测信息，确保信息的真实性、内容的完备性、传递的通畅性、查阅的便捷性和数据的价值性，使投资人、承包商、项目管理人员能够全面、细致、准确掌控项目的执行情况，从而提高各方的工作效能和决策水平。

（2）全过程工程咨询信息管理的特征。

1）信息的延续性。在传统咨询模式中，多家专业咨询机构在不同阶段参与不同内容的咨询服务，形成的成果是阶段性的、块状的。在工程项目实践中，尤其是大型、复杂的工程项目实践中，传统咨询的信息管理很容易被简单碎片化，导致很多有价值的信息被忽略，有关联的数据没有被挖掘提炼，影响了管理决策和成效。全过程工程咨询打破了阶段化、碎片化的传统咨询模式，避免了项目全生命周期信息的割裂，确保了信息流的顺畅和传递过程的延续性。

2）信息管理成果的深度。在传统咨询模式中，由于参与项目阶段性的局限，各专业咨询机构对项目前期及背景缺少全面的了解，获取的信息有一定局限性，难以形成有深度的信息成果。而全过程工程咨询机构从项目策划阶段已经介入，立足于项目全生命周期的角度，基于信息获取的广度和管理成果的深度，提出具有较强针对性、指导性和建设性的意见。

（3）全过程工程咨询中的信息管理方法。

1）信息管理的系统化。从系统学和工程管理学的角度分析，工程项目各参与方的各项工作活动在相互联系、相互作用之中形成的能用文字、数据等记载的、互为关联的整体就是信息管理系统。作为一个系统，信息管理必须与计划管理、目标管理、组织协调等管理内容通过策划、组织、制度、流程等手段关联起来，通过PDCA循环，成为一个有组织的整体，形成闭环系统。

2）专业信息管理人员牵头，全员参与。一方面，全过程工程咨询团队里必须设置具有工程专业基础的信息管理工程师，明确何时向何人收集何种信息、收集的信息如何甄别、归纳整理并提炼成果、成果如何取舍并流转给何人；另一方面，其他专业咨询工程师要第一时间将准确、完整的信息反馈给信息工程师，并能将反馈的信息与此前信息进行比对，从而对管理对象进行下一轮的策划和纠偏。

3）数据统计和分析。全过程工程咨询过程中的信息数据是海量级的、多元化的，仅对信息进行简单的归类和检索，将丢弃这些信息数据的内在价值。因此，信息管理的核心是数据的统计和分析，通过信息管理系统科学地处理信息，包括甄别、归类、统计、评判、预测等，并从其中找出问题、提炼规律，对项目的后续管控形成指导性意见，保障项目预期目标的顺利实现，以便最终实现全过程工程咨询服务的核心价值。

4）专业项目管理平台和BIM技术的应用。目前市场中已存在很多专业项目管理平台，可用来整合项目管理内容、实现网上协同办公，极大地提高了管理效率及信息管理水平。此外，基于互联网＋的BIM技术、三维扫描、自动放线机器人、虚拟现实等技术，也被大量应用于工程管理中。全过程的信息管理理念融合这些先进技术，优化了传统管理流程，提高了工程项目数据信息分析的准确性和指导性，加强了项目各个阶段的过程管理，为决策层、业主方及咨询者的科学有效管理夯实了基础。

三、委托代理理论

（一）委托代理理论的主要内容

1. 委托代理理论概述

委托代理理论是制度经济学契约理论的主要内容之一，主要研究的委托代理关系是指一个或多个行为主体根据一种明示或隐含的契约，指定、雇佣另一些行为主体为其服务，同时授予后者一定的决策权利，并根据后者提供的服务数量和质量对其支付相应的报酬。在委托代理关系中，授权者就是委托人，被授权者就是代理人。委托代理理论是建立在非对称信息博弈论的基础上的，即委托人和代理人之间的信息不对称，其中心任务是研究在利益相冲突和信息不对称的环境下，委托人如何设计最优契约激励代理人。

委托代理理论的主要观点认为：委托代理关系是随着生产力大发展和规模化大生产的出现而产生的。其原因一方面是生产力发展使得分工进一步细化，权利的所有者由于知识、能力和精力的原因不能完全行使所有的权利；另一方面专业化分工产生了一大批具有专业知识的代理人，他们有精力、有能力代理行使好被委托的权利。但在委托代理的关系当中，由于委托人与代理人的效用函数不一样，委托人追求的是自己的利益最大化，而代理人追求自己的收益水平、成本节约最大化，这必然导致两者的利益冲突。在没有有效的制度安排下代理人的行为很可能最终损害委托人的利益。

2. 委托代理理论与项目治理的关系

（1）项目治理理论概述。项目治理的概念源自公司治理，项目治理本质上是一种制度框架的搭建过程。公司治理结构体现了一组联结并规范公司所有者、经营者、使用者之间权利与利益关系的制度安排，进而解决公司内部不同权利主体之间的监督、激励和风险分配等问题；而工程项目治理结构则需要体现项目投资人、建设负责人、承包商、供应商、工程咨询机构等主要利益相关者之间权责利关系的制度安排，在这种制度框架安排下完成一个完整的项目交易。项目治理主要分为两个方面：一是项目组织外部，通过市场体系实现，即外部市场治理机制；二是在项目组织内通过内部组织体系实现，称为内部治理机制。

（2）项目治理中的委托代理问题。在传统的工程项目治理结构中，项目投资人（发起人）为委托人，项目建设负责人（项目经理）、承包商、供应商、工程咨询机构等为不同专业的多个代理人。信息的不对称和合约的不完全性使代理人的行为不符合委托人的利益，也就是偏离了委托人建立的目标函数；代理人的信息完全与委托人所获得的信息不完全的事实，导致委托人对代理人的监管约束具有很大的局限性，最终导致委托人利益受损的现象，这就是项目治理中的委托代理问题。

工程项目的本质就是一种临时性的契约组织，在工程项目治理过程中，必然会存在委托代理问题。由于项目发起人和其他项目参与方的利益目标之间的偏差以及信息的不对称性，使得项目各参与方的行动并不符合项目发起人的利益，而且这样的行为并不容易被项目发起人所直接观测。项目发起人根据可观察到的各参与方的行为并且对其行为进行激励约束，使得项目各参与方最大限度地做出对委托人有利的行为，以达到项目治理目标。

（二）委托代理理论在全过程工程咨询中的应用

1. 全过程工程咨询机构角色的转变

在传统的工程项目治理结构中，项目投资人（发起人）为委托人，各专业工程咨询机构为多个分散的代理人，和承包商、供应商等其他代理人一起，由项目投资人直接进行管理。而全过程工程咨询机构可以根据投资人的委托，独立承担项目全过程的全部专业咨询服务，全面整合项目建设过程中所需的投资咨询、勘察、设计、造价咨询、招标代理、监理、运营维护咨询、BIM 咨询等专业咨询以及全过程工程项目管理服务。因此，在实施全过程工程咨询的工程项目中，咨询机构的角色发生了变化，被赋予了委托人和代理认的双重含义：相对于工程项目投资人，全过程工程咨询机构为代理人；而相对于投资咨询、工程勘探、工程设计、造价咨询、招标代理、监理、运营维护咨询等专业咨询，全过程工程咨询机构的身份又相当于他们的委托人，对项目咨询工作起到统领、协调、组织、审核的作用。采用全过程工程咨询的工程项目，从专业咨询工程师的角度来看，有利于集约管理、资源共享；从承包人的角度来看，有利于协调沟通、监督管理；从投资人的角度来看，有利于提高效率、项目增值；从全过程工程咨询机构的角度来看，有利于统筹咨询，打破信息不对称。

2. 基于委托代理理论的管理激励手段

委托代理理论解决的核心问题是寻求激励的影响因素，设计最优的激励机制。在全过程工程实践中，工程项目治理中包括以下常用的激励手段：

(1) 基于风险分担效应的信任。信任起到激励作用的机理：在全过程工程实践中，初始信任使投资人在招标文件中采用风险分担方案，代理人认为按此方案就能获得预期利润，因而具有较为强烈的履约意愿，从而保证项目顺利完成。信任在其中起到至关重要的作用，除了正面的激励，还需要在合同条款中约定违约赔偿，使背信成本高昂。

(2) 基于参照点效应的公平。公平激励的机理：契约中的代理方如果认为在契约里受到了公平对待，就会努力促使字面履约和工程项目履约，这就叫做参照点效应。基于此，在全过程工程项目实施中的变更、调价、不可抗力、不利现场、业主指令错误等关键环节采用风险分担原则，承包商就会感受到公平对待，起到激励效果。

(3) 基于网络传递效应的关系。工程项目中，正式合同、法律约束制度框架外的可以影响到个人或组织行为的非正式的规范，构成了工程项目的关系治理机制。这些规范通过关系网络可以加速扩散，委托人和代理人双方的任何履约表现均会得到放大并发酵。这种效应可以降低交易中的阻碍，促进合作，维护委托人和代理人之间交易的和谐关系，作为正式契约治理的重要补充，最终提高全过程项目咨询的管理效果。

(4) 基于位势差效应的权力。工程项目中的发承包双方本应属于平等交易主体，但因工程市场存在的业主方市场现象，承包商僧多粥少造成实际的从属地位，形成业主的实际市场地位高于承包商的市场地位，这就是位势差。位势差带来的弊端包括业主不采用风险分担，承包商则采用变更、调价、索赔方法造成投资失控。全过程工程咨询机构可以按因势利导的原则建立大标段发包，并赋予总承包方内部分配任务给子公司的权力，用总承包人的权力归属感换取项目监管交易成本下降，全过程项目咨询管理效果相应提升。

四、集成管理理论

（一）集成管理理论概述

1. 集成管理的定义

“集成”的概念可以理解为两个或两个以上要素集合在一起并组成一个有机系统的动作或者过程。这种要素之间的集成并不是简单的叠加或合并，而是一种符合一定规则的科学的构造和组合，其集成的目的在于提高这个由多要素组合而成的系统的整体功能，产生“1＋1＞2”的效果。

集成理论是20世纪90年代出现的一种新的管理哲理和方法，其核心思想是重新审视在管理领域占据统治地位的分工思想，而以集成管理的思想取而代之。集成管理的理论基础是集成理论和系统理论，其技术和方法已不仅仅是一种或几种科学管理方法，也不纯粹是某几种工程技术和手段，而是综合各类方法的、定性与定量相结合的综合集成方法体系。

2. 工程项目的集成管理

工程项目的集成管理是指依据工程项目管理的特点，应用系统论、控制论、信息论、协同论等理论，综合考虑工程项目从决策、勘察设计、招标采购、施工、竣工验收到运营维护的全过程各阶段的衔接关系，质量、工期、成本、安全及环保等各目标要素之间的协同关系以及主管部门、投资人、勘察设计单位、施工单位、监理咨询机构及供应单位等各参与单位之间的动态关系，采用组织、经济及技术等手段，运用项目相关参与人员的知识能力以实现项目利益最大化的一种基于信息技术的高效率项目管理模式。

类似于“集成”的概念，工程项目的集成管理也不是管理要素的简单叠加，而是通过管理要素之间的选择搭配和优化，并按照一定的集成原则和模式进行的构造和组合。工程项目集成管理要求在项目的发起阶段就对项目全生命周期中的多重约束条件进行系统的考虑，平衡项目各目标之间的关系，明确各参与方之间的影响和依赖关系，构建合适的沟通和协调平台，全面实现项目的整体目标。

（二）集成管理理论在全过程工程咨询中的应用

1. 全过程工程咨询环境要素集成管理

（1）全过程工程咨询的外部环境。全过程项目外部环境是指对项目有影响的所有外部因素进行综合，并处在一个不断快速变化的环境之中。外部环境对项目的影响主要体现在以下几点：一是外部环境决定着对项目的需求，决定着项目的存在价值；二是外部环境决定着项目技术方案和实施方案及它们的优化；三是环境因素是产生风险的根源。

（2）全过程工程咨询的内部环境。全过程工程咨询内部环境是指项目内部的特定资源和相应能力状况，主要包括项目组织及其结构、项目管理团队、项目信息、项目文化等要素，决定着项目团队的价值观、认同感、行为规范和组织氛围。

2. 全过程工程咨询集成管理框架

全过程工程咨询集成管理的基本思想：根据全过程项目特征，将其看作在一定项目环境之中、由多个相互联系又相互作用的要素组成、为达到整体目标而存在的系统工程，使系统各阶段、各要素有效集成为一个整体，对系统管理进行综合优化与控制，达到提高全过程项目管理水平的目的。

美国学者霍尔提出，项目集成应是由时间维、逻辑维和知识维组成的“三维结构体”，据此，可以将全过程项目集成管理系统归纳为由过程集成（时间维）、组织集成（逻辑维）和目标要素（知识维）组成的三维集成系统空间结构，三个维度的联结和集成通过 BIM 集成信息管理平台（支撑条件）实现。全过程工程咨询集成管理的总体框架如图 2-6 所示。

（1）过程集成。项目的过程集成是指通过从项目决策、勘察设计、招标采购、施工竣工到运营等项目全过程各阶段之间的信息交流，实现项目各参与方的有效沟通与协同合作，实现项目的有机整合与统筹管理，提升工程项目的整体绩效。过程集成致力于寻找项目策划阶段、施工准备阶段、工程建设阶段、竣工验收和运营阶段之间的平衡，不仅从项目实施的角度，还从项目建成后的运营角度来进行项目的规划与决策。

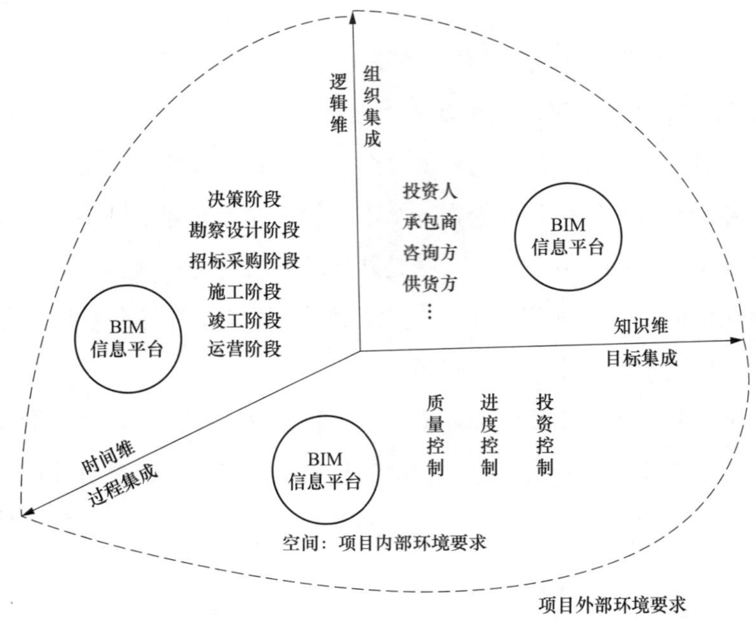

图 2-6　全过程工程咨询集成管理的总体框架

（2）组织集成。项目的组织集成是指运用系统方法对工程项目组织进行的集成管理，主要实现方式可以采取虚拟组织建设。虚拟组织模式下的工程项目各参与方的集成是指利用工程项目信息管理平台，各参与方之间通过协作沟通，实现优势互补，从而使得项目的整体利益最大化，实现各参与方“共赢”的最终目标。

（3）目标集成。工程项目管理的各个阶段均需要不同专业知识的运用。从项目集成管理的角度，知识的运用主要体现出对项目管理所使用的集成化技术，如用于成本、进度和质量等目标要素集成管理的控制技术。因此，工程项目集成管理的知识维主要体现在目标集成控制的技术和方法上。

（4）信息集成。信息集成指的是在工程项目实施过程中，根据工程项目管理的特点，利用现代信息技术和手段以及统一的项目管理制度，实现工程项目的信息共享，项目各参与方的目标协调和整体优化，以获得最佳项目管理效果。信息集成是实现项目集成管理的技术支撑，项目管理组织通过建立信息集成平台，提高信息资源的利用效率。

第三节　全过程工程咨询方法及工具

一、全过程工程咨询通用方法

（一）目标管理方法

1. 目标管理概述

目标管理是彼得·德鲁克（Peter Drucker）于1954年在《管理实践》中最先提出的，他认为，并不是有了工作才有目标，而是相反，有了目标才能确定每个人的工作，所以“企业的使命和任务，必须转化为目标”，如果一个领域没有目标，这个领域的工作必然被忽视。因此管理者应该通过目标对下级进行管理，当组织最高层管理者确定了组织目标后，必须对其进行有效分解，转变成各个部门以及各个人的分目标，管理者根据分目标的完成情况对下级进行考核、评价和奖惩。一般来说，目标具有层次性、网络性、多样性、可考核性、可实现性、一定挑战性、伴随信息反馈性、客观性等特点。

目标管理的具体做法一般可以分为以下四个步骤：①建立一套完整的目标体系；②明确责任；③组织实施；④检查和评价。

2. 目标管理在全过程工程咨询中的应用

（1）全过程工程咨询进行目标管理的必要性。全过程工程咨询是整合各类专项咨询并贯穿于建设项目全过程，围绕建设目标提供的系统性的工程咨询服务。因此，全过程工程咨询需要在项目全生命周期的前期策划、施工准备、工程建设、竣工验收和项目运营阶段，始终将项目目标置于一种受控状态。

在传统的项目管理模式中，目标控制以各参与方的项目管理为主要对象，项目管理的阶段性和局部性割裂了项目的内在联系。各参与方均从自身的利益出发制定目标，使目标缺乏一致性；各参与方项目管理之间相互独立，管理活动在不同阶段上具有非连续性。如何将目标在前期策划、施工准备、工程建设、竣工验收和项目运营各个阶段进行统筹管控，使建设目标始终处于受控状态是目标管理技术应解决的难题。为了实现基于项目管理的全过程工程咨询，咨询服务必须立足于科学合理的目标管理理念和方法。

（2）工程项目的目标体系。

1）质量目标。全生命周期的质量目标不仅追求设计、工程施工、运营等阶段的工作质量、工程质量、产品或服务质量，更着眼于工程技术系统的整体功能、技术标准、安全性等。

2）费用目标。费用目标应综合考虑工程项目全生命周期可能出现的相关费用和收益，如建设总投资、运营（服务）成本、维护成本、风险成本等。

3）进度目标。对现代工程项目全生命周期管理，时间目标增加了许多新的内容，不仅包括建设期、投资回收期、维修或更新改造的周期等，还要考虑工程的设计寿命和服务寿命。

4）各参与方满意度。工程项目的成功需要项目承包商、供应商、咨询机构等参与成员的共同努力，没有各方面的满意则不可能有成功的项目，因此项目目标系统应包容各参与方的目标，体现各方面利益的平衡。

5）可持续发展。工程项目的可持续发展能力应包括如下内容：项目产品和服务功能具有稳定性和持续性，不仅能满足目前要求，而且也要考虑未来发展需求；工程项目应能低成本地、便利地在功能、结构等方面进行更新；工程项目应能够为地区经济或社会发展提供持续的支持；具有防灾能力，包括有灾害的监测预报能力、灾害防御能力、灾害应急反应能力等。

（3）工程项目多层次目标间的协调。工程项目的目标系统应是一个稳定的、均衡的、完整的目标体系，其核心是强调整体性和一体化的整合思想，目的是最终实现工程项目管理活动的总体效率和效果的提高。具体体现在：

1）一致性。在目标系统中，按照目标自身的结构，下一层次的目标要服从于上一层次的目标，上一层次的目标优先于下一层次的目标，即系统目标优先于子目标，子目标优先于可操作目标。

2）完整性。项目目标因素之和应完整地反映上层系统对项目的要求，目标系统的缺陷会导致工程技术系统的缺陷、计划的失误和实施控制的困难。复杂性工程项目进行全生命周期过程管理，其目标体系也应反映全生命周期的要求，不仅包括建设目标，也注重项目运营目标。

3）均衡性。工程项目的全生命周期目标应达到所有参与方需求的均衡，还要特别注意工期、费用（成本、投资）、质量（功能）之间的平衡。项目目标在项目全生命周期的不同阶段的优先性可能是不同的，如项目在策划阶段主要考虑的是质量目标，项目实施阶段主要考虑的是费用目标，而进度目标往往在项目后期逐渐显示出迫切性。

4）动态性。目标系统有一个动态的发展过程，它是在项目目标设计、可行性研究、技术设计和计划中逐渐建立起来的；由于环境不断变化，上层系统对项目的要求也会变化，项目的目标系统在实施中也会产生变更，例如目标因素的增减，指标水平的调整。

（二）过程控制方法

管理过程中的控制工作就是按设定的标准去衡量计划的执行情况，并通过对执行偏差的纠正来确保计划目标的正确与实现。目标和控制是实现组织目标密不可分的辩证统一体。与目标相对应的，工程项目的过程控制方法一般包括项目进度控制方法、项目费用控制方法、项目质量控制方法。

1. 项目进度控制方法

工程项目常用的进度控制方法包括关键路径法和 PERT 网络分析法。

（1）关键路径法。在项目管理中，关键路径是指项目时间网络图中终端元素（即关键活动）的序列，该序列具有最长的总工期并决定了整个项目的最短完成时间。关键路径的工期决定了整个项目的工期，任何关键路径上的关键活动的延迟将直接影响项目的预期完成时间（例如在关键路径上没有浮动时间）。

在项目管理中，编制网络计划的基本思想就是在一个庞大的网络图中找出关键路径，并对各关键活动优先安排资源、挖掘潜力，采取相应措施尽量压缩需要的时间。在关键路径优化思想指导下，可以根据项目计划的要求，综合地考虑进度、资源利用和降低费用等目标，对网络图进行优化，确定最优的计划方案。

（2）PERT 网络分析法。PERT（Program Evaluation and Review Technique）网络分析法即“计划评估和审查技术”，是利用网络分析制定计划以及对计划予以评价的技术。PERT 能协调整个计划的各道工序，合理安排人力、物力、时间、资金，加速计划的完成。在现代项目计划的编制和分析手段上，

PERT被广泛使用，是项目管理的重要手段和方法。

PERT网络是一种类似流程图的箭线图，它描绘出项目包含的各种活动的先后次序，标明每项活动的时间或相关的成本。在工程项目中运用PERT进行进度控制的方法和关键路径法基本一致，但PERT和关键路径法的区别在于其考虑了各个工序工作时间的不确定性。在工程实践中，通常在PERT中引入概率计算方法，由最熟悉有关活动的人员估算出完成每项任务所需要的最乐观的、最可能的和最悲观的三个时间，用这三个时间估算值来反映活动的“不确定性”。在PERT中，假设各项工作的持续时间服从β分布，近似地用三个时间值加权平均算出期望值作为工作的持续时间。

2. 项目费用控制方法

在工程项目实施中，挣值法（Earned value Method，EVM）是对项目进度和费用进行综合控制的一种有效方法。挣值法又称为赢得值法或偏差分析法，是一种能全面衡量工程进度、成本状况的整体方法，其基本要素是用货币量代替工程量来测量工程的进度，它不以投入资金的多少来反映工程的进展，而是以资金已经转化为工程成果的量来衡量，是一种完整和有效的工程项目监控指标和方法。

挣值法的价值在于将项目的进度和费用综合度量，从而能准确描述项目的进展状态。挣值法的另一个重要优点是可以预测项目可能发生的工期滞后量和费用超支量，从而及时采取纠正措施，为项目管理和控制提供了有效手段，可采用赢得值法进行工程项目的费用、进度综合分析控制。

挣值法的基本参数包括已完工作预算费用（Budgeted Cost for Work Performed，BCWP）、计划工作预算费用（Budgeted Cost for Work Scheduled，BCWS）、已完成工作实际费用（Actual Cost for Work Performed，ACWP），评价指标包括费用偏差（Cost Variance，CV）、进度偏差（Schedule Variance，SV）、费用执行指标CPI、进度执行指标SPI。

挣值法评价曲线如图2-7所示，横坐标表示时间，纵坐标则表示费用。BCWS曲线为计划工作量的预算费用曲线，表示项目投入的费用随时间的推移在不断积累，直至项目结束达到它的最大值，所以曲线呈S形状，也称为S曲线。ACWP 已完成工作量的实际费用，同样是进度的时间参数，随项目推进而不断增加，也是呈 S 形的曲线。利用挣值法评价曲线可进行费用进度评价，图 2-7 中所示的项目，CV＜0，SV＜0，这表示项目执行效果不佳，即费用超支，进度延误，应采取相应的补救措施。

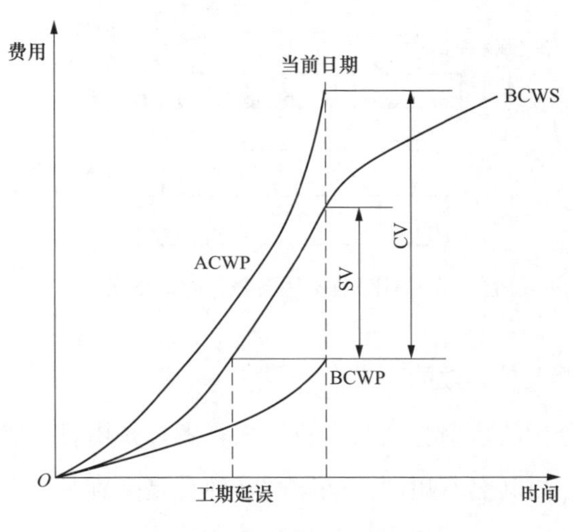

图 2-7　挣值法评价曲线

3. 项目质量控制方法

工程项目常用的质量控制方法包括 ABC 成本法、鱼骨图分析法和控制图法。

(1) ABC 成本法。ABC 成本法又称作业成本分析法、作业成本计算法、作业成本核算法，是基于活动的成本核算系统。ABC 成本法不仅是一种成本计算方法，更是成本计算与成本管理的有机结合，基于资源耗用的因果关系进行成本分配。应根据作业活动耗用资源的情况，将资源耗费分配给作业；再依照成本对象消耗作业的情况，把作业成本分配给成本对象。ABC 成本法各概念之间的关系如图 2-8 所示。

ABC 分析法是基于活动的成本管理。成本管理是按照现行的会计制度，依据一定的规范计算材料费、人工费、管理费、财务费等的一种核算方法，这种管理法有时不能反映出所从事的活动与成本之间的直接联系。而 ABC 成本法相当于一个滤镜，它对原来的成本方法做了重新调整，使得管理人员能够看到成本的消耗和所从事工作之间的直接联系，并基于此分析哪些成本投入是有

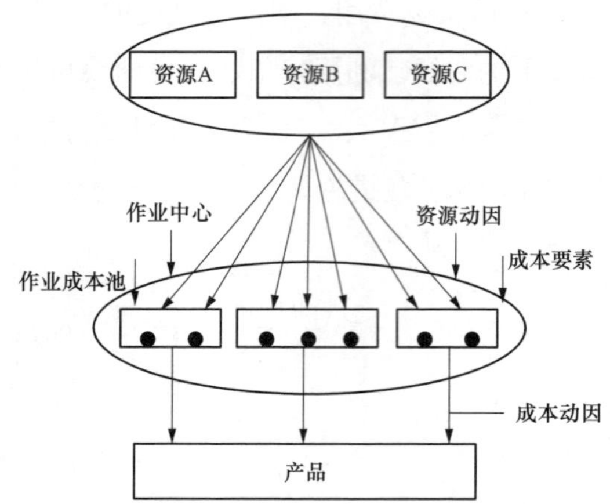

图 2-8 ABC 成本法各概念之间的关系

效的，哪些成本投入是无效的。

（2）鱼骨图分析法。鱼骨图又名特性因素图，是由日本管理大师石川馨先生所发展出来的，故又名石川图。问题的特性总是受到一些因素的影响，通过头脑风暴找出这些因素，并将它们与特征值一起，按相互关联性整理而成的层次分明、条理清楚，并标出重要因素的图形，因其形状如鱼骨，所以称为鱼骨图，它是一种透过现象看本质的分析方法，因此又叫因果分析图。

鱼骨图的基本结构如图 2-9 所示，由于鱼骨图不以数值来表示并处理问题，而是通过整理问题与它的原因的层次来标明关系，因此能很好地描述定性问题。

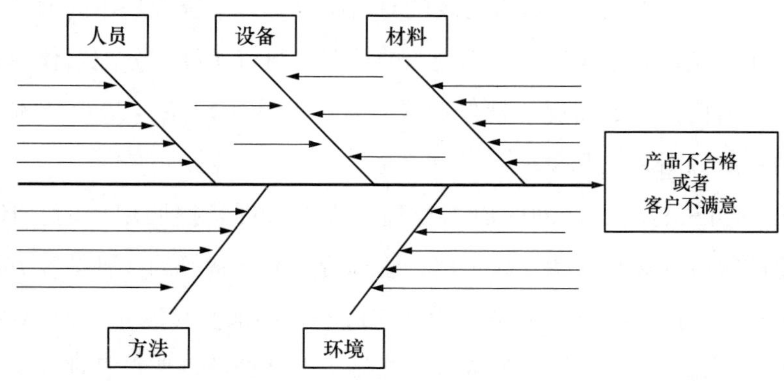

图 2-9 鱼骨图的基本结构

（3）控制图法。控制图是由美国的贝尔电话实验室的休哈特（W. A. Shewhart）博士于1924年首先提出的，又称为休哈特控制图。它是一种有控制界限的图，对过程质量特性进行测定、记录、评估，用来区分引起质量波动的原因是偶然的还是系统的，可以提供系统原因存在的信息，从而判断生产过程是否处于受控状态。

控制图画在平面直角坐标系中，横坐标表示检测时间，纵坐标表示测得的目标特征值，如图2-10所示。图上有三条平行于横轴的直线：中心线（Central Line，CL）、上控制限（Upper Control Limit，UCL）和下控制限（Lower Control Limit，LCL），并有按时间顺序抽取的样本统计量数值的描点序列。UCL、CL、LCL统称为控制限（Control Limit），通常控制界限设定在±3标准差的位置。中心线是所控制的统计量的平均值，上下控制界限与中心线相距数倍标准差。若控制图中的描点落在UCL与LCL之外或描点在UCL和LCL之间的排列不随机，则表明过程异常。

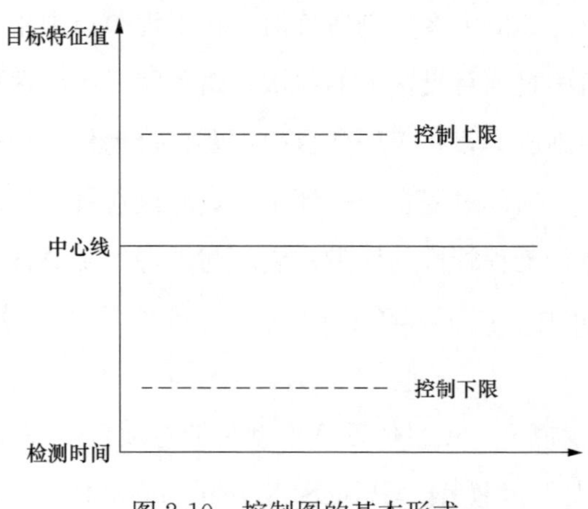

图2-10 控制图的基本形式

（三）绩效评价方法

1. 项目绩效评价概述

项目绩效评价是指从项目投资人对项目的需求和目标出发，结合承包人、政府部门和社会公众等的利益，综合考虑项目的经济、社会、环境和技术方面的执行状况，围绕项目的核心价值，对项目实际进展所做的全面和客观的评价。

对于工程项目的绩效评价，就过程来说，它包括投入是否满足经济性要求，过程是否合规和合理，项目自身及其与环境、资源之间能否协调可持续发展；就结果而言，是否实现投资人和承包商的合理收益，是否满足社会公众的需求，是否满足基础设施建设的发展要求。工程项目既有一定的经济影响，又包括社会影响。与传统的项目评价相比，绩效评价更为强调评价内容的科学性、完整性和连续性和项目全过程的动态评价。

2. 工程项目绩效评价体系

（1）项目绩效评价方法。随着项目绩效的概念在项目管理领域引起广泛重视，项目绩效评价逐渐形成了完整的体系，代表性的绩效评价方法包括平衡计分卡、项目成熟度模型以及关键绩效指标。

1）平衡计分卡。平衡计分卡方法是从服务客户、财务状况、内部过程、创新与学习这四个方面来平衡地评价一个企业或项目的绩效表现。其中，服务客户主要评价企业是如何为客户创造价值，在工程项目中主要评价承包商、运营商等参与方如何满足项目投资人的需求；财务状况主要评价企业如何在客户创造价值的同时控制成本，在工程项目中主要评价承包商如何在保障工程质量的前提下控制成本；内部过程主要是评价企业应该在哪些过程中完成超越，在工程项目中主要评价工程管理的质量；创新与学习，主要评价企业能否持续地进行改进和创造价值，在工程项目中主要评价项目能否实现可持续发展和运营。

2）项目成熟度模型。项目成熟度模型是针对项目过程和组织的评价体系。在项目管理过程成熟度模型（Project Management Process Maturity Mode）中，需要考虑成熟度、项目管理及两者之间的关系，通常将工程项目管理能力定义为五个等级：简单化、程序化、系统化、集成化以及最优化，每一等级与前一等级相比，项目管理能力都有质的飞跃。

3）关键绩效指标。关键绩效指标（Key Performance Indicators，KPI）是在工程领域应用最为广泛的项目绩效评价体系。项目投资人和承包商需要在合同中约定成本、工期、质量、安全等方面的具体绩效目标，旨在鼓励业主、承包商、供应商等工程项目参与方准确地评价自己的绩效表现，以便采取积极的改进措施，保障项目按照绩效目标顺利进行。KPI 方法从项目的最终战略目标出发，找出实现项目目标的成功关键因素，从关键因素中确定项目的关键绩效，并在项目的实施过程中进行绩效考核和持续改进。

（2）项目绩效评价指标体系。不管选用何种方法进行项目绩效评价，都要事先建构绩效评价指标体系。项目绩效评价体系是指由各项绩效指标构成的、与项目目标体系的构建与评价相呼应的一整套体系。绩效指标的设置，需要满足以下基本要求：①绩效指标应该能够完整地反映项目的目标体系内容；②绩效指标的划分应该适当，应该能够与具体的工作相对应，为管理工作提供依据；③绩效指标应该是具体的，可考核的。

由于工程项目涉及的利益相关者很多，不同利益相关者的利益和责任各不相同，他们各自提出的项目目标体系就存在差异，绩效评价体系也不相同。从全过程工程咨询机构的角度出发，绩效考核过程应该贯穿项目全生命周期各个阶段。因此，需要分别构建项目策划阶段、施工准备阶段、工程建设阶段、竣工验收和运营阶段的绩效评价指标体系。

（3）工程项目绩效评价的主要流程。工程项目绩效评价的主要内容包括回顾项目各阶段实施过程；分析项目的绩效和影响；评价项目的目标实现程度；总结经验教训并提出对策建议等。绩效评价的主要流程包括以下几点：

1）对工程项目实施效果进行检查，收集测量数据。绩效目标一旦建立，所有项目管理人员和咨询机构应了解这些目标，并按要求定期进行绩效测量和整理，对实施情况进行检查。项目检查主要包括状态检查和工作过程检查两方面内容。项目的状态检查，主要检查项目的绩效是否达到要求，项目是否在进度计划和预算之内，以及项目管理的范围是否正确；项目的工作过程检查，重点在于检查项目管理工作开展得如何，现在做得是否满足要求，有哪些问题需要改进。

2）对检查结果和测量数据进行综合分析和预测，制定必要的改进措施。分析和预测要紧紧围绕项目总体目标要求进行。例如，某单项工程计划年底完成，5 月底按计划完成工作量 40%，费用开支 40%，但实测结果，到 5 月底工作量只完成35%，费用开支达到40%。这种情况下，尽管费用额度没有超过规定，但由于工作量少完成5%，实际上预算超支5%。根据检查结果，管理人员或全过程咨询机构就应认真分析拖期和超支的原因，研究对整个项目的建设进度是否会产生影响，影响有多大，应该采取哪些措施进行补救等。

3）编写工程项目绩效报告。工程项目绩效报告是对工程项目执行期间的关键绩效指标、目标、风险和设想等因素进行监控的结果，是对工程项目能否获得圆满成功的早期预警，能够及时反映出某一时间点上的工程项目执行状态、问题，并提出改进措施。工程项目计划和工作成果是绩效报告输入的重要内容，绩效报告的主要内容包括状态报告、进展报告、预测和变更申请。

二、全过程工程咨询专业工具

（一）项目管理工具

1. 项目管理工具的定义和分类

项目管理工具是为了使工作项目能够按照预定的成本、进度、质量顺利完成，而对人员（People）、产品（Product）、过程（Process）和项目（Project）进行分析和管理的软件工具，主要有建筑工程类项目管理软件和非建筑工程项目管理软件两大分类。

根据管理对象的不同，项目管理软件可分为进度管理、合同管理、风险管理、投资管理等软件。根据提高管理效率、实现数据和信息共享等方面功能的实现层次不同，又可分为实现一个或多个的项目管理手段，具备进度管理、费用管理、风险管理等方面的分析、预测以及预警功能。项目管理软件实现了项目管理的网络化和虚拟化，便于项目管理的协同工作，实现数据和信息的实时动态管理，以及与项目管理有关的各类信息库对项目管理工作的在线支持。

2. 项目管理工具的主要功能模块

（1）预算及成本控制。大部分建筑工程项目管理软件系统都可以用来获得项目中各项活动、资源的有关情况。人员的工资可以按小时、加班或一次性来计算，也可以具体明确到期支付日；对于原材料，可以确定一次性或持续成本；对各种材料，可以设立相应的会计和预算代码。此外，还可以利用用户自定义公式来运行成本函数，大部分软件程序都应用这一功能帮助计算项目成本，在项目过程中跟踪费用，随时可以就单个资源、团队资源或整个项目的实际成本与预算成本进行对比分析，用于计划和汇报工作。大多数软件程序可以随时显示并打印出每项任务、每种资源（人员、机器等）或整个项目的费用情况。

（2）日程表。日程表程序主要用来确定项目中各个单项资源或一组资源的工作时间，并据此计算出项目的进度计划。对于各个单项资源或一组资源，可以设置其基本工作时间，如设置上、下班时间，按非工作时间输入公司假期，输入各种换班（白天、夜晚），包括节假日以及数量单位（小时、天、周）。汇报工作进程时需要使用这些日程表，可以根据每个单项资源按天、周或月打印出来，也可将整个项目的日程打印成一份全面的项目日程表。

（3）电子邮件。也有一些项目管理软件程序可以通过电子邮件发送项目信息，这一功能使得用户不必通过打印机或屏幕显示，直接从电子邮件中获得信息。通过电子邮件，项目团队成员可以更便捷地了解重大变化，比如最新的项目计划或进度计划，可以掌握当前的项目工作情况，共享各种业务表格。

（4）图形和表格。项目工程尤其是重大、复杂型工程项目具有大量活动事项，人工绘制甘特图或网络图极其乏味且容易出错。项目管理软件的一个最重要的功能是能在最新数据资料的基础上简便、迅速地制作各种图表，包括甘特图及网络图。有了项目基准计划后，发生的任何修改都可以输入到系统中，图表会自动反映这些变动。此外，项目管理软件可以将甘特图中的任务连接起来，显示出关键工作路径，并可以在甘特图和网络图之间来回转换显示。

3. 常用的项目管理工具

常见的工程项目管理软件及其主要特征如表 2-10 所示。

表 2-10　　常见的工程项目管理软件及其主要特征

序号	名称	特　征
1	Microsoft Project	（1）为处理多个项目提供了完全可见性； （2）可连接到各种 Microsoft 产品，如 Excel，Word，Skype 等； （3）非常直观，可用性和复杂性之间取得了很好的平衡

续表

序号	名称	特　征
2	RationalPlan	（1）有助于管理项目和共享资源； （2）通过使用标准或加班费率估算预算并控制财务； （3）跟踪项目在时间和成本方面的演变
3	Wrike	（1）提供所有类型团队项目的实时报告和状态； （2）帮助使用者将战略转变为可行的计划以取得成功； （3）提供准确和最新的信息，并创建一个确切的截止日期
4	Paymo	（1）允许团队使用高级任务管理工具、甘特图或看板，以构建项目计划； （2）允许团队成员准确跟踪他们的工作时间和任务进度； （3）在项目的每一步中，高层管理人员和客户都会了解项目的进展情况
5	Podio	（1）将项目和工作流程分解为易于管理的部分； （2）提供可视化报告，清楚地了解团队的工作进度； （3）为每个团队成员管理、分配、指导动态实施流程，以实现更紧密的协作
6	VERSIONONE	（1）投资组合管理功能可帮助使用者确定潜在风险，视化策略，并创建详细报告； （2）实时更新项目进度并与利益相关方沟通； （3）创建项目规划、项目路线图和计划
7	ActiveCollab	（1）管理多个项目任务，将任务组织到列表中，并按人员、标签或截止日期对其进行过滤； （2）在甘特时间轴中规划任务； （3）显示可视化报告和详细图表； （4）发布计划和管理
8	P6	（1）强大的进度管理功能； （2）资源和费用协同管理功能

（二）建筑信息模型（BIM）

建筑信息模型（Building Information Model，BIM）是指以三维数字技术为基础，集成建筑工程项目各种相关信息的工程数据模型，是对工程项目相关信息详尽的数字化表述。BIM 通过数字信息技术把整个建筑进行虚拟数字化和智能化，是一个完整的、丰富的、逻辑的建筑信息承载平台。

1. BIM 在全过程工程咨询中的功能分析

（1）协助实现信息整合与分享。在工程项目咨询服务过程中，全过程工程咨询需要通过协调管理打破过程中的信息与资源壁垒，提高沟通效率，保证项目顺利运营，达成工程项目边际效益最大化的目标。在此过程中，咨询机构通过引入 BIM、大数据和虚拟现实等技术，可以有效提高设计、施工效率与精细化管理水平，提升工程设施安全性、耐久性、可建设性和维护便利性，降低全生命周期运维成本，提高投资效益。

项目全过程咨询服务过程中，可以使用 BIM 协同管理平台作为信息管理平台，以 BIM 模型作为信息管理有效载体，开展项目全生命周期信息集成管理，将不同阶段利益相关者所关心的或所产生的数据信息进行传递与共享，打破由于工程项目分阶段管理而形成的信息孤岛，提供从项目策划、勘察设计、招标采购、建设施工、验收运营的全过程信息服务，实现工程项目及其信息的集成、集约、集中管理。

（2）协助实现项目集成与协同管理。传统的咨询模式是将工程项目中的设计、施工、监理等阶段分割开来，各单位分别负责不同环节和不同专业的工作，这不仅增加了成本，也分割了工程项目的内在联系，在这个过程中由于缺少全过程的整体把控，信息流被切断，很容易导致项目管理过程中出现各种问题并带来安全和质量隐患，最终影响项目整体目标和功能的实现。

全过程工程咨询是一种集成化的咨询业务模式，而 BIM 技术集成化、多专业协同的特性，使其成为开展全生命周期咨询、实现集成与协同的最佳工具手段。BIM 信息化技术与云技术相结合，可以有效地将信息在云端进行无缝传递，打通各部门之间的横向联系，通过借助移动设备设置客户端，可以实时查看项目所需要的信息，真正实现项目合作的可移动办公，提高项目的完成精度。借助以 BIM 模型为中心的项目管理平台，将项目各参与方集成在同一项目管理平台上，可准确有效识别项目各参与方的利益诉求与锁定项目管理过程关键要点，实现快速反馈与决策，提高项目管理效率与咨询服务质量。

2. BIM 在全过程工程咨询中的目标分析

将 BIM 技术应用于全过程工程咨询的目的，是将项目策划阶段、施工准备阶段、工程建设阶段、竣工运营阶段在管理目标、管理组织和管理手段等方面进行有机集成，实现项目整体功能优化和价值提升的目标。

(1) 强调项目总体策划。总体策划咨询是全过程工程咨询的首要工作，对未来项目实施起到指导和控制作用，是开展工程咨询服务的行动纲领与指南。

(2) 重视项目设计优化。项目前期的方案设计优化，能够有效体现项目价值与成本优化的效益，实现项目设计价值的最大化。

(3) 强调项目管理集成。以投资人的目标为出发点，对项目的费用计算、项目计划与进度控制、设计管理、材料设备管理、合同管理、信息管理等进行高度集成，并以有效的管理手段和合同机制进行系统性全方位的管理。

(4) 可视化方案检查论证与比选论证。通过前期规划阶段的 BIM 3D 模型建立进行数值分析与计算、方案设计与初步设计阶段的方案论证与优化、设计过程中变更方案的推敲与比选，可以及时改进方案并避免不合理项目，极大减少工程前期资金的不必要浪费。

(5) 项目进度的及时跟进与全面掌握。BIM 虚拟可视化技术对建设项目施工过程进行仿真建模，建立基于 5D 信息模型的施工冲突分析与管理系统，实时管控施工人员、材料、机械等各项资源的进场时间，避免出现返工、拖延进度现象，通过建筑模型直观展现工程项目的进度计划及与实际完成情况的对比分析，了解实际进度与计划进度的偏差，合理纠偏并调整进度计划。

(6) 项目全过程造价控制能力的强化。利用 BIM 技术可以快速统计项目工程量、施工进度信息、工程变更、进度款支付、索赔管理等，全面管理资金使用计划。随着设计、施工等阶段完成，BIM 数据库也不断更新完善，能够快速准确地计算出实际工程造价，从而提高结算的效率和准确性。

(7) 质量安全监督手段的信息化提升。通过 BIM 模型的可视化功能，现场工作人员对于过程检查和验收中发现的问题，可以随时通过移动端发送并通知责任人，及时制定科学合理优化方案，并在期限内进行整改，并上传整改结果进行公示，接受复核，强化质量安全监督力度。

3. BIM在全过程工程咨询中的实施环境

（1）建设BIM协同管理平台。基于BIM技术的项目管理系统平台，整体架构应包括BIM数据集成子系统和BIM施工管理子系统，通过系统接口无缝集成，建立项目数据信息与BIM模型之间的双向链接，实现基于BIM技术的工程项目管理。

基于大数据技术和云计算技术为应用环境，以BIM模型的创建、管理、共享为基本内容的BIM协同管理和共享应用平台，可以将土建、安装、造价BIM模型上传到系统服务器，系统自动对模型中的工程成本数据进行解析，形成一个多维度的结构化项目基础数据库，实现BIM图形数据、报表数据共享，提升项目协同管理能力；可进行账号管理、组织架构、工程管理、权限分配、角色设置等管理；可以通过平台客户端对模型信息进行插入、抽取、调用、管理、分享，具备多用户的互动操作；通过积累模型打造用户自己的基于BIM应用的工程项目云数据平台。

在建设BIM项目管理平台过程中，全过程工程咨询机构的工作职责包括①确定平台选建标准，软硬件及协同平台采购应满足平台易用性、稳定性、安全性、符合度强的标准；②明确项目BIM团队建设及各参与方协作方式；③根据投资人需求与项目实际情况建设企业BIM云数据中心，提升项目数据处理效率。

（2）制定BIM实施标准。从项目全过程工程咨询的视角，以制定项目全过程BIM实施标准为目标，应对BIM整体应用进行系统性分析研究，从BIM应用过程的资源、行为、交付三个基本维度，给出项目全过程咨询服务的具体实施标准，具体包括项目建模标准、交付标准、验收标准、应用标准。

BIM在工程项目全过程中的工作流程可以划分为规划、组织和实施三个阶段。在规划阶段，应基于工程项目建议书和可行性研究报告，定义项目应用BIM的目标，并规划整体BIM应用流程；在组织阶段，设定项目BIM应用目标、应用节点和流程后，根据BIM对各方信息协同的要求，确定BIM参与方并定义各方职责和协作流程；在实施阶段，根据项目进行阶段和参与人员职责划分，建立每个阶段的BIM应用和信息共享流程。

在制定BIM实施标准的过程中，全过程工程咨询机构的工作职责包括确定各阶段BIM成果审核与交付标准要求、设置BIM工作反馈协调机制。

（三）投资估算与造价控制工具

1. 工程量清单

（1）工程量清单的定义和分类。工程量清单是工程项目中最常用的投资估算和造价控制工具。工程量清单是把承包合同中规定的准备实施的全部工程项目和内容，按工程部位、性质以及它们的数量、单价、合价等列表表示出来，用于投标报价和中标后计算工程价款的依据。工程量清单是承包合同的重要组成部分，由分部分项工程量清单、措施项目清单、其他项目清单、规费税金清单组成。这里所言工程量清单，严格意义上不单是指实际工程量，它是理论工作量或者图纸上的净工作量，实际工作量往往大于理论工作量。

工程量清单的分类，按分部分项工程单价组成分为以下三种：直接费单价（也称工料单价），由人工、材料和机械费组成；部分费用单价，只综合了直接费、管理费和利润，并以综合单价计算公式确定综合单价；全费用单价（国际惯例），由直接费、非竞争性费用和竞争性费用组成。

（2）工程量清单的编制。工程建设过程是工程量清单的主要使用阶段，这个过程是发包人控制造价与承包人追加工程款的关键时期，必须加大管理力度。工程量清单的编制包括以下步骤：

1）工程造价管理部门可采用国际惯例作为整体框架，对工程量计算规则加以研究完善，制定统一的工程量计算规则，在以下方面与国际通行办法相统一：统一划分项目、统一计量单位、统一工程量计算、统一计价表的形式，同时编制出相应的工料消耗定额。

2）工程量清单应由具备招标能力的招标人或招标人委托的具有相应资质的造价咨询机构编制，这是招标人编制标底的依据，是投标方报价的依据，也是竣工结算调整的依据，应包括编制说明和清单两部分，编制说明应包括编制依据、分部分项工程工作内容的补充要求、施工工艺等特殊要求以及主要材料价格档次的设定。

3）工程量清单的编制应按有关图纸、工程地质报告、施工规范、设计图集等要求和规定进行编制，要求表述清楚、用语规范。编制的内容中除实物消耗形态的项目之外，招标方还应列出非实物形态的竞争费用，同时也要明确竞争与非竞争工程费用的分类。

2. 全生命周期造价管理

（1）全生命周期造价管理概述。全生命周期造价（Life Cycle Cost，LCC）也被称为生命周期成本，指的是工程项目在整个生命周期中发生的所有支出费用的贴现值的总和。LCC 管理理念的核心在于单个子项的建设和生产成本（采购费用）不足以说明项目总费用的高低，决策人员不应把采购费和运营维护费分割开来考虑，而必须将其结合起来，作为项目的全生命周期费用进行总体考虑。

对项目进行成本效益评价时，在 LCC 最小的基础上提出费用效益、LCC 效益比等作为决策的依据，使决策更加科学。随着运营维护成本在寿命周期费用中比例的增加，在国内外的工程项目招标评标中，LCC 逐渐成为投资人的一项基本要求，即投资人在开发工程项目时，不仅要考虑建设费用，而且要认真考虑整个寿命周期中预期的运维费用，在招标、合同文件中明确 LCC 指标的要求，并将其作为今后追究经济责任的依据。

（2）全生命周期造价管理的应用。工程项目全生命周期造价分析的主要任务是基于满足特定的性能（安全性、可靠性、耐久性）以及其他要求的同时，优化工程项目的生命周期成本。其目的是在工程项目生命周期的所有阶段，特别是前期的决策、规划和设计阶段，为其做出正确决策提供科学依据。要使投入的资金达到最佳效果，投资人必须综合考虑项目的前期成本、建设成本、未来成本，以及项目的社会成本和项目所产生的综合效益。

项目全生命周期造价管理的具体内容如下：

1）确定各种成本费用目标值，在建设实施过程中阶段性地收集完成目标的实际数据，将实际数据与计划值比较，若出现较大偏差时采取纠正措施，以确保成本费用目标值的实现。

2）工程成本的有效控制是以合理确定为基础、有效控制为核心的，是贯穿于工程项目全过程的控制。在工程项目策划阶段、施工准备阶段、工程建设阶段、竣工验收和运营阶段，把项目成本控制在批准的限额以内，随时纠正发生的偏差，以保证合理使用人力、物力、财力，取得较好的投资效益和社会效益。要有效地控制工程成本，应从组织、技术、经济、合同与信息管理等多方面采取措施。其中，技术与经济相结合是控制工程成本最为有效的手段。要通过技术比较、经济分析和效果评价，正确处理技术先进与经济合理两者之间的对立统一关系，把控制工程成本观念渗透到设计和施工措施中去。

3）立足于事先控制，即主动控制，以尽可能地减少或避免目标值与实际值的偏差。工程成本控制不仅要反映投资决策，反映设计、发包和施工，被动地控制，更要主动地影响投资决策，影响设计、发包和施工，主动地控制。

（四）质量管理与验收工具

1. 质量功能展开

（1）质量功能展开概述。质量功能展开（Quality Function Deployment，QFD）由日本学者 Yoji Akao 和 Shigeru Mizuno 于 1962 年提出，旨在时刻确保产品设计满足顾客需求和价值。QFD 现已成为一种重要的质量设计技术，得到世界各国的普遍重视，认为是满足顾客要求、赢得市场竞争、提高企业经济效益的有效技术。

QFD 可以看作是由一系列关系组成的网络，通过这一网络，顾客需求被转化为产品质量特征，产品的设计则通过顾客需求与质量特征之间的关系被系统地“展开”到产品的每一个功能组成中，并进一步“展开”到每个零件和生产流程中，通过这一过程，最终实现产品设计。QFD 的本质是一种获取客户质量需求并将其转化为可供设计人员理解的质量特征的系统方法，在工程项目设计工作开始之前，设计人员需对工程项目的功能需求进行调查，在此过程中获取投资人对建设内容、规模、标准、运营能力的基本需求。

（2）质量功能展开的应用。借助 QFD 的思想和方法，以工程项目利益相关者的需求作为质量功能展开，将投资人的需求转化为项目的功能目标，再将功能目标展开转化为项目的设计目标。结合工程项目目标体系的构成，运用QFD方法的过程如下：

1）“需求—功能”展开。以利益相关者的需求为依据，建立“需求—功能”质量屋，确定项目功能要求目标和功能目标重要性权重。展开过程的结果是项目目标体系中的功能目标及其重要度，工程项目的功能目标既是项目目标体系的构成部分，同时也是项目设计目标的构建依据。

2）“功能—目标”展开。“功能—目标”展开是以项目功能要求为依据进行项目设计目标重要度和目标值确定的过程，展开过程和展开方法与“需求—功能”展开过程相同，采用“功能—目标”质量屋模型，以标杆项目的目标值作为参考，进行具体目标的确定。“功能—目标”展开过程的最终成果是项目设计目标体系，将最终得到的项目设计目标按照目标属性分类整理，如项目建设规模、质量标准、目标成本和进度目标等。展开过程需要结合项目的工作分解结构（WBS）和标杆项目的功能分析结果。利用WBS确定的项目可交付成果为项目设计目标内容确定范围，标杆项目的功能分析为项目的功能评价值提供参考和标准，利用标杆管理的最终目标就是要使得拟建项目的效果超过标杆项目效果。

2. PDCA循环

（1）PDCA循环概述。PDCA循环又叫质量循环，是一个持续改进模型，它包括持续改进与不断学习的四个循环反复的步骤，即计划（Plan）、执行（Do）、检查（Check/Study）、处理（Act）。其中，P表示计划，包括方针和目标的确定以及活动计划的制定；D表示执行，即具体运作实施计划中的内容；C表示检查，即检查计划实际执行的效果，并比较和目标的差距；A表示调整或处理，包括两个内容，一是对成功的经验加以肯定，并予以标准化或制定作业指导书，以便于以后工作时遵循，二是对没有解决的问题，查明原因，其解决方法也成为一个PDCA循环的内容。PDCA循环如此周而复始，不断推动工作的进展。

在项目中实施和运用PDCA循环是一个发现问题、解决问题的过程，有助于工作效率的持续提高改进，促使管理向一个良性循环的方向发展，适用于个体管理和团队管理、人力资源管理、新产品开发管理、流程测试管理等方面。

（2）PDCA 循环的应用。PDCA 循环的典型模式包括“四个阶段”和“八个步骤”，如表 2-11 所示。

表 2-11　　PDCA 循环阶段和步骤

阶段	步骤	主要办法
P	1. 分析现状，找出问题 2. 分析各种影响因素或原因 3. 找出主要影响因素 4. 针对主要原因，制定措施计划	排列图、直方图、控制图 因果图 排列图、相关图 回答“5W1H” 为什么制定该措施（Why）？ 达到什么目标（What）？ 在何处执行（Where）？ 由谁负责完成（Who）？ 什么时间完成（When）？ 如何完成（How）？
D	5. 执行、实施计划	
C	6. 检查计划执行结果 7. 总结成功经验，制定相应标准	排列图、直方图、控制图 制定或修改工作规程、检查规程及其他有关规章制度
A	8. 把未解决或新出现的问题转入下一个PDCA 循环	

1）计划阶段（Plan），需要分析现状，发现问题；分析问题中各种影响因素；分析影响的主要原因；针对主要原因，采取解决的措施。计划阶段主要回答以下问题：为什么要制定这个措施？达到什么目标？在何处执行？由谁负责完成？什么时间完成？怎样执行？

2）执行阶段（Do），即按照实施计划的要求去执行，并保存每步实施的记录，包括数据、提案内容、表格、照片等。

3）检查阶段（Check），把执行结果与要求达到的目标进行比较；确认是否按日程实施以及实施项目是否能按计划达成预定目标值。

4）调整、总结阶段（Action），即标准化阶段，把成功的经验总结出来，水平展开到其他地方，并进行标准化工作，把没有解决或新出现的问题转入下一个 PDCA 循环中解决。

（五）价值管理

1. 价值管理概述

工程项目价值管理是一种以价值为导向的有组织的创造性活动，它利用了管理学的基本原理和方法，同时以工程项目利益相关者的利益实现为目标，最终实现项目利益各方最高满意度。

工程项目价值管理范围可以覆盖工程项目全生命周期的各个阶段，包括项目建议书、可行性研究、现场勘查、初步设计、技术设计、施工图设计、实施、生产运营、废弃处理等各阶段，每个阶段都会对项目的价值造成影响。通常，项目的价值规划阶段（包括项目建议书、可行性研究、现场勘查、初步设计、技术设计、施工图设计）对项目价值的影响是决定性的，因此该阶段也是价值管理介入实施的重要阶段，其服务成果基本上决定了工程价值系统的其他各部分。在该阶段，需要确定项目利益相关者价值、内容、大小与传递方式，因此要进行大量的调研工作，在对项目利益相关者需求进行识别的基础上，平衡他们之间的利益冲突，实现利益相关者价值的最大化；价值形成阶段（包括建设实施阶段）是价值规划成果的物化过程，形成承载工程价值的实体；价值实现阶段（包括生产运营阶段）是组织通过工程建设实现预定目标，给组织带来经营效益；价值消失阶段（包括废弃处理阶段）拆除报废项目并恢复场地和环境，为策划新项目提供可能。

2. 价值管理的应用

在工程项目全生命周期管理中，如何以最小化的全生命周期成本实现项目各利益相关主体的最大满意度，体现出项目的物有所值，是一个非常难以控制的复杂过程，因此需要借助于价值管理等理念与全生命周期管理相结合，以提高项目决策与控制的科学合理性。

据已有的实践经验分析，在项目生命周期的不同阶段实施价值管理对 LCC 的影响程度各不相同。运用价值管理思想来进行 LCC 的控制，在不同的项目阶段有不同的具体方法和手段，如图 2-11 所示。根据项目的进程，分别实施价值规划、价值工程、价值分析（这三者可视为价值管理的子集），以实现工程项目的最优全生命周期价值管理。

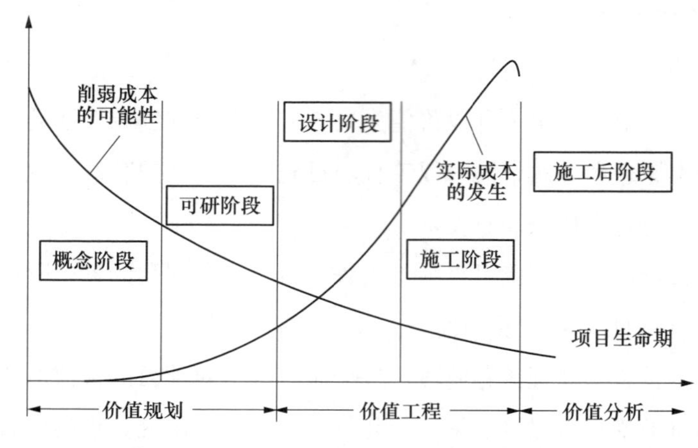

图 2-11 项目全生命周期中的价值管理

从图 2-11 中可以发现价值管理介入的重点是项目前期的决策阶段，可能有最大的 LCC 削减机会，在体现决策方案的设计与施工阶段通过价值工程将价值规划具体实现，施工完成后通过价值分析对其进行评价，以积累经验为将来工程项目的全生命周期价值管理提供经验和数据支撑。

（六）可持续设计

1. 可持续设计概述

可持续设计是一种构建及开发可持续解决方案的策略设计活动，均衡考虑经济、环境、道德和社会问题，以引导和满足消费需求，维持需求的持续满足。可持续的概念不仅包括环境与资源的可持续，也包括社会、文化的可持续。

可持续设计要求人和环境的和谐发展，设计既能满足当代人需要又兼顾保障子孙后代永续发展需要的产品、服务和系统。主要涉及的设计表现在建立持久的消费方式、建立可持续社区、开发持久性能源等技术工程。

可持续设计体现在四个属性上，即自然属性、社会属性、经济属性和科技属性。就自然属性而言，它是寻求一种最佳的生态系统以支持生态的完整性和人类愿望的实现，使人类的生存环境得以持续；就社会属性而言，它是在生存于不超过维持生态系统涵容能力的情况下，改善人类的生活质量（或品质）；就经济属性而言，它是在保持自然资源的质量和其所提供服务的前提下，使经济发展的净利益增加至最大限度；就科技属性而言，它是转向更清洁更有效的技术，尽可能减少能源和其他自然资源的消耗，建立极少产生废料和污染物的工艺和技术系统。

2. 可持续设计的应用

影响工程项目可持续性的因素主要包括经济效益、资源利用情况、环境状况、可改造性、科技进步情况与可维护性。这些因素都影响工程项目的可持续性，并体现在能源、水、土地、材料的消耗和对环境的影响各方面。全生命周期造价与工程项目的可持续性呈负相关函数关系，即在其他条件不变的情况下，全生命周期造价越低，项目就越具有可持续性。因此，LCC 是可持续设计的一个重要参考因素。

3. 基于 LCC 的可持续设计

在项目设计阶段的各部分工作中可以将 LCC 引入进来，从影响全生命周期成本的因素出发进行方案设计，再利用 LCC 方法进行方案评价和选择，建立基于 LCC 的可持续设计框架，主要包括方案设计、方案评价、方案选择三个步骤。

（1）方案设计。方案设计的目的是明确项目的功能需求和可获取资源状况，分析项目全生命周期成本的构成，并寻找影响项目全生命周期成本的主要因素。从这些因素出发，设计能够有效降低项目 LCC 的方案，一般需要设计两个以上的基本方案，并对各基本方案的子系统分别进行优化设计，每个方案最终形成一个基本方案和一个子系统优化方案集的组合。基本方案的工程建设特征应基本选定，然后再对工程建设的子系统进行优化设计，设计过程中应秉持着降低项目全生命周期成本，提高可持续性的原则。

（2）方案评价和选择。利用 LCC 进行方案评价时，可以分为三个步骤：

1）评价各基本方案，分析其建设成本和全生命周期成本。

2）评价各子系统的生命周期费用效率。对子系统优化方案进行 LCC 分析，在投资限额的约束下，尽可能多地选择各子系统优化方案，以降低该方案的生命周期成本。这需要采取 LCC 附加指标对各子系统优化方案进行排序，优先选择费用效率高的改进方案，直到工程建设成本达到投资限额为止。

3）分析优化后的方案，计算其全生命周期成本。

根据 LCC 与可持续设计的关系，方案选择的原则是以全生命周期成本最低的方案为最优方案，认为其最具有可持续性。

第三章

全过程工程咨询服务需求及其实施模式

本章从工程项目实施的实际操作层面，阐述全过程工程咨询的服务需求及其实施模式。全过程工程咨询的参与主体众多，包括政府部门、项目业主单位和工程实施相关单位等，各有不同的关切和诉求。本章重点阐述政府部门及项目业主委托开展全过程工程咨询的服务类型、主要诉求、委托方式及运营管理模式等。

第一节　工程项目全过程主要参与方及其诉求

项目投资建设涉及众多环节，参与主体众多。随着我国工程建设项目审批与管理制度改革的不断深化，不同参与者从自身利益出发，在全过程工程咨询的相关活动中，均有不同要求或诉求。这里从五个方面进行阐述。

一、政府投资监管部门及其相关要求

（一）政府投资项目审批部门及其相关要求

我国持续进行的工程建设项目审批制度改革，基本形成统一的审批流程、统一的信息数据平台、统一的审批管理体系、统一的监管方式，并通过数字化转型发展，正在逐步建成全国统一的工程建设项目审批管理系统。

1. 全覆盖的责任部门

《国务院办公厅关于全面开展工程建设项目审批制度改革的实施意见》（国办发〔2019〕11号，以下简称《实施意见》）、《国家发展改革委　住房城乡建设部关于推进全过程工程咨询服务的指导意见》（发改投资规〔2019〕515号，以下简称《指导意见》）等文件明确，政府投资主管部门和住房和城乡建

设主管部门是实施全流程全覆盖项目审批制度改革和推进全过程工程咨询服务的监管部门，要切实担负起工程建设项目审批制度改革组织协调和督促责任。国务院投资主管部门负责指导投资决策综合性咨询；住房和城乡建设主管部门负责指导工程建设全过程咨询。

2. 精简规范前期许可手续

《实施意见》提出，除交通、水利、能源等领域重大工程外的一般工程建设项目，在前期立项决策阶段出具的前置文件，主要包括选址意见核发、用地预审、用地规划许可证核发，其他影响项目使用规范和标准的环境影响评价、节能评价等许可事项，可作为后置条件在开工前办理即可。

（二）企业投资项目核准备案部门及其相关要求

根据投资体制改革的有关规定，对于不使用政府性资金由企业投资建设的项目，不再实行政府投资主管部门的审批管理，依据《政府核准的投资项目目录》，区别不同资金使用性质、类别、事项等，分别实施核准制或备案制，按照企业投资项目核准或备案行政许可程序，报送项目申请书或备案登记表，已形成一系列较为规范、成熟的政府核准备案审查许可手续。同时，继续推动“简政放权”深化改革，进一步改善营商环境，实行项目告知承诺制，并将工程许可和施工许可合并为一个阶段，探索进一步精简审批环节，取消施工图审查，在“一张蓝图”基础上，实施统一受理、并联审批、实时流转、跟踪督办。

（三）专业职能部门及其对投资项目的监管

1. 规划和自然资源主管部门

主要对工程项目选址是否符合国土空间规划、项目选址是否合理进行管理，核发项目选址意见书、用地规划许可证。就工程项目是否符合土地利用规划和国家供地政策，拟建项目用地规模和标准是否符合有关规定和节约、集约利用要求，耕地占补方案和移民安置方案是否合理，土地、资源开发利用是否合理出具用地预审意见。

2. 环境保护主管部门

主要对拟建项目能否有效保护、治理、防止破坏生态环境进行管理。根据拟建项目对环境的影响程度，对环境影响评价实行分类管理，对环境影响大、环境风险高的项目，应当编制环境影响报告书；对环境可能造成轻度影响的项目，应当编制环境影响表；对环境影响很小的项目，应当填报环境影响登记表。应当编制环境影响报告书、环境影响表的项目，应在开工建设前取得环保部门的批复；仅填报环境影响登记表的项目，应在项目所在地县级环保部门备案。

3. 其他相关行业主管部门

对拟建项目是否符合产业政策、行业发展规划、建设标准进行评价，对拟建项目的产业发展、行业管理规定和制定的规范、标准等负责，并出具相关行业许可意见。

（四）中央及地方政府投资监管职责分工及要求

根据中央与地方财权与事权的分工，按照管理权限，政府投资项目可以分为中央政府投资项目和地方政府投资项目。

1. 中央政府投资项目

中央政府投资项目是指全部或部分使用中央预算内投资资金（含国债）、专项建设基金、国家主权外债资金和其他中央财政性投资资金的固定资产投资项目。中央政府投资项目应按照项目性质、资金来源和建设规模，分别由国务院、中央政府投资主管部门或行业主管部门按建设程序进行审批和管理。

2. 地方政府投资项目

地方政府投资项目就是地方政府投资的建设项目。地方政府投资项目除国家有特殊规定外，均由地方政府相关主管部门按建设程序进行审批和管理。

（五）工程咨询机构在项目周期各环节的角色定位

1. 前期策划

工程咨询机构凭借自身丰富经验和专业管理方法，可以在投资项目决策阶段，开展可行性研究等前期策划咨询服务。

2. 工程设计

工程咨询机构根据项目业主等单位委托，开展工程方案的初步设计、专业设计及施工图设计等专业性服务。

3. 施工管理

对工程项目的建设实施提供专业化的工程管理服务，对工程质量、进度和投资等进行管理。借助现代高新科技，包括物联网技术、无线网络技术、计算机技术、人工智能等，建立实时监控应用软件信息平台，实时展示施工现场状况，实时发现并解决施工现场问题。

4. 竣工验收和后评价

工程咨询机构在工程项目竣工验收和评价环节，制定工程验收方案。对于已经建成并投入使用的工程项目，从技术、资金、工程质量、社会影响、管理效能、环境保护、系统流程等方面进行绩效评价和后评价，总结经验教训。

二、项目业主单位及其主要诉求

（一）项目业主单位类型及其组织模式

项目业主单位即项目法人单位，指建设工程项目的投资主体或投资者，也是建设项目管理的主体。项目业主单位可以是自然人、法人和其他组织，按照单位性质划分也可分为政府、国有企事业单位、外资企业以及民营企业等。

政府则可以是中央政府或四级地方政府。政府的各个职能部门，如发展改革部门、教育部门等，或者政府下设的平台公司都可以作为项目业主单位，开展投资项目的工程建设。企业则会为提高效率、利润与竞争力，选择不同的组织模式。企业从其整体组织形式上看，可以分为个人独资企业、合伙企业和公司制企业三种形式；从项目业主单位具体的组织管理实施模式上看，主要有直线职能制、矩阵制及项目部制等。

项目业主单位基于工程项目的差异，其工程项目管理的组织结构可以选择建设单位自管方式、工程建设指挥部、交钥匙管理方式和代业主工程项目管理（代建制）等方式。

（二）项目业主单位的工程咨询服务需求

在全过程工程咨询服务中，项目业主单位的工程咨询服务需求体现在以下方面。

1. 提供集约化、全阶段式的咨询服务

各参与方对项目建设目标的非一致性，以及多方业务组织之间信息流通渠道不完善，导致设计与实施不对接、资源浪费、工期拖延等问题的产生。因此，项目业主单位需要具有集约化、全阶段式的工程咨询服务，从而有效解决由于组织分散导致的管理不到位、合同纠纷等多种管理问题。

2. 提供风险转移与风险分担的条件

部分业主单位投资或财政拨款的建设项目，既要保证项目顺利实施，又要面对事中、事后各类审计监管等。项目实施过程中产生的设计与实施不匹配等问题，使项目面临一定的决策选择及审计风险。因此，项目业主单位需要咨询方提供专业的第三方意见，保障项目在相关层面风险分担，顺利通过审计。

3. 提供完整的项目决策信息

面对工程建设的全过程管理，部分项目业主缺乏相关项目的实践经验，团队管理思路不能与时俱进，管理手段和办法相对落后，甚至与新颁布的法律、法规、技术标准与行业管理规定相冲突。对此，项目业主单位需要工程咨询机构基于其实际情况，提供全面决策信息，优化项目的操作模式，厘清各阶段项目建设的责任，避免由于信息不完整导致的隐形损失和决策风险。

（三）项目公司股东单位的目标诉求

项目公司股东单位对项目的目标诉求，通常表现为通过激励与监督，实现项目公司净资产的最大化。这就要求全过程咨询机构考虑到各种风险因素，采取最优或次优的财务政策，设计明确、具体、定量化的财务指标和统一协调的财务管理活动，充分利用资金的时间价值和风险与报酬的关系，协调企业内部各方、各建设委托方、项目业主单位等多方的利益关系，为项目业主单位提供最优的投资设计建设实施方案，实现利益最大化。

（四）工程咨询机构在满足项目业主诉求中的角色定位

工程咨询机构为满足项目业主诉求，需要在项目的全生命周期整体考虑项目策划、控制和协调，在全流程中的角色定位可简单表达为“$1+X$”模式。

“1”——全过程（或相对全过程）工程咨询管理服务，服务内容是全过程（或阶段全过程）的策划、控制和协调工作，接近于以往业主项目管理工作，是贯穿全过程的服务管理咨询。

“X”——专业工程咨询管理服务的集合，可以用（X_0，X_1，X_2，…，X_n）表达，承担全过程工程咨询服务的机构可以根据委托方意愿、自身服务能力、资质和信誉状况等承担其中的一项或多项专业工程咨询服务。

单项专业工程咨询服务内容见表 3-1。

表 3-1　单项专业工程咨询服务内容

阶段	单项专业工程咨询服务
决策阶段	1. 规划或规划设计（概念性规划、城市设计、交通规划等） 2. 项目投资机会研究（市场调研等） 3. 项目策划（定位策划和功能产品策划、产业策划、商业策划等） 4. 立项咨询（编制项目建议书、项目可行性研究报告、项目和资金申请报告） 5. 评估咨询（可研评估、环境影响评估、节能评估，社会稳定风险评估等） 6. 项目实施策划报告编制 7. 报批报建和证照办理
实施阶段	8. 工程勘察 9. 工程设计、设计优化、设计总包、设计管理等 10. 招标采购 11. 造价咨询 12. 工程监理 13. 竣工结算
运营阶段	14. 项目后评价 15. 运营管理 16. 拆除方案咨询

三、工程实施单位及其主要诉求

（一）工程实施单位的类型及其对专业咨询服务的需求

工程实施单位承担基本建设工程的施工任务，具有独立组织机构并实行独立经济核算。住建部《建设工程企业资质管理制度改革方案》将工程勘察资质分为综合资质和专业资质，工程设计资质分为综合资质、行业资质、专业和事务所资质，施工资质分为综合资质、施工总承包资质、专业承包资质和专业作业资质，工程监理资质分为综合资质和专业资质。资质等级原则上压减为甲、乙两级（部分资质只设甲级或不分等级），资质等级压减后，中小企业承揽业务范围将进一步放宽。工程实施单位可以根据自身及项目具体情况，选择不同方式的全过程工程咨询服务模式。

1. 全过程工程咨询顾问型模式

全过程工程咨询顾问型模式是指从事全过程工程咨询机构受业主委托，按照合同约定，为工程项目的组织实施提供全过程或若干阶段的顾问咨询服务。特点是咨询机构只是顾问，不直接参与项目的实施管理。

2. 全过程工程咨询管理型模式

全过程工程咨询管理型模式是指从事全过程工程咨询机构受业主委托，按照合同约定，代表业主对工程项目的组织实施进行全过程或若干阶段的管理和咨询服务。特点是咨询机构不仅是顾问，还直接对项目的实施进行管理，咨询机构可根据自身的能力和资质条件提供单项咨询服务。

3. 全过程咨询一体化协同管理模式

全过程咨询一体化协同管理模式是指从事全过程工程咨询机构和业主共同组成管理团队，对工程项目的组织实施进行全过程或若干阶段的管理和咨询服务。

（二）设计施工一体化改革趋势及工程实施单位的主要诉求

原建设部《建筑智能化工程设计与施工资质标准》对设计与施工资质标准进行了规定。取得相关工程设计与施工资质的企业，可从事各类建设工程中相关内容的咨询、设计、施工等业务，还可承担相应工程的总承包、项目管理等业务。在设计施工一体化的发展趋势下，工程实施单位的主要诉求体现在以下方面。

1. 建立健全设计施工一体化的评价标准体系

随着设计施工一体化的推进，针对设计与施工不同的环节，要明确分工，通过不同的标准要素进行规范。设计方面要求具备合理性和科学性；施工方面要求进行可行性分析，确保施工与设计的一致。

2. 提高人才标准，注重相关人才培养

设计施工一体化的发展，势必要求优先选择专业技术能力强、两者兼具的优秀人才，加强理论和技术的培训，紧随改革发展趋势，优化设计施工一体化技术，不断满足市场发展的新需要。

3. 充分调动设计及施工部门积极性，加强部门协作

全过程工程咨询机构需要充分考虑设计与施工环节的沟通与协作，充分考虑委托单位的诉求，在施工过程中，及时督促设计部门进行修正，调整设计中的不合理地方，提高施工建设的效率。

（三）设计施工一体化改革对工程咨询服务的新要求

1. 建立完善的信息资源共享平台，推动数字化转型

设计施工一体化的不断发展促使设计、施工部门的联系逐渐紧密。为实现设计、施工各环节对接的合理性、完整性，工程咨询服务要搭建“一体化”服务平台，建立强大的集成技术支持和资源共享协同平台，实现有关信息的共通共享。

2. 提供“一站式”的工程咨询服务

设计施工不断实现深度融合，成为不可分割的一个整体。提高全过程工程咨询服务的能力，协调设计和施工两大部分，提供目标项目的整体解决方案。

3. 改革传统的组织模式，促进能力创新

为应对设计施工一体化，工程咨询服务单位要实现组织模式创新、业务创新、能力创新。在工程咨询服务单位内部优化组织模式和职能结构，加强数据管理，协调相关专业节点，对设计施工部门统一管理、统一协调，使之减少冲突，避免脱节，提高效率，降低风险。

4. 培育专业化的咨询队伍，培养复合型人才

着眼于满足市场需要，培育能够统筹协调设计与施工各环节的专业化咨询团队和复合型人才。工程咨询服务单位应加强队伍建设，满足综合性、跨阶段的设计施工一体化的咨询服务需求，提升整个建设项目的咨询服务质量，为项目业主提供组织保障和技术保障。

（四）EPC 模式下全过程工程咨询机构的角色定位

传统的施工总承包组织模式下，建设项目的质量、安全、工期、造价等责任，由建设、勘察、设计、施工、监理单位五方分担。而在全过程工程咨询和

工程总承包并行模式下，现有的建设、勘察、设计、施工、监理五方主体责任被集中到建设方、咨询方、承包方三者身上。其中，咨询方在咨询合同的权利义务范围内，运用自己的智力、专业技术经验，代表建设方对建设项目进行全过程的监督管理，提交阶段性的咨询成果，提供与建设方有利益关系的重要信息，确保专业的品质和建设方的利益。全过程工程咨询机构在建设项目市场上，作为控制工程工期、质量、安全、造价的关键一环，只有提高咨询意见的合法性和准确性，才能发挥出全过程工程咨询模式对其赋予的职责。

工程总承包模式下全过程工程咨询服务为委托人提供的是工程专业智力服务，需要对咨询服务全链条从工程管理和工程法律服务等方面着手，梳理服务要点，并对咨询服务和管理进行资源整合。面对工程总承包模式的快速发展，全过程工程咨询机构需要意识到自身的定位转变，适应工程总承包的核心需求，破除传统的认知障碍，打造新型的综合性的全过程工程咨询服务业态。

四、项目投融资机构及其主要诉求

（一）股权投资者及其工程咨询服务需求

在工程项目投融资体系中，通常可以将融资方法分为直接融资和间接融资。项目不通过中间融资方（广泛意义上的金融中介机构如银行等），直接向投资者融资的路径即为直接融资。从理论上讲，直接融资同样可以分为股权融资和债权融资，但按照我国现有法律法规规定，直接的债权融资是不被允许的（大型集团内设财务公司基础上的内部直接债权融资除外）。因此，工程项目的直接融资通常采用成立属地化的项目公司，投资方作为股权投资者按照规范的法人治理程序行使投资者权利。

股权投资者对于工程咨询的服务要求，应以投资者的投资目的为出发点。由于股权投资的特性，其根本目的体现为在风险可控的基础上获取尽可能高的回报，因此对于工程咨询服务的需求及诉求点主要在于项目前期投资分析（项目投资机会研究、可行性研究尤其是可信的财务预测和盈利能力分析及风险控制等）、工程建设阶段咨询（成本控制、质量控制及决算审核等）、运营阶段咨询（运营策划、销售策划及运营能力分析等）。

（二）债权投资者及其工程咨询服务需求

工程项目间接融资的主要渠道为债权融资，而其中最主要的渠道是银行融资，另一个主要渠道是企业债券融资。对于这两类投资都有详细的监管相关规定，均依据法定程序开展或发行，在约定期内还本付息。

作为债权投资者，对于工程咨询的服务要求同样基于其投资目的。和股权投资者追求尽可能高的回报不同，债权投资者和工程资金需求方签订的融资合约通常采用固定或略有浮动的资金价格（利息），而利息之外的项目盈利无论多高均与其无关，且可能加大项目风险。因此，债权投资者的核心诉求在于工程项目盈利及现金流的稳健性，体现在工程咨询服务的需求上，其诉求点和股权投资者略有不同，主要在于项目前期投资分析（可行性研究尤其是可信的财务预测和现金流量分析及风险控制等，重点分析论证技术可靠性、项目的债务清偿、还贷能力和贷款风险等）、工程建设阶段咨询（成本控制、质量控制及决算审核等）、运营阶段咨询（运营策划、销售策划及运营能力分析等）。

（三）其他金融机构及其对工程咨询服务的需求

随着投融资领域的市场化改革和国际化发展不断推进，工程建设项目融资呈多元化发展态势，项目融资机构除银行为项目提供固定资产贷款和流动资金贷款等间接融资外，债券、保险、信托、租赁、基金等机构也为项目提供建设和运营资金。这些金融机构都属于金融市场专业化分工的产物，且对于这些金融机构的投融资活动都有相应的监管部门及法律法规。这些金融机构对于工程咨询服务的需求和上述股权、债权投资者基本类似，需要根据合约双方的投融资结构具体分析。例如，租赁融资通过融资与融物相结合，具有金融与贸易双重职能，促进技术进步，但应分析项目融资成本和风险；海外融资包括利用国际商业银行、国际金融贷款和企业在国际资本市场上发行的债券和股票上市等，应注意分析项目融资的目的、与融资主体的关系和融资运作方式，分清权益资金和债券资金，分析融资成本与风险等。

（四）工程咨询机构在满足项目投融资机构需求中的角色定位

在工程项目全生命周期中，投资决策环节处于项目前期阶段，在项目建设程序中具有前瞻性和统领性作用，对项目顺利实施、有效控制和后续运营都至关重要，融资咨询是项目投资决策的关键环节之一。在这一阶段，咨询机构可以帮助参建各方以全生命周期投融资的角度去看待项目，更精准地分析项目投资的综合效益。

在项目实施阶段，对于市场化运作的工程建设投资，可以采用多种模式实施，具体哪一种模式最契合项目实际、效益最为理想，政府和业主单位往往难以评判。在这个阶段，咨询机构可以依据当地政府和项目公司的资金状况及实施能力，提出较为合适、综合效益最佳的项目组织模式，且与项目融资相衔接，切实促使项目落地。

同时，还应关注项目的再融资问题，即通过完善基建资产的再融资来促进政府与企业资产的盘活，以实现投资的良性循环。与之相对应，需要对已建成投产的基建项目进行再评估，开展再融资咨询工作。如果能实现全过程咨询，则可以获得更完善的项目资料和持续辅导，既降低再融资的各项风险，也能从实现再融资的角度对项目进行评判、辅导，以实现项目投资单位收回资金的目标。

因此，从全过程工程咨询的角度看待投融资咨询，需要从投融资视角来评价项目投资，以及用投资的思维来研究制定现金流计划，灵活采用各种投融资模式，推动项目落地。

五、多诉求背景下的咨询服务业务模式选择原则

（一）工程全生命周期适应性原则

《工程咨询行业管理办法》（中华人民共和国国家发展和改革委员会令第9号）把全过程工程咨询正式纳入工程咨询的服务范围。工程咨询的全过程咨询服务，应紧密结合全流程全覆盖项目审批制度改革，创新全过程工程咨询组织服务类型与工程实施模式，重点考虑项目实施的不同阶段、不同融资运作方式和不同产业类型等因素。从工程项目全过程、全生命周期管理角度，工程咨询服务的类型与实施模式与项目前期策划决策、准备、实施和投产运营等不同阶段大体对应。

在全过程工程咨询实践中，大多数综合性工程咨询机构通常在公司管理层下设立各专项职能部门，形成“公司—专项职能部门—项目负责人—实施人员”的矩阵式指令层级。面对专项咨询服务时，此种形式表现出分工明确及实施高效的优点。然而，全过程工程咨询项目的承接会使其受到较大冲击，内部协调配合的困难程度远超预期，直接表现为全过程工程咨询项目总负责人的各

项指令难以有效向下传递并得到坚决执行。这是因为以传统的职能管理为导向的弱矩阵式管理体系已经无法适应综合性项目实施全生命周期的需要。因此，多团队合伙型管理体系应逐渐转变为以项目为导向型，即直接建立由项目总负责人以及经团队组织充分授权的专项负责人构成的项目实施领导小组，明确项目总负责人在项目全生命周期中的核心领导地位。

（二）项目单位综合管理效率提升原则

为了提升项目单位综合管理效率，业务模式选择需要从以下方面着手。

1. 以项目管理为核心开展一体化服务原则

全过程工程咨询不同于以往的工程项目管理模式，其服务贯穿投资决策综合咨询、工程建设、项目运维的项目全生命周期，具体内容包括勘察、设计、招采、造价、监理、运维、BIM专项等咨询服务，需要通过一体化的集成项目管理，实现“进度、成本、质量、安全＋品质”的“4＋1”项目目标。

2. 技术和管理双向融合原则

“技术＋管理”工作模式强调技术与管理的双向融合、相互支撑，有利于形成全过程工程咨询的核心能力。在实际工作中，既有管理对设计的带动和牵引，也有设计对管理的支撑和推动，在统一的目标导向下，可提供满足委托方一体化需求的全过程工程咨询服务，同时要尊重科学发展规律，结合项目精细化实施目标，提供符合项目特点的多样化咨询服务。

在项目实践中，“技术＋管理”工作模式对标设计牵头的全过程工程咨询服务，要求牵头单位具有设计和项目管理的双重能力，组织承担业主委托项目服务工作。牵头单位可承担全过程项目管理，并利用自身优势承担设计或设计管理工作，根据项目需要，联合项目策划、造价、监理单位及专项技术、管理单位，为项目提供高品质、一体化、全过程的各项服务。

3. 组织模式选择

全过程工程咨询的组织模式不是一成不变的，可以根据咨询机构的能力和特点进行不同的组合。

（1）单一体。采用这种模式要求咨询机构实力雄厚。一般由大型工程咨询公司来承担，该工程咨询机构必须具备相应的资质和能力，并且在提供咨询服务过程中，按照合同规定且在法律允许下将资质不够的咨询服务分包给具备相应资质的企业实施。一体全过程工程咨询模式如图 3-1 所示。

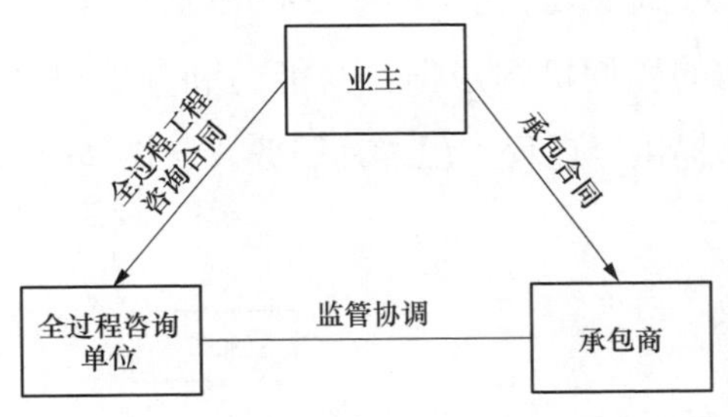

图 3-1 一体全过程工程咨询模式

（2）联合体。联合体全过程工程咨询模式是由多家专业不同的咨询公司签订合同组建临时的全过程咨询联合体，再由业主与组成联合体的单位共同签约。该模式可以由设计与管理咨询机构作为联合体的牵头单位，其余为联合体成员，组织结构图如图 3-2 所示。在执行整个咨询过程时，联合体的每个成员必须签署联合体内部协议，须明确联合体的牵头单位，并阐明联合体的每个成员执行咨询服务的内容和职责。当咨询过程当中出现问题时，采用连带责任制进行责任分担。

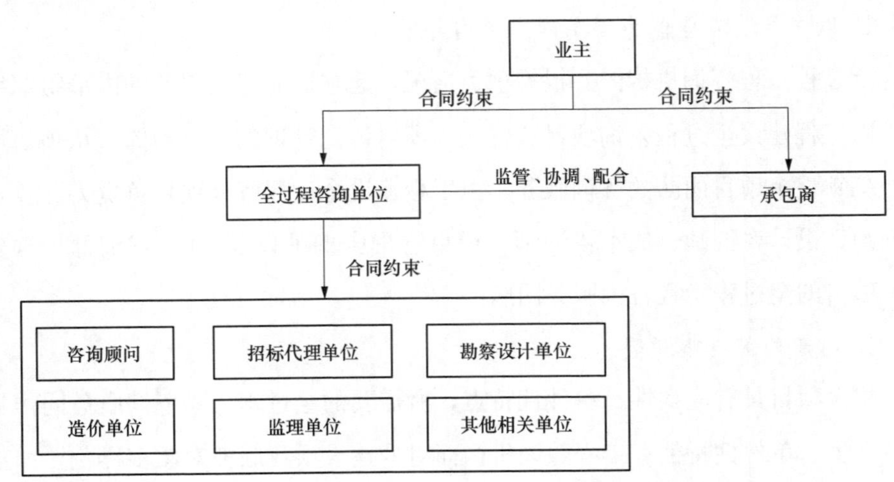

图 3-2 联合体全过程咨询模式组织结构图

（3）合作体。由多家咨询机构形成合作体共同实施全过程咨询，区别于联合体之处在于其内部之间没有签订合同，由业主单位分别和不同咨询机构签订合同，但有别于传统模式之处在于，这些机构不是各自为政，而是一个合作体联盟。合作体联盟内的咨询机构根据自身能力和条件以及业主的需求进行选择，为整个建设项目提供全过程工程咨询服务。合作体全过程咨询模式如图 3-3 所示。

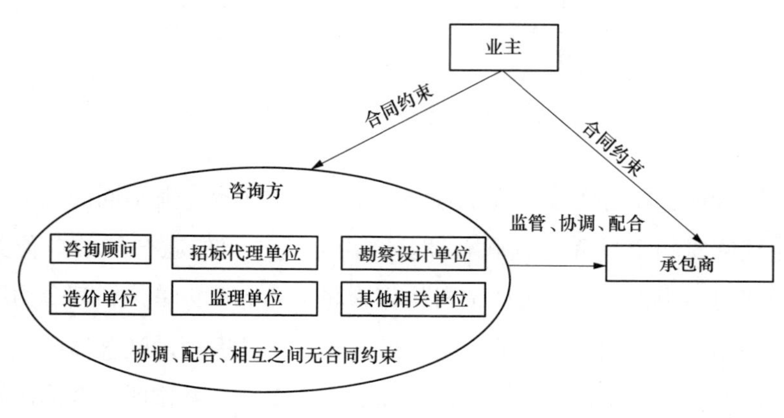

图 3-3　合作体全过程咨询模式

（三）咨询机构专业集成能力匹配原则

1. 以多层次专业能力为基础搭建内部团队

全过程工程咨询机构需要根据项目情况，建立适应咨询服务的内部组织结构。以工程建设全过程咨询项目负责人为项目咨询管理的中枢指挥，从项目层面上统领整个项目团队的咨询服务，由工程建设全过程咨询项目负责人、投资咨询师、设计咨询师、成本咨询师、项目管理咨询师以及 BIM 咨询师等构建一个项目的全过程工程咨询服务团队。

2. 组建外部战略联盟

建设项目具有一次性、单件性特点，所需要的全过程工程咨询服务同样具有独立型、单件性特征。工程咨询机构面对的建设项目服务对象多样化，内部服务团体即便具备基本的各类专业人才储备，仍较难做到服务团队人才全部能够满足要求。对于特殊人才或不常用到的人才储备可以采取外部聘请制度，建立合作企业外部战略联盟，构建外部人才长期合作机制，以提升企业全过程工程咨询服务能力。

3. 持续加强管理人员的素质建设

为进一步加强全过程咨询服务能力建设，实现全过程咨询服务模式创新，要侧重于管理人员的团队建设。结合新时期全过程工程服务要求，加强培训活动，让相关人员积极学习现代化咨询体系中的操作技术要点，掌握网络化咨询服务方式，从而保证咨询专家具有较强的专业水平。加强服务人员的素质考核，全面落实岗位责任制，将全过程咨询职能合理分配，让工作人员明确自身所负责的工作范围，以便在实际参与咨询服务的过程中能够严格履行自身的工作职责。

4. 充分发挥信息技术作用

一是加强资金投入，将信息技术以及现代化的工作软件引进到咨询体系当中，并在此基础上构建现代化管理平台。

二是重点加强BIM模型建设。积极利用物联网等信息化载体，对工程信息进行整合，并在此基础上统筹分析，制定战略方案，为优化咨询服务提供良好的信息、数据支撑。

三是建立共享中心。在信息化共享平台支撑下，加强造价、设计、监理等不同机构、部门之间的沟通，加强工程信息共享程度和信息传递的精准性，为共同开展咨询服务创设有利条件。

（四）权利制衡及利益回避原则

工程咨询机构在承担部分或全过程咨询服务中，应严格遵循咨询行业自律和职业道德，在承担编制项目建议书、可行性研究报告、项目申请报告、重要领域发展建设规划等业务后，不得承担同一项目或事项的咨询评估任务，不得弄虚作假和采取不正当竞争手段或不具备工程咨询资质、能力的工程咨询活动等。相关政府主管部门可以依据情节轻重对违反者提出警告，或从咨询评估任务的机构名单中予以删除；或者依据资格管理相关规定做出相应处罚，并对违法违规行为建立诚信记录制度，情节严重的按相关规定向社会公开等。

第二节 服务于政府部门的全过程工程咨询

目前，我国政府投资项目集中在基础设施领域，通常周期长、投资大、质量标准要求高且影响范围广。项目能否顺利实施将直接影响投资目标的实现，甚至影响广大人民群众财产和生命安全。全过程工程咨询的出现打破了传统模式下的工程建设条块分割，但也有周期长、对咨询机构和咨询人员要求高及对工程目标影响大等特点，因此，各阶段之间的衔接、咨询机构和咨询人员能力及咨询阶段的选择等对工程目标的实现具有重要影响。

一、政府投资项目的全过程工程咨询

（一）政府投资项目类型

1. 按项目资金来源分类

按照资金来源，政府投资项目可以分为财政性资金及国债投资项目、财政担保银行贷款投资项目和国际援助投资项目。

（1）财政性资金及国债投资项目。财政性资金及国债投资项目包括财政预算内、预算外基本建设资金投资的项目，也包括使用纳入财政预算管理专项基金中的用于基本建设投资的项目。

国债专项资金是中央财政通过增发国债专项用于基础设施等方面建设的资金，除部分资金用于技术改造项目的贴息外，绝大部分用于基本建设项目。国债专项资金中，无论是中央财政投资、中央补助地方投资还是转贷地方资金，均为财政资金，因此必须纳入财政基本建设支出预算管理范围。

（2）财政担保银行贷款投资项目。财政担保银行贷款投资项目是由国家或地方财政承诺担保的银行贷款建设项目，大多是非营利的公共项目，也包括少量虽盈利但投资回收期较长的项目。对于非营利项目，一般由财政负责筹措资金还本付息；少数有盈利但投资回收期较长的建设项目，也由各级财政承担风险，故此类项目也应纳入政府投资项目管理范围。

（3）国际援助投资项目。国际援助投资项目，一般侧重于对受援国的基础设施和公共建设项目提供无偿援助或低息（无息）贷款，受援国政府是项目资

金的接受者，并负责项目资金的运用，对政府投资项目提供援助的国际组织主要有世界银行及其他区域性经济组织，如亚洲开发银行。友好国家的援助也是国际援助项目资金的重要来源。

2. 按建设项目的竞争性分类

政府投资项目按照其竞争性可划分为三类：经营性项目、准经营性项目和非经营性项目。

（1）经营性项目。经营性项目具有一定的营利性质，对于属于经营性政府投资项目范畴的基础设施项目，如港口、机场、电厂、水厂、燃气、公共交通等设施，建成后有长期且持续稳定的收益。项目自身具备一定融资能力的，还可以吸收政府以外的企业和外商投资。因此，这类项目的建设管理一般应实施项目法人责任制，由项目法人负责项目筹划、设计、概预算审定、招标定标、建设实施、承担部分资金筹措、投资控制直至生产经营管理、归还贷款以及资产保值增值的责任。

（2）准经营性项目。准经营性项目主要包括竞争性基础设施项目和竞争性公益项目，竞争性基础设施项目如能源工业（电力、石油）、部分公用事业（自来水、污水和垃圾处理）、基础原材料工业（钢铁、有色）以及部分交通运输业（高速公路、航运等），竞争性公益项目如科研开发与应用研究、成人和职业教育（私立学校）、艺术表演团体、医疗机械等产业。按公共财政理论，这类投资项目提供的产品和服务均属"消费效用不可分割"的准公共产品，单靠市场机制难以达到供求平衡，需要政府参与投资经营，并且应以控股和参股等方式进行。而随着市场的不断成熟，政府应逐步退出，首要职能应该转向提供法规、制度等非物质类公共产品，建立完善竞争机制，维持正常市场秩序，充分发挥市场机制和政府调控的各自优势，降低社会成本。

（3）非经营性项目。非经营性项目一般是无直接的投资收益，主要追求社会效益最大化的公益性项目。按公共财政理论，其项目提供的产品和服务属纯公共产品，如国防建设、政府机关办公设施、义务教育设施、市政道路等城市基础设施、基础科学研究和卫生防疫等。这些项目关系到国家机器的正常运转、国家的安全和人民生活质量的提高，因而应纳入政府的公共支出范畴。

政府投资项目分类见表 3-2。从现代市场经济条件下政府的经济职能来看，政府投资的目的是实现政府公共服务职能、满足社会公共需要、维护市场配置功能、调节国民经济运行，以实现经济、社会的科学发展战略。因此，政府投资范围限定为上述划分的非经营性公益项目、准经营性基础项目和少数关键领域的经营性项目。

表 3-2　　政府投资项目的分类表

按照管理权限分类	中央政府投资项目
	地方政府投资项目
按照项目资金来源分类	财政性资金及国债投资项目
	财政担保银行贷款投资项目
	国际援助投资项目
按建设项目的竞争性分类	经营性项目
	准经营性项目
	非经营性项目

（二）政府投资项目审批制及其咨询服务需求

政府为改善民生会投入大量资金进行基础设施及公共设施建设。政府投资项目往往具有三大特点：投资规模大、社会关注度高及影响范围广。其咨询服务需求主要体现在以下三个方面。

1. 重点加强前置投资决策控制

政府项目往往需要投入大量的资金，而且通常都是大型的项目，一旦此类工程出现决策上的失误将会带来巨大的代价，因此尤其需要将项目的投资控制重点前置。项目前期决策阶段有三份重要的成果文件：项目建议书、可行性研究报告及方案设计论证报告，这三份相关文件质量的好坏及深度对于投资决策正确与否有着关键性的作用。但政府部门对于此类文件的审核缺乏专业性，工程咨询机构要从自身专业的角度出发，协助政府部门梳理其中的问题，并协助估算编制部门进行方案调整与估算的编制工作，帮助政府部门能够在充分理解相关估算文件的基础上做出最为科学合理的投资决策。

2. 强化专业性与成本控制的设计管控

设计环节管控同样属于前期控制，设计环节把控不当或者留下隐患，若在施工环节可能造成难以弥补的损失。基于此，全过程工程咨询管理需要在充分知晓建设单位的需求和建设工程内容的基础上，依据专业的设计咨询管理团队，对项目的设计阶段进行整体把控，从根本上对设计内容和工程造价指标进行控制，确保施工图的最优化，施工的最可操作化，从而对项目的投资与质量管控前置化。

3. 建设环节的实时管控

根据工程项目实施阶段的特点，完善组织机构，配备所需各专业人员，组成现场管理团队，对招标单位、监理单位和施工单位应做好系统化管控，对工程质量、进度和投资进行实时监控。当在施工现场第一线发现问题倾向时，应采取预控和实时跟进的方式，将问题解决在萌芽期。同时，建立专业 App 信息平台，将项目施工进度、资金使用和现场问题和数据实时呈现。

（三）政府投资项目专业性报批审核及其咨询服务需求

1. 充分的项目前期研究与策划

专业的工程咨询机构，具有相对丰富的项目前期研究与策划经验，能够根据政府投资项目的固有特点，考虑客观存在的不确定因素，对项目的可能性和可行性进行充分的调研和论证工作，能够在项目前期研究阶段对项目的投资回报水平进行科学的测算。

2. 项目设计阶段的前置化管控

对政府投资项目的管控，建设单位由于缺乏专业设计人员或者按惯例不重视对设计阶段的控制，只注重在施工过程中对投资和造价进行控制，而缺失对设计阶段的管控。其设计内容都是由设计单位简单地依据政府批示的可研和相关设计规范进行设计，对设计成果的把控也都是由设计单位负责，为后期超出概算留下隐患，甚至出现设计的内容在后续施工中需要大量调整或者无法实施的问题。全过程工程咨询管理能够在充分知晓建设单位的需求和建设工程内容的基础上，依据专业的设计咨询管理团队，对项目的设计阶段进行整体把控。通过基本设计费＋竣工验收后设计考核奖惩金，形成对设计单位的奖励与惩罚机制，从机制上做好对设计阶段的管控。

（四）政府投资项目的事中事后监管及其咨询服务需求

一般而言，政府投资项目会由政府建设主体临时组建管理小组直接开展工程的实施与管理工作，管理小组人员通常由政府各部门抽调而来，小组成员行政经验相对丰富，但是可能缺乏工程经验和专业知识，难以有效控制项目的质量、成本、进度和安全等环节，容易出现成本增加和投资收益减少。

1. 工程建设的实时管控

对项目的工程技术指标、财务和经济指标、环境和社会影响指标、管理效能指标进行系统分析与评价，把控好项目的建设投资、进度与质量等目标。

2. 项目后评价

全过程工程咨询在项目竣工验收阶段，依据法律法规和指导文件，严格遵循验收方法和标准，制定验收方案和评估程序，同时对工程实施中出现的问题及解决办法进行总结，形成经验建议，为后续项目提供参考依据。

（五）服务于政府投资项目的全过程咨询服务模式

政府投资项目周期长，变动因素多，对于政府项目的投资控制不仅仅应该停留在施工阶段，而是从决策阶段到竣工决算的全过程，在整个过程中，不仅对技术要求很高，而且专业性极强。工程咨询机构在整个项目咨询服务过程中，不但需要提供专业的建议，而且还要针对项目的实际情况、规模大小、管理体制及企业现状等，灵活地运用专业的成本控制方法对投资控制的全过程进行有效的管理。根据项目具体情况，政府投资项目可以选择不同方式的全过程工程咨询服务模式，如全过程工程咨询顾问型模式，全过程工程咨询管理型模式或全过程咨询一体化协同管理模式。

二、服务于政府部门的全过程咨询服务模式业务类型

（一）项目审批核准备案评估咨询服务

在推进政府职能转变、巩固企业等市场主体地位、优化营商环境的大背景下，国家持续深化简政放权、放管结合、优化服务（简称“放管服”）改革，是处理好政府与市场关系的重大改革措施，从而对项目前期咨询提出新要求。

1. 政府投资项目

政府投资主管部门与住房和城乡建设主管部门是实施全流程全覆盖项目审批制度改革和推进全过程工程咨询服务的监管部门，要切实担负起工程建设项

目审批制度改革组织协调和督促责任。

政府行政（行业）职能部门要精简规范前期许可手续。除交通、水利、能源等领域重大工程外的一般工程建设项目，在前期立项决策阶段出具的前置文件，主要包括选址意见核发、用地预审、用地规划许可证核发，其他影响项目使用规范和标准的环境影响评价、节能评价等许可事项，可作为后置条件在开工前办理即可。按照在线并联审批许可要求，各政府行政职能和行业主管部门应出具相应前置或后置许可文件。

2. 企业投资项目

我国对不使用政府性资金由企业投资建设的项目，依据国务院颁发的《政府核准的投资项目目录》，区别不同资金使用性质、类别、事项等，分别实施核准制或备案制，按照企业投资项目核准或备案相应项目策划与行政许可程序，编制项目申请书或备案登记表，已形成了一系列较为规范、成熟的政府审批核准许可手续。同时，相关政府部门还要转变职能，将投资管理重心从事前审批核准转向分层级过程服务和事中事后监督。通过试点改革，进一步改善营商环境，实行项目告知承诺制。对具备“一张蓝图”统筹实施的项目或一般中小型企业投资项目，根据申请人的信用情况，提出书面承诺，通过监督辅导服务和事中事后监管能够纠正不符合审批条件，且不会产生严重后果，可减少审批阶段，精简审批环节和事项，压减审批时间。为贯彻落实企业等市场主体项目单位投资决策自主权，以提高审批效能，推行项目审批告知承诺制时，将工程许可和施工许可合并为一个阶段；取消施工图审查，在“一张蓝图”基础上，实施统一受理、并联审批、实时流转、跟踪督办。

（二）市政配套管理评估咨询服务

市政配套工程具体可以分为九个子项：供水工程、供电工程、燃气工程、供暖工程、有线电视、电信工程、环保工程、消防工程及防雷工程。这些设施与居民的日常生活息息相关，是居民生活的重要保证，为居民提供基础的物质生活资料。

从业主方的市政配套工程建设管理流程上看，可以分为以下流程：投资管理（包括前期投资测算、实施中市政配套的土地购买、征地青赔及线路拆迁等)、计划管理(包括计划组织实施施工临水临电、设计出图、施工队出预算、议价定价、合同签订、现场施工、竣工送电送水等主要环节)、合约管理(合约及相关要约起草、审定及确认等)、造价管理(依照施工图纸的工程量计算及复核、主材定价、预算申报及审核、议价定价过程管理等)、供方管理(对主材供应商、施工单位、监理单位、设计单位的推荐、筛选、选择和后评价过程的管理)、现场管理(现场施工组织、施工配合及工序工法等管理)、设计管理(设计方案、施工图及现场技术变更的管理)、报建报装(临水临电及永久用水用电等各项市政配套工程的报装报建工作管理)。

从为政府相关部门服务的市政配套管理评估咨询角度来看,除了上述业主在市政配套工程建设考虑的各环节(投资审批核准备案、规划设计、竣工验收审核)外,还需要重点考虑市政相关配套设施移交管理、运营等方面。对已建成并通过竣工验收的市政设施,要及时按照有关规定移交市政设施管理部门履行管理责任;已建成使用或委托代建完成但未办理移交的,由投资建设单位暂时负责维护管理工作,并尽快办理移交。另外,移交后的运营管理模式也是评估咨询服务的方向之一。

(三)建设工程方案评估咨询服务

建设工程方案评估是由政府委托项目评估的重要内容,所涉及的主要任务包括以下方面。

1. 评估项目建设的目标、必要性及各种约束条件

首要任务是要确定项目的各种目标及项目建设的必要性。要从市场需求、社会发展规划和投资盈利驱动等方面,评价项目建设的目的;从国家产业政策和行业规划情况、产品市场需求及竞争力分析的结论、项目建设对经济社会发展的影响及作用、发展规模经济等角度,评估项目建设的必要性。此外,还应了解项目所在社区群体对项目的认识,从而为评估项目的可行性确定明确、系统的模板和方法。

2. 项目建设条件的分析与评估

这部分的评估内容主要包括资源条件评估,包括物质资源(原材料、供应品、建筑材料、机器设备等)、财力资源(资金实力、融资条件和渠道)、技术

资源（专利技术、工艺设计、加工配方等）和人力资源（专业技术人才、管理人才和普通劳动力等），对各种资源的来源、可靠性、时效性和经济性进行分析和评价；基础设施条件评估，包括交通、通信、供水供电等基础设施条件；工程地质、水文地质条件是否符合建设要求；地方政策和法规，地方政府和社区居民的支持和参与程度等；选址条件和地理区位等；市场条件评估，包括国内外市场需求、价格水平、市场份额、竞争能力、营销策略和手段等。

3. 技术评估

（1）评估准则：项目设计合理，在工程技术上处理适当，并且符合一般公认的有关标准。

（2）评估内容：项目规模、布局和地理位置；工艺路线和设备选择；采用的技术是否是当地的适用技术；项目实施计划是否可行；能否达到预期的生产水平等。

（3）评估要点：审查项目所选用的技术参数是否正确；所依据的工程技术标准及设计规范是否合理；是否已充分考虑项目执行中可能出现的意外情况和价格上涨的问题；土木工程和设备采购的安排是否符合有关要求；项目的营运成本、劳务费用等与工程有关的财务数据；原材料供应及配套设施；项目对环境的影响及对策。

4. 组织机构评估

（1）评估准则：组织机构设计合理，管理高效，能够保证项目的顺利建设和有效运作。

（2）评估内容：组织体系设计，包括项目单位的组织机构、管理制度、人员素质、政策和工作程序；政府对这些机构的政策等。

（3）评估要点：项目执行机构组织是否健全、高效，是否符合实现项目目标的需要；是否需要改变政策或组织机构；执行人员素质是否合格、工作效率如何，激励及约束机制的安排是否得当等。

5. 项目财务评估

财务评估包括投资方案财务评估和融资方案的财务评估两个方面。投资方案财务评估，对构成项目投资财务方案的财务基本数据的完整性、准确性、可靠性及项目本身的财务盈利能力进行评估，主要是根据工程技术方案，对项目的建设投资、流动资金、无形资产等投资构成及取费标准进行评估，对销售收入、经营成本、有关税费、利润预测及项目投资现金流量预测的可靠性进行评估，对各种财务数据有关的项目生产规模、产品方案数据、各项技术经济指标进行评估。评估的主要目的是在不考虑融资方案、所得税、折旧等“人为因素”前提下，判断项目本身所具有的盈利能力及投资价值，分析项目本身的可行性。

6. 经济及社会评估

经济及社会评估是从资源配置的角度分析评价项目的经济效益和社会效益，通过费用—效益分析等分析方法，寻找能够获得资源配置效益最大化的方案，从而得出是否投资的建议。对于政府委托的评估项目，尤其要重视经济及社会评估。在微观的项目层次上，按照微观经济学关于资源均衡配置的有关原理，结合项目所在地区资源禀赋特征、经济发展水平、市场配置资源的状况，测算相应的影子价格，进行经济及社会评价。随着我国市场经济体制机制不断完善，价格扭曲的状况得到极大改善，微观层次的经济评价将逐步退居次要地位，重点是要加强宏观层次的经济评价，即从项目影响的区域经济的角度，评估项目对区域经济发展的贡献，对增强区域竞争力、形成优势产业的影响，对区域经济均衡发展的影响等。

7. 项目风险及对策评估

项目风险及对策评估主要分析不确定性因素及项目可能出现的各种风险因素，提出规避风险的对策。一般采用盈亏平衡分析、敏感性分析、风险（概率）分析等方法，提出规避风险的对策，以及建议有关部门应采取何种政策来减少风险等。

（四）工程建设配套文档管理咨询服务

工程建设项目文档是工程项目建设前、建设过程中及竣工验收的真实记录，能为工程项目后期运维管理提供重要参考，具体包括施工资料文件、工程验收文件、结构设计方案、工程收益评估报告、技术管理资料、实验报告、施工记录、质量评价意见等多方面内容，是质量原因分析、事故鉴定、责任判定的主要依据。

在新时代经济环境下，传统纸质文档管理模式已难以满足建筑行业发展需求，而基于信息化模式下的工程项目文档管理，通过对信息技术的应用，实现无纸化、数字化及信息化文档管理，不但能有效降低文档管理难度和劳动强度，而且能更方便地进行搜索、查询及信息挖掘等管理。具体到工程建设配套文档管理咨询服务上，则需要协助委托方建立起系统的工程建设配套文档管理体系，可以分为以下几个方面：

1. 确立实施目标并分步实施

（1）文档管理制度化：建立和优化项目电子文件产生、批准、分发、升版、归档、交付、利用、作废等全生命周期管理活动的管理规定、流程和工作程序，规范项目电子文档管理，增强沟通与共享，为实现信息化提供支撑。

（2）管理制度标准化：通过管理制度来规范文档全生命周期管理的标准化。执行统一的标准化的管理制度，并涵盖委托方所有类型项目，实现项目电子文档的标准化管理。

（3）管理标准体系化：在梳理清楚电子文档管理制度化和标准化的基础上，逐步建成管理体系和软件系统，规范电子文档全生命周期管理。

（4）管理体系信息化：将电子文件的产生与发布、交换与分发、归档与交付统一到软件平台上，实现电子文档全生命周期管理。

2. 制定文档管理体系框架与各项标准规定

通过研究国内外相关标准规定，结合委托方具体情况，确立委托方文档管理体系框架和基本内容，为管理制度化打下基础。通过制定项目电子文档的结构规定、编码规定、属性规定及其分发矩阵规定等，规范电子文件的各项属性与发布、分发过程，并进行授权控制，为管理制度标准化打下基础。

3. 建立项目电子文档管理流程

为实现项目电子文档全生命周期管理，以整合优化文档管理流程为重点，梳理各类业务流程，实现项目文件从产生、审核、发布、分发以及归档和交付的全生命周期管理。依据电子文档管理现状，定义基本工作流程，并根据项目类型、规模、业主要求和执行策略，建立不同应用模式下的电子文档管理系统，并进行分级授权与权限管理，提升系统的安全性。

4. 确立项目电子文件归档交付规定

根据具体项目要求，制定出电子文件归档规定，确定交付文件的格式、版本、内容、介质、交付时间以及程序等；制定交付策略和交付流程；按照交付计划从系统中打包输出要交付的文件。对于数字化交付项目，制定电子文件交付规定至关重要。

5. 建立电子文档管理系统平台

选择合适的电子文档管理平台系统，通过研究其系统基本功能，在平台上实现项目电子文档的异地存储、实时共享和及时查询；电子文档生命周期管理和有效版本的控制；规范电子文档共享和交付流程的应用目标，并将此平台广泛地应用于各类项目中。此外，电子文档管理体系建立后，更重要的是如何执行好标准体系，还需要结合各项目具体需求，进行二次开发，建立电子文档管理系统平台，提高平台的应用效率。例如：项目配置模块、电子文档管理模块、报表模块、归档模块、交付模块、文档进度检测跟踪管理等。

三、政府部门委托咨询业务及其监管

（一）政府投资咨询资格准入管理

1. 基本准入条件及优先采用综合性咨询服务

以评估为例，政府具有公共管理者和公共投资者两个职能，借助投资咨询评估的手段，通过独立的第三方对政府投资项目以及需要核准的企业投资项目进行充分的评估论证，是实现科学、民主决策和管理的有效途径。承担具体专业投资咨询评估任务的评估机构，应当具备的基本条件包括通过全国投资项目在线审批监管平台备案并列入公示名录的工程咨询机构；具有所申请专业的甲级资信等级，或具有甲级综合资信等级；近 3 年完成所申请专业总投资 3 亿元以上项目可行性研究报告、项目申请报告编制，项目建议书、可行性研究报告、项目申请报告、项目资金申请报告及规划的评估业绩共不少于 20 项（特殊行业除外）。

为增强政府投资决策科学性，提高政府投资效益，政府投资项目要优先采取综合性咨询服务方式，落实项目单位投资决策自主权和主体责任，鼓励项目单位加强可行性研究，对国家法律法规和产业政策、行政审批中要求的专项评价评估等一并纳入可行性研究统筹论证，提高决策科学化，促进投资高质量发展，充分发挥投资决策综合性咨询在促进投资高质量发展和投资审批制度改革中的支撑作用。

2. 咨询机构资质要求

全过程工程咨询试点降低了全过程工程咨询机构的资质门槛，具备承担全过程工程咨询服务的单位具有与工程规模和委托工作内容相适应的工程咨询、规划、勘察、设计、监理、招标代理、造价咨询等一项或多项资质即可，此举有效提高了企业的积极性。

投资决策综合性咨询服务可由工程咨询机构采取市场合作、委托专业服务等方式牵头提供，或由其会同具备相应资格的服务机构联合提供。牵头提供投资决策综合性咨询服务的机构，根据与委托方合同约定对服务成果承担总体责任；联合提供投资决策综合性咨询服务的，各合作方承担相应责任。鼓励纳入有关行业自律管理体系的工程咨询机构发挥投资机会研究、项目可行性研究等特长，开展综合性咨询服务。投资决策综合性咨询应当充分发挥咨询工程师（投资）的作用，鼓励其作为综合性咨询项目负责人，提高统筹服务水平。

综合性工程咨询机构接受投资者委托，就投资项目的市场、技术、经济、生态环境、能源、资源、安全等影响可行性的要素，结合国家、地区、行业发展规划及相关重大专项建设规划、产业政策、技术标准及相关审批要求进行分析研究和论证，为投资者提供决策依据和建议。

3. 强化个人执业监管

政府管理重心从事前的资质资格证书核发转向事中事后监管，并强化单位和人员从业行为监管。从业人员一般要求具有一项或多项与工程规模和委托工作内容相适应的一级注册建筑师、一级注册结构工程师、一级注册建造师、注册监理工程师、注册造价工程师及注册规划师等工程建设类资质。

4. 特定领域准入

除财政部门、发改部门涉及较多的政府投资项目评审之外，还有特定领域的部门单位也涉及对政府投资项目的评审工作，只是项目数量少，领域范围窄，所以相关业务工作的开展分散在各个领域的行政单位中。比如国家能源局《关于“互联网+”智慧能源（能源互联网）示范项目评审办法》等制度；水利部《生产技术项目水土保持方案技术评审细则》等。

（二）政府投资咨询业务委托方式

在住建部下发《关于开展全过程工程咨询试点工作的通知》后，各地根据《通知》精神制定工作方案，明确了全过程工程咨询的委托方式。从四川省、广东省、江苏省等省份发布的全过程工程咨询试点工作方案来看，全过程工程咨询服务的采购方式呈现多样化特点，如公开招标、邀请招标、竞争性谈判，甚至直接委托。

例如广西、广东等地均规定：各地应积极探索全过程工程咨询的委托方式。依法应当招标的项目，可通过招标方式委托全过程工程咨询服务；委托内容不包括前期投资咨询的，可在项目立项后由项目法人通过招标方式委托全过程工程咨询服务。依法不需招标的项目可以直接委托全过程工程咨询服务。浙江省则规定：按照有利于促进全过程工程咨询服务发展的原则，创新全过程工程咨询委托方式。依法必须招标的项目，通过规范合理的招投标实施和监管模式，为试点项目与试点企业的双向选择提供平台，探索服务采购采取评定分离的招标方式；鼓励社会投资项目直接委托实行全过程工程咨询服务管理。

（三）政府投资咨询业务监管

在政府投资全过程咨询业务监管上，目前较为缺乏针对性的依据。传统勘察、设计、施工、监理及与工程有关的重要材料设备的招标投标活动均有相应招标投标管理办法和配套文件，招标投标行政监管部门监管有法可依，有规可循，监管具有针对性和有效性。而全过程工程咨询模式从 2017 年开始试点至今，各地关于监管的做法不尽相同。《指导意见》是目前招标投标监管部门适用的效力等级最高的文件，但缺乏配套政策。

为提高政府的监管效率和质量，我国政府不断对监管模式进行改革和完善。2017 年，《国务院办公厅关于促进建筑业持续健康发展的意见》（国办发〔2017〕19 号）提出了坚持“优化资质资格管理”的改革方向。政府通过采取通过强化建设行业执业资格制度法律体系以“淡化企业资质，强化个人执业资格”的做法，以及政府部门转变“重企业资质、轻个人资格”的传统观念，着力构建企业和个人的诚信体系，切实加强个人执业资格管理。

第三节　服务于项目业主单位的全过程工程咨询

一、项目策划咨询

（一）项目前期策划咨询

在项目前期策划阶段，应当按照不同资金来源，采取不同的咨询服务类型与实施模式。

政府投资项目前期策划阶段，从项目前期策划起到批准可行性研究报告止。这个阶段咨询策划的主要工作，有产业发展规划编制、项目建议书（预可行性研究报告）、可行性研究报告及其评估咨询，为项目科学决策提供依据。为鼓励社会资本以 PPP 模式投向社会公益性公共领域、具有一定经营性的投资项目，还应组织编制政府和社会资本合作（PPP）实施方案。

企业投资项目前期策划阶段，从项目提出、项目申请报告策划起到项目核准（或备案）止。这个阶段的策划主要工作，有编制企业发展规划、预可行性研究，编报项目申请报告及其评估咨询、政府核准许可或编报备案登记表等。在立项用地规划许可阶段，要为工程项目审批核准、选址意见核发、用地预审、用地规划许可证核发等提供咨询服务。

（二）项目准备阶段策划咨询

项目准备阶段是前期策划与决策的具体化，是工程项目实施前的准备，需要办理完成项目施工前所需的许可条件。该阶段准备工作安排的好坏，很大程度决定工程项目的成败以及能否高质量地达到前期决策的预期目标。

政府投资项目从可行性研究报告审批或企业投资项目从政府进行核准或备案起，到项目正式开工建设止。这个阶段的主要工作有工程勘察设计、筹资融资、征地拆迁及移民安置、招标代理、造价咨询、施工准备（场地平整、通路、通水、通电）等。特别对编制的初步设计及审查，在确保按审批核准的建设方案、投资控制基础上进行技术设计，签订承包合同，办理施工前有关用地规划、环评、节能等行政许可手续。

（三）项目实施策划咨询

项目实施阶段是工程项目建设和全过程工程咨询服务最为重要的阶段，是通过对项目建设活动的组织和专业咨询服务活动，将前期策划与决策、建设准备、工程勘察、设计成果、投入资金变成工程实体的过程。该阶段从工程项目主体工程破土动工起，到工程竣工验收、交付运营止。这个阶段的主要工作，有建筑工程施工、设备采购安装、竣工验收、生产准备、试生产等，其主要任务是将工程建设投入的各项要素，通过施工、采购等活动，在拟选场（厂）址内按决策目标和设计要求进行优化组合，组织好实施咨询服务，依法合规推进工程项目实施。

（四）项目竣工验收与投产运营策划咨询

项目竣工验收与投产运营阶段是投资者实现项目决策意图和目标，确保工程项目按期交付使用、顺利投产，生产合格产品、发挥投资效益和经济社会效益的最后关键阶段。从工程项目管理角度，项目竣工验收交付使用起，到运营一定时期（非经营性项目）或回收全部投资（经营性项目）止。这个阶段一般跨度较长，其主要工作有项目后评价等，该阶段包括设备的联运试车、试生产、竣工验收等。从工程项目管理角度，可不包括项目运营管理范畴；但从项目生命周期全过程角度，还应考虑运营问题，包括保修、回访等后续服务与项目后评价等。

二、项目审批咨询

项目行政审批管理依照建设程序办理审批手续，在全过程工程管理中，项目的行政审批贯穿项目决策阶段到竣工阶段至运营阶段后评价及绩效评价完成，是一个非常重要的环节，如果项目没有按照法定的程序进行行政审批，项目的建设就是一种非法行为，项目的投资人将面临重大的法律风险。在工程项目管理过程中，全过程工程咨询机构协助投资人开展项目行政报批工作。加强项目行政报批管理是全过程工程咨询机构履行工程咨询服务的重要环节。

在不同的项目建设时期，全过程工程咨询机构需要向不同的相关部门进行行政报批，需要相关部门进行行政审批的内容主要包括建设项目选址意见书、建设用地规划许可证、建设工程规划许可证、国有土地使用证、建设工程施工许可证等。行政审批各参与方工作职责一览表见表 3-3。

表 3-3　　建设项目行政审批各参与方工作职责一览表

阶段	序号	工作内容及成果	编制	审核	确认	申报	核准/审批/备案
决策阶段	1	项目建议书	专业咨询工程师	综合性咨询项目负责人	投资人	投资人/全过程工程咨询机构	投资主管部门
	2	项目选址意见书	专业咨询工程师	综合性咨询项目负责人	投资人	投资人/全过程工程咨询机构	规划和自然资源主管部门
	3	环境影响评价报告	专业咨询工程师	综合性咨询项目负责人	投资人	投资人/全过程工程咨询机构	环境保护行政主管部门
	4	节能评估报告	专业咨询工程师	综合性咨询项目负责人	投资人	投资人/全过程工程咨询机构	管理节能工作的部门
	5	可行性研究报告	专业咨询工程师	综合性咨询项目负责人	投资人	投资人/全过程工程咨询机构	投资主管部门
	6	建设用地规划许可证	专业咨询工程师	综合性咨询项目负责人	投资人	投资人/全过程工程咨询机构	规划和自然资源主管部门
设计阶段	7	初步设计	专业咨询工程师	工程建设全过程咨询项目负责人	投资人	投资人/全过程工程咨询机构	建设行政主管部门
	8	工程概算	专业咨询工程师	工程建设全过程咨询项目负责人	投资人	投资人/全过程工程咨询机构	投资主管部门/财政部门
	9	施工图设计	专业咨询工程师	工程建设全过程咨询项目负责人	投资人	投资人/全过程工程咨询机构	建设行政主管部门
	10	建设工程规划许可证	专业咨询工程师	工程建设全过程咨询项目负责人	投资人	投资人/全过程工程咨询机构	规划和自然资源主管部门
发承包阶段	11	政府投资工程建设项目招标	专业咨询工程师	工程建设全过程咨询项目负责人	投资人	投资人/全过程工程咨询机构	建设行政主管部门
	12	政府投资工程建设项目招标方案	专业咨询工程师	工程建设全过程咨询项目负责人	投资人	投资人/全过程工程咨询机构	投资主管部门

续表

阶段	序号	工作内容及成果	编制	审核	确认	申报	核准/审批/备案
实施阶段	13	建筑工程施工许可证	专业咨询工程师	工程建设全过程咨询项目负责人	投资人	投资人/全过程工程咨询机构	建设行政主管部门
	14	建设工程施工合同	专业咨询工程师	工程建设全过程咨询项目负责人	投资人	投资人/全过程工程咨询机构	建设行政主管部门
	15	建设工程质量监督文件	专业咨询工程师	工程建设全过程咨询项目负责人	投资人	投资人/全过程工程咨询机构	建设行政主管部门
	16	建设工程安全监督文件	专业咨询工程师	工程建设全过程咨询项目负责人	投资人	投资人/全过程工程咨询机构	建设行政主管部门
竣工阶段	17	建设工程竣工验收报告	专业咨询工程师	工程建设全过程咨询项目负责人	投资人	投资人/全过程工程咨询机构	建设行政主管部门
运营阶段	18	项目后评价报告	专业咨询工程师	工程建设全过程咨询项目负责人	投资人	投资人/全过程工程咨询机构	投资主管部门
	19	项目绩效评价报告	专业咨询工程师	工程建设全过程咨询项目负责人	投资人/预算部门	投资人/全过程工程咨询机构	财政部门

（一）项目前期审核报批咨询

1. 土地

土地的取得主要有出让、划拨、转让三种方式，不同的土地获取方式对应着不同的土地政策和审批程序。土地使用权出让主要形式有招标、拍卖、挂牌和协议转让等；划拨土地使用权则是经国家批准其无偿地、无年限限制地使用国有土地，一般不得转让、出租、抵押，但如土地使用者有土地使用权证则可视情转让、出租、抵押；土地使用权转让的主要形式有出售、交换和赠予等。

2. 立项

经项目实施组织决策者和政府有关部门的批准，并列入项目实施组织或者政府计划的过程叫项目立项。项目立项的报批程序包括备案制、核准制和审批制。报批程序结束即为项目立项完成。根据《国务院关于投资体制改革的决定》(国发〔2004〕20号),政府投资项目实行审批制,非政府投资项目实行核准制或备案制。

(二)项目施工准备报批咨询

1. 建设用地规划许可

建设用地规划许可证是建设单位在向规划和自然资源主管部门申请征用、划拨土地前,经城乡规划行政主管部门确认建设项目位置和范围符合城乡规划的法定凭证,是建设单位用地的法律凭证。办理建设用地规划许可须符合一定条件,建设用地规划许可证及附图有效期限为一年。以划拨方式获得土地使用权的建设项目,还包括以规划条件为主要内容的附件。

2. 建设工程规划许可

建设工程规划许可证是规划和自然资源主管部门依法核发的,确认有关建设工程符合城市规划要求的法律凭证。城市规划区内各类建设项目(包括住宅、工业、仓储、办公楼、学校、医院、市政交通基础设施等)的新建、改建、扩建、翻建,均需依法办理建设工程规划许可证。

(三)项目施工审核报批咨询

1. 项目报建

工程建设项目报建是指工程建设项目由建设单位或其代理机构在工程项目可行性研究报告或其他立项文件被批准后,须向建设行政主管部门或其授权机构进行报建,交验工程项目立项的批准文件,包括银行出具的资信证明以及批准的建设用地等其他有关文件的行为。主要内容有工程名称、建设地点、投资规模、资金来源、工程规模及开竣工日期等。

2. 初步设计审批

消防、环保、卫生、规划、气象等相关政府职能部门对初步设计文件出具意见,设计单位根据征询意见调整初步设计文件,最终通过建设单位和有关建设主管部门审批的过程。

3. 施工图审查

施工图审查是施工图设计文件审查的简称，建设单位应当将施工图报送建设行政主管部门，由建设行政主管部门委托有关审查机构，进行结构安全和强制性标准、规范执行情况等内容的审查。建筑工程设计等级分级标准中的各类新建、改建、扩建的建筑工程项目均属审查范围。省、自治区、直辖市人民政府建设行政主管部门，可结合当地的实际情况，确定具体的审查范围。

4. 施工许可

除国务院建设行政主管部门确定的限额以下的小型工程外，建筑工程开工前，建设单位应当按照国家有关规定向工程所在地县级以上人民政府建设行政主管部门申请领取施工许可证。按照国务院规定的权限和程序批准开工报告的建筑工程，不再领取施工许可证。申请领取施工许可证，应当具备一定条件。

（四）项目验收审核报批咨询

当工程项目按设计文件的规定内容和施工图纸的要求全部建成后，便可组织验收。竣工验收是投资成果转入生产或使用的标志，也是全面考核工程建设成果、检验设计和工程质量的重要步骤。具体包括专项验收、工程质量验收及工程质量验收备案等。

三、工程建设实施咨询

该阶段指工程咨询方接受建设单位委托，提供招标代理、勘察、设计、监理、造价、项目管理等全过程一体化咨询服务的活动。

（一）工程设计优化咨询

工程设计优化咨询是指接受建设单位的委托，根据建设工程的目标要求，对项目设计工作进行全过程（前期阶段、设计阶段、施工阶段）的监督及指导，并对各阶段设计成果文件进行复核及审查，纠正偏差和错误，提出优化建议，出具相应的咨询意见或咨询报告。工程设计咨询的服务项目主要包括设计任务书编制咨询、建筑专业设计咨询、结构专业设计咨询、机电专业设计咨询、专项设计咨询、设计阶段工程经济咨询。

（二）工程施工质量控制咨询

工程项目施工阶段的质量控制工作主要包括材料、构件、制品和设备质量的检查，以及施工质量监督和中间验收等工作。施工阶段质量控制主要包括六个方面：严格进行材料、构配件试验和施工试验；实施工序质量监控；组织过程质量检验；重视设计变更管理；加强成品保护。

（三）工程项目竣工验收交付阶段的质量控制

1. 坚持竣工标准

由于建设工程项目门类很多，性能、条件和要求各异，因此土建工程、安装工程、人防工程、管道工程、桥梁工程、电气工程及铁路建筑安装工程等都有相应的竣工标准，凡达不到竣工标准的工程将无法通过竣工质量核定和竣工验收。

2. 做好竣工预检

竣工预检是承包单位内部的自我检验，目的是为正式验收做好准备。竣工预检可根据工程重要程度和性质，按竣工验收标准，分层次进行，通常先由项目部组织自检，对缺漏或不符合要求的部位和项目，确定整改措施，指定专人负责整改。在项目部整改复查完毕后，报请企业上级单位进行复检。之后由勘察、设计、施工、监理等单位分别签署质量合格文件，向建设单位发送竣工验收报告，出具工程保修书。

3. 整理工程竣工验收资料

工程竣工验收资料是使用、维修、扩建和改建的指导文件和重要依据。工程项目交接时，承包单位应将成套的工程技术资料分类整理、编目、建档后移交给建设单位。

（四）工程项目回访保修期的质量控制

工程项目在竣工验收交付使用后，施工单位应按照规定在保修期限和保修范围内，主动对工程进行回访，听取建设单位或用户对工程质量的意见，负责维修因其产生的施工过程中质量问题。

四、项目业主委托咨询业务及其质量管理

（一）项目业主对全过程咨询机构的选择

1. 选择原则

（1）执业资格。承担项目咨询业务的工程咨询机构，应当依法取得政府有关部门及其授权机构认定的工程咨询机构资格。工程咨询机构资格包括资格等级、咨询专业和服务范围三部分。

（2）信誉。承担项目咨询业务的工程咨询机构，应能遵循“公正、独立、科学、可靠”的宗旨和“敢言、多谋、慎断”的行为准则，实事求是，说实话、办实事。咨询机构要做到严谨廉洁、优质高效，既对政府负责，又对投资者负责。

（3）实力。承担项目咨询业务的工程咨询机构，应有相应的专家队伍，有一批能胜任咨询任务的项目经理或从业人员，具有规范化、制度化和现代化的管理制度、机制和装备，并有组织高水平项目组和专家组的能力。

2. 选择方式

选择工程咨询机构或实施模式，可按照项目建设全过程参与方的需求意愿和项目特点，选择公开招标、邀请招标、议标、随机入选及聘用专家等形式。

（二）项目业主对全过程咨询业务满意度评价

项目业主方可以从基础条件、组织管理、团队协作以及信息化应用四个方面对全过程咨询业务作出满意度评价。

基础条件能力方面，全过程工程咨询不同于传统工程咨询单一、独立的咨询模式。全过程工程咨询服务的阶段更广，涉及了从项目前期决策到实施过程再到运营管理各个阶段，服务内容覆盖了各专业的业务咨询，例如设计、招标、造价、监理、项目管理等，这就需要企业在开展全过程工程咨询服务时具备一定的基础条件，企业开展全过程工程咨询服务应当具备相应资质证书。同时，丰富的专业技术与管理咨询经验，是企业升级全过程工程咨询模式的核心基础。另外，工程咨询机构还应具备开展全过程工程咨询服务的办公设备以及基础设施系统。

在组织管理能力方面，可以从调整优化组织架构，建立合理的全过程工程咨询管理制度以及规范化的服务流程等方面进行改进，从而实现高效的组织管理目标。组织结构的紧密性，可以通过加强企业文化引导来实现，企业成员遵照共同的价值观、统一的思维模式、和谐的行事方式，可以极大促进全过程工程咨询服务能力的提升。

在团队协作能力方面，只有推进全过程工程咨询团队各专业相互配合协作，才能对建设项目全过程各个关键点进行有效控制，确保建设项目的顺利进行。在项目实施过程中，为实现团队各专业有效协同工作，企业需要加强团队建设培养，提高团队各专业协作配合意识，加强团队各专业的配合默契度，积极开展全过程工程咨询讲座培训，进而有助于提高建设效率、节约成本。

在信息化应用能力方面，推进信息化建设是引领整个建筑行业升级的重要前提。只有建立在信息化平台上的全过程工程咨询工作才能实现数据的协作和流转，通过数据的协作和流转，才能打破传统的分阶段作业的模式，实现全过程工程咨询。全过程工程咨询机构需要加强信息化平台建设，以信息化建设为技术手段，对进度实时调整，对成本合理控制，基于 BIM 模型对项目信息进行统计和分析，从而提高工作效率，实现工作目标。

（三）项目业主委托全过程咨询业务质量保障机制

1. 质量管理与控制重点

项目业主单位为对全过程咨询业务质量关键环节进行有效管理和控制，可采取 PDCA 循环法。PDCA 将一项管理工作按计划、执行、检查、处理四个阶段进行分解，也可以分别对成本控制、质量控制以及进度控制进行分析，每阶段执行不同的工作内容，一环接一环、环环相扣，按此顺序循环执行管理活动，其重点如下：

（1）计划环节。

1）选择满意的工程咨询公司：选择一家优秀的咨询公司就是对咨询人员素质的一个基本保证。由于工程咨询项目的特殊性，委托方在遵循企业招投标流程的同时，在项目采购中还需要注意重点审核以下几方面：工程咨询公司的规模和专业背景、整个全过程中的服务内容及服务承诺履行、人员素质和专业性、沟通渠道和信息发布平台。

2）项目进度控制：明确项目的最终完成时间。对于交付任务时未明确完成时间的项目，委托方项目负责人应在与工程咨询公司就项目范围、目标充分沟通的基础上共同确定项目的时间。在确定了项目时间后，双方还应就时间变更的条件和罚则达成一致意见，并在项目委托书中以文字形式记录。

3）项目过程控制：项目过程质量控制所使用的工具和方法包括检查法、因果图法、控制图法、流程图法等。

（2）实施、控制和改进环节。具体包括以下内容：

1）执行计划或措施。

2）检查计划的执行效果。通过做好自检、互检、工序交接检、专职检查等方式，将执行结果与预定目标对比，认真检查计划的执行结果。

3）总结经验。对检查出来的各种问题进行处理，正确地加以肯定，总结成文，制定标准。

4）提出尚未解决的问题。通过检查，对效果还不显著或者效果还不符合要求的一些措施，以及没有得到解决的质量问题，不要回避，应本着实事求是的精神，把其列为遗留问题，反映到下一个循环中去。

另外，项目业主单位还需要要求委托的全过程工程咨询机构建立完善自身的质量管理与控制体系。

2. 质量管理与控制流程

对于受托方即全过程工程咨询机构而言，全过程工程咨询服务是一个由相互关联、相互影响的诸多过程所组成的体系，其质量管理与控制是通过对过程中的各个环节进行管理和控制，使影响产品（服务）质量的因素处于受控状态，从而确保咨询产品（服务）质量依法合规、符合要求。以投资决策综合咨询环节为例，具体流程如图 3-4 所示。

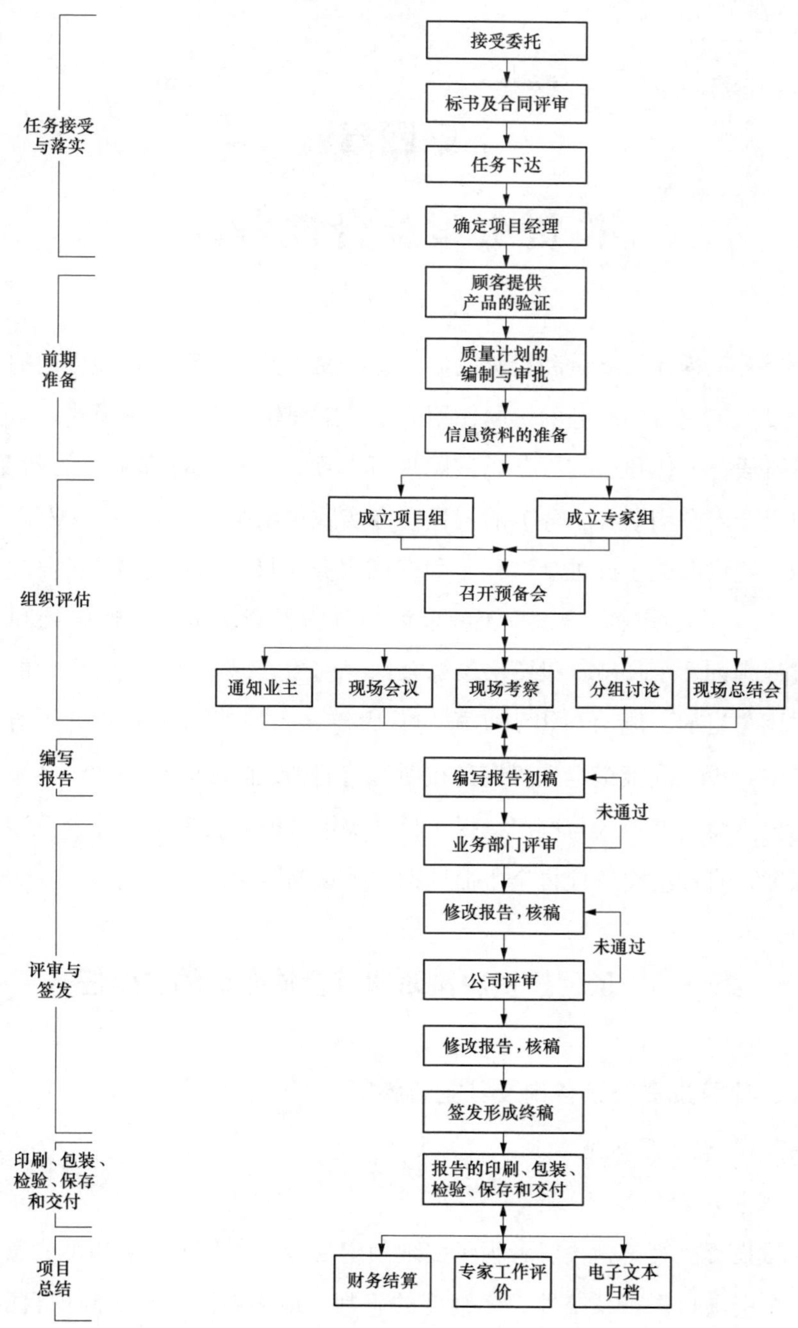

图 3-4 投资决策综合咨询质量管理与控制流程

第四章

投资决策综合性咨询

为提升工程建设质量和投资效益，充分发挥投资决策综合性咨询的总体责任和全过程工程咨询服务的协同作用，创新工程建设组织实施模式，增强综合性、跨阶段、一体化咨询服务，破除现行单项、碎片化咨询服务的制度障碍，根据项目全寿命周期各个环节的工程咨询实践现状与特点，《国家发展改革委 住房城乡建设部关于推进全过程工程咨询服务发展的指导意见》（发改投资规〔2019〕515号）明确将全过程工程咨询划分为投资决策综合性咨询和工程建设全过程咨询两个环节。投资决策综合性咨询和工程建设全过程咨询的实施阶段、作用与目的、能力与组织实施的着力点、监督管理和主管责任均有所不同。其中，投资决策综合性咨询是在项目前期论证阶段，综合性、系统性考虑项目的全生命周期投入与产出，提供科学决策咨询。投资决策综合性咨询的质量与深度，直接决定着项目全生命周期的质量与效率。

第一节　项目投资决策阶段综合性咨询的主要任务

一、项目投资决策咨询及其主要特征

（一）投资决策概述

1. 投资决策的内涵

项目投资决策是指投资者为了实现预定目标，在分析大量相关信息的基础上，对投资项目进行系统性、多维度的研判，最终做出是否实施项目的判断。这里所提的项目投资，主要是指固定资产投资。固定资产投资是指为了建造、购置或更新生产性和非生产性固定资产，为发展国民经济的物质基础而进行的

经济活动和开支。它是维持简单再生产、进行扩大再生产、调整经济结构、改善生产力布局、增强经济和国防实力，以及提高人民物质和文化水平的重要手段。固定资产投资规模、速度、结构、效益直接影响一定时期的经济发展水平。

影响投资决策的因素众多，主要包括项目效益目标，需求分析，规划、产业政策及行业准入分析，场（厂）址与建设条件，建设规模和产品（服务）方案，技术、设备与工程方案，环境保护方案，建设期，组织模式，招标模式，投融资方案，财务与经济效益，风险分析等。

2. 投资决策的分类

根据《政府投资条例》（国令第 712 号）、《企业投资项目核准和备案管理条例》（国令第 673 号）等相关规定，从不同项目投资者划分，项目投资决策可分为三类：

（1）政府投资项目决策。政府投资是指在中国境内使用预算安排的资金进行固定资产投资建设活动，包括新建、扩建、改建、技术改造等。政府投资资金应当投向市场不能有效配置资源的社会公益服务、公共基础设施、农业农村、生态环境保护、重大科技进步、社会管理、国家安全等公共领域的项目，以非经营性项目为主。政府投资管理部门根据经济社会发展的需要，以实现经济调节、满足国家经济安全和社会公共需求、促进经济社会可持续发展为目的，按照政府投资的范围和目标，做出是否投资建设项目的决定。

（2）企业投资项目决策。企业（包括国有企业、民营企业或混合所有制企业以及外商投资企业等）投资是指企业使用非债务性资金（如企业的实收资本、公积金等）或债务性资金（如银行贷款、企业债券等）等非政府性资金，进行固定资产投资活动。企业投资项目以经营性项目为主，包括基本建设投资项目、技术改造投资项目等。在充分考虑企业自身总体发展战略和规划、自身资源条件、在市场竞争中的地位以及项目产品所处生命周期中的阶段等因素的基础上，以获得经济效益、社会效益和提升持续发展能力为目的，企业自主、独立做出是否投资建设项目的决定。

（3）其他主体的投资决策。事业单位、社会团体等非企业组织在中国境内投资建设的固定资产投资项目，若使用预算安排的资金则参照政府投资项目决策；反之，参照企业投资项目决策。银行、基金、信托与保险等金融机构遵循独立评估、自主决策、自担风险的原则，依据项目法人单位信用水平、经营管理能力和还贷能力以及项目财务平衡、风险分配等情况，独立、自主作出是否投资的决定。

（二）投资决策咨询的主要内容及成果

1. 主要内容

投资决策咨询是为了给投资者提供投资决策的依据，在投资决策咨询过程中，应由浅入深、由粗到细，逐步达到满足决策的要求，咨询研究的主要内容包括：

（1）分析项目建设的可能性，与产业政策的符合性、与地区发展规划的符合性以及城乡规划等相应政策的符合性、与公司发展战略的符合性，研究项目运营发展所必需的条件；

（2）分析项目建设的必要性，推荐符合市场需求的产品（服务）方案和建设规模；

（3）比较并推荐先进、可靠、适用的项目建设方案；

（4）估算项目建设与运营所需的投资和费用，计算分析项目的盈利能力、偿债能力与财务生存能力；

（5）从经济、社会、资源及环境影响的角度，分析项目建设与运营所产生的外部影响，评价项目的经济合理性、与所处的社会环境是否和谐以及资源节约和综合利用效果；

（6）分析项目存在的风险，并提出防范和降低风险的措施；

（7）在上述分析评价归纳总结的基础上，分析项目目标的可能实现程度，判别项目建设的必要性和技术经济的可行性，提出研究结论；

（8）对项目建设与运营提出必要的建议。

2. 主要咨询成果

根据不同类型、不同阶段、不同目标的项目，投资决策咨询主要成果包括以下内容：

(1) 政策预测与解读;

(2) 规划或规划设计,包括发展规划、专项规划等编制与评估;

(3) 项目投资机会研究,包括市场调研报告等;

(4) 项目策划,包括项目定位策划和功能产品策划、产业策划、运营策划等;

(5) 立项咨询,包括编制项目建议书、项目可行性研究报告、项目申请报告和资金申请报告;

(6) 评估咨询,包括可研评估、环境影响评估、节能评估、社会稳定风险评估、项目后评价等;

(7) 项目实施方案编制,包括项目实施策划报告等;

(8) 报批报建和证照办理。

此外,根据我国投融资政策和市场需求的变化,项目投资决策阶段的咨询服务内容与成果不断变化与创新,例如在PPP咨询与地方政府专项债券咨询服务中,产生的相关咨询服务包括:

(1) PPP项目的前期论证,包括PPP模式可行性研究、PPP实施方案、物有所值评价、财政承受能力论证、合同策划起草等;

(2) 地方政府专项债券的"一案两书",包括收益与融资自求平衡方案、财务评价报告、法律意见书等。

(三) 投资决策咨询在项目全周期的地位

投资决策对项目工程的全生命周期具有统领、控制、决定性的影响,对实现建设期的投资、进度、质量三大目标,以及运营期的有效控制、高效运维均产生至关重要的作用。

1. 对项目建设的影响

(1) 建设准备阶段。首先要根据政策规定、规划引导、规范标准、市场需求与实施条件进行综合研判,明确项目实施的必要性与可行性,决定项目是否进入建设阶段;其次对工程项目的建设规模与内容进行全面分析,明确建设标准、具体建设内容;再次分析预判全生命周期内的资源供给、建设期的主要风险,提出相关风险防控与规避措施;最后制定合理、科学、高效的工程建设实施方案，指导工程项目顺利实施。

(2) 建设实施阶段。建设期内，依据投资决策咨询制定的建设实施方案，各方有序开展工程项目建设。定期对建设计划和组织模式进行实时跟踪与分析，及时发现实施计划与工程建设中存在的不足和问题，合理制定调整方案，确保各个建设阶段的工期合理性；提高工程造价管理水平，确保工程造价成本的合理性和可靠性；加强质量管理体系建设与管理，确保施工质量达标。

2. 对项目运营的影响

项目运营是一个系统、全面、长期的过程，其与投资决策的合理性、项目建设目标的实现程度、项目的运营条件与市场需求等因素息息相关。运营期内，项目对当地经济、社会与环境影响较大。如果项目的产出目标、标准设计等投资决策出现问题，会导致工程建成后无法正常运行，造成投资浪费；或者虽可正常运行，但其产品（服务）不能广泛被市场和社会接受；或者运营费用高，没有效益，没有竞争力，造成经济效益低于预期，投资效益低下。同时，未能实现预期的增加就业、提振经济、改善环境等综合效益。

二、我国投资决策咨询的政策环境及其变动趋势

（一）投融资体制改革及其对投资决策咨询的影响

1. 投融资体制改革历程与内涵

(1) 投融资体制是固定资产投融资活动的管理制度和运行机制的统称。中华人民共和国成立至今，我国投融资体制主要形成了以下五个大的阶段。

1）中华人民共和国成立至改革开放前，形成了计划经济体制下高度集中的基本建设管理体制；

2）改革开放后到 2000 年前后，形成了投资主体多元化、资金来源多渠道、投资方式多样化、项目建设市场化的投资管理体制；

3）以 2004 年《国务院关于投资体制改革决定》为起点，启动了以确立企业投资主体地位、规范政府投资管理职能为重点的新一轮改革；

4）党的十八大以来，以 2016 年《中共中央　国务院关于深化投融资体制改革的意见》（中发〔2016〕18 号）为标志，启动了以服务引导职能转型、优化投资环境、提高投资质量为导向和重点的深化改革进程；

5）以 2019 年《政府投资条例》发布为起点，全面深化投融资体制改革，投资管理工作重心逐步从事前审批转向过程服务和事中事后监管，不同投资主体的权利义务进一步明确落实。

（2）投融资体制作为系统化的制度安排，由各种具体的制度和机制按照一定的方式构成的有机整体，主要包括以下制度和机制：

1）完整的行政法规，包括《政府投资条例》（国令第 712 号）、《企业投资项目核准和备案管理条例》（国令第 673 号）；

2）投资宏观调控政策体系，如《产业结构调整指导目录》以及各专项发展规划等；

3）投资活动资源的配置和供给制度，包括政府投资安排制度、信贷融资机制、土地出让制度等；

4）投资主体构成和行业准入制度，如各行业的鼓励、允许、限制等相关制度，再比如促进民间投资的有关政策；

5）投资决策主体和决策方式的制度机制，比如政府的审批方式、审批内容，落实企业投资决策自主权的告知性备案制度等；

6）对投资活动外部性影响的规章管理制度，如稳评、环评、能评等；

7）关于投资活动各类参与主体的权利、义务等方面的法律制度，包括项目法人责任制、招标投标制、工程监理制、工程合同管理制。

2. 投融资体制改革带来的发展机遇

投融资体制改革的目的是使投融资体制更趋合理完善，更能适应新时期的要求，更能促进经济的良性发展，相关制度改革给投资决策咨询带来巨大机遇：

（1）投资主体多元化。资金来源多渠道，融资方式多样化，必然带来投资市场的繁荣，投资总量的增加，孕育更大的投资决策咨询市场；

（2）政府投资管理模式的转变，宏观调控手段的改进，进一步增强了市场对资源配置的基础性作用，促使投资决策咨询机构积极创新工程咨询方式；

（3）随着市场竞争机制的引入，行业内竞争加剧，必然将没有竞争实力的咨询机构淘汰出局，按照经济规律逐步净化行业市场，促进行业向良性方向发展；

（4）随着新的对外开放与投融资体制改革方案的实施，将降低外国咨询机构以及民间资本的市场准入条件，带来外资及民间资本咨询市场的繁荣。

3. 面临的挑战

投融资体制改革将对投资决策咨询带来多方面的挑战：

（1）随着“放管服”进一步深化，审批、核准、备案程序将进一步简化。政府投资范围缩小，政府审批将大大减少，政府委托的评估咨询服务的数量将逐渐减少；核准、备案类项目也将进一步缩减相关流程，传统的投资决策咨询业务与模式受到显著冲击。

（2）投资主体发生深刻变化，大量外国资本、民间资本成为投资主体，咨询需求方的多样化，对咨询服务的业务范围、咨询方式、服务要求提出新的更高的要求，工程领域咨询服务供给侧结构性矛盾凸显，工程咨询市场供需矛盾突出。

（3）生产性服务业中技术实力雄厚、人才储备丰富的国内外咨询机构加快形成，服务竞争机制的引入将加剧咨询服务业内的竞争，特别是原来对政府依赖性较强的各级投资主管部门直属的咨询机构，其优势将被逐渐削弱。

（二）项目前置审批改革及其对投资决策咨询的影响

工程建设项目审批制度改革是党中央、国务院在新形势下作出的重大决策。按照《国务院办公厅关于全面开展工程建设项目审批制度改革的实施意见》（国办发〔2019〕11号）等文件要求，工程建设项目审批要实现“四统一”。

1. 统一审批流程

精简审批环节，逐步形成全国统一的审批事项清单。合理划分审批阶段，每个审批阶段实行“一家牵头、并联审批、限时办结”。实行联合审图和联合验收，推行区域评估和告知承诺制。

2. 统一信息数据平台

地方政府要按照“横向到边、纵向到底”的原则，整合建设覆盖地方各有关部门和区、县的工程建设项目审批管理系统。

3. 统一审批管理体系

整合各类规划，构建“多规合一”的“一张蓝图”，统筹项目实施。各审批阶段实行“一份办事指南，一张申请表单，一套申报材料，完成多项审批”的运作模式，整合申报材料。

4. 统一监管方式

建立以“双随机、一公开”监管为基本手段，以重点监管为补充，以信用监管为基础的新型监管机制。加强信用体系建设，建立健全中介服务和市政公用服务管理制度，规范第三方咨询服务。项目前置审批改革内容主要是调整审批时序，落实取消下放行政审批事项有关要求，环境影响评价、节能评价、地震安全性评价等专项评价事项不作为项目审批或核准条件，但仍要求地震安全性评价在工程设计前完成；环境影响评价、节能评价等评估评价在开工前完成，有关单位仍需开展投资决策咨询中的评估评审工作。

（三）投资监管制度改革及其对全过程工程咨询的影响

随着我国投资监管制度改革进一步深化，“放管服”改革以及优化营商环境的持续推进，投资者在固定资产投资项目决策、工程建设、项目运营过程中，对综合性、跨阶段、一体化的咨询服务需求日益增强，因此需要大力发展以市场需求为导向、满足委托方多样化需求的全过程工程咨询服务模式，为固定资产投资及工程建设活动提供高质量智力技术服务，全面提升投资效益、工程建设质量和运营效率。

（四）加强可行性研究的核心地位

一个投资项目由各种各样的活动组成，任何一个变量都可能导致项目的失败或者对绩效产生巨大影响。而项目决策阶段所面临的不确定和风险因素最为复杂。随着各项任务的逐步完成，不确定性因素变成确定性因素，风险因素呈现从多到少逐步变化的过程。随着项目的持续推进，当发现某项活动的实施出现偏差时，纠正错误所付出的代价会随着项目周期的推进而急剧增加。从项目周期全过程风险控制的投入以及性价比的角度看，以完整系统的可行性研究为核心的投资决策综合性咨询是规避风险最有效手段。前期工作的质量决定着项目全生命周期运行的质量。项目前期研究质量不高，将给项目的成功实施带来灾难性影响。积极推动实现高质量投资，必须强调可行性研究的基础和核心地位。可行性研究对影响项目是否可行的各种因素进行全方面、全生命周期、系统性的调查研究和分析评价，提出应对风险的措施方案，是项目投资决策及工程方案设计的基本依据。在项目前期研究中，应统筹考虑影响项目可行性的各种因素，将各专项评价评估一并纳入可行性研究统筹论证，提高决策科学化水平，为高质量投资保驾护航。

三、投资决策综合性咨询的组织管理

（一）投资决策的依据与主要流程

根据《政府投资条例》及《企业投资项目核准和备案管理条例》，根据项目审批、核准、备案要求，可以将投资决策流程分为审批制项目决策流程、核准制项目决策流程、备案制项目决策流程。

1. 审批制项目决策依据与程序

（1）审批制项目决策的相关规定。《政府投资条例》规定：对于政府投资项目，项目单位应当编制项目建议书、可行性研究报告、初步设计，按照政府投资管理权限和规定的程序，报投资主管部门或者其他有关部门审批。

（2）审批制项目决策的工作流程。

1）编制项目建议书（初步可行性研究报告）。项目建议书（或初步可行性研究报告）是要求建设某一具体项目的建议文件，是基本建设程序中最初阶段的工作，是投资决策前对拟建项目的轮廓设想，其主要作用是论述一个拟建项目建设的必要性和条件的可行性，供投资人或建设管理部门选择并确定是否进行下一步工作。项目单位根据规划要求报送项目建议书（初步可行性研究报告），对项目建设的必要性、功能定位和主要建设内容、拟建地点、拟建规模、投资估算、资金筹措、社会和经济效益等进行初步分析。

2）项目建议书的受理与审批。项目建议书编制完成后，按照规定的程序和事权，报送项目审批部门审批。需要跨地区、跨部门、跨领域统筹的项目，由国家发展改革委审批或者由国家发展改革委委托中央有关部门审批，其中特别重大项目由国家发展改革委核报国务院批准；其余项目按照隶属关系，由中央有关部门审批后抄送国家发展改革委。

项目审批部门对符合有关规定、确有必要建设的项目，批复项目建议书（一般称项目立项），并将批复文件抄送城乡规划、国土资源、环境保护等部门。如有必要，项目审批部门在受理项目建议书后委托入选的工程咨询机构进行评估。项目审批部门在批准项目建议书之后，应当按照有关规定进行公示。公示期间征集到的主要意见和建议，作为编制和审批项目可行性研究报告的重要参考。

3）编制项目可行性研究报告。项目建议书批准后，项目单位应当编制可行性研究报告，对项目在技术和经济上的可行性以及社会效益、节能、资源综合利用、生态环境影响、社会稳定风险等进行全面分析论证，落实各项建设和运行保障条件，并按照有关规定取得相关行政许可或审查意见。可行性研究报告的编制格式、内容和深度应当达到规定要求。经国务院及有关部门批准的专项规划、区域规划中已经明确的项目，部分改扩建项目，以及建设内容单一、投资规模较小、技术方案简单的项目，可以简化相关文件内容和审批程序。

4）项目可行性研究报告的受理与审批。项目可行性研究报告编制完成后，由项目单位按照原申报程序和事权向原项目审批部门申报可行性研究报告，并应附以下文件：①自然资源行政主管部门出具的项目选址意见与用地预审书；②根据有关规定应当提交的其他文件（需要时）。在项目审批部门受理项目可行性研究报告后，一般按规定时限委托相应入选工程咨询机构进行项目评估。承担咨询评估任务的工程咨询机构不得承担同一项目建议书和可行性研究报告的编制工作。

5）初步设计。经批准的项目可行性研究报告是确定项目建设的依据。项目单位可依据批复文件，按照规定要求向城乡规划、国土资源等部门申请办理规划许可、正式用地手续等，并委托具有相应资质的设计单位组织初步（基础）设计。

2. 核准制项目的决策程序与依据

（1）核准制项目决策的相关规定。对关系国家安全、涉及全国重大生产力布局、战略性资源开发和重大公共利益等投资项目，实行核准管理。具体项目范围以及核准机关、核准权限依照由国务院颁布的《政府核准的投资项目目录》（简称《核准目录》）确定。

（2）审批制项目决策的工作流程。实行核准制的企业投资项目，仅需向政府提交项目申请报告（书）。政府对企业提交的项目申请报告，主要从维护经济安全、合理开发利用资源、保护生态环境、优化重大布局、保障公共利益、防止出现垄断等方面进行核准。实行企业投资核准制项目的核准程序一般为：

1）编制项目申请报告（书）。属于《政府核准的投资项目目录》内的企业投资项目，在完成企业内部决策之后，应当由项目申请单位自主编制或选择具备相应资信或能力的工程咨询机构编制项目申请报告。

2）报送项目申请报告。由地方政府核准的企业投资项目，应按照地方政府的有关规定，向相应的项目核准机关报送项目申请报告。由国家发展改革委、国务院行业管理部门核准的地方企业投资项目，应由项目所在地省级政府发展改革部门、行业管理部门提出初审意见后，分别向国家发展改革委、国务院行业管理部门报送项目申请报告。属于国家发展改革委核准权限的项目，项目所在地省级政府规定由省级政府行业管理部门初审的，应当由省级政府发展改革部门与其联合报送。

3）项目受理与项目核准。核准机关在受理项目申请书后，应从下列方面对项目进行审查：是否危害经济安全、社会安全、生态安全等国家安全；是否符合相关发展建设规划、技术标准和产业政策；是否合理开发并有效利用资源；是否对重大公共利益产生不利影响。项目涉及有关部门或者项目所在地地方人民政府职责的，核准机关应当书面征求其意见，被征求单位应当及时书面回复。

实行核准制的投资项目，政府部门要依托投资项目在线审批监管平台或政务服务大厅实行并联核准。精简投资项目准入阶段的相关手续，只保留选址意见、用地（用海）预审以及重特大项目的环评审批作为前置条件；按照并联办理、联合评审的要求，相关部门要协同下放审批权限，探索建立多评合一、统一评审的新模式。对专业性强以及其他需要委托咨询机构评估的核准项目，由核准机关按照有关规定和相应程序委托相应咨询机构评估，据此出具核准意见。

核准机关对项目予以核准的，应当向企业出具核准文件；不予核准的，应当书面通知企业并说明理由。由国务院核准的项目，由国务院投资主管部门根据国务院的决定向企业出具核准文件或不予核准的书面通知。

3. 备案制项目的决策程序与依据

（1）备案制项目决策的相关规定。根据《中共中央　国务院关于深化投融资体制改革的意见》(中发〔2016〕18 号)，除《核准目录》范围以外的企业投资项目，一律实行备案制。

（2）备案制项目决策的工作流程。企业投资项目的备案制，既不同于传统的审批制，也不同于投资体制改革决定中所规定的核准制。备案制的决策程序更加简便，内容也更简略。备案机关不得对备案项目设置任何前置条件。实行备案制的企业投资项目，由企业自主决策，按照属地原则，企业应当在开工建设前通过在线平台将下列信息告知备案机关：①企业基本情况；②项目名称、建设地点、建设规模、建设内容；③项目总投资额；④项目符合产业政策的声明；⑤企业应对备案项目信息的真实性负责。

备案机关收到规定的全部信息即为备案；企业告知的信息不全的，备案机关应当指导企业补正。企业需要备案证明的，可以要求备案机关出具或者通过在线平台自行打印。已备案信息发生较大变更的，企业应当及时告知备案机关。项目备案申请单位依据《项目备案通知书》和项目备案代码，办理规划、土地、施工、环保、消防、市政、质量技术监督、设备进口和减免税确认等后续手续。

（二）投资决策综合性咨询的目标与责任

1. 投资决策综合性咨询的服务目标

投资决策咨询的服务目标是遵循独立、公正、科学的原则，综合运用多学科知识、工程实践经验、现代科学和管理办法，在经济社会发展、固定资产投资建设项目决策与实施活动中，为投资主体和政府部门提供投资决策依据。

2. 投资决策综合性咨询的工作责任

投资决策咨询机构及其从业人员应当遵守国家相关法律法规和政策要求，恪守行业规范和职业道德，积极参与和接受行业自律管理。投资决策咨询机构对咨询质量负总责。主持该咨询业务的人员对咨询成果文件质量负主要直接责任，参与人员对其编写的篇章内容负责。实行咨询成果质量终身责任制，形成工程咨询成果质量追溯机制。各类投资中介服务咨询机构要坚持诚信原则，加强自我约束，增强服务意识和社会责任意识，塑造诚信可靠、社会信赖的行业形象。

投资决策咨询机构要对投资决策咨询项目的每个质量控制点（前期准备、现场调研、撰写报告等）严格把关，细致研究项目相关资料，认真撰写论证报告，确保论证报告格式规范、内容完整、引用数据和参数可靠、所采用方法科学、测算结果准确，文字表述精炼，咨询评价结论应明确。

（三）投资决策综合性咨询内容及任务分解

1. 咨询内容

项目投资决策综合性分析是一个由粗到细、由浅到深的递进过程。在项目全生命周期内，主要包括项目规划、项目投资机会研究、项目初步可行性研究（项目建议书）、项目可行性研究、项目评估、项目后评价等内容。

2. 任务分解

投资决策综合性咨询的工作一般可分成五个阶段。具体可以根据委托方需求进行调整。

（1）前期准备。主要工作包括编制工作方案、组成项目组、初步收集项目相关文件资料等。广泛收集与投资决策综合性咨询任务相关的资料，深入分析国际、国内、地方等宏观和中观形势，深入把握地方特点；制定实地调研计划，拟定调研提纲，为调研工作奠定基础。

（2）实地调研。主要工作包括准备调研提纲与计划；与有关单位沟通调研。根据调研计划，实施调研工作。研究工作正式开始后，咨询机构将开展现场踏勘与实地调研，与政府部门、建设单位进行密切联系，了解当地实情，全面掌握信息，并与各种政策、规范标准、相关规划等文件做好有效对接。

（3）形成咨询成果初稿。在充分调研基础上，收集咨询工作相关素材与资料，形成初步的咨询研究成果草案。内部审稿完成后形成初稿报委托方。

（4）征求意见。将初稿提交委托方征求意见，广泛征求政府、专家、企业等社会各界对研究成果的意见和建议。按照征得意见进行修改，深化完善研究成果并提交委托方审核。

(5) 成果报批。按照法定程序报投资主管部门履行审批、核准、备案手续，进一步优化调整完善咨询成果，完成投资咨询工作。

(四) 咨询服务质量保障机制

1. 制度体系

咨询机构要建立自身的服务技术标准、管理标准，不断完善质量管理体系、职业健康安全、绩效考核和环境管理体系，通过积累咨询服务实践经验，建立具有自身特色的全过程工程咨询服务管理体系及标准。严格执行质量管理体系的要求，保证提交的各项咨询成果的咨询质量。

根据咨询工作需要，咨询机构应制定相关制度保障措施，包括人员保障、质量管理、进度计划、绩效考核保障。根据委托方要求，针对咨询服务的各个阶段，制定完善的咨询服务进度计划，经委托方认可后，严格按照进度计划推进咨询服务工作。

2. 人员保障

(1) 能力保障。咨询机构要高度重视咨询项目负责人及相关专业人才的培养，加强技术、经济、管理及法律等方面的理论知识培训，培养一批符合投资决策综合性咨询服务需求的综合型人才，为开展相关咨询业务提供人才智力支撑。

(2) 时间保障。参与投资决策综合性咨询服务的专职人员，给予充分的工作时间保障，确保其时间和精力能高效用于相关咨询服务工作之中。

3. 办公条件

(1) 硬件条件。咨询机构应根据咨询工作需要设置满足条件的办公场所或基地，为开展咨询服务工作提供完备的办公条件保障，包括固定办公和移动办公所需的相关设施、设备支持，确保咨询机构成员能够全身心地投入咨询服务工作。

(2) 软件条件。大力开发和利用建筑信息模型（BIM)、大数据、物联网等现代信息技术和资源，努力提高信息化管理与应用水平，为开展投资决策综合性咨询业务提供保障。

第二节 投资决策综合性咨询的内容及深度要求

一、投资政策及发展战略策划咨询

（一）投资政策专项咨询

国家治理体系和治理能力现代化对相关政策的制定和执行提出了新要求。建立和完善政策研判、评估体系成为推动国家治理体系和治理能力现代化的必然要求。我国开展重大改革政策前期评估工作，是全面推进政策评估的重要尝试，并随改革政策的推进，向中期和后期评估延伸，逐步形成政策周期全过程的评估体系。

1. 政策前期评估与预测

政策前期评估与预测是指咨询机构作为高水平的智力服务机构，通过对过去到现在相关资料的收集与研究，利用其综合性知识与预测模型，为国家政府部门、行业协会重大问题的决策提供专业依据和可供选择的方案，协助政府、行业协会制定各类政策规定。通过调研国内外现状、综合分析形势，为企、事业单位提供政策预测分析，协助提前做好相关政策应对与对接准备。

2. 政策分析与解读

政策分析与解读是指咨询机构为解决某项公共问题，应用有关理论、方法与技术，对政府重要政策文件的出台背景、目的意义及其执行口径、操作方法所作的分析说明，帮助政府及各部门、企事业单位评估与比较政策的对接与执行方案，更好地落实重要政策。同时，政策出台后对其在未来特定时间段内的发展趋势及后果进行预先判断，协助政策出台者科学、审慎调整政策。

3. 政策中后期评估

政策中后期评估多采用的政策听证、社会影响评价等做法，其适用范围有限且难以做到全面系统。政策评估机构的培育要突出体现独立性，并加强政策评估机构的能力建设，建立和完善政策评估体系，明确评估任务、规范评估方法、完善体制机制、强化责任约束、加强跟踪监测，提高政策评估能力。政策中后期评估中，政策评估专业机构应对政策资源投入的适当性、各种资源使用的产出效率，政策实施的效果、影响和可持续性等进行充分评估，创新政策评估方法及其应用，进一步推动完善政策中后期评估咨询服务工作。

（二）区域及行业投资战略咨询

1. 区域经济社会发展综合咨询

区域经济社会发展综合咨询是指咨询机构根据对区域经济、社会发展状况的估量，考虑区域经济、社会发展中的各方面关系，协助政府职能部门对区域经济社会发展的指导思想、所要达到的目标、所应解决的重点和所需经历的阶段以及必须采取的对策做出总筹划和总决策。经济社会发展规划主要包括国民经济发展规划、区域规划、空间规划、专项规划等。

（1）发展规划。即各级政府的国民经济和社会发展五年规划纲要，是各地现代化战略在规划期内的阶段性部署和安排，主要是阐明各地战略意图、明确政府工作重点、引导规范市场主体行为，是经济社会发展的宏伟蓝图，是各方行动纲领，是政府履行经济调节、市场监管、社会管理、公共服务、生态环境保护职能的重要依据。

（2）区域规划。以某个区域经济社会综合发展为主要内容，是指导特定区域发展和制定相关政策的重要依据，如《河北雄安新区规划纲要》《粤港澳大湾区发展规划纲要》等。

（3）空间规划。以空间资源的合理保护和有效利用为核心，是实施国土空间用途管制和生态保护修复的重要依据。空间规划体系包括全国、省、市县三个层面。经依法批准的国土空间规划是各类开发、保护、建设活动的基本依据，例如《北京市平谷区马坊镇国土空间规划（2019—2035 年）》等。

（4）专项规划。是指导特定领域发展、布局重大工程项目、合理配置公共资源、引导社会资本投向、制定相关政策的重要依据。

2. 行业投资机会研究

投资机会研究是在不同投资行业中为寻找具有价值的投资机会而进行的准备性调查研究，其目的在于发现行业中的投资机会和项目，并为项目的投资方向和项目实施提出相关建议。投资机会研究一般是可行性研究之前的准备性调查研究，可与规划研究同步进行。投资者可以机会研究结果为基础，设立投资项目储备库，为制定投资计划和开展投资项目可行性研究做好相关准备。

（三）企业投资战略策划咨询

1. 企业发展战略咨询

企业发展战略是企业发展的纲领性、指导性、系统性的谋划，是企业的最高经营方针和行动指南，是发展战略、品牌战略、融资战略等各种战略的统称，是企业发展方向、速度与质量、发展重点及发展能力的重大选择和行动纲领。企业发展战略咨询的目的是帮助企业认清发展现状与问题，明确长远发展战略方向，提出发展目标，确定发展路径，协助企业实现快速、健康、持续发展。

2. 企业投资决策咨询

企业投资决策咨询是指咨询机构受企业委托，根据企业自身总体发展战略和规划、自身资源条件，在市场竞争中的地位以及项目产品所处全生命周期中的阶段等因素，以帮助企业获得经济效益、社会效益和提升持续发展能力为目标，为企业的投资决策提供参考。企业投资决策咨询包括行业与区域的投资机会分析、企业投资项目的决策咨询服务等。

（四）项目群策划及管理咨询

1. 重大项目及项目群策划

项目群策划咨询能够帮助投资者提高投资的战略性、宏观性、政策性，聚焦事关区域长远发展、具有全局性影响的重大项目，为确定重点项目编制储备清单，为开展相关前期论证工作提供依据。重大项目群策划是重大项目实施的基础和前提。

在重大政策、重大规划与重大改革中，咨询机构可协助委托方策划出一组相互交织、相互影响、实施过程需协调管理的项目群。项目群策划过程中，要根据《国务院办公厅关于保持基础设施领域补短板力度的指导意见》（国办发〔2018〕101号）等政策要求，坚持新发展理念，统筹当前与长远，立足现状，策划一批具有现实性、科学性，近期实施条件的重大项目；坚持适度超前的原则，策划一批具有前瞻性、引领性，将来有望转化实施的一批重大项目。

2. 项目群的统筹管理咨询

在项目群总体目标框架内，项目群的统筹管理咨询要统筹分析各项目实施条件与必要性，研究实施过程中如何优化资源要素配置，实现各项目的高效控制和管理，达到投资的战略目标。运用工程系统思维，做好以下重点工作：

（1）分析项目群中各子项目的前后逻辑关系，明确关键路径与工作；

（2）为每个项目合理分配资源，协调各部门为项目实施提供良好配合；

（3）多项目同时建设、运营时，处理好项目之间的组合、排序与资源调配的工作；

（4）实施过程中，做好项目整体与局部的绩效评价与考核，动态调整建设进度与资源，实现投资的主要目标。

二、投资规划及项目策划咨询

（一）区域及专项投资规划咨询

1. 基本要求

区域及专项投资规划咨询过程中，咨询机构通过创新规划理念、规范编制程序，提高规划编制科学化、民主化、法治化、规范化水平。要坚持统一的目标导向和问题导向，统筹整体与局部视野，协调全面规划和突出重点，做到战略性和操作性相结合。深化重大问题研究论证，创新规划编制方式方法，严格规划编制程序，确保区域及专项投资规划实用管用。

2. 具体任务

区域及专项投资规划咨询分阶段展开，具体任务可视委托方需求进行调整。以某县域的五年发展规划纲要编制工作为例，其主要阶段及任务包括：

（1）前期工作准备。主要工作包括编制工作方案，组成项目组，广泛收集与规划编制相关的资料，深入分析国际、国内、地区等宏观和中观形势，深入把握县级基本情况；制定实地调研计划，拟定调研提纲，为调研工作奠定基础。

（2）实地调研。主要工作包括准备调研提纲与计划；与地区各单位沟通调研。根据调研计划，实施调研工作，主要调研对象包括县委、县人大、县政府、县政协、县级部门、平台公司、重点板块、镇街、重点企业、辖区居民等。研究工作正式开始后，咨询机构开展现场调研与走访。在现场调研基础上，与市县政府及相关部门、企业座谈，了解各地实际情况与未来发展需求，最后研究、讨论确定规划思路和方向。

（3）形成思路。形成县五年发展规划草稿和各专项规划研究草稿。主要内容包括前言、发展环境、基本思路、发展目标、重点任务、空间布局、公共服务体系、生态环保、保障措施等。内部审稿完成后征求专家意见和评议，提交专家委员会评审、征求修改意见并完善，形成县五年发展规划初稿和各专项规划研究初稿。

（4）建议编制。将县五年发展规划初稿和各专项规划研究初稿提交县各相关单位、部门征求意见。按照征得意见进行修改，并提交委托方审核，经委托方同意后办理发文手续，完成规划建议编制工作。

（5）纲要成稿。根据五年发展规划基本思路、规划建议，进一步深化细化研究，结合国家、省市国民经济和社会发展规划、国土空间规划等上位规划的思路及要求，编制县国民经济和社会发展五年规划纲要。

（6）征求意见。广泛征求部门、专家、企业等社会各级对规划纲要初步成果的意见和建议，组织规划专家咨询委员会进行论证，开展规划衔接，深化完善规划纲要。

（7）成果报批。根据区位规划建议，结合上位规划，进一步优化调整完善规划纲要文本，多次开展征求意见、专家论证、部门联合论证工作，持续深化完善规划纲要，按法定程序报县政府、县委、县人大审议，直至规划纲要经县人代会审议批准。

（二）企业投资规划咨询

企业投资规划是在企业投资战略的指引下，形成的具体投资行动指南。通过开展投资规划研究，分析符合企业发展方向、投资区域与行业，投资规模适中的项目，启动相关投资机会研究。企业投资规划咨询主要是帮助企业分析投资机会，根据建设单位的投资目的，从市场需求、经营风险、投资环境、宏观政策、资源优势等方面甄别投资机会。具体流程包括：

（1）鉴别投资机会：与企业充分沟通，对各种投资机会进行鉴别和初选，论证投资机会酝酿的依据是否合理。

（2）论证投资方向：对自然资源条件、市场需求预测、项目开发模式选择、项目实施的环境等进行初步分析，并结合其他类似经济背景的国家或地区的经验教训、相关投资政策法规、技术设备的可能来源、生产前后延伸的可能、合理的经济规模、产业政策、各生产要素来源及成本等，初步评价投资机会的财务、经济及社会影响，论证投资方向是否可行。

（3）具体项目机会论证：对投资者提出的具体项目设想的投资机会进行研究、论证，为投资者提供投资机会初步建议。

（三）项目策划与项目建议书编制

项目策划是在项目群策划、企业投资规划等工作基础上，根据政府规划与企业发展战略，通过编制项目建议书深入论证项目实施可行性，进一步明确项目建设条件与边界，形成具体可落地、可操作的投资项目。

1. 项目建议书的编制要点

（1）重点论证项目建设的必要性；

（2）全面掌握宏观信息，即国家经济和社会发展规划、行业或地区规划、线路周边自然资源等信息；

（3）根据项目预测结果，结合用地规划情况及和同类项目类比的情况，论证提出合理的建设规模。

2. 项目建议书的编制流程

（1）咨询机构组建项目组；

（2）专业咨询工程师搜集资料、踏勘现场；

（3）专业咨询工程师编制项目建议书；

（4）项目负责人审核项目建议书；

（5）投资人确认项目建议书；

（6）投资人申报项目建议书履行审批、核准、备案手续。

三、投资项目可行性论证

源于西方市场经济国家的可行性研究工作，引入中国已有40年的历史。可行性研究原本应对投资项目富有逻辑性的系统论证，不应仅仅关注“工程可行性”或者“可批性”研究。由于政府部门职能分割，不同部门从各自职能出发，分别开展环境影响评价、节能评价、地震评价、地质灾害评价、水土保持、通航影响、项目用地、项目用海、安全生产、压覆矿藏、压覆文物、消防安全、职业健康等多项专题评价。这些内容应视为可行性研究的有机组成部分，强调进行综合性研究论证和决策咨询。投资项目的可行性论证，对项目科学决策、顺利实施、有效控制和高效利用至关重要，是项目投资咨询阶段最重要的工作，高质量的可行性研究是提供高质量的工程咨询服务的基本前提。广义的可行性论证包括项目可行性研究报告的编制和评估、项目核准申请报告的编制与评估、实施方案策划咨询、项目专题论证咨询等内容。

（一）可行性研究报告的编制和评估

1. 可行性研究报告的编制

可行性研究报告是项目投资之前，由可行性研究主体（一般为咨询机构）对政治法律、经济、社会、技术等项目影响因素进行具体调查、研究、分析，确定有利和不利的因素，分析项目必要性、项目是否可行，评估项目经济和社会效益，为项目投资者提供决策支持意见或申请项目投资主管部门批复的文件。

报告的编制内容包括：

（1）建设背景与必要性。项目实施所在地的区域情况、经济社会发展现状、项目缘由、项目建设的必要性。

（2）建设规模与内容。主要根据市场调查及分析预测的结果，以及有关的产业政策等因素，论证项目投资建设的标准、规模与内容。

（3）技术可行性。主要从项目实施的技术角度，合理设计技术方案，并进行比选和评价。

（4）经济与财务可行性。经济可行性主要是从资源配置的角度衡量项目的价值，评价项目在实现区域经济发展目标、有效配置经济资源、增加供应、创造就业、改善环境、提高人民生活等方面的效益。财务可行性主要从项目及投资者的角度，设计合理财务方案，从企业理财的角度进行资本预算分析，评价项目的财务盈利能力，进行投资决策，并从融资主体（企业）的角度评价股东投资收益、现金流量计划及债务清偿能力。

（5）组织可行性。制定合理的项目实施进度计划与组织机构，选择经验丰富的管理人员，建立良好的协作关系，制定合适的培训计划等，保证项目顺利执行。

（6）社会可行性。主要分析项目对社会的影响，包括政治体制、方针政策、经济结构、法律道德、宗教民族、妇女儿童及社会稳定性等。

（7）风险因素及对策。主要是对项目的市场风险、技术风险、财务风险、组织风险、法律风险、经济及社会风险等因素进行评价，制定规避风险的对策，为项目全过程的风险管理提供依据。

2. 可行性研究报告的评估

（1）政府投资项目的可研评估。对于使用预算资金项目的可研评估，咨询机构评估服务的目的是为政府投资主管部门把关，对项目提出客观、公正的意见，相关意见包含评估专家、各方代表以及咨询机构本身的综合意见，提出的意见和建议既涉及项目微观层面又涉及宏观层面，最终结论是该项目的实施是否必要与可行。

（2）企业投资项目的可研评估。受企业之托对企业投资、不使用预算资金项目的可研报告评估，评估咨询机构主要为企业决策项目提供咨询服务，论证投资项目的真实性、合理性与可行性。

（二）项目核准申请及评估咨询

1. 项目核准申请报告的编制

《企业投资项目核准和备案管理条例》规定企业办理项目核准手续，应当向核准机关提交项目申请书。项目核准申请主要是从宏观角度对项目的外部性影响进行论述，侧重于经济和社会分析，主要包括拟建项目的基本情况和该项目的外部影响，如该项目对国家经济安全、地区重大布局、资源开发利用、生态环境保护、防止行业垄断和保护公共利益等方面会造成哪些有利或不利的影响。主要内容包括：

（1）申报单位及项目概况。包括项目申报单位概况、项目概况。全面了解和掌握项目申报单位及拟建项目的基本情况，是项目核准机关对拟建项目进行分析评价以决定是否予以核准的前提和基础。

（2）发展规划、产业政策和行业准入分析。包括发展规划分析、产业政策分析、行业准入分析。从发展规划、产业政策及行业准入的角度，论证项目建设的目标及功能定位是否合理，是否符合与项目相关的各类规划要求，是否符合相关法律法规、宏观调控政策、产业政策等规定，是否满足行业准入标准、优化重大布局等要求。

（3）资源开发及综合利用分析。包括资源开发方案、资源利用方案、资源节约措施。对于开发和利用重要资源的企业投资项目，要从建设节约型社会、发展循环经济等角度，对资源开发、利用的合理性和有效性进行分析论证。

（4）节能方案分析。包括用能标准和节能规范、能耗状况和能耗指标分析、节能措施和节能效果分析。

（5）建设用地、征地拆迁及移民安置分析。包括项目选址及用地方案、土地利用合理性分析、征地拆迁和移民安置规划方案。为高效利用土地，保障受征地拆迁影响的公众利益，应制定项目建设用地、征地拆迁及移民安置规划方案，进行专题分析评价。

（6）环境和生态影响分析。包括环境和生态现状、生态环境影响分析、生态环境保护措施、地质灾害影响分析、特殊环境影响分析。确保生态环境和自然文化遗产在项目建设和运营过程中得到有效保护，并避免出现由于项目建设实施而引发的地质灾害等问题。

（7）经济影响分析。包括经济费用效益或费用效果分析、行业影响分析、区域经济影响分析、宏观经济影响分析。

（8）社会影响分析。包括社会影响效果分析、社会适应性分析、社会风险及对策分析。

2. 项目核准申请报告评估

项目校准申请报告是政府对项目进行审查以决定是否允许其投资建设的重要依据。对于企业提交的项目申请报告进行咨询评估，重点分析项目在维护经济安全、合理开发利用资源、保护生态环境、优化重大布局、保障公共利益、防止出现垄断等方面的可行性、存在的主要风险因素及规避对策。同时，从以下方面进行综合评估：申报单位及项目概况，发展规划、产业政策和行业准入，资源开发及综合利用，节能，建设用地，征地拆迁及移民安置，环境和生态影响，经济影响，社会影响，主要风险及应对措施，主要结论和建议等。

（三）项目专项报告及评估咨询

1. 项目专项报告的编制

项目专项报告类型包括资金申请报告、市场调研报告、专题分析报告等。以资金申请报告为例，资金申请报告是指项目方为获取政府专项资金支持而向政府相关部门出具的一种报告。该报告的主要内容包括：

一是项目单位的基本情况和财务状况；

二是项目的基本情况，包括建设背景、建设内容、总投资及资金来源、技术工艺、各项建设条件落实情况等；

三是申请投资补助或贴息资金的主要原因和政策依据；

四是项目招标内容；

五是投资主管部门要求提供的其他内容。

2. 项目专项报告的评估

如资金申请报告，需要经过各级政府投资主管部门（或资金管理部门）组织的审查、评估和筛选。中央政府安排给单个地方政府投资项目的中央预算内投资资金在一定限额以上的，一律按投资补助或贴息方式管理，需审批资金申请报告。

（四）项目实施方案策划咨询

1. 实施方案的作用

为保障项目顺利实施，一般需要根据其全生命周期流程特点和各项指标（包括时间、预算、质量、资源等）要求，编制成系统、具体、全面的项目实施方案，是工程项目顺利实施的重要保障和依据，其策划咨询服务是在建设项目立项前后，为把项目决策付诸实施而形成的具有可行性、可操作性和指导性的实施方案。

2. 实施方案咨询研究的主要内容

（1）项目概况。包括投资主体，项目的工作范围、具体内容和技术要求等。

（2）项目目标。包括建设期与运营期的目标、预期效果等。

（3）详细工作计划。包括项目工作思路、实施路径、项目实施所采取的方法手段。

（4）进度计划。包括各阶段、各子项目的工作安排的时间和项目工作内容完成的时间。

（5）实施组织形式。包括投资者、承担单位、协作单位等参与方的各自分工的主要内容，项目后期运营方案。

（6）项目预算。项目的成本与投资进度计划。

（五）项目专题论证咨询

1. 项目专题论证咨询成果类型

在投资项目的可行性论证与决策过程中，一些重大因素或重要事项例如技术方案比选、融资方案研究等，直接影响或决定了项目实施的可行性。因此，需要根据投资决策需求开展专题研究与论证。

咨询机构可接受投资者委托，就投资项目的市场、技术、经济、生态环境、能源、资源、安全、社会稳定、环评等影响可行性的要素，结合国家、地区、行业发展规划及相关重大专项建设规划、产业政策、技术标准及相关审批要求进行分析研究和论证，为投资者提供决策依据和建议。

项目的可行性论证阶段主要涉及项目选址、市场分析、尽职调查、节能评估、社会稳定风险评估、环境影响评价、水土保持和文物保护方案咨询、征地拆迁和移民安置计划、地震和地灾等安全影响评价、消防审查、压覆矿产资源评价、取水论证、项目实施策划咨询等专项咨询。各专项均有相关指导文件与编制要求，咨询论证过程中应参照相关文件，结合项目实际进行科学准确论证。

2. 项目专题论证咨询与可行性研究整合

为增强投资决策科学性，提高项目投资效益，投资项目要围绕可行性研究报告，充分论证建设内容、建设规模，并按照相关法律法规、技术标准要求，深入分析影响投资决策的各项因素，将其影响分析形成专门篇章纳入可行性研究报告；可行性研究报告包括其他专项审批要求论证评价内容的，有关审批部门可以将可行性研究报告作为申报材料进行审查。全过程工程咨询鼓励项目单位加强可行性研究，对国家法律法规和产业政策、行政审批中要求的专项评价评估等一并纳入可行性研究统筹论证，提高决策系统化、科学化与高效化。

四、PPP 项目综合咨询

（一）PPP 模式的内涵和特点

1. PPP 定义与内涵

政府与社会资本合作（Public-Private-Partnership，PPP）广泛运用于基础设施项目（高速公路、桥梁、铁路、地铁、隧道、港口等）、公共服务领域（水电、气热、污水处理、垃圾处理、学校、医疗、养老院、旅游、产业园区等）。国务院办公厅转发《财政部、发改委、人民银行关于在公共服务领域推广政府和社会资本合作模式指导意见的通知》（国办发〔2015〕42 号）指出 PPP 模式“即政府采取竞争性方式择优选择具有投资、运营管理能力的社会资本，双方按照平等协商原则订立合同，明确责权利关系，由社会资本提供公共服务，政府依据公共服务绩效评价结果向社会资本支付相应对价，保证社会资本获得合理收益”。该定义强调了 PPP 需要建立平等合作伙伴关系、社会资本方的投资和运营能力以及与绩效挂钩的激励机制，反映了 PPP 与传统投融资模式的核心差异。

《国家发展改革委关于开展政府与社会资本合作的指导意见》（发改投资〔2014〕2724 号）明确 PPP 模式是指“政府为增强公共产品和服务供给能力、提高供给效率，通过特许经营、购买服务、股权合作等方式，与社会资本建立的利益共享、风险分担及长期合作关系”。国家发展改革委的定义强调了 PPP 的目的、具体方式和显著特征。

2. PPP 模式特点

（1）风险分担。PPP 项目合作期限长、投资规模大、复杂的融资结构和公共性使其面临来自多个层次的风险。以往传统采购中政府与企业在采购和交付过程中都尽可能规避风险并转嫁给对方，各自追求最小化风险容易导致项目整体目标受损，PPP 项目坚持风险最优化管理原则，风险转移本身并不影响生产效率。相反，由于风险承担者具有的优势和专长从整体上提高了风险管理能力，有助于改善公共产品服务的供给质量和效率。实践中，社会资本应承担融资、建造、运营、技术等风险，政府则应承担政治、法律和政策等风险。在PPP项目中，政府和社会资本合理分担风险是其区别于其他投融资模式的显著标志。

（2）利益共享。政府和社会资本客观上存在目标差异。政府关注公众利益和公共服务能力，社会资本期望获取商业回报，但任何一方都难以靠自身能力实现各自目标，PPP提供了合作载体。政府部门放开传统上由其控制的基础设施和公共服务领域，社会资本可开拓新的投资领域并获得商业利益；政府提升了公共管理能力并获得公众支持。同时，由于PPP提供的是公共产品及服务，故社会资本获得的是合理经济回报而非超额利润。

（3）长期合作。我国PPP项目合作期限为10～30年。在长期合作中，社会资本需主动考虑资产长期维护与翻新成本，资本面临的长期绩效风险激励社会资本按时按预算完成项目，长期绩效的监管使双方采用长远眼光和密切合作。而且，长期合作有助于改变"重建设轻运营""重短期轻长期""重融资轻管理"的不良现象，促进政府和社会资本双方实现良性长期合作。

3. PPP项目类型

（1）《国家发展改革委关于开展政府和社会资本合作的指导意见》（发改投资〔2014〕2724号）按照收益特点将PPP项目分为以下三类：

一是经营性项目。即具有明确的收费基础，并且经营收费能够完全覆盖投资成本的PPP项目。该类项目可通过政府授予特许经营权的方式（如BOT、BOOT等）开展。

二是准经营性项目。即经营收费不足以覆盖投资成本、需政府补贴部分资金或资源的PPP项目。该类项目可通过政府授予特许经营权附加部分补贴或直接投资参股等方式开展。

三是非经营性项目。即缺乏"使用者付费"基础、主要依靠"政府付费"回收投资成本的PPP项目。该类项目可通过政府购买服务、委托运营等方式开展。

(2) 按照项目运作方式，PPP 主要包括以下六类：

一是委托运营（Operations&Maintenance，O&M），是指政府将存量公共资产的运营维护职责委托给社会资本或项目公司，社会资本或项目公司不负责用户服务的运作方式。政府保留资产所有权，只向社会资本或项目公司支付委托运营费。

二是管理合同（Management Contract，MC），是指政府将存量公共资产的运营、维护及用户服务职责授权给社会资本或项目公司的项目运作方式。政府保留资产所有权，只向社会资本或项目公司支付管理费。

三是建设-运营-移交（Build-Operate-Transfer，BOT），是指由社会资本或项目公司承担新建项目设计、融资、建造、运营、维护和用户服务职责，合同期满后项目资产及相关权利等移交给政府的项目运作方式。

四是建设-拥有-运营（Build-Own-Operate，BOO），由 BOT 方式演变而来，两者区别主要是 BOO 方式下社会资本或项目公司拥有项目所有权，但必须在合同中注明保证公益性的约束条款，一般不涉及项目期满移交。

五是转让-运营-移交（Transfer-operate-Transfer，TOT），是指政府将存量资产所有权有偿转让给社会资本或项目公司，并由其负责运营、维护和用户服务，合同期满后资产及其所有权等移交给政府的项目运作方式。

六是改建-运营-移交（Rehabilitate-operate-Transfer，ROT），是指政府在 TOT 模式的基础上，增加改扩建内容的项目运作方式。

4. PPP 发展存在问题及展望

(1) 国内外 PPP 模式发展现状。数百年来，法国在城市经营、高速公路、污水管网等基础设施与公共服务领域实行特许经营制度，积累了大量的经验，目前仍有大量项目广泛采用特许经营实施。1992 年，英国正式提出并应用 PFI（Private-Finance-Initiative，私人主动融资）模式，创新政府向社会资本购买服务，从初期的政府服务外包模式扩大到各行业的建设、公共服务管理模式等领域，有效提高了工作效率，减轻财务部门的压力。联合国、欧盟、世界银行等组织广泛总结和采用政府和社会资本合作（PPP）模式，在基础设施与公共服务领域大力推广应用。

20世纪80年代中期政府和社会资本合作引入至今，我国采用BOT模式实施了深圳沙角B电厂BOT项目、广州白天鹅饭店和北京国际饭店等典型项目，取得较好效果。2000年前后在高速公路、污水处理等领域广泛采用特许经营模式。经过多年的培育、引导、催化与规范，PPP模式在基础设施投资及公共服务方面发挥着越来越重要的作用，全国PPP项目规模屡创新高。

（2）存在的主要问题。

一是配套的法律法规保障体系不完善。我国尚无PPP方面的法律法规。PPP项目是适用“民告官”的行政诉讼程序还是平等主体间的民商事诉讼或仲裁程序，目前尚无权威定论。此外，信用体系、价格调整等相关配套的法律法规保障体系不完善，导致如何有效约束政府行为，充分保障社会资本特别是民营资本的合理利益，是PPP健康发展亟须解决的难题。

二是顶层设计尚未明确部门分工。2014年起，PPP模式存在国家发展改革委、财政部等部门多头管理和推广的问题，导致地方政府与市场无所适从。

三是项目融资难、落地难、开工难的问题尤其突出。经过多年的推广与发展，PPP项目的落地率约为60%（成功引入社会资本方）；部分已落地项目存在项目融资难、项目引入社会资本方后难开工（目前开工率仅58.9%）等问题。落地难、开工难的主要原因是PPP项目融资难以到位。

四是项目自身风险分担不合理。政府部门和社会资本是PPP两大参与主体。为了快速吸引投资者，提高政绩，政府通常会做出固定回报、保底收益等不当承诺，承担过多风险，同时导致PPP模式泛化、异化，存在增加政府隐性债务的风险。另外，政府部门往往占据强势主导地位，绝大部分需要遵循政府的建议与要求；社会资本特别是民间资本在合作的时候话语权和决定权较少。

（3）PPP模式发展展望。《财政部关于推进政府和社会资本合作规范发展的实施意见》（财金〔2019〕10号）明确提出PPP模式是党中央和国务院在公共服务领域引入社会力量参与的“重大决策部署”，指出要发挥PPP模式在补齐基础设施短板方面的作用。PPP模式在基础设施项目与公共服务领域仍大有可为。

（二）我国PPP项目实施流程与综合咨询服务内容

1. PPP实施流程

国家发展改革委《传统基础设施领域实施政府和社会资本合作项目工作导则》（发改投资〔2016〕2231号），将PPP项目流程分为项目储备、项目论证、社会资本方选择、项目执行四个阶段。

2. PPP项目前期的咨询服务内容

PPP项目前期的咨询服务内容主要包括PPP可行性论证、两评一案、合同起草等。

（1）PPP模式可行性论证。《关于依法依规加强PPP项目投资和建设管理的通知》（发改投资规〔2019〕1098号），要求PPP项目全面、深入开展可行性论证和审查，未依法依规履行审批、核准、备案及可行性论证和审查程序的PPP项目，为不规范项目，不得开工建设。

PPP可行性论证的主要内容包括：一是要从经济社会发展需要、规划要求、技术和经济可行性、环境影响、投融资方案、资源综合利用以及是否有利于提升人民生活质量等方面，对项目可行性进行充分分析和论证；二是要从政府投资必要性、政府投资方式比选、项目全生命周期成本、运营效率、风险管理以及是否有利于吸引社会资本参与等方面进行论证。

政府投资项目的PPP可行性论证，可在可行性研究报告编制评审完成后开展；对建设内容单一、投资规模较小、技术方案简单的PPP项目，可将可行性论证纳入可行性研究报告一并审核。实行核准制的PPP项目，应在核准的同时或单独开展可行性论证和审查。实行备案制的PPP项目，应单独开展可行性论证和审查。

（2）PPP两评一案。物有所值即PPP模式在项目全生命周期的成本、综合经济、社会效益考虑的性价比等方面优于传统政府主导模式。物有所值评价是判断项目是否适合采用PPP模式实施的决策基础。

财政承受能力论证是指识别、测算政府和社会资本合作项目的各项财政支出责任，科学评估项目实施对当前及今后年度财政支出的影响，为政府和社会资本合作（PPP）项目财政管理提供依据。

PPP 实施方案是 PPP 项目决策的基础材料，为 PPP 项目的实施奠定基础。一般包括项目概况、风险识别与分配、项目运作方式、项目交易结构、合同体系、监管架构、社会资本采购、物有所值与财政承受能力论证八个方面的内容，在具体编制时可结合项目特点和具体情况酌情增减。

（3）合同起草。合同草案是指签约方双方沟通之后草拟书面协议的工作。一般用于招标采购文件的附属资料。

（三）PPP 项目实施方案与可行性论证

1. PPP 实施方案主要内容

（1）项目概况。包括基本情况、经济技术指标和项目公司股权情况等。

（2）风险分配基本框架。项目设计、建造、财务和运营维护等商业风险由社会资本承担，法律、政策和最低需求等风险由政府承担，不可抗力等风险由政府和社会资本合理共担。

（3）项目运作方式。主要包括委托运营、管理合同、建设-运营-移交、建设-拥有-运营、转让-运营-移交和改建-运营-移交等。

（4）交易结构。主要包括项目投融资结构、回报机制和相关配套安排。项目投融资结构主要说明项目资本性支出的资金来源、性质和用途，项目资产的形成和转移等；项目回报机制主要说明社会资本取得投资回报的资金来源，包括使用者付费、可行性缺口补助和政府付费等支付方式；相关配套安排主要说明由项目以外相关机构提供的土地、水、电、气和道路等配套设施和项目所需的上下游服务。

（5）合同体系。主要包括项目合同、股东合同、融资合同、工程承包合同、运营服务合同、原料供应合同、产品采购合同和保险合同等。项目合同是其中最核心的法律文件。

（6）监管架构。监管架构主要包括授权关系和监管方式。授权关系主要是政府对项目实施机构的授权，以及政府直接或通过项目实施机构对社会资本的授权；监管方式主要包括履约管理、行政监管和公众监督等。

（7）采购方式选择。包括公开招标、竞争性谈判、邀请招标、竞争性磋商和单一来源采购。项目实施机构应根据项目采购需求特点，依法选择适当采购方式。

2. 实施方案与可行性论证的关系

各类投资项目的实施，均可能涉及实施方案的编制。投资项目的可行性研究工作，本质上就是研究项目实施方案，两者论证内容重叠交叉，包括项目资金筹措、组织模式、经济社会效益评价等。

对于采用 PPP 模式的投资项目，必须强调实施方案是项目可行性研究工作成果的一种表现形式。若 PPP 项目实施方案较为复杂，可以在可行性研究的基础上进一步深化实施方案的策划和专题研究，但相关内容不得与可行性研究相背离。我国 PPP 实施方案与可行性论证是两套独立的编制标准与评审流程。有关部门可研究推动实施方案与项目可行性论证进行融合，特别是对合作模式成熟、投资额度较小的项目，将 PPP 项目实施方案论证融合到可行性研究中。

（四）PPP 项目物有所值评价与财政承受能力论证

1. 物有所值评价

（1）定性分析。主要是对项目全生命周期整合程度、风险识别与分配、绩效导向与鼓励创新、潜在竞争程度、政府机构能力、可融资性六项基本指标及细分指标进行定性打分，按照指标权重综合得分，判断项目可行性。在实践过程中，咨询机构通过聘请财务、法律、工程、管理等专业的专家根据项目情况综合打分，汇总打分结果，判断项目物有所值定性分析的可行性。

（2）定量评价。定量评价是在假定采用 PPP 模式与政府传统投资方式产出绩效相同的前提下，通过对 PPP 项目全生命周期内政府方净成本现值 PPP 值与公共部门比较值 PSC 值进行比较，判断 PPP 模式能否降低项目全生命周期成本的过程。PPP 值小于或等于 PSC 值的，认定为通过定量评价；PPP 值大于 PSC 值的，认定为未通过定量评价。只有“通过”定性分析及定量分析的 PPP 项目才可进行财政承受能力论证；否则，需调整实施方案后重新评价，仍未通过的不宜采用 PPP 模式。

2. 财政承受能力论证

财政部门应当会同行业主管部门，共同开展 PPP 项目财政承受能力论证工作。必要时可通过政府采购方式聘请专业中介机构协助。财政承受能力论证工作包括：

（1）责任识别和支出测算。PPP 项目全生命周期过程的财政支出责任主要包括股权投资、运营补贴、风险承担、配套投入等。财政部门应当综合考虑各类支出责任的特点、情景和发生概率等因素，对项目全生命周期内财政支出责任分别进行测算。

（2）财政承受能力评估。财政承受能力评估包括财政支出能力评估以及行业和领域平衡性评估。财政支出能力方面，要根据 PPP 项目预算支出责任，评估 PPP 项目实施对当前及今后年度财政支出的影响；行业和领域均衡性方面，要根据 PPP 模式适用的行业和领域范围，以及经济社会发展需要和公众对公共服务的需求，平衡不同行业和领域的 PPP 项目，防止某一行业和领域的 PPP 项目过于集中。

在进行财政支出能力评估时，未来年度一般公共预算支出数额可参照前五年相关数额的平均值及平均增长率计算，并根据实际情况进行适当调整。每一年度全部 PPP 项目需要从预算中安排的支出责任，占一般公共预算支出比例应当不超过 10%。省级财政部门可根据本地实际情况，因地制宜确定具体比例，并报财政部备案，同时对外公布。

（3）财政承受能力结果。经论证“通过论证”的项目，各级财政部门应当在编制年度预算和中期财政规划时，将项目财政支出责任纳入预算统筹安排。“未通过论证”的项目，则不宜采用 PPP 模式。

（五）社会投资人的遴选与签约咨询

1. 遴选准备

《政府和社会资本合作项目政府采购管理办法》（财库〔2014〕215 号）中明确，PPP 项目采购方式包括公开招标、邀请招标、竞争性谈判、竞争性磋商和单一来源采购。项目实施机构应根据项目采购需求特点，依法选择适当采购方式，社会投资人遴选的主要工作包括：

（1）资格预审。项目实施机构应根据项目需要准备资格预审文件，发布资格预审公告，邀请社会资本和与其合作的金融机构参与资格预审，验证项目能否获得社会资本响应和实现充分竞争，并将资格预审的评审报告提交财政部门备案。资格预审公告应在省级以上人民政府财政部门指定的媒体上发布。

（2）招标文件的编制。项目有 3 家以上社会资本通过资格预审的，项目实施机构可以继续开展招标文件准备工作。招标文件应包括招标人须知、招标项目的性质、技术规格、招标价格的要求及其计算方式、评标的标准和方法等。采用竞争性比选或竞争性磋商采购方式的，项目采购文件除上款规定的内容外，还应明确评审小组根据与社会资本谈判情况可能实质性变动的内容，包括采购需求中的技术、服务要求以及合同草案条款。

（3）合同起草。PPP 项目实施机构依据审查批准的实施方案，组织起草 PPP 合同草案，包括 PPP 项目主合同和相关附属合同（如项目公司股东协议和章程、配套建设条件落实协议等）。

2. PPP 合同谈判与签订

（1）PPP 合同谈判。PPP 项目实施机构根据需要组织谈判小组对合同进行谈判，咨询机构可向政府提供专业支持。谈判小组按照候选社会资本方的排名，依次与候选社会资本方进行合同确认谈判，率先达成一致的即为中选社会资本方。项目实施机构应与中选社会资本方签署确认谈判备忘录，并根据信息公开相关规定，公示合同文本及相关文件。

（2）PPP 合同签订。PPP 项目实施机构应按相关规定做好公示期间异议的解释、澄清和回复等工作。公示期满无异议的，由项目实施机构会同当地投资主管部门将 PPP 项目合同报送当地政府审核。政府审核同意后，由项目实施机构与中选社会资本方正式签署 PPP 项目合同。需要设立项目公司的，待项目公司正式设立后，由实施机构与项目公司正式签署 PPP 项目合同，或签署关于承继 PPP 项目合同的补充合同。

第五章

工程建设实施全过程咨询

我国通常所称工程建设实施全过程咨询，本质上是聚焦于工程建设阶段的综合性工程咨询服务。工程建设阶段的核心任务是要实现项目决策所确定的工程方案，需要多专业协调配合。我国从推动建筑业高质量发展的角度介入，积极推动工程建设实施环节的全过程工程咨询，是与推动设计施工一体化并行的重要改革举措。本章聚焦于工程建设实施阶段，围绕工程建设实施全过程咨询服务的主要任务、咨询内容及深度要求进行全面阐述。

第一节　工程建设实施全过程咨询的主要任务

一、工程建设实施全过程咨询及其主要特征

（一）工程建设阶段的主要活动

“工程建设阶段”通常包括项目实施准备阶段、项目实施阶段及项目竣工验收阶段。政府投资项目是从可行性研究报告审批起，到工程竣工验收、交付运营并完成后评价止。企业投资项目是从完成投资项目备案或核准起，到工程竣工验收、交付运营并完成后评价止。

依据工程项目的过程管理原理，工程项目过程分为创造项目产品过程和项目管理过程。其中，创造项目产品过程因工程项目的不同而各异，其典型的过程为筹划-设计-采购-施工-验收-总结评价，主要关注建设项目的特性、功能和质量；项目管理过程，不因工程项目不同而各异，其过程为启动-计划-执行-控制-收尾，这些过程产生的结果相互关联。上述两类项目过程在项目建设中相互依存、不可分离。创造产品的过程是项目的基础，是项目管理的对象；项

目管理的过程是对创造项目产品过程的管理。创造产品的过程只能保证项目产品的功能特性，而项目管理的过程则是利用项目管理的先进技术和工具保证项目的效率和效益。

结合我国工程建设管理的实际，除了上述创造项目产品过程和项目管理过程外，还有工程项目行政及行业（专业）监管过程，其基本过程为立项审批-规划审批-项目建设审批-施工监管-竣工验收监管，其主要是对建设项目是否满足国家相关政策、法规、上级相关规划及行业规范等进行监督与管理。这一过程与上述两个过程的最大不同是主体不同，这一活动的主体是政府行政主管部门或其委托的第三方监管、服务机构。

从建设主体的角度来看，工程建设阶段主要活动是从建设项目投资决策相关工作完成后到项目建设实施完成之前的所有与完成投资建设目标有关的活动，包括项目管理、行政审批手续及市政配套手续的办理、勘察设计、招标采购、施工准备、施工建设、竣工验收、总结评价等工作。

（二）工程建设全过程咨询的主要内容及任务

《国家发展改革委 住房城乡建设部关于推进全过程工程咨询服务发展的指导意见》（发改投资规〔2019〕515号）中提出，“在房屋建筑、市政基础设施等工程建设中，鼓励建设单位委托咨询机构提供招标代理、勘察、设计、监理、造价、项目管理等全过程咨询服务，满足建设单位一体化服务需求，增强工程建设过程的协同性。”据此，工程建设全过程咨询的主要任务包括工程建设阶段全过程工程项目管理及各专业咨询服务。

1. 工程项目管理

工程建设全过程咨询项目管理，是对工程建设项目投资、质量、进度、安全、合同、信息等主要总控目标的管理，涉及项目全生命周期，包括但不限于前期咨询管理、报批报建管理、工程勘察管理、工程设计管理、造价咨询管理、招标采购管理、现场管理、收尾管理。

2. 专业咨询服务

工程建设全过程咨询各专业咨询服务内容主要包括工程勘察、工程设计、工程监理、造价咨询、招标采购、工程法律等专业咨询服务。

（三）工程建设综合性咨询及其在全过程工程咨询中的地位

1. 工程建设咨询与投资决策咨询业务的整合

根据《国家发展改革委 住房城乡建设部关于推进全过程工程咨询服务发展的指导意见》（发改投资规〔2019〕515号）的文件精神，全过程工程咨询依据项目周期规律和建设程序的客观要求，主要体现为投资决策综合性咨询和工程建设全过程咨询。

从国家及行业推行全过程工程咨询的立足点与出发点及市场实际需求来看，全过程工程咨询应该将工程建设咨询与投资决策咨询业务整合作为其最终发展方向与目标，才能真正满足工程项目投资建设主体对综合性、跨阶段、一体化的咨询服务需求。同时，从项目建设规律和建设程序看，很多综合管理与专项咨询服务具有跨越投资决策阶段与工程建设阶段的特点。以化工行业建设项目为例，全过程咨询机构往往是工程设计单位，不仅负责前期的规模论证、工艺设计、投资决策，也会参与到后期的建设全过程。如果能实现两阶段咨询服务的整合，有利于提高项目管理或咨询服务的效率与质量。

2. 工程建设全过程咨询的地位和作用

投资决策环节在项目建设程序中具有统领作用，对项目顺利实施、有效控制和高效利用投资至关重要。工程建设阶段是建设团队通过管理、专业技能及建设实施等手段与方式，将投资决策阶段确定的目标及要求得以实现的过程。因此，在全过程工程咨询服务中，工程建设全过程咨询是投资决策综合咨询的延续，是为了实现投资决策综合咨询取得的成果与确定的目标，其与投资决策综合咨询是全过程工程咨询的重要组成部分。

二、工程建设全过程咨询的政策环境及其变动趋势

（一）加强事中事后监管对工程建设全过程咨询的影响

加强事中事后监管是贯彻我国深化“放管服”改革和优化营商环境的部署要求，政府职能转向减审批、强监管、优服务，促进市场公平竞争的重要举措。加强事中事后监管主要以推进政府治理体系和治理能力现代化为目标，对工程建设项目审批制度进行全流程、全覆盖改革，努力构建科学、便捷、高效的工程建设项目审批和管理体系。加强事中事后监管对工程建设全过程咨询的

影响主要体现在以下方面。

1. 工程咨询管理方式

开展工程建设全过程咨询服务，将对咨询机构的管理方式产生重要影响。在工程咨询行业，根据加强事中事后监管的工作要求，将逐步减少投资决策环节和工程建设领域对从业单位和人员实施的资质资格许可事项，精简和取消强制性中介服务事项，打破行业壁垒和部门垄断，放开市场准入，加快咨询服务市场化进程。这将彻底转变对工程咨询机构进行事前许可管理的方式，将工作重心转向事中事后监管，对工程咨询机构实行告知性备案管理，加强工程咨询机构及其人员从业行为管理，加大监督检查力度，推进行业自律，促进工程咨询市场向更高水平发展。

2. 工程咨询服务内容

对提供工程建设全过程咨询服务的内容存在重要影响。首先，是在一定程度上增加了工程建设全过程咨询阶段的服务工作内容。加强事中事后监管的工作要求减少了项目投资立项决策阶段的审批审核事项，但是相关的论证、评审、审核、审理等专项咨询或行政手续的办理，则在“放管服”总体要求下，主要转移到工程建设准备阶段开展。尽管从总体上看，简化优化了项目投资建设相关工作，但是具体到工程建设阶段则相比过去增加了一些工作内容，工程建设全过程咨询相应的服务内容也相比以往有所增加或调整。其次，对工程建设全过程咨询的服务质量提出了更高的要求。

（二）建筑业高质量发展对工程建设全过程咨询的影响

推动高质量发展，既是保持经济持续健康发展的必然要求，也是适应我国社会主要矛盾变化和全面建成小康社会、全面建设社会主义现代化国家的必然要求，更是遵循经济规律发展的必然要求。建筑业高质量发展的新要求，对全过程工程咨询的影响主要体现在以下方面。

1. 有利于加快工程建设全过程咨询整体服务质量的提升

建筑业高质量发展必将引导工程建设全过程咨询服务的提供者要围绕相关发展要求提升整体服务质量，包括服务内容、服务方式、服务手段等。同时，按照绿色发展的要求，工程建设全过程咨询也必须坚持生态优先、绿色发展理念，深入组织方式和服务方式改革，满足市场多样化的需求。

2. 推动工程建设全过程咨询模式创新

建筑业高质量发展势必要求从业机构从过去的“要素驱动”转向“创新驱动”。提供工程建设全过程咨询服务的单位要建立自身的服务技术标准、管理标准，不断完善质量管理体系、职业健康安全和环境管理体系，通过积累咨询服务实践经验，建立具有自身特色的全过程工程咨询服务管理体系及标准。大力开发和利用建筑信息模型（BIM）、大数据、物联网等现代信息技术和资源，努力提高信息化管理与应用水平，为开展全过程工程咨询业务提供保障。

（三）工程建设行业整合发展对工程建设全过程咨询的影响

整合发展是工程建设行业发展的重要方向。施工企业通过整合实现整体施工能力的进一步提升，满足建筑市场日益多元化、复杂化、大型化的需求，施工总承包行业在国际上的竞争力日趋增强，我国“基建狂魔”的称号享誉世界，与之相对应的同样需要工程咨询行业逐步进行整合和能力提升。这既是行业发展需要，也是市场实际需求，是全过程工程咨询提出的基本背景和依据。

工程建造过程是一个将各类资源整合在一起，引导或促成不同类型的主体在交易空间进行设计、施工、材料供应及支持服务等交易；同时对服务的交易和实施过程进行管理，为工程建造的全生命周期管理提供支持和价值创造，并运用适当的商业模式获得盈利的过程。这就要求工程建设全过程咨询要实现将工程建造过程分解为各种工程建造服务，且各项工程建造服务能够高效、有序且有机整合，进而实现项目建设实施过程的科学、高效运转。

三、工程建设全过程咨询的组织管理

（一）工程建设实施的主要程序

工程建设程序是指工程项目从策划、评估、决策、设计、施工到竣工验收、投入生产或交付使用的整个建设过程中，各项工作必须遵循的先后工作次序。依据我国土地、规划、建筑行业有关的法律法规以及相关行业、专业规范规程，工程项目建设程序的主要内容和要求如下：

1. 项目准备阶段

项目准备阶段主要内容包括勘察设计、组建项目法人、征地、拆迁、土地整理；组织材料、设备订货；办理建设工程质量监督手续；委托工程监理；准备必要的施工图纸；组织施工招投标，择优选定施工单位；办理施工许可证等。按规定做好施工准备，具备开工条件后，建设单位申请开工，进入施工安装阶段。

2. 项目实施阶段

建设工程具备了开工条件并取得施工许可证后方可开工。项目新开工时间，按设计文件中规定的任何一项永久性工程第一次正式破土开槽时间而定，不需开槽的以正式打桩作为开工时间。铁路、公路、水库等以开始进行土石方工程作为正式开工时间。

3. 竣工验收阶段

（1）生产准备。对于生产性建设项目，在其竣工投产前，建设单位应适时地组织专门班子或机构，有计划地做好生产准备工作，包括招收、培训生产人员；组织有关人员参加设备安装、调试、工程验收；落实原材料供应；组建生产管理机构，健全生产规章制度等。生产准备是由建设阶段转入经营的一项重要工作。

（2）竣工验收。工程竣工验收是全面考核建设成果、检验设计和施工质量的重要步骤，也是建设项目转入生产和使用的标志。验收合格后，建设单位编制竣工决算，项目正式投入使用。

（3）项目后评价。建设项目后评价是工程项目竣工投产、生产运营一段时间后，在对项目的立项决策、设计施工、竣工投产、生产运营等全过程进行系统评价的一种技术活动，是固定资产管理的一项重要内容，也是固定资产投资管理的最后一个环节。

（二）工程建设全过程咨询目标与责任

1. 工程建设全过程咨询的目标

工程建设全过程咨询总体目标是依据投资决策阶段确定的建设内容、建设规模、建设投资与进度要求等，协助建设单位（业主）组织各参建方完成具体项目建设工作。工程建设全过程的目标可以分为两个层面，一是项目建设目标，这是包括全过程咨询机构在内的全体参建单位的共同目标；二是全过程工程咨询服务内在目标。

项目建设管理目标主要包括质量目标、投资目标、进度目标、安全目标及环保目标等。这些目标的确定应根据具体项目实际在全过程咨询服务开始前或在实施策划阶段进行确定。这些目标是否按照计划完成或达成，是评价包括全过程咨询服务单位在内所有参建单位的直接指标。全过程工程咨询服务内在目标是指区别于其他咨询服务模式或项目管理模式的、全过程咨询自身特有或更加关注的目标，包括文化为本、绿色为先、集约发展和价值创新等。

2. 工程建设全过程咨询的责任

工程建设全过程咨询的责任应根据具体组织机构形式进行设置与划分。一般情况下，主要组织内应根据建设单位委托设置项目总咨询师（或项目经理）、专业咨询负责人。

（1）项目总咨询师（或项目经理）职责包括①工程建设全过程咨询服务招标文件及合同中规定的职责；②对项目的总控目标（投资、质量、进度、安全、合同、信息等）负责；③组织编制全过程工程咨询服务规划，制定咨询目标，审批专业咨询服务实施细则；④组织制定项目全过程工程咨询服务的组织架构、专业分工、决策机制、管理制度、工作流程以及相关表格和成果文件模板等，并组织实施；⑤根据需求确定全过程工程咨询项目部人员及其岗位职责，明确各专业咨询服务的负责人及其职责；⑥授权范围内的任务分解；⑦根据工程进展及全过程工程咨询工作情况调配全过程工程咨询项目部人员；⑧统筹、协调和管理项目全过程各专业咨询服务工作，检查和监督工作计划执行情况；⑨参与组织对项目全过程各阶段的重大决策，在授权范围内决定任务分解、利益分配和资源使用；⑩参与或配合全过程各专业咨询服务质量事故的调查和处理；⑪根据合同约定，参与工程竣工验收，接受审计，处理项目合同履约后的善后工作；⑫协助和配合发包人（业主）进行项目检查、鉴定和评奖申报工作；⑬调解发包人（业主）与承包人的有关争议；⑭全过程工程咨询机构或发包人（业主）委托授予的其他权责。

（2）专业咨询负责人职责包括①工程建设全过程咨询服务招标文件及合同中约定的职责；②参与编制全过程工程咨询服务规划，负责编制所负责专业咨询服务的实施细则；③按工作计划、任务分配和现行法律法规、标准规范、质量要求等，完成所负责的专业咨询服务工作，对所承担的任务和出具的成果负责，并向项目总咨询师（或项目经理）报告；④完成项目总咨询师（或项目经理）下达的其他任务；⑤协助项目总咨询师（或项目经理）实施项目投资、质量、安全、进度、信息、合同等各项管理措施；⑥协助和配合发包人（业主）进行专业咨询服务阶段的项目检查、鉴定和评奖申报工作；⑦根据合同约定，参与工程竣工验收，接受审计，处理项目合同履约后的善后工作。

（三）工程建设全过程咨询内容及任务分解

根据《国家发展改革委 住房城乡建设部关于推进全过程工程咨询服务发展的指导意见》(发改投资规〔2019〕515号)，工程建设全过程咨询内容包括工程勘察、工程设计、工程监理、造价咨询、招标采购、项目管理等，如表5-1所示。

表5-1　　工程建设全过程咨询任务分解

序号	服务范围	任务分解
一	工程勘察	（1）勘察方案编制、审查。 （2）初步勘察。 （3）详细勘察。 （4）勘察报告编制、审查。 （5）补充勘察。 （6）参与单位、单项工程验收
二	工程设计	（1）方案设计及优化、审查。 （2）初步设计及优化、审查。 （3）施工图、深化设计及优化、审查。 （4）施工图设计技术审查。 （5）提出技术规范书。 （6）设计交底和图纸会审。 （7）重大施工方案的合理化建议。 （8）设计变更管理。 （9）施工技术服务工作。 （10）地基验槽、基础分部验收、主体结构验收。 （11）参与专项验收。 （12）参与单位工程验收

续表

序号	服务范围	任务分解
三	工程监理	(1) 编制项目监理规划和监理实施细则。 (2) 工程监理实施过程中对工程质量、造价、进度进行控制。 (3) 履行安全生产监理法定职责。 (4) 工程监理职责范围内的合同管理。 (5) 工程监理职责范围内的信息管理。 (6) 协调工程建设相关方关系。 (7) 工程验收，包括工程验收策划、组织单位工程预验收、参与专项验收、参与技术验收、参与单位工程验收。 (8) 参与试生产。 (9) 竣工资料收集与整理。 (10) 工程质量缺陷管理。 (11) 设备采购与设备监造(如有)。 (12) 按建设工程监理规范要求，其他咨询服务内容
四	招标采购	(1) 招标项目资料收集。 (2) 编制招标采购方案。 (3) 招标文件的编制、编制最高投标限价和合同条款、发布招标(资格预审)公告、招标文件发售、招标文件的澄清或者修改、组织现场踏勘、收取投标保证金。 (4) 接收投标文件、组织开标、组织评标，开展相关评标工作。 (5) 协助编制评标报告，发送中标通知书，协助合同谈判和签订等。 (6) 协助合同谈判，开展合同管理审核。 (7) 其他采购管理
五	造价咨询	(1) 设计概算的编制、审核与调整。 (2) 施工图预算的编制与审核。 (3) 工程量清单的编制与审核。 (4) 最高投标限价的编制与审核。 (5) 工程计量支付的确定，审核工程款支付申请，提出资金使用计划建议。 (6) 施工过程的工程变更、工程签证和工程索赔的处理。 (7) 工程结算的编制与审核。 (8) 工程竣工决算的编制与审核。

续表

<table>
<tr><th>序号</th><th>服务范围</th><th colspan="2">任务分解</th></tr>
<tr><td>五</td><td>造价咨询</td><td colspan="2">(9) 全过程工程造价管理咨询。
(10) 工程造价鉴定。
(11) 方案比选、限额设计、优化设计的造价咨询。
(12) 合同管理咨询。
(13) 建设项目后评价。
(14) 工程造价信息咨询服务。
(15) 其他合同约定的工程造价咨询工作</td></tr>
<tr><td rowspan="2">六</td><td rowspan="2">项目管理</td><td>报批报建</td><td>(1) 一般建设工程抗震设防要求备案。
(2) 建设项目选址意见书审查。
(3) 建设项目用地预审。
(4) 绿化用地和节能评估报告审查。
(5) 建设项目初步设计审查。
(6) 项目配套建设手续审查，包括交通和防洪影响评价报告、人防、超限抗震设防、水土保持方案、取水许可、用电许可、用气许可等手续审查。
(7) 获取建设用地规划许可证。
(8) 建设工程(包括涉及文物保护建设控制地带内的建设工程)设计方案审查。
(9) 获取建设工程规划许可证。
(10) 环境影响评价报告书(表) 审查。
(11) 建设工程质量安全监督手续办理。
(12) 建设用地批准(分为划拨用地、出让用地) 手续办理。
(13) 获取建设工程施工许可证。
(14) 获取预售许可证(如有必要)。
(15) 组织建筑工程竣工联合验收和办理竣工验收备案</td></tr>
<tr><td>招标采购管理</td><td>(1) 开展招标策划工作。
(2) 协助落实招标采购条件。
(3) 组织编制或审核招标采购计划。
(4) 组织潜在投标单位的考察管理。
(5) 组织编制招标采购前期准备文件。
(6) 监督和管理招标采购实施过程。
(7) 参与合同谈判和签订工作</td></tr>
</table>

续表

序号	服务范围	任务分解	
六	项目管理	合同管理	（1）策划项目合同总体结构。 （2）协助拟定合同文件。 （3）协助开展合同谈判和合同签订。 （4）监督检查各参建单位合同履约情况。 （5）处理合同纠纷与索赔事宜。 （6）合同终止后开展合同评价，编制合同总结报告，移交合同文件
		勘察管理	（1）协助确定勘察单位。 （2）审查勘察单位资质。 （3）协助编制勘察要求(勘察任务书)。 （4）审查勘察方案。 （5）检查勘察工作质量。 （6）审查勘察报告
		设计管理	（1）决策阶段：①协助确定设计单位；②审查设计单位资质；③协助编制设计任务书。 （2）方案设计阶段：①明确设计范围；②划分设计界面；③审查项目设计方案；④督促设计单位完成方案设计任务。 （3）初步设计阶段：①督促设计单位完成初步设计任务；②配合完成设计概算；③组织评审初步设计内容，并提出评估意见。 （4）施工图设计阶段：组织施工图审查工作，并提出图纸优化意见。 （5）施工阶段：①督促专业单位为施工现场提供技术服务；②组织设计交底和图纸会审；③进行施工现场的技术协调和界面管理；④进行工程材料设备选型和技术管理；⑤审核、处理设计变更、工程洽商、签证的技术问题；⑥根据施工需求组织或实施设计优化工作；⑦组织关键施工部位的设计验收管理。 （6）竣工验收阶段：①组织项目竣工验收；②要求设计单位对设计文件进行整理和归档。 （7）后评价阶段：①组织实施工作总结；②对设计管理绩效开展后评价

续表

序号	服务范围	任务分解	
六	项目管理	进度管理	(1) 协助分析和论证项目总进度。 (2) 编制项目总控计划并下发参建各方。 (3) 审核施工总进度计划和年/月/周等阶段性进度计划。 (4) 定期比较计划值和实际值，根据需要采取措施并督促落实。 (5) 判断进度偏差影响，调整和优化项目总控计划。 (6) 审批、处理工程停工、复工及工期变更事宜。 (7) 协调各参建单位的施工进度矛盾
		质量管理	(1) 协助完成施工场地条件准备工作。 (2) 协助进行场地(包括坐标、高程、临电、临水、毗邻建筑物和地下管线等) 移交和规划验线。 (3) 组织召开第一次工地会议。 (4) 督促施工单位建立质量控制体系，并跟踪执行情况。 (5) 审核施工组织设计等文件，参与重大技术方案评审。 (6) 协助开展材料(设备) 的采购管理和验收工作。 (7) 组织开展工程样板评审工作。 (8) 开展对重点工序、关键环节的质量检查。 (9) 参与处理质量缺陷和质量事故。 (10) 参与阶段性验收工作
		投资管理	(1) 决策阶段：①组织审查项目投资估算；②开展建设项目经济评价。 (2) 设计阶段：①组织审查方案设计估算；②组织审查设计概算；③组织审查施工图预算；④参与限额设计。 (3) 招标采购阶段：①组织审核工程量清单；②组织审核最高投标限价；③协助开展清标工作。 (4) 施工阶段：①编制项目资金使用计划并动态调整；②审核工程计量与合同价款；③协助进行材料和设备采购的询价与核价工作；④审核工程变更、工程索赔和工程签证；⑤动态管理项目投资工作，提供分析报告。 (5) 竣工阶段：①组织审核竣工结算；②开展工程技术经济指标分析；③组织审核竣工决算报告；④配合竣工结算审计工作。 (6) 后评价阶段：分析项目建设投资，提供项目投资评估报告

续表

序号	服务范围	任务分解	
六	项目管理	安全管理	(1) 对项目的安全生产管理工作进行策划。 (2) 协助提供地下管线等有关资料。 (3) 督促施工单位建立健全安全保证体系并跟踪执行。 (4) 督促施工单位建立安全生产责任制并落实相关职责。 (5) 监督检查安全专项施工方案的编审和执行情况。 (6) 组织检查和评估安全生产标准化建设实施情况。 (7) 审核、监管安全文明措施费专款专用情况。 (8) 参与处理安全隐患和安全事故
		信息档案管理	(1) 合理分类和识别项目信息。 (2) 制定信息管理制度并组织实施。 (3) 建立项目信息沟通渠道。 (4) 完成项目咨询报表和记录。 (5) 督促、检查各参建单位做好信息管理。 (6) 基于互联网开展信息技术应用(包括大数据等) 管理。 (7) 收集、整理和分类归档各类项目信息资料、工程档案和相关文件。 (8) 完成竣工档案的收集、整理和验收。 (9) 组织竣工档案移交工作
		收尾管理	(1) 组织各类专项验收，做好项目竣工验收准备。 (2) 组织项目竣工验收。 (3) 办理项目移交，督促人员撤离。 (4) 申请土地核验。 (5) 组织办理固定资产权属登记工作。 (6) 组织项目保修管理。 (7) 进行现场调查和收集相关资料。 (8) 开展项目后评价。 (9) 组织编制后评价报告

(四) 工程建设全过程咨询服务质量保障机制

工程建设全过程咨询服务是高度智慧化的服务，需要多学科、技术、经验、方法和信息的集成；涉及面广，包括政治、经济、技术、社会、环境、文化等领域，需要协调和处理方方面面的关系，考虑各种复杂多变的因素，因此要保证工程建设全过程咨询服务质量，需从多方面建立整体保障机制。

1. 具有相应资质能力是保障服务质量的前提

承担工程建设全过程咨询服务的单位具有相应资质和能力是保证服务质量的前提。依据《国家发展改革委 住房城乡建设部关于推进全过程工程咨询服务发展的指导意见》(发改投资规〔2019〕515号)，全过程工程咨询机构应当在技术、经济、管理、法律等方面具有丰富经验，具有与全过程工程咨询业务相适应的服务能力，同时具有良好的信誉；同时，全过程咨询机构提供勘察、设计、监理或造价咨询服务时，应当具有与工程规模及委托内容相适应的资质条件。全过程咨询服务单位应当自行完成自有资质证书许可范围内的业务，在保证整个工程项目完整性的前提下，按照合同约定或经建设单位同意，可将自有资质证书许可范围外的咨询业务依法依规择优委托给具有相应资质或能力的单位，全过程咨询服务单位应对被委托单位的委托业务负总责。

2. 人员保障是保障服务质量的基础

承担工程建设全过程咨询服务的单位应派遣具有相应资格职称、能力经验的人员承担相应的咨询服务，这是保证服务质量的基础。依据《国家发展改革委 住房城乡建设部关于推进全过程工程咨询服务发展的指导意见》(发改投资规〔2019〕515号)，工程建设全过程咨询项目负责人应当取得工程建设类注册执业资格且具有工程类、工程经济类高级职称，并具有类似工程经验。对于工程建设全过程咨询服务中承担工程勘察、设计、监理或造价咨询业务的负责人，应具有法律法规规定的相应执业资格。全过程咨询服务单位应根据项目管理需要配备具有相应执业能力的专业技术人员和管理人员。设计单位在民用建筑中实施全过程咨询的，要充分发挥建筑师的主导作用。

3. 合理的管理组织及制度流程是保障服务质量的支撑

承担工程建设全过程咨询服务的单位应依据项目实际与需求，建立相适应的管理组织，明确组织内的职责划分，编制有针对性的工程咨询管理制度，规范工程咨询服务机构内部以及工程咨询服务机构与建设单位、相关承包商之间的管理接口和工作流程，这是保证服务质量的重要支撑。合理的管理组织及制度流程可以提高整体工作效率，有利于项目目标的分解与完成；有利于各项工作目标的实现；有利于平衡项目组织的稳定与调整以及内外关系的协调。

4. 标准体系建设与新兴科学技术应用是提升服务质量的助力

咨询机构要建立自身的服务技术标准、管理标准，不断完善质量管理体系、职业健康安全和环境管理体系，通过积累咨询服务实践经验，建立具有自身特色的全过程工程咨询服务管理体系及标准。大力开发和利用建筑信息模型（BIM）、大数据、物联网等现代信息技术和资源，努力提高信息化管理与应用水平，为开展全过程工程咨询业务提供保障。

5. 先进的信息化管理工具和系统的应用是提升服务质量和效率的保证

咨询机构应践行“互联网＋”理念，建设和应用项目全生命周期管理系统，以信息化手段提升工程项目管理效率和服务质量。围绕推进全过程工程咨询数字化改革，以全过程工程项目管理与服务应用为导向，设置成本、质量、进度、人事、工具管理与控制等核心模块，以及项目数据共享与业务互联模块、角色权限与流程控制模块等，支持协同管理系统灵活配置、稳定运行。

第二节　工程建设全过程咨询的内容及深度要求

工程建设全过程咨询的内容主要包括项目管理及专业咨询服务。其中，在工程建设实施阶段的专业咨询服务包括工程勘察、工程设计、招标采购、造价咨询、工程监理、BIM 咨询等。项目规划建设手续的报批纳入项目管理的范畴之中。

一、项目管理

工程建设阶段的项目管理服务是工程建设全过程咨询服务的必要组成部分，从某一层面看，甚至是工程建设全过程咨询核心价值的体现。工程建设阶段的全过程项目管理服务以解决发包人（业主）需求为核心，以项目的总控目标（投资、质量、进度、安全、合同、信息等）为主线，致力于建设工程全生命周期内的项目报批报建、前期咨询（施工准备阶段）、工程勘察、工程设计、

BIM管控、招标采购、造价咨询、施工过程管理、竣工验收及运维保修等各个阶段和各项业务的管理服务。

工程建设全过程项目管理团队负责项目全部建设工程的投资、质量、进度、安全、合同、信息等总控管理；协助项目建设的组织与协调，确保项目的建设投资、质量、进度、安全、合同、信息等各项工作目标的实现。

（一）管理策划

1. 工作内容

全过程工程咨询服务管理策划应包括全过程工程咨询服务规划、全过程工程咨询服务实施细则及其他管理策划。其他管理策划应包括全过程工程咨询服务规划及实施细则以外的所有全过程工程咨询服务管理策划内容。

2. 工作深度要求

（1）全过程工程咨询服务规划。全过程工程咨询服务规划应是全过程工程咨询服务工作中，具有战略性、全局性和宏观性的指导文件。

全过程工程咨询服务规划编制依据可包括下列内容：①适用的法律、法规及相关标准等；②项目合同及其他合同文件；③项目前期工作文件；④项目情况与特点；⑤项目资源和条件；⑥有价值的历史数据；⑦同类或类似建设项目的相关资料等。

编制全过程工程咨询服务规划应遵循下列步骤：①明确项目需求和全过程工程咨询服务范围；②确定全过程工程项目管理目标；③确定专业咨询服务目标；④分析项目实施条件，进行项目工作结构分解；⑤确定全过程工程咨询服务机构组织模式、组织结构；⑥明确各专业、各阶段负责人；⑦确定全过程工程项目管理措施和专业咨询服务措施；⑧编制项目资源计划；⑨报送审批规定与流程。

全过程工程咨询服务规划内容应视项目具体特点而定，一般包括下列内容：①项目概况；②全过程工程咨询服务业务范围和内容；③全过程工程咨询项目组织策划与管理；④项目报批报建管理；⑤项目招标采购管理；⑥项目合同管理；⑦项目勘察设计管理；⑧项目进度管理；⑨项目质量管理；⑩项目投资管理；⑪项目安全管理；⑫项目信息与档案管理；⑬项目沟通管理；⑭项目收尾管理；⑮其他专业咨询管理。

（2）全过程工程咨询服务实施细则。全过程工程咨询服务实施细则应包括全过程工程项目管理实施细则和专业咨询服务实施细则。

全过程工程咨询服务实施细则的主要编制依据：①适用的法律、法规及相关标准等；②建设项目管理纲要；③已批准的全过程工程咨询服务规划；④相关的设计文件和技术资料；⑤全过程工程咨询服务合同及相关要求；⑥已批准的建设项目相关方策划文件。

全过程工程咨询项目管理实施细则一般包括下列主要内容：①项目概况；②项目总体工作安排；③组织方案；④报批报建管理计划；⑤各项服务目标控制计划。

全过程工程咨询专业咨询服务实施细则一般包括下列主要内容：①工作范围；②工作内容；③工作目标；④编制依据；⑤相关专业咨询工作流程；⑥相关专业咨询特点；⑦相关专业咨询组织方案；⑧相关专业咨询的重点、难点及薄弱环节。

（二）报批报建管理

1. 工作内容

全过程工程咨询服务机构应进行项目报批管理策划、建立报批管理制度，组织协调开展与项目规划、建设等有关的行政审批、审查等报批手续。依据我国相关政策法规，不同建设项目有不同的立项决策程序，包括审批制、核准制及备案制。依据不同决策程序要求，部分与规划建设有关的专项审批、审查存在前置办理或后置办理的情况。如属于前置办理，则需要在项目投资决策综合咨询阶段完成。这里所述项目报批相关内容，是在完成审批核准备案等前期审查手续后还需办理的相关报批工作。主要包括①一般建设工程抗震设防要求备案；②建设项目选址意见书审查；③建设项目用地预审；④绿化用地和节能评估报告审查；⑤建设项目初步设计审查；⑥项目配套建设手续审查，包括交通和防洪影响评价报告、人防、超限抗震设防、水土保持方案、取水许可、用电许可、用气许可等手续审查；⑦获取建设用地规划许可证；⑧建设工程（包括涉及文物保护建设控制地带内的建设工程）设计方案审查；⑨获取建设工程规划许可证；⑩环境影响评价报告书（表）审查；⑪建设工程质量安全监督手续办理；⑫建设用地批准（分为划拨用地、出让用地）手续办理；⑬获取建设工程施工许可证；⑭获取预售许可证（如有必要）；⑮组织建筑工程竣工联合验收和办理竣工验收备案；⑯其他。

2. 工作深度要求

（1）把控项目开工前的报批报建工作，建立规范的流程、科学的方法，并配备相应的资源。

（2）科学开展项目报批管理策划工作，由全过程工程咨询服务机构统一安排，综合考虑项目所在地相关行政主管部门审批、审查相关手续的具体要求，并结合项目总体进度要求、项目设计、造价咨询的工作实际，进行具体的报批管理策划。策划内容包括但不限于报批管理内容及流程、合同职责范围划分、报批报建进度计划、人员投入计划、绩效评价指标的确定及方式等。

（3）实施过程中应确保符合法律、法规及地方管理规定等要求。

（4）从总体上把控第三方评估机构的实施进度，协调相关配合单位的工作。

（5）指导或协助发包人（业主）完成报批材料的准备工作，收集相关报批材料。若报批材料有不完善或有错误处，协调组织发包人（业主）及各参建单位进行完善。

（6）协助发包人（业主）与报批工作所涉及的政府审批部门的联系，并积极跟进审批进度，遇到问题及时反馈和处理，确保报批工作顺利进行。

（7）根据报批工作实施进度，协助发包人（业主）安排相关的工作协调会；保证各环节报批工作有序进行，合理控制报批工作时间节点，有效推进项目进度。

（8）协助发包人（业主）对报批成果文件进行整理及归档。

（三）招标采购管理

1. 工作内容

项目招标采购管理工作内容包括招标采购策划、招标采购计划的制定、招标采购实施过程管控、招标采购内部管理制度建立等。

2. 工作深度要求

（1）招标采购策划。招标采购策划的工作包括划分招标采购内容界面及合约规划、编制招标进度计划、确定招标采购控制目标、招标采购方式或发包方式、各个分项招标采购内容的合同条件、拟采用的合同范本、招标采购工作绩效评价指标等。

（2）招标采购计划的制定。根据全过程工程咨询项目策划的工作要求制定招标采购工作计划。招标采购工作计划应包括下列内容：①招标采购具体范围、名称、内容及招标采购上限金额；②投标人或供应商资格条件；③招标采购需求；④质量检验方式或验收标准；⑤供方资质审查要求；⑥招标采购控制目标及管理控制措施；⑦招标采购工作进度安排；⑧拟采用的评标标准或评审方法；⑨基本合同条件及合同文本；⑩招标采购工作计划发生变更的，应当履行全过程工程咨询项目总体策划规定的变更工作程序。

（3）招标采购实施过程管控。对招标采购工作的监管。包括但不限于：①对招标采购总体进度的管控；②对招标采购或发包上限金额的管控；③对具体招标采购过程文件及归档文件的合规性的管控；④对招标采购负责人的管控；⑤招标采购团队行为合规性的管控。

（4）招标采购内部管理制度建立。应当按照项目特点制定行之有效的内部管理制度，包括但不限于：①招标采购台账的建立与管理；②内部及外部文件控制、公告发布、招标及非招标等各类采购方式下的工作程序；③资料归档、沟通、招标采购工作绩效评价、廉洁自律等。

（5）其他工作要求。应当督促并检查招标采购负责人及其工作团队建立有关招标采购工作的有效沟通机制。应当对招标采购工作基础数据进行收集、分析，并发出适当管理指令。应当收集的基础数据包括招标采购工作进度、招标采购内容累计签约合同数量及累计合同金额、累计签约金额及资金节约、承包人或供应商基本资料及进场时间情况以及其他必要数据。

（四）合同管理

1. 工作内容

（1）合同签订前的管理。主要包括项目整体的合约规划，具体的合同管理包括从承包单位资格预审、编制投标文件、投标、评标、合同谈判到确定承包单位的整个过程中涉及合同条件和内容准备的相关管理活动。可能涉及投标人清单的编制和批准、合同条款、投标人须知的编制、开标、评标、合同授予、移交文件等内容和程序。合同签订前的合同管理工作内容包括：①招标采购策划、招标文件审核；②参与评标标准的制定、招标答疑、合同条款的拟定与审核；③协助各类合同的谈判和签订；④完善合同补充条款以及合同签订。

（2）合同签订后的管理。主要是对合同签订以后的执行情况进行管理，以确保合同当事人的工作是按合同约定的范围、计划、支付条款等程序完成的，同时也包括双方对合同交底、履行及合同跟踪与诊断、合同变更与索赔等的管理，直至合同终止。合同签订后的合同管理工作内容包括：①合同交底、合同履约过程动态管理；②控制和处理合同变更，尽量减少对工程项目质量、进度和投资的影响；③分析和处理索赔，及时解决合同争议；④跟踪和检查各类合同履行，发现问题及时解决，提高合同履约率，实现合同规定的各项目标；⑤建立合同档案，加强合同信息管理，做好各类合同信息的记录、收集、整理和分析工作；⑥对合同重大问题应认真分析、研究，并根据需要开展法律和技术咨询；⑦协助谈判和签署补充协议及合同终止管理。

2. 工作深度要求

（1）合同评审。合同订立前应进行合同评审，完成对合同条件的审查、认定和评估工作。以招标方式订立合同时，应对招标文件和投标文件进行审查、认定和评估。

（2）合同订立。全过程工程咨询服务机构应协助发包人（业主）依据合同评审和谈判结果，按程序和规定订立合同；合同订立后应在规定期限内办理备案手续。

（3）合同实施计划。合同实施计划应包括合同实施总体安排，分包策划以及合同实施保证体系的建立等内容。合同实施保证体系应与其他管理体系协调一致，须建立合同文件沟通方式、编码系统和文档系统。

（4）合同实施控制。主要内容包括①在合同执行前应对各级项目管理人员进行培训及合同交底，对合同的主要内容、工作程序、合同实施的主要风险、合同签订过程中的特殊问题做出解释和说明。将合同管理任务、目标和责任分解和细化落实到有关部门和人员身上；②及时跟踪和检查各类合同的履约情况，发现问题及时解决，提出意见和建议，并采取相应措施，最终实现合同规定的各项目标；③控制和处理合同变更，尽量减少对工程项目质量计划工期和投资的影响；④分析和处理索赔，及时解决合同争议，减少对工程项目建设的影响；⑤建立信息管理系统，加强合同信息管理，做好各类合同信息的记录、搜集、整理和分析工作。确保合同执行过程信息的完整和准确；⑥建立合同各方的协调和沟通制度，保证项目信息的正常流通、处理和反馈。积极应对工程项目实施过程中所遇到的问题；⑦对合同重大问题应认真分析、研究和解决，并根据需要开展法律及技术咨询。

(5) 合同管理总结。应合同实施结束后，将合同签订和执行过程中的利弊得失、经验教训进行总结，提出分析报告，作为以后工程项目合同管理的借鉴。合同总结报告应包括下列内容：

1) 合同签订情况评价。对发包人（业主）和工程项目是否进行了调查分析；对合同条款是否与发包人（业主）进行逐条谈判；签约过程中的所有资料是否都经过严格的审阅、分类、归档。

2) 合同执行情况评价。评价合同实施过程中工期目标、质量目标、投资目标完成的情况和特点，分析有无重大安全事故发生，分析其原因和所带来的实际影响。

3) 合同管理工作评价。对合同管理本身如工作职能、程序、工作成果等的评价。

4) 对全过程工程咨询服务有重大影响的合同条款进行评价。

5) 其他经验和教训。

（五）勘察管理

勘察管理指通过科学的管理理论与技术，为建设项目提供准确可靠的勘察资料，对勘察任务的开展进行合理的计划、组织、指挥、协调、检查、控制和评价的过程。勘察管理的核心在于保证工程建设项目的质量、工期、安全、经济等目标有效地实现。

1. 工作内容

勘察管理的主要工作内容包括制定勘察管理工作计划、协助确定勘察单位、审查勘察单位资质、协助编制勘察任务书、审查勘察方案、检查勘察工作质量、审查勘察报告。

2. 工作深度要求

（1）勘察工作的基本要求。主要包括①符合国家现行的有关法律、法规、工程勘察技术标准和合同的规定；②能真实地反映工程地质、水文地质状况，评价准确，数据可靠；③勘察方案要进行比对和评估，提供的勘察方案应符合国情，技术先进，经济适用，因地制宜；④勘察文件的深度，要能满足勘察各阶段的技术要求及设计阶段的实施要求，图文资料详细、真实正确；⑤勘察文件应符合工程建设强制性标准，国家及地方其他现行相关标准、法律及政策的相关规定。

（2）一般勘察管理工作目标。主要包括①质量目标，保证各阶段工程勘察的成果，向业主及其他各方提供准确可靠的勘察文件；②工期目标，根据合同要求，按期完成工程勘察，提交勘察成果；③安全目标，安全勘察，杜绝事故；④经济目标，在满足工程勘察质量、工期、安全的前提上，通过方案优化、材料比对、人机搭配等降低勘察成本，节约资金。

（3）建立健全质量管理体系。制定工程勘察各项管理规定，并编制工程勘察计划及作业指导书，全面指导和管理全过程工程勘察项目，完成工程勘察合同内容。

（4）质量控制内容。承接勘察任务初期的质量管理；现场钻探的质量管理；野外测试工作的质量管理；水质分析、土工试验的质量管理；水文地质勘察的质量管理；测绘工作的质量管理；勘察成果的质量管理；

（5）关系协调。协助发包人（业主）协调与参建单位之间的关系，及时处理有关问题，不断推进项目进度，保证勘察工作顺利开展。协助发包人（业主）与报建项目所涉及的政府主管部门及行业职能部门的联系。协助发包人（业主）做好造价部门、施工单位、设计单位等参建各方与勘察单位的协调联系工作。

（6）评估审核。对勘察资料进行及时审查和评估，遇到突发问题经各方讨论确认后及时得出处理意见，并督促勘察单位及时落实。

（7）其他工作。根据勘察实施情况，协助发包人（业主）安排相关的工作协调会，保证工程勘察的有序进行，保障工程勘察的质量，有效控制工程勘察成本，并要求勘察单位按合同的相关约定及时提交成果资料。组织有关部门和设计、勘察单位审查勘察成果。不完善或有错误处，组织勘察单位完善。对特殊重要的建筑、地质条件特别复杂的工程等，必要时应组织专家进行评审。

（六）设计管理

设计管理是指应用科学的项目管理理论与技术，为达成项目建设的预设目标，对现有的设计任务和资源进行合理计划、组织、指挥、协调及控制等主观提升价值要素的活动过程。

1. 工作内容

（1）决策阶段：①协助确定设计单位；②审查设计单位资质；③协助编制设计任务书。

（2）方案设计阶段：①明确设计范围；②划分设计界面；③审查项目设计方案；④督促设计单位完成方案设计任务。

（3）初步设计阶段：①督促设计单位完成初步设计任务；②配合完成设计概算；③组织评审初步设计内容，并提出评估意见。

（4）施工图设计阶段：组织施工图审查工作，并提出图纸优化意见。

（5）施工阶段：①督促专业单位为施工现场提供技术服务；②组织设计交底和图纸会审；③进行施工现场的技术协调和界面管理；④进行工程材料设备选型和技术管理；⑤审核、处理设计变更、工程洽商、签证的技术问题；⑥根据施工需求组织或实施设计优化工作；⑦组织关键施工部位的设计验收管理。

（6）竣工验收阶段：①组织项目竣工验收；②要求设计单位对设计文件进行整理和归档。

（7）后评价阶段：①组织实施工作总结；②对设计管理绩效开展后评价。

2. 工作深度要求

（1）设计遵循国家法律法规、标准、定额、规范等指标；设计图纸深度达到国家规范及项目建设需要的要求。

（2）设计质量管理、设计进度管理、设计投资管理，确保项目投资的总体可控、确保项目设计工作按时完成审批、确保设计进度的有序可靠、确保项目设计质量及系统完整、确保设计服务工作及时到位。

（3）设计管理过程控制要求：①设计实施计划的审定：设计管理负责人应对设计单位提交的“设计实施计划”予以审定，对设计输入、设计实施、设计输出、设计评审、设计验证、设计变更等重要过程的要求及流程予以明确；②设计质量控制：主要是对设计方的设计服务活动及提交的设计文件的控制，审查设计单位各阶段各专业提交的成果文件；③设计进度控制：审查设计总进度计划、阶段设计进度计划、各专项设计进度计划；各设计专项与总设计进度计划的协调与保持；建立设计管理例会和专题协调会议制度；动态跟踪计划检查等；④设计投资控制：宜应用价值工程和限额设计等多种管理技术方法，对建设项目的投资实施有效的控制。

（4）设计管理沟通。设计管理部门应建立与项目相关方沟通管理机制，建立项目整体的外部沟通协调机制，健全项目协调制度。项目实施过程中所涉及的政府部门、事业单位、社会组织、周边社区等，需要建立统一的外部沟通渠道及相应的快速沟通机制，确保建设过程中的各种外部问题得到快速解决。

（5）设计文件管理。要依据国家有关规定，建立规范的资料管理档案和管理制度。设计文件的签收和分发，要保证双方收发确认并签字认可。

（七）进度管理

1. 工作内容

（1）项目前期决策阶段。项目管理团队在此阶段的进度管理工作内容：①编制《全过程工程咨询服务规划》，在规划中构建项目进度管理体系；②确定项目进度管理目标，编制项目实施总进度计划；③协调并督促决策阶段各专业咨询合同的执行，做好成果提交计划；④协助立项审批和可研批复，及时了解进展情况并提出咨询意见与建议。

（2）勘察设计阶段。项目管理团队在此阶段的进度管理工作内容：①编制设计阶段项目实施进度计划并控制其执行；②协助报建手续办理，及时了解进展情况并提出咨询意见与建议；③督促勘察设计单位履行合同，并按照约定进度提交勘察设计成果；④协助组织初步设计、施工图审查会议，督促审查意见及时进行修改，了解进展情况，并提出咨询意见与建议。

（3）招标采购阶段。项目管理团队在此阶段的进度管理工作内容：①协助招标采购方式选择及招标时间进度计划；②督促招标采购合同的执行；③协助招标阶段各项流程办理，及时了解进展情况并提出咨询意见与建议。

（4）工程施工阶段。项目管理团队在此阶段的进度管理工作内容：①审核工程项目综合阶段性施工进度控制计划，提出优化建议；②协助落实施工条件，包括施工场地“三通一平”等条件，了解进展情况，并提出咨询意见与建议；③督促各参建单位提供报建相关资料，协助发包人（业主）办理施工许可证；④督促监理机构审查施工承包单位报送的施工组织设计、专项施工方案，督促监理单位核查施工开工条件；⑤编制施工阶段进度控制报表和报告；⑥督促参建各方合同职责履行，了解进展情况，并提出咨询意见与建议；⑦参加工程监理例会、专题会议，分析施工进度情况，对需要处理的施工进度提出意见和建议；⑧跟踪审查各阶段施工进度执行情况，对实际进度与计划进度出现偏差及时提出处置意见；⑨协调施工过程参建各方关系，协助参加单位协调与政府各有关部门、社会方面的关系。

（5）竣工验收阶段。项目管理团队在此阶段的进度管理工作内容：①协助组织竣工验收；②协助办理工程移交、竣工结算、竣工备案、档案移交等工作；③协助开展项目后评价。

2. 工作深度要求

（1）进度管理体系建立。在项目建设实施时，应建立健全进度管理制度，明确进度管理程序，规定进度管理职责及工作要求，并开展工作分解结构，形成项目的 WBS 编码系统，作为进度分解结构和进度控制的基础，并制定保证措施。

（2）进度计划编制。应依据合同文件和相关要求、项目管理规划文件、资源条件、内部与外部约束条件等编制项目进度计划。编制进度计划时，应首先确定进度计划目标，再进行工作结构分解与工作活动定义，并需要确定工作之间的顺序关系等。进度计划分为控制性进度计划及作业性进度计划。作业性进度计划应根据控制性进度计划编制。各类进度计划应包括编制说明、进度安排、资源需求计划、进度保证措施等内容。

(3) 项目进度管理的实施。在经济、技术、合同、管理信息等方面进度保证措施落实的前提下，使项目按照进度计划实施。项目进度实施预测各种干扰因素，对其风险程度进行分析，并采取预控措施，以保证实际进度与计划进度的吻合。

(4) 项目进度监测。

1) 跟踪检查。检查工程量的完成情况、工作时间的执行情况、工作顺序执行的情况、资源使用及进度的匹配情况、上次检查提出问题的整改情况等。

2) 数据采集。建立进度数据的采集系统，收集实际进度数据，进行数据处理（整理、统计和分析），将实际进度与计划进度进行比较。

3) 偏差分析。分析计划执行情况，对产生偏差的各种因素和原因进行分析。

(5) 项目进度调整。

1) 偏差程度分析。分析判断进度偏差对后续工作和总工期影响的程度，决定是否采取措施对原计划进行调整。

2) 动态调整。寻求进度调整的约束条件和可行方案。

3) 优化控制。通过调整关键线路、非关键工作时差，增、减工作量，调整逻辑关系，调整工作的持续时间，调整资源的投入等方法，使进度、费用变化最小，并能达到或接近进度计划的优化控制目标。

4) 全过程工程咨询服务机构应根据进度管理报告提供的信息，纠正进度计划执行中的偏差，对进度计划进行调整。当采取措施后仍不能实现原目标时，项目管理团队应变更进度计划，报项目总负责人审批，并配合项目总负责人与发包人（业主）进行汇报讨论，以便获得最终的批准。

5) 当采取措施后仍不能实现原目标时，全过程工程咨询服务机构应变更进度计划。变更计划的实施应与全过程工程咨询服务管理规定及相关合同要求一致。

(6) 编制进度管理报告。

1) 进度执行情况的综合描述。

2) 实际进度与计划进度的对比资料。

3) 进度计划的实施问题及原因分析。

4) 进度执行情况对质量、投资和安全等的影响情况。

5) 采取的措施和对未来计划进度的预测。

(八) 质量管理

1. 工作内容

(1) 项目前期决策阶段。项目管理团队在此阶段的质量管理工作内容包括①编制《全过程工程咨询服务规划》,规划中应构建全过程项目质量管理体系,明确质量管理目标;②审核项目建议书、项目可行性研究报告、环境影响评价报告、节能评估报告等专业咨询服务成果,协助完成审批工作;③审核涉及审批、核准、备案等要求的所有文件,确保文件获得有关部门审查通过。

(2) 勘察设计阶段。项目管理团队在此阶段的质量管理工作内容包括①督促勘察设计单位履行合同,按合同约定要求提交成果报告;②督促设计单位根据评审意见优化设计方案;③进行设计跟踪检查,控制各阶段设计图纸质量;④协助组织初步设计审查会,确保初步设计满足规划、环保、交通、人防、地灾、抗震等规定要求;⑤协助施工图审查,督促设计单位根据审查意见及时修改,确保施工图设计符合功能和强制性标准条款要求,满足施工可行性和设计强制性标准适宜性等。

(3) 招标采购阶段。项目管理团队在此阶段的质量管理工作内容包括①审核招标采购文件及合同文本质量,提出优化修改意见和建议;②审查招标采购流程合规性,确保流程符合相关法律法规规定。

(4) 项目实施阶段。项目管理团队在此阶段的质量管理工作内容包括①协助施工图纸会审和设计交底,组织召开第一次工地会议;②明确项目创优目标,要求参建各方特别是工程总承包单位(或施工单位)提出实施性创优计划;③检查项目监理机构和人员组织情况,审批项目监理机构报送的监理规划;④督促监理机构履行监理合同约定职责;⑤参加工程监理例会、专题会议，对需要发包人（业主）处理的工程质量问题提出意见和建议；⑥督促监理机构严格控制进场原料、构配件和设备等质量，检查施工质量，参加阶段性成果（分部工程、隐蔽工程）的检查验收；⑦协助参与工程质量事故的调查和处理。

（5）竣工验收阶段。项目管理团队在此阶段的质量管理工作内容主要包括①参加工程项目竣工预验收；②协助组织工程竣工验收；③协助办理工程移交；④协助处理保修期事宜。

（6）运营维护阶段。项目管理团队在此阶段的质量管理工作内容包括①参与运营期质量后评价；②协助处理运营期质量及保修事宜。

2. 工作深度要求

（1）项目质量管理应坚持预防为主的原则，按照策划、实施、检查、处置的循环方式进行系统运作。

（2）全过程工程咨询服务机构应通过对人员、机具、材料、方法、环境要素的全过程管理，确保工程质量满足质量标准和相关方要求；合同明确有创优目标的，应编制创优计划，跟踪监督参建各方特别是发包人（业主）、工程总承包单位（或施工单位）在各阶段创优目标的完成情况。

（3）施工过程的质量控制贯穿于施工的全过程，从工程开工到竣工验收，均应做好事前控制、事中控制和事后控制。

事前质量控制，是在正式施工前的质量控制，其控制重点是做好施工准备工作。应编制施工质量计划，明确质量目标，编制施工方案，制定质量管理制度，落实质量责任，分析可能影响质量的各种因素，针对这些因素制定有效的预防控制措施。

事中质量控制，是在施工过程中，对质量活动过程和结果的监督检查，全面掌握影响施工质量的各种因素，并进行有效的动态控制，控制的重点是工序质量、工作质量和质量控制点的控制。

事后质量控制，是在完成施工过程形成产品的质量控制。保证不合格的工序不流入下道工序，或最终产品（包括单位工程或整个工程项目）不进入市场。事后控制是对质量活动结果的评价、认定和对质量偏差的纠正。控制的重点是发现质量方面的缺陷，并通过分析提出施工质量改进的措施。

（4）质量计划。全过程工程咨询服务机构组织编制项目质量管理计划，主要内容包括①编制依据；②项目概述；③质量目标；④组织机构；⑤质量控制及管理组织协调的系统描述；⑥必要的质量控制手段，施工过程、服务、检验和试验程序及与其相关的支持性文件；⑦确定关键过程和特殊过程及作业指导书；⑧与施工阶段相适应的检验、试验、测量、验证要求；⑨更改和完善质量计划的程序。

（5）质量控制。质量控制主要控制过程的输入，设置质量控制点，按质量控制点实施质量控制。全过程工程咨询服务机构应在质量控制过程中，跟踪、收集、整理实际数据，与质量要求进行比较，分析偏差，采取措施予以纠正和处置，并对处置效果进行复查。

（6）质量检查与处置。全过程工程咨询服务机构应根据质量管理策划要求实施检验和监测，并按照规定配备检验和监测设备。全过程工程咨询服务机构应建立有关纠正和预防措施管理制度，对不合格品的情况进行控制。

（7）质量改进。全过程工程咨询服务机构应对发现的质量问题缺陷，通过分析产生的原因提出质量改进措施，保证质量处于受控状态。

（九）投资管理

1. 工作内容

（1）项目准备阶段：组织审核工程量清单、组织审核最高投标限价、协助开展清标工作。

（2）项目实施阶段：编制项目资金使用计划并动态调整，审核工程计量与合同价款，协助进行材料和设备采购的询价与核价工作，审核工程变更、工程索赔和工程签证，动态管理项目投资工作，提供分析报告。

（3）竣工验收阶段：组织审核竣工结算，开展工程技术经济指标分析，组织审核竣工决算报告，配合竣工结算审计工作。

（4）运维评价阶段：分析项目建设投资，提供项目投资评估报告。

2. 工作深度要求

（1）项目管理团队应建立项目全面投资管理制度，明确职责分工和业务关系，把管理目标分解到各项技术和管理过程。

（2）项目管理团队应参与项目各个阶段，对项目投资估算、概算、预算及控制价、结算等各阶段价格进行审核、控制与评价，提出投资控制建议与优化方案。

（3）全过程工程咨询服务机构应编制项目总投资规划和项目资金使用计划，确定项目投资管理目标。

（4）全过程工程咨询服务机构应收集及熟悉项目相关资料；协助进行项目所在行业及市场分析；协助制定项目建设及运营管理计划；组织审查项目投资估算/概算；制定项目资金使用计划；制定项目投资控制策略；评判项目财务的可行性。

（5）实施过程中的项目投资管理程序。

1）比较：项目实施过程中，全过程工程咨询服务机构定期收集整理数据，按照确定的方式将投资计划值与实际值逐项进行比较，确定投资是否超支。

2）分析：在比较的基础上，对比较的结果进行分析，以确定偏差的严重性及偏差产生的原因。

3）预测：根据工程项目实施情况估算整个项目完成时的投资。

4）纠偏：当项目实际投资出现偏差时，应根据项目具体情况、偏差分析和预测结果，采取针对性的措施，以达到使投资偏差尽可能小的目的。

5）检查：对项目实施过程进行跟踪和检查，及时了解项目进展状况以及纠偏措施的执行情况和效果。

（十）安全管理

1. 工作内容

（1）项目前期决策阶段。项目管理团队在此阶段的安全管理工作内容：①对项目进行安全预评价，评价内容包括危险、有害因素识别，危险度评价和安全对策措施及建议等；②审核可行性研究及安全预测评价等报告中的安全措施及建议。

（2）勘察设计阶段。项目管理团队在此阶段的安全管理工作内容：①督促设计单位将可行性研究报告及安全预测评价等报告中提出的安全措施、安全设施及建议，在初步设计中加以体现，并编写安全设计专篇加以说明；②督促设计单位对施工图设计中，建筑、结构、设备等专业设计进行安全评价及建议，核查设计图纸是否符合国家有关安全标准、规范的规定，确保工程项目设计安全；③督促勘察单位合同履行，严格按照相关标准及规定开展勘察工作，满足勘察深度要求，避免勘察深度不足导致的安全隐患。

（3）招标采购阶段。项目管理团队在此阶段的安全管理工作内容：①审查招标采购文件及合同安全相关规定；②明确安全责任和相关违约条款。

（4）工程施工阶段。项目管理团队在此阶段的安全管理工作内容：①督促项目监理机构审查施工承包单位制定的毗邻建筑物、构筑物和地下管线等专项保护措施；②督促项目监理机构检查施工承包单位建立健全施工安全生产管理体系和安全生产责任制度、安全检查制度和事故报告制度；③督促项目监理机构审查和跟踪施工承包单位编制的安全专项施工方案、安全技术措施和安全事故应急预案等实施情况；④督促项目监理机构核查施工承包单位安全生产许可证、关键岗位人员及特殊工种人员持证上岗情况；⑤参加施工现场安全检查及安全专题会议，并提出合理化建议；⑥协助参与安全事故的调查与处理；发生安全事故时，在事故应急响应的同时，应按规定逐级上报，及时成立事故调查组对事故进行分析，查清事故发生原因和责任，进行全员安全教育，采取必要措施防止事故再次发生；⑦做好安全管理工作日志，注意安全资料收集和保存。

（5）竣工验收阶段。项目管理团队在此阶段的安全管理工作内容：①协助组织竣工验收；②对安全生产状况进行评价，协助考核和奖惩实施。

2. 工作深度要求

（1）全过程工程咨询服务机构应明确各方主体对项目的质量安全责任，项目管理团队应督促及管理各施工单位建立安全生产管理制度，坚持以人为本、预防为主，确保项目处于安全状态。

（2）项目管理团队应督促及管理各施工单位根据有关要求确定安全生产管理方针和目标，建立全过程工程咨询服务安全生产责任制度，健全职业健康安全管理体系，改善安全生产条件，实施安全生产标准化建设。

（3）项目管理团队建立专门的安全生产管理机构，配备合格的项目安全管理负责人和管理人员，进行教育培训并持证上岗。

（4）项目安全管理应按照确定项目职业健康与安全目标、计划过程（目标责任分解/危险源辨识/风险预测）、实施过程（安全设施、措施实施、安全教育、安全交底等）、控制过程（检查、监督、纠正、预防）及总结管理流程开展工作。

（5）项目管理团队编制项目安全管理计划，在实施过程中，根据实际情况进行补充和调整，安全管理计划包含的内容：①制定项目职业健康安全管理目标；②合同明确有安全创优目标的，应编制各阶段创优计划，要求参建各方特别是发包方人、工程总承包单位（或施工单位）提交创优计划，并跟踪监督其在各阶段创优完成情况；③建立项目安全管理组织机构并明确职责；④根据项目特点进行职业健康安全方面的资源配置；⑤制定安全生产管理制度和职工安全教育培训制度；⑥确定项目重要危险源，针对高处坠落、机械伤害、物体打击、坍塌倒塌、火灾爆炸、触电、窒息中毒等建筑施工易发事故制定相应的安全技术措施；对达到一定规模的危险性较大的分部（分项）工程的作业制定专项安全技术措施；⑦制定季节性施工的安全措施；⑧建立现场安全检查制度，对安全事故的处理做出规定。

（十一）信息与档案管理

1. 工作内容

项目信息与档案管理工作主要包括明确信息管理目标、搭建信息管理体系、开展信息管理策划、信息计划编制、信息过程管理、信息安全管理、信息技术应用管理、档案管理等。

2. 工作深度要求

（1）基本管理要求。主要包括①编制项目信息管理制度，建立项目管理会议制度、各种报表和报告制度；②随时提供有关项目管理的各类信息、各种报表和文件，确保信息流通畅、及时和准确；③安排专人负责收集、整理、分类、归档各种项目信息；④建立相应的数据库，对信息进行存储，采用先进的安全技术，确保信息安全状态；⑤在全过程工程咨询服务结束后，将所有项目信息分类进行电子存档或装订成册，移交发包人（业主）。制定项目信息管理的工作目标，保证项目档案便于且有效进行获取、处理、存储和存档。

（2）项目信息管理策划。内容包括：①组建专业的信息管理团队；②结合信息专项管理方案，编制项目日常信息管理制度、文档编码制度以及文档储存制度等专项文档管理制度；③根据项目策划方案，制定相关流程及表格；④配合各专业咨询负责人做好信息支撑工作；⑤建立实施阶段信息策划，包含过程跟踪提醒制度等；⑥通过对项目信息的梳理，形成一套系统的项目管理文件，为发包人（业主）今后类似工作提供指导作用。

（3）信息管理计划。内容包括：①确定工程项目信息管理目标，信息管理计划应纳入项目管理策划过程；②全过程工程咨询服务信息管理制度应确保信息管理人员以有效的方式进行信息管理，信息变更控制措施应确保信息在变更时进行有效控制。

（4）信息过程管理。内容包括：①信息的收集、加工、整理、检索、传递和存储；②建立一套完善信息采集制度，收集初始信息，并对初始信息加以筛选、整理、分类、编辑和计算等，将其变换为可利用的信息。

（5）信息安全管理。内容包括：①全过程工程咨询服务信息安全应分类、分级管理，设立信息安全岗位，明确职责分工；实施信息安全教育，规范信息安全行为；采用先进的安全技术，确保信息处于安全状态；②应实施全过程信息安全管理，建立完善的信息安全责任制度，实施信息安全控制程序，并确保信息安全管理的持续改进。

（6）信息技术应用管理。借助先进的信息管理软件及信息技术平台，根据时间、内容、类型进行分类、编码、归集，高效检索、分享、传递、审批工程项目信息，保存能清楚证明与项目有关的电子和文档资料；基于项目 BIM 应用管理平台，策划、组织并确保主要参建方与其他参建方在内外同级、跨级层次的信息传递线路的通畅；基于项目的特征编码预设，督导建立快速跳转及精确检索的信息交互功能以便调阅背景信息。通过开展针对性项目级 BIM 实施管理，保证参建各方有计划地按照统一标准实现信息共享和工作协同，协助设计管理实现高质量、控投资的管理目标；辅助施工管理对安全、质量的管控，并通过数字化移交，为运营维护提供整合的建筑信息，实现 BIM 价值链的延伸。

（7）档案管理工作内容。全过程工程咨询档案可分为成果文件和过程文件两类。成果文件应包括全过程工程咨询机构出具的相关专业咨询成果文件。过程文件应包括编制、审核、审定人员的工作底稿、相关电子文件等。对全过程工程咨询成果文件、过程文件和其他文件进行归档。组织并指导全过程工程咨询业务过程中所借阅和使用的各类设计文件、施工合同文件、竣工资料等可追溯性资料的文件目录。文件目录应由项目总咨询师（或项目经理）审定后归档。记录全过程工程咨询档案的接收、借阅和送还。项目管理团队负责收集、整理合格的档案资料向相关单位办理移交。

（十二）收尾管理

1. 工作内容

在项目实际施工工作完成后，项目进入收尾阶段，该阶段的工作主要包括竣工收尾、验收、结算、决算、回访保修、管理考核评价等方面的管理。

2. 工作深度要求

（1）全过程工程咨询服务机构根据验收和移交内容和责任分解，制定验收和移交方案，方案明确专项验收组织、验收计划、验收条件核查、验收成果文件核查及设施移交组织、移交计划、移交程序、移交内容等，协助发包人（业主）取得正式使用该设施所需的相应部门和监管机构的所有最终检查、报告以及认证。

（2）项目收尾阶段项目管理团队制定工作计划，提出各项管理要求。

（3）项目竣工验收管理。项目已按设计要求全部建设完成，并已符合竣工验收标准，全过程工程咨询服务机构组织的预验收已通过，全过程工程咨询服务机构应协助发包人（业主）及时组织竣工验收。

（4）项目竣工结算管理的主要内容包括：①项目竣工结算应由承包人编制，全过程工程咨询服务机构协助发包人（业主）组织审查，按结算流程最终确定工程结算；②项目竣工验收后，承包人应在约定的期限内向发包人（业主）递交项目竣工结算报告及完整的结算资料，经双方确认并按规定进行竣工结算；③承包人应按照项目竣工验收程序办理项目竣工结算并在合同约定的期限内进行项目移交。

(5) 项目竣工决算管理。全过程工程咨询服务机构负责协助发包人（业主）完成项目的竣工决算工作。项目竣工决算应包括项目竣工财务决算说明书；项目竣工财务决算报表；项目造价分析资料表等。编制项目竣工决算应遵循下列程序：①收集、整理有关项目竣工决算依据；②清理项目账务、债务和结算物资；③填写项目竣工决算报告；④编写项目竣工决算说明书；⑤报上级有关部门审查。

(6) 项目回访及保修。全过程工程咨询服务机构需审查施工承包单位制定项目回访和保修制度并纳入质量管理体系。全过程工程咨询服务机构、承包单位均需根据合同和有关规定编制回访保修工作计划，承包单位的回访保修工作计划须经代建项目管理单位审批，回访保修工作计划应包括下列内容：主管回访与保修的部门；执行回访保修工作的单位；回访时间及主要内容和方式。回访应以发包人（业主）对竣工项目质量的反馈及特殊工程采用的新技术、新材料、新设备、新工艺等的应用情况为重点，并根据需要及时采取改进措施。全过程工程咨询服务机构签发工程质量保修书应包括质量保修范围、期限、责任和费用承担等。

(7) 项目考核评价。全过程工程咨询服务机构在项目结束后对项目的总体和各专业咨询进行考核评价。项目考核评价的定量指标包括但不限于合同、工期、质量、投资、安全、信息沟通等内容。项目考核评价的定性指标包括但不限于经营管理理念，项目管理策划，管理制度及方法，新工艺、新技术推广，社会效益及其社会评价等内容。项目考核评价应按下列程序进行：①制定考核评价方法；②建立考核评价组织；③确定考核评价方案；④实施考核评价工作；⑤提出考核评价报告。

(8) 项目管理工作结束后，全过程工程咨询服务机构应进行项目总结，编写项目总结报告，及时归档保存。

二、工程勘察

为保证建设工程质量，保护人民生命和财产安全，各项建设工程在设计和施工之前，必须按基本建设程序进行岩土工程勘察，通过对工程勘察阶段的目标分解及工作内容明确，编制准确可靠的工程勘察文件，指导后续设计、施工等关键环节。工程勘察应严格贯彻执行国家、行业、地区有关标准及技术经济政策、全过程工程咨询服务合同内容等，做到技术先进、质量可靠、进度保障、安全管理、信息有效。

岩土工程勘察应按工程建设各勘察阶段的要求，正确反映工程地质条件、查明不良地质作用和地质灾害，精心勘察、精心分析，提交资料全面、评价准确的勘察报告。应设置专业勘察部门，制定工程勘察服务流程及技术管理制度。工程勘察负责人组织勘察工程师、设计工程师等对全过程工程咨询服务项目工程勘察的任务进行管理及分工，合理调度相应资源。

（一）工作内容

1. 实施阶段的划分

工程勘察实施阶段主要划分为初步勘察、详细勘察、施工勘察。

2. 主要内容

（1）外业勘察：勘探孔测量放样、地面测绘调查、钻孔取样、原位测试、土工试验。

（2）勘察报告：勘察报告是岩土工程勘察的成果性文件，一般由文字报告、数据表格和附录图表组成。勘察报告的内容，应根据任务要求、勘察阶段、地质条件、工程特点等情况确定。报告的基本内容应包括：①委托单位、场地位置、工作简况；②勘察目的、要求和任务以及其他可参考的勘察工作及已有资料；③勘察方案及勘察工作量布置，包括各项勘察工作的数量布置及依据，工程地质测绘、勘探、取样、室内试验、原位测试等方法的必要说明；④场地地形、地貌、地层、地质构造、岩土性质、地下水、不良地质现象的描述与评价；⑤场地稳定性和适宜性评价；⑥岩土参数的分析与选用；⑦岩土利用、整治、改造方案分析对比；⑧施工和工程运行中有关岩土问题的预测及防治建议；⑨结论及建议；⑩相关图件。

（二）工作深度要求

1. 沟通要求

（1）工程勘察负责人在项目总咨询师（或项目经理）的协调下组织并开展

相应勘察工作，应定期汇报工程勘察进度及开展情况。对勘察工作中遇到的如需各部门协商处理的事项应提前做好报备工作，并通过组织项目协调推进会、电视电话会议等多种形式解决问题。

（2）工程勘察团队应做好与造价咨询团队的沟通工作。勘察工作实施前，预估勘察工程量，随着勘察工作的深入，应及时将实际有调整的工程量反馈给造价咨询团队。确保项目预算准确可控。

（3）工程勘察团队应做好与项目前期咨询服务团队的沟通工作。配合项目前期咨询服务团队完成在编制项目建议书、可行性研究报告、资金申请报告中可能涉及工程勘察部门的相关数据和资料。对项目方案的重大调整应及时做出响应。

（4）工程勘察负责人在项目总咨询师（或项目经理）的授权下，切实做好同发包人（业主）的沟通。勘察前期将工程勘察工作流程、实施计划、现场勘察潜在的困难和风险、需发包人（业主）方出面协调的相关事项等以书面形式进行汇报，沟通方式以会议、电话、传真、电子邮件等形式。通过强化与发包人（业主）的沟通交流，对工程勘察做到有针对性、有计划性、有预见性，让发包人（业主）的项目意图得以实现。此外，根据实际情况，协助发包人（业主）与报建项目所涉及的政府主管部门及行业职能部门的联系。

（5）工程勘察团队应做好与工程设计团队的沟通工作。按照工程设计团队对工程勘察工作提出的要求，应及时配合工程设计开展相应勘察工作，提供工程设计所需的勘察资料，并及时反馈设计方的意见和诉求；通过工程勘察和工程设计两方的紧密配合，确认最终的勘察成果，确保工程设计的有序进行。

（6）工程勘察部门应做好与施工单位的联络工作。及时将发包人（业主）的意图反馈给施工单位，需要施工单位现场配合的相关问题必须提前说明，必要时以书面联系函、各方协调会等多种形式进行协调处理。按实施进度，向施工方和监理方汇报现场勘察情况，针对现场可能出现的勘察险情应提前做好预案。

2. 过程要求

（1）过程控制环节应形成由项目总咨询师（或项目经理）牵头，下设工程勘察负责人和工作班组组长的三级技术管理制度，通过建立健全质量管理体系，制定工程勘察各项管理规定，并编制工程勘察计划及作业指导书，全面指导和管理全过程工程勘察项目，完成工程勘察合同内容。

（2）过程控制的核心是建设项目对应各阶段的质量控制，应遵循坚持质量第一，坚持以预防为主，坚持质量标准，坚持贯彻科学、公正、守法职业规范的原则。

（3）勘察前期应结合项目特点，充分汲取各方意见完善勘察任务书，详细了解工程概况及规模、勘探面积、结构设计拟采用的结构体系、地下室规模及是否有人防、建筑防水要求、所处地区地震烈度、场地地形图和红线图、拟建建筑物或构筑物的平面布置及高程坐标、建设主管部门相关审批文件等，为下一阶段的勘察实施作充分准备。

（4）钻探过程中应保证各工种之间的协调和配合，钻探技术人员应按要求安全施工，操作规范、技术过硬，做好钻机、钻具的维修保养工作，采用合理的钻进方法，确保现场勘察钻探工作按期完成；放线人员应控制好勘探点的定位及高程测量，对邻近现有建筑物与拟建场地建筑物的平面布置及相对关系进行确认；现场记录人员应配合上述人员做好原始记录工作，并实时整理相应原始数据，发现问题应及时向现场负责人反馈。

（5）现场原位测试时，应根据现场实际土层情况，采用符合规范要求及勘察方案中已确认的原位测试方法。现场仪器设备应有计量认证，合格可靠，先进安全；采集后的数据及图表在仪器使用规程限值范围内，计算准确、记录连续、精度符合要求；原位测试的数据应经专业负责人确认无误后方可用于下一步分析计算工作。

（6）室内土工试验时，现场取土应封袋编号，保证土样的完备和状态完好，室内试验中确保仪器计量可靠、试验方法及评定标准正确、试验人员操作规范无误、室内环境满足试验要求，对采集完的室内试验数据进行及时记录，原始记录表应经试验人员、计算人员、校核人员签字后，经负责人批准后归档备案。

（7）水文地质条件勘察中，充分收集场地附近的历史期水文地质资料，钻探中测定地表水、地下潜水情况，做好地下水监测观测工作。需要施工降水处，应及时对现场水文情况作相应说明，作为制定施工方降水方案的依据。对特殊不良地质条件，如遇膨胀土、盐渍土、湿陷性黄土、岩溶、土洞、岩石崩塌和滑坡、泥石流、地下采空区、下穿隧道、涵洞等情况，应及时向现场负责人反映，并根据实际风险情况采取紧急措施。

（8）场地测绘及测量中，采用先进精密的测量仪器，配备熟练正规的观测员，结合合理的观测方法，并考虑外界条件影响，获取高质量高精度的测绘成果。其中测绘设备应委托专门计量机构进行检定、校准，测绘成果应在自检合格的基础上报送内部审核人，经审核批准后方可提交给建设、施工、设计方。

3. 成果文件编制要求

（1）工程勘察编制的勘察任务书应依据项目建议书、可行性研究等批复文件、全过程工程咨询委托合同进行，任务书内容及结论应符合工程建设强制性标准、国家规定的建设工程勘察设计深度要求。

（2）工程勘察编制的勘察方案应依据项目建议书、可行性研究等批复文件、勘察任务书、国家现行法律法规进行，勘察方案内容应符合现场实际情况，工作流程明确，方案合理有效，能指导现场和室内勘察工作的有效实施，保证勘察的最终成果满足质量要求。同时，工程勘察负责人负责把关勘察方案，并对勘察方案提出相应意见和合理化建议，作为后续现场勘察和室内编制勘察报告的依据。

（3）工程勘察编制的岩土工程勘察报告须考虑勘察阶段、工程特点、地质条件、发包人（业主）原始资料等前提，依据项目建议书、可行性研究等批复文件、勘察任务书、国家及地方相关标准及规范、国家现行法律法规等进行，文字内容应包含但不限于：①勘察目的、任务要求和国家标准；②工程概况；③勘察方法和勘察工作布置；④场地地质条件及岩土性状；⑤岩土各项指标，岩土强度、变形、稳定、地基承载力建议值等；⑥地下水情况；⑦水土对建筑材料的腐蚀性；⑧特殊土和不良地质作用、工程危害性评价、场地稳定性和适宜性评价等。图表内容应包含但不限于：①勘探点平面布置图；②工程地质柱状图；③工程地质剖面图；④原位测试成果统计图表；⑤室内试验成果统计图表；⑥计算成果图表等。

（4）各勘察阶段的成果文件均需满足国家和地方相关工程勘察文件编制规定，工程勘察文件必须满足国家工程建设标准强制性条文及其他相关法律法规和技术标准的要求。

三、工程设计

全过程工程咨询中提供的工程设计服务，应做到遵循设计原则、符合工程设计理念、对传统设计模式的合理突破、提升设计效率、保障工程设计全生命周期；应明确工程设计与技术管理部门，界定管理职责与分工，制定工程设计与技术管理制度，确定工程设计与技术控制流程，配备相应资源。

工程设计管理团队应按照全过程工程咨询服务项目管理策划结果，进行目标分解，编制工程设计与技术管理计划，经批准后组织落实。工程设计管理团队应根据项目实施过程中不同阶段目标的实现情况，对工程设计与技术管理工作进行动态调整，并对工程设计与技术管理的过程和效果进行分层次、分类别评价。工程设计团队应提供符合顾客需求和期望的合格的工程设计产品，以及全过程的设计咨询服务。落实工程全寿命期价值体系，满足安全性、适用性和耐久性的要求，最大限度地节约资源、保护环境、减少污染，实现各专业工程系统的集成设计，最终形成一个符合工程总目标要求，同时又是整体协调的工程技术系统。

（一）工作内容

1. 实施阶段的划分

工程设计实施阶段主要划分为编制设计任务书、方案设计、初步设计、施工图设计、施工阶段设计服务、竣工验收。

2. 主要内容

（1）工程设计主要工作内容包括（相应专项设计可分包给具备相应资质的单位）：①土建设计（建筑、结构、道路、桥梁等）；②机电设计（给排水、电气、暖通等）；③市政公用工程设计；④其他专项设计，如智能安防设计、绿色建筑设计、海绵设计、幕墙设计、照明亮化设计、景观园林设计、交通设计、人防设计、钢结构设计等。

(2) 设计咨询与优化主要工作内容包括(选择性提供的服务)①设计任务书的编制;②建筑专业设计咨询与优化;③结构专业设计咨询与优化;④机电专业设计咨询与优化;⑤市政公用工程设计咨询与优化;⑥设计经济性咨询与优化;⑦其他专项设计咨询与优化。

(3) 工程设计负责人应明确设计策划,实施项目设计、验证、评审和确认活动,组织编写设计报审文件,由项目总咨询师(或项目经理)牵头内审或召开外部预评审,审查提交的设计成果。

(4) 项目策划阶段,按照项目的策划分析,编制项目设计方案、方案说明及技术信息等,以使决策信息获得设计表达。

(5) 项目方案设计阶段,明确设计范围,划分设计界面,设计招标工作,确定项目设计方案,结合造价咨询做出的投资估算,完成项目方案设计任务。

(6) 项目初步设计阶段,方案深化研究后应完成项目初步设计任务,结合造价咨询服务团队做出的设计概算,完成项目初步设计。

(7) 项目施工图设计阶段,应根据初步设计要求,组织完成施工图设计,结合造价咨询服务团队确定施工图预算。

(8) 项目施工阶段,组织设计交底、设计变更控制和深化设计,根据施工需求组织或实施设计优化工作,参与关键施工部位的设计验收管理工作。

(9) 项目竣工验收与竣工图阶段,参与项目竣工验收工作,并按照约定对设计文件进行整理归档,配合竣工决算的编制以及竣工图的编制、归档、移交工作。

(二) 工作深度要求

1. 沟通要求

(1) 工程设计负责人在全过程工程咨询项目总咨询师(或项目经理)的协调下组织开展工程设计工作,并定期汇报工程设计进度及项目情况。

(2) 工程设计团队应做好与前期咨询服务团队的沟通工作。在前期决策阶段,配合项目前期咨询服务团队完成编制项目建议书、可行性研究报告、项目评估报告等前期决策性研究成果。

(3) 工程设计团队应做好与造价咨询团队的沟通工作。根据全过程工程咨询合同要求及设计深度的要求，配合造价咨询团队完成项目前期阶段的投资估算、初步设计阶段的设计概算、施工图设计阶段的预算，确定最终的工程决算，并作为全过程工程咨询项目各方认可的结算依据。

（4）工程设计负责人应时刻保持与发包人（业主）的沟通联络。应充分了解发包人（业主）的建设意图和想法，在满足国家规范标准及法律法规的前提下，发挥设计团队的设计和沟通能力，通过现场调研、与业主反复的沟通和修改等形式，提交满足业主需求的设计方案，并与业主充分沟通后完成设计任务书的编制。设计前期将工程设计工作流程、实施计划、需发包人（业主）出面协调的相关事项等以会议、电话、传真、电子邮件等形式进行汇报。在设计各阶段中，应充分听取发包人（业主）及其他各方意见，对工程设计进行深化、细化。同时，应在工程设计各阶段，协助并配合业主提供需向政府主管部门及行业职能部门提供的各类报批材料。

（5）工程设计团队应做好与工程勘察团队的沟通工作。根据工程设计各阶段要求，对工程勘察团队的工作提出要求和说明，对于场地特殊的复杂地基和重要复杂建筑，应与勘察团队提前沟通，确认现场勘察方案是否可行，是否达到设计深度要求；及时督促工程勘察团队提供工程设计及结构专业分析计算所需的勘察资料，并及时反馈勘察团队的意见。确保工程设计的有序进行。

（6）工程设计团队应做好与施工单位的联络工作。在按期完成工程设计的前提下，保证设计图纸深度要求；同时，配合施工单位完成工程各专业设计交底和图纸会审工作；对现场需要特别注意的事项应提前说明，对可能涉及设计变更的部位应提前作出说明，必要时以书面联系函、各方协调会等多种形式进行协调处理。在施工期间，对于实际施工中的图纸疑问和错漏碰缺问题，设计人员应第一时间作出回复和解答。定期参加工地会议，参与工程验收，并及时向业主和监理方汇报现场情况；针对现场施工质量问题，站在设计师角度，及时提出切实可行的解决方案，保证工程进度。

2. 过程要求

（1）工程设计应建立完善的质量管理体系：①设计管理应纳入全过程工程咨询服务机构的质量管理体系；②严格贯彻落实 ISO 9001 质量管理体系；

③建立以项目总咨询师（或项目经理）为核心，工程设计负责人及专业工程设计负责人的三级技术管理工作机制，对各阶段设计成果进行内部技术评审，认真履行校审制度，层层把关，确保设计成果质量；④与发包人（业主）和相关职能部门充分沟通，做好现场调研工作，使设计能与职能部门的要求和实际相符，协助业主在合理的情况下节省投资、缩短工期，按期完成工程设计合同内容。

（2）工程设计的关键是工程设计各阶段的质量控制、投资控制、进度控制，应实现质量目标、限额目标、进度目标。

（3）项目前期应结合项目特点，充分汲取各方意见完善设计任务书，设计任务书应对项目投资规模、工程内容、经济技术指标、质量要求、建设进度等做出相应规定，并及时提交经发包人（业主）确认后的设计任务书给设计实施部门，为后续的工程设计提供依据和指导。

（4）在方案设计阶段，应认真落实设计任务书要点，设计团队内部应就项目情况定期开展设计讨论会，努力实现发包人（业主）建设意图，按期提交方案设计成果。对方案设计应组织技术力量进行审查，确定设计方案是否满足国家标准、法律法规要求及业主要求；针对设计方案提出的修改意见，设计团队应及时落实调整，并将审查通过后的设计方案向当地规划部门报审。

（5）在初步设计阶段，应以方案设计为基础进行深化，在方案设计通过发包人（业主）及相关部门的审批后，就可以开展初步设计。初步设计阶段应定期组织设计工作会，对设计质量进行优化和反复比对分析，尽可能周全地考虑项目需求，对涉及新技术、新工艺、新材料、新产品方面，要求设计部门在设计汇报中书面提出，并组织有关专家论证；分析初步设计对质量目标控制的风险，并提出风险管理的对策与建议；此外，对项目概算应从实际出发，通过限额设计，控制总概算不超过可研批复估算的10%。成果应通过初步设计审查的要求，审查合格后需上报当地建设行政主管部门审查，工程设计负责人应对初步设计审查进行跟踪和回复。

（6）在施工图设计阶段，应以方案设计、初步设计为基础进行深化，在初步设计审查合格后，根据设计合同、业主要求、工期安排等，按时组织设计人员开展施工图设计。施工图设计阶段应定期组织安排各专业设计工作会，对设计成果进行最后的优化和比对分析，对专业间的错漏碰缺进行及时更正，完善施工图设计内容，满足施工图的深度要求。同时，对设计实施中遇到的需各方协调处理的事项应及时向项目总咨询师（或项目经理）汇报，及时解决问题。应对施工图设计成果进行图纸审查，并针对审查的反馈意见及时完成修改，审查合格后的施工图文件需到当地建设行政主管部门进行备案，工程设计负责人应对施工图审查及备案结果进行反馈，为后续内部归档做准备。

（7）在后期施工服务阶段，应全力配合完成设计交底、图纸会审、设计变更、工地服务、分部分项工程验收、竣工验收等。督促设计部门配合施工单位，处理施工中遇到的主要技术问题。工程设计负责人应加强现场设计变更管理，对设计变更应做到逐一审查，确认有必要后方可同意；对需要设计负责人签字认可的工程联系函、工程洽商等，应及时做好各方沟通工作，经各方论证可行、同意后方可签字；服务阶段的资料应及时留存，后续应对相关资料进行登记备案、整理归档。

3. 成果文件编制要求

（1）工程设计编制的设计任务书应遵循任务书的主要模块技术规范要求，根据业主的意图，结合不同内容的具体特点，针对性采用定位、定性、定量等不同方法进行研究编制。任务书的内容不仅要符合工程建设强制性标准、国家规定的建设工程勘察设计深度要求，而且应注重项目对市场、经济、环境等的综合影响，尽可能合理地表达设计理念。

（2）工程方案设计阶段编制的方案设计应根据项目建议书、可行性研究等批复文件、用地红线图、政府立项批文、设计任务书、国家现行相关标准及法律法规进行，方案设计的内容应条目清晰、项目齐全，体现设计理念，实现业主意图。方案设计成果应包含各专业方案设计说明书、方案设计图纸、投资估算、效果图等，编制深度及具体内容应按照《建筑工程设计文件编制深度规定》或其他行业、专业工程设计文件深度规定执行。方案设计成果将作为后续深化设计和下一阶段招投标的依据。

（3）工程设计阶段编制的初步设计应在方案设计编制依据的基础上，根据设计合同、经批准的工程方案、生产工艺资料、场地自然条件及施工条件、国家现行相关标准及法律法规进行，初步设计应结合各专业的特点编写，初步设计成果应包含设计总说明书、各专业初步设计说明书、初步设计图纸、初步设计概算书、各专业必要的计算书等。提交的初步设计成果文件应符合已审定的方案设计内容，能够作为施工图设计和前期施工准备的依据，并能作为确定项目投资审批的依据，编制深度及具体内容应严格按照《建筑工程设计文件编制深度规定》其他行业、专业工程设计文件深度规定执行。

（4）工程设计阶段编制的施工图设计应在方案设计、初步设计编制依据的基础上，根据经批准的初步设计及审查意见、主管部门对于初步设计的批复意见、工程勘察资料、设计合同、国家现行相关标准及法律法规进行，施工图设计应将设计师的意图和全部设计结果表达出来，设计成果能直接用于施工，并作为后续工程预算编制的依据。施工图设计成果应包含各专业施工图设计图纸（含目录、说明、材料表、封面等）、各专业计算书、合同要求的施工预算书等。提交的施工图设计成果文件应满足施工招标、安装、材料订货、加工和施工预算的要求，编制深度及具体内容应严格按照《建筑工程设计文件编制深度规定》其他行业、专业工程设计文件深度规定执行。

（5）工程设计各阶段的成果文件均需满足国家和地方相关工程设计文件编制深度规定；工程设计成果文件必须符合建设标准强制性条文及其他相关法律法规和技术标准的要求。

四、招标采购

为规范全过程工程咨询项目中的招标采购工作行为及发包行为，提高招标采购工作效率，减少因为招标采购工作延误对全过程工程咨询总体工作目标的影响，确保项目总体及分项质量目标的实现，保证项目全生命周期效益最大化的目标得以实现，需要重视全过程招标采购咨询服务，主要内容包括招标采购策划、招标采购目标的制定、招标采购工作计划的确认、招标采购及发包工作的开展与实施、招标采购过程的管理与控制、招标采购工作计划的变更与调整、招标采购工作的绩效评价等工作的开展。

全过程工程咨询项目中的招标采购活动应遵循公开、公平、公正、择优、诚实信用原则，维护招标采购活动中各方主体的合法权益。全过程工程咨询项目覆盖的招标采购内容属于依法必须招标的工程建设项目以及依法必须招标的工程建设项目包含的货物及服务的，招标采购活动应当执行《中华人民共和国招标投标法》及其实施条例有关规定。全过程工程咨询项目覆盖的项目内容属于政府采购工程以及与工程建设有关的货物、服务，采用招标方式采购的，执行《中华人民共和国招标投标法》及其实施条例；采用其他方式采购的，执行中华人民共和国政府采购法及其实施条例，以及国家及地方财政部门颁布的政府采购现行有关规定及政府采购政策。

（一）工作内容

1. 项目招标采购过程管理工作内容

（1）招标采购管控措施。承担招标采购工作的全过程工程咨询服务机构或分包人无条件接受发包人（业主）、行政主管监督部门、财政部门的外部监管以及全过程工程咨询服务机构、项目总咨询师（或项目经理）的内部监管。包括但不限于：对招标采购总体进度的管控、对招标采购内容及资金节约情况的管控、对具体招标采购过程文件及归档文件的合规性的管控、对招标采购负责人、招标采购团队行为合规性的管控。

（2）必要的招标采购内部管理制度。招标采购负责人或招标采购工作的分包人应当按照项目特点制定相应管理制度：招标采购台账的建立与管理、内部及外部文件控制、公告发布、招标及非招标等各类采购方式下的工作程序、资料归档、沟通、招标采购工作绩效评价、廉洁自律。

（3）招标采购工作计划的调整。出现以下情形需要调整招标采购工作计划的，招标采购负责人应当向项目总咨询师（或项目经理）书面报告：①各招标采购内容之间的界面划分、招标采购方式、标段（标包）出现变动或调整的；②项目具体实施内容或工作进度需要提前或延后的；③具体实施内容由招标方式改为其他方式进行发包的；④由其他方式进行发包改为招标方式，引起招标采购进度计划变动的；⑤具体招标采购内容出现招标采购失败、流标、废标，导致招标采购工作计划变动的；⑥因为项目其他咨询工作团队工作延误，导致后续招标采购工作进度受到影响的；⑦由发包人（业主）、项目其他咨询服务团队或咨询服务分包人、承包人、分包供应商提供的必要招标采购条件或备案资料不完备，无法按招标采购工作计划开展后续招标采购活动的；⑧因为上述变动或调整，导致招标采购进度计划需要相应调整的。

（4）招标采购计划执行。招标采购负责人应根据确定或调整后的招标采购总体工作计划落实或相应调整招标采购工作计划，并逐条执行。全过程工程咨询服务机构将招标采购工作分包的，分包人派出的招标采购负责人应当完全遵循上述管理工作要求开展工作，并接受全过程工程咨询服务机构的监督管理。

2. 项目策划阶段的工作内容

（1）招标采购策划。招标采购负责人应当参与全过程工程咨询项目的策划，协助进行项目总进度计划的制定，招标采购内容、合同划分以及招标进度计划的制定。

（2）招标采购内容界面的划分。招标采购内容界面的划分包括招标内容、招标采购范围、标段（标包）的划分。内容包括但不限于：依法必须招标的实施内容与不属于依法必须招标的实施内容的识别与划分；复合资金的项目，具体使用不同资金的招标采购内容范围的划分；工程总承包涵盖实施范围与工程总承包之外的其他实施内容的划分（如项目采用工程总承包）；施工总承包与各专业分包之间的划分；专业分包与专业分包之间的划分；各标段（标包）的划分；可以采用招标或采购以外方式发包的项目内容的识别与划分；可以合并招标采购或合并进行发包的项目内容的识别与划分；设备、材料的采购内容、采购批次的划分。

（3）确定招标采购方式或发包方式。招标采购负责人应当协助确定招标采购方式或发包方式。包括但不限于：①确定需要以招标方式进行采购或发包的内容；②确定可以使用招标以外的方式采购或发包的内容；③采用招标以外的方式采购或发包的，招标采购策划时应当明确允许采用的采购方式或发包方式的适用条件；④使用财政资金的招标采购内容的采购预算没有达到应当进行招标限额的，应当采用负责预算审批的财政部门规定的政府采购方式发包；⑤确定项目实施过程中总体合同划分及合同的大致数量；⑥确认招标采购方式后需要变更的，以及改变招标采购方式后可能影响总体招标进度或项目实施进度的，招标采购负责人应当书面向项目总咨询师（或项目经理）报告。

（4）招标采购进度计划的策划。招标采购负责人应当参与项目总体实施计划的策划，并在项目总体实施计划完成时同步完成招标采购工作计划的策划。招标采购工作计划应当包括明确、阶段清晰、完整的招标采购进度目标或进度计划。

（5）各个招标采购内容的采购预算控制策划。招标采购负责人应当在已确定的项目总投资额基础上，按照招标采购内容及合同划分情况协助完成每个独立的招标采购内容具体的招标采购限额策划，并以此作为具体招标采购内容的预算上限。

（6）各个分项招标采购内容的合同条件策划。招标采购内容及合同划分确定后，招标采购负责人应当协助确定每个独立招标采购内容适用的合同文本，并参与合同条件风险识别及应对条款编制的必要工作。招标采购具体项目中，招标采购负责人应当将已经经过合同条件风险识别程序并完善的合同文本，作为招标采购文件的组成部分对参与竞争的投标人或供应商进行充分交底。

（7）招标采购工作目标的制定。招标采购负责人根据经批准的全过程工程咨询总体工作目标及招标采购策划制定招标采购工作目标。内容包括但不限于：过程文件及归档成果文件合规性目标、工作行为合规性目标、工作进度目标、招标采购及发包预算限额目标、绩效考核目标。对招标采购工作分包人的管理控制目标由项目总咨询师（或项目经理）制定。

3. 项目前期决策阶段的工作内容

进行市场调研；视情况执行以下内容的一项、多项或者全部的招标采购或发包工作：可行性研究报告（项目建议书）、节能评估、安全预评价、水土保持方案（项目需要经过审批程序的）、地质灾害危险性评估、交通影响评价等。

4. 设计阶段工作内容

（1）视情况执行以下内容的一项、多项或者全部的招标采购或发包工作：工程勘察、设计、施工图审查（如需要）、环境影响评估、造价咨询。

（2）视情况执行以下工程总承包内容的招标采购工作：可研完成后设计方案完成前的工程总承包；设计方案完成后初步设计完成前的工程总承包；初步

设计完成后的工程总承包；其他类型的工程总承包等。

（3）视情况执行以下内容的一项、多项或者全部招标采购或发包工作：安全评价、社会稳定风险评价、水土保持方案（项目只需要进行相关备案时）、其他项目需要实施的内容。

5. 项目实施或建设阶段工作内容

（1）执行以下独立内容的一项、多项或者全部招标采购工作：主要工艺设备和材料（项目采用工程总承包的，应当在有关设计文件完善后再开展此项招标采购）、工程监理、施工总承包、工程检测。

（2）视情况执行以下其他内容的招标采购或发包工作：运营维护服务、其他项目需要实施的内容。

（二）工作深度要求

1. 沟通要求

（1）招标采购负责人接受项目总咨询师（或项目经理）的各项工作指令，并就招标采购活动中的工作进度、突发或潜在问题、需要与其他全过程工程咨询团队协助解决的事项向项目总咨询师（或项目经理）报告。除非项目总咨询师（或项目经理）允许或认可，招标采购负责人无权接受并处理同一项目中其他全过程工程咨询服务团队、发包人（业主）下达的工作指令，但有义务就其他全过程工程咨询服务团队、发包人（业主）的工作要求完整而毫无保留地报告项目总咨询师（或项目经理）。招标采购负责人可以在项目总咨询师（或项目经理）的工作指令或授权下，就自身负责的工作范围内的事项与其他全过程工程咨询服务团队、发包人（业主）进行协调、沟通。招标采购负责人、招标采购工作团队有义务对具体招标采购活动中获悉的国家机密、商业秘密、个人隐私、招标采购活动中依法不应当泄露的其他内容或信息进行保密。招标采购负责人应采用简便高效的方式与项目总咨询师（或项目经理）或招标采购工作团队进行沟通，包括但不限于：书面交底，例会或临时会议，口头或书面报告，电子或纸质文件通知。

（2）招标采购负责人根据全过程工程咨询策划总体要求组织招标采购团队内部会议，确定招标采购工作内容及具体工作分工，根据全过程工程咨询策划总体要求分解并安排具体招标采购工作。具体责任人应当按照招标采购工作计划的要求提出满足深度要求及其时限要求的资料清单需求，并以此落实招标采购工作。

(3) 与项目总咨询师（或项目经理）的沟通联系：在项目招标采购工作启动前，招标采购负责人应当向项目总咨询师（或项目经理）及其管理团队索取全过程工程咨询服务项目总体进度计划，总体质量、投资控制等目标要求，完整的全过程工程咨询策划资料及信息文件等基础项目资料信息。招标采购工作团队根据所获取的完整信息资料编制项目招标采购总体及分项进度计划、各具体招标采购内容的质量标准清单、详细招标采购工作计划、招标采购限额等，报项目总咨询师（或项目经理）审批。在项目实施过程中招标采购负责人及招标采购工作团队根据全过程工程咨询策划的工作要求定期或者不定期地与项目总咨询师（或项目经理）及其管理团队进行沟通、协商、确认具体的临时工作指令、确认招标采购工作内容、进度的变更，实时汇报招标采购工作进展、当前遇到阻碍、需要项目总咨询师（或项目经理）配合与支持的事项或工作权限，第一时间知悉并跟进全过程工程咨询服务项目总体现状，根据项目现状向项目总咨询师（或项目经理）申请并落实相关招标采购工作的调整、优化、提升质量工作。

(4) 与工程设计服务工作团队之间的沟通与联系：在编制施工招标文件时，招标采购工作团队需要按项目策划团队确定的工作要求和工作时限向工程设计服务工作团队索取完备的设计成果文件及配套技术文件。招标采购负责人应确认设计文件成果资料的深度是否满足国家相关要求及招标采购备案要求。招标采购负责人与工程设计服务工作团队通过定期或不定期的沟通、协调、设计成果文件确认等方式，及时知悉并跟进设计文件的编制进展。招标采购服务工作团队应当根据设计成果文件提供时间及时确认或调整施工招标进度或后续的设备招标采购进度。

(5) 招标采购负责人及招标采购工作团队与造价咨询服务工作团队之间的沟通与联系：招标采购工作团队应当根据项目策划规定的进度计划向造价咨询服务工作团队获取具体招标采购内容必需的造价咨询成果文件。包括但不限于：施工招标内容的招标上限控制价及工程量清单、货物招标采购内容的货物需求一览表及货物技术文件或设备询价文件、服务招标采购内容的服务需求清单、服务价格上限表格及分项服务价格明细等。招标采购服务工作团队应当根据造价咨询成果文件提供时间及时确认或调整相应的施工招标进度、后续的设备招标采购进度或后续的服务招标采购进度。

(6) 与项目管理工作团队之间的沟通与联系：招标采购负责人应当将招标采购工作计划开展现状、工作进度、招标采购内容、累计签约合同数量及累计合同金额、承包人或供应商基本资料及进场时间向项目管理工作团队进行反馈。招标采购负责人应当及时向项目管理工作团队获取履约完毕或履约当中的承包人或供应商的承包内容完成状况，完善合格承包人或合格供应商数据库，并作为招标采购绩效评价的依据予以存档备查。

2. 过程要求

除行政主管监督部门或财政部门另有规定外，全过程工程咨询项目招标采购内容涉及的有关工作环节、实施过程及应当遵守的规定原则上与独立招标采购项目相同。包括但不限于：

(1) 遵守工程建设施工招标应当进入有形市场的规定。

(2) 建筑施工企业、勘察单位、设计单位、工程监理单位等相关单位应当在其具有的资质等级许可的范围内从事建筑活动，并以此作为相关招标采购内容的投标人资格条件之一。

(3) 建筑业各类关键岗位人员应当具备有效执业（职业）资格、上岗资格，并以此作为相关招标采购内容的投标人资格条件之一。

(4) 遵守开展具体项目内容的招标采购工作前有关招标采购内容需满足基本的招标采购条件的规定。

(5) 招标采购内容需要经过核准、审批的，应当完成必要的核准、审批手续。

(6) 遵守有关信息公开、招标采购公告具体发布媒体、发布时限的规定。

(7) 遵守有关投标人或供应商参与招标采购竞争时应当提供行贿犯罪信息查询结果、信用信息查询结果的规定。

（8）遵守有关招标采购内容使用地方指定招标文件范本的规定。

（9）全过程工程咨询项目覆盖的具体招标采购内容，属于按照地方规定应当全部或部分使用电子招标投标的，从其规定。

（10）遵守有关招标采购过程中应当执行的廉政、廉洁自律的规定。

（11）属于依法必须招标的实施内容，其评标委员会的人数及组成应当符合现行法律法规规定。

（12）全过程工程咨询服务机构对招标采购工作进行分包的，全过程工程咨询服务机构应当对分包人是否切实执行上述各项规定进行监管。内容包括但不限于：①要求分包人将具体招标采购内容的过程文件报送全过程工程咨询服务机构审核，审核通过后分包人才能进入下一工作环节；②进行公告发布、文件发放、确定中标人（定标）工作时，分包人应当提前报告全过程工程咨询服务机构，由全过程工程咨询服务机构对公告发布、文件发放、确定中标人（定标）过程进行监管；③组建评标委员会时，分包人应当提前报告全过程工程咨询服务机构，由全过程工程咨询服务机构对组建过程进行监管；④召开投标预备会（如有）、资格预审会议（如有）、开标评标会议或其他评审会议时，分包人应当提前报告全过程工程咨询服务机构，由全过程工程咨询服务机构对会议召开过程进行监管。

3. 成果文件编制要求

（1）与招标采购工作相关文件的类型。招标采购过程文件及归档成果文件包括但不限于：具体招标采购内容的前期市场调研资料、招标采购备案资料、招标采购需求或控制价文件、招标采购公告或投标邀请书、招标采购文件、澄清及修改文件、投标人书面异议、质疑或投诉文件、异议或质疑答复、评标委员会或其他评审小组组建记录、开标评标（或评审）记录、评标（评审）报告、招标情况报告（如有）、中标公示公告、中标通知书、已签订的书面合同、项目实施效果跟踪记录、投标人或供应商的投标文件、其他与项目招标采购或发包有关的书面资料。

（2）与招标采购工作相关文件管理的一般要求。

1）招标采购过程文件及归档成果文件应当真实、有效、完整，具有可追溯性。

2）招标采购归档成果文件的划分及保存，应当与确定的或变更后的全过程工程咨询策划中招标采购界面划分一致。

（3）招标采购工作相关文件的阶段性管理。全过程工程咨询项目实施过程中，招标采购负责人及其工作团队负责对招标采购过程文件与归档成果文件进行管理。全过程工程咨询项目结束后或合同履行完毕后，应将全部招标采购内容的归档成果文件移交给项目管理团队。

五、造价咨询

造价咨询是以工程造价管理为核心、合同管理为手段，对建设项目各个阶段、各个环节进行计价，协助发包人（业主）进行建设投资的合理筹措与投入，控制投资风险，实现造价控制目标的智力服务活动。工程造价咨询应坚持合法、独立、客观、公正和诚实信用的原则。造价咨询工作服务于项目整个过程，全过程工程咨询服务机构（全过程工程咨询机构）应树立以工程成本动态控制、价值创造为核心的咨询服务理念，发挥造价管控在项目管理中的核心作用。全过程工程咨询机构以及承担工程造价咨询业务的工程造价专业人员，不得同时接受具有利害关系的双方或多方委托，进行同一项目、同一阶段的工程造价咨询业务。全过程工程咨询机构及造价工程师应按咨询合同要求出具成果文件，并应在成果文件或需其确认的相关文件上签章，承担合同主体责任。造价工程师应在其完成的相应成果文件上签章，承担相应责任。

（一）工作内容和质量要求

1. 工作内容

（1）投资估算的编制与审核；

（2）经济评价的编制与审核；

（3）设计概算的编制、审核与调整；

（4）施工图预算的编制与审核；

（5）工程量清单与最高投标限价的编制与审核；

（6）工程计量支付的确定，审核工程款支付申请，提出资金使用计划建议；

(7) 施工过程的工程变更、工程签证和工程索赔的处理；

(8) 工程结算的编制与审核；

(9) 工程竣工决算的编制与审核；

(10) 方案比选、限额设计、优化设计的造价咨询；

(11) 合同管理咨询；

(12) 建设项目后评价；

(13) 工程造价信息咨询服务；

(14) 其他合同约定的工程造价咨询工作。

2. 质量管理

全过程工程咨询机构应针对全过程造价咨询业务特点，建立完善的内部质量管理体系，并通过流程控制、企业标准等措施保证咨询成果文件质量。应建立三级复核质量控制制度，以确保造价咨询质量。三级复核是指专业全过程工程咨询服务机构自校、项目负责人复核以及技术负责人复核，各级复核必须由不同人员完成，不能由同一人员同时完成不同的复核工作。

质量评价标准如下：

(1) 在相同口径下，项目建议书阶段建设项目投资估算的综合误差率应小于 15%；可行性研究阶段建设项目投资估算的综合误差率应小于 10%。

(2) 在相同口径下，建设项目的初步设计阶段设计概算的综合误差率应小于 6%。

(3) 在相同口径下，施工图预算的综合误差率应小于 5%。

(4) 在相同口径下，在同一招标项目中，工程量清单中项目特征描述错误的子目数量占工程量清单全部子目数量的比例应小于 3%；因工程量清单错误造成该招标项目招标控制价的综合误差率应小于 5%。

(5) 在相同口径下，招标控制价的综合误差率应小于 5%。

(6) 在相同口径下，工程计量与支付审核报告的综合误差率应小于 5%。

(7) 在相同口径下，合同价款调整成果文件，综合误差率应小于 3%。

(8) 在相同口径下，竣工结算审核结果综合误差率应小于 3%。

（二）工作深度要求

1. 沟通要求

（1）造价咨询负责人在项目总咨询师（或项目经理）的总体协调下开展工作，定期汇报造价咨询工作情况。

（2）造价咨询工作服务于项目整个过程，在服务过程中，造价团队需配合全过程工程咨询服务其他团队的工作：①配合前期咨询服务团队完成项目报审工作；②配合工程设计服务团队，完成项目的估算及概预算；配合招标代理服务团队，提供标的物的最高投标限价；③配合项目管理团队，在项目的实施过程中对可能引起工程造价变化的事项提供相关建议并核算费用给发包人（业主）做参考等。

（3）造价团队在服务过程中需要其他团队配合的事宜应汇总到造价咨询负责人，由造价咨询负责人与全过程工程咨询服务其他团队相关负责人沟通联系。例如需要其他服务团队配合提供资料，则应注明所需提供资料的详细内容与资料的深度要求及其时间要求。

2. 过程要求

（1）造价咨询负责人应关注各阶段工程造价的控制关系，以设计概算不突破投资估算、施工图预算和结算不突破设计概算为原则对工程造价实施全方位控制。若发生偏离，造价咨询负责人应及时向项目总咨询师（或项目经理）反馈并建议采取相应的控制措施。

（2）造价咨询负责人组织造价咨询服务工作团队召开内部会议，商讨工作内容及工作分工，将造价咨询服务的具体工作分解落实到团队成员的工作任务中。

（3）造价咨询负责人应根据项目情况，编制造价咨询工作大纲。工作大纲应包括项目概况、咨询业务范围、工程造价确定与控制的总体思路、工作流程、工作进度计划、质量管理、重点和难点分析等内容。

3. 成果文件编制要求

（1）各类咨询成果均应以文档形式体现，成果文件应包括封面、签署页、目录、报告书或编审说明、汇总表、单项工程计算表等。

（2）报告书或编审说明应阐述咨询项目概况、编审范围、编审依据、编审方法、主要技术经济指标、有关参数和率值选定，以及特殊问题的说明等。

（3）项目由多个单位工程或单体工程组成时，必须分列内容和汇总。

六、工程监理

工程监理是指全过程工程咨询项目的专业化监理服务活动。监理业务可由全过程工程咨询机构或经发包人（业主）认可的其他监理单位实施。在订立全过程工程咨询服务合同时，发包人（业主）将勘察、设计、保修阶段等相关服务一并委托的，应在合同中明确相关服务的工作范围、内容、服务期限和酬金等相关条款。监理的业务范围包括勘察、设计、设备采购与设备监造、施工及保修阶段全部或部分的监理工作。

（一）制度框架

1. 工作内容

工程监理服务具体按照国家相关规范及要求执行，主要工作内容包括：①进度控制；②质量控制；③投资控制；④履行安全生产监理法定职责；⑤合同管理；⑥信息管理；⑦协调工程建设相关方关系。

2. 目标、流程和管理制度

（1）项目监理机构应识别全过程工程项目需求和项目范围，根据自身项目管理能力、相关方约定及项目目标之间的内在联系，确定全过程工程咨询项目管理目标。项目监理机构应遵循策划、实施、检查、处置的动态管理原则，确定项目管理流程，建立项目管理制度，实施项目系统管理，持续改进管理绩效，提高相关方满意水平，确保实现项目管理目标。

（2）项目管理流程应包括启动、策划、实施、监控和收尾过程，监理流程管理内容涉及质量、进度、造价、合同管理、信息管理、安全管理和工作协调。监理流程管理应与相关方协调一致。

（3）全过程工程咨询机构或经发包人（业主）认可的其他监理单位要建立健全的质量安全管理体系，建立、健全质量安全生产责任制和质量安全生产规章制度。项目监理机构应建立质量安全生产管理的监理工作制度，落实项目总监理工程师负责制。全过程工程咨询机构或经发包人（业主）认可的其他监理单位应书面授予公司或分公司质量安全部门的管理人员相应的管理职权，将管理人员名单及其授权情况告知发包人（业主）和施工单位。监理项目严格实行企业质量安全检查制度。全过程工程咨询机构或经发包人（业主）认可的其他监理单位每个季度必须组织至少1次由企业主管质量安全领导带队的质量安全大检查；全过程工程咨询机构或经发包人（业主）认可的其他监理单位的分公司、区域公司每个月必须组织至少1次由分公司、区域公司主管质量安全的领导带队的质量安全大检查；监理项目部每个星期总监必须组织至少1次质量安全检查。

3. 监理规划与监理实施细则

（1）项目监理机构根据《建设工程监理规范》要求，根据合同内容及项目具体情况编制监理规划与监理实施细则。

（2）监理规划应明确项目监理机构的工作目标，确定具体的监理工作制度、内容、程序、方法和措施，并具有指导性和针对性。

（3）监理实施细则应符合监理规划的要求，应结合工程特点，具有可操作性。

（4）监理规划应由总监理工程师组织专业监理工程师编制；由全过程工程咨询机构或经发包人（业主）认可的其他监理单位技术负责人审批。在监理工作实施过程中，如实际情况或条件发生变化而需要调整监理规划时，应由总监理工程师组织专业监理工程师修改，经全过程工程咨询机构或经发包人（业主）认可的其他监理单位技术负责人批准后报发包人（业主）。

（5）采用新材料、新工艺、新技术、新设备的工程，以及专业性较强、危险性较大的分部分项工程，应编制监理实施细则。监理实施细则应在相应工程施工开始前由专业监理工程师编制，并报总监理工程师审批。

（二）监理咨询工作内容

1. 质量控制

（1）工程开工前，项目监理机构应审查施工单位现场的质量管理组织机构、管理制度及专职管理人员和特种作业人员的资格。监理机构应与全过程工程咨询机构、承包方共同建立质量控制管理办法，并根据管理办法的要求对工程质量实施控制。

（2）总监理工程师应组织专业监理工程师审查施工单位报审的施工方案。

（3）分包工程开工前，项目监理机构应审核施工单位报送的分包单位资格。

（4）专业监理工程师应审查施工单位报送的新材料、新工艺、新技术、新设备的质量认证材料和相关验收标准的适用性，必要时应要求施工单位组织专题论证，审查合格后报总监理工程师签认。专业监理工程师应检查、复核施工单位报送的施工控制测量成果及保护措施，签署意见。专业监理工程师应检查施工单位为本工程提供服务的试验室。专业监理工程师应要求施工单位定期提交影响工程质量的计量设备的检查和检定报告。

（5）项目监理机构应审查施工单位报送的用于工程的材料、设备、构配件的质量证明文件，并按照有关规定或建设工程监理合同约定，对用于工程的材料进行见证取样、平行检验。

（6）监理人员应对施工过程进行巡视，并对关键部位、关键工序的施工过程进行旁站，填写旁站记录。

（7）项目监理机构应对施工单位报验的检验材料、隐蔽工程、分项工程和分部工程进行验收，对验收合格的应给予签认，对验收不合格的应拒绝签认，同时应要求施工单位在指定的时间内整改并重新报验。对已同意覆盖的工程隐蔽部位质量有疑问的，或发现施工单位私自覆盖工程隐蔽部位的，项目监理机构应要求施工单位对该隐蔽部位进行钻孔探测、揭开或采用其他方法进行重新检验。

（8）项目监理机构发现施工存在质量问题的，或施工单位采用不适当的施工工艺，或施工不当，造成工程质量不合格的，应及时签发监理通知单，要求施工单位整改。整改完毕后，项目监理机构应根据施工单位报送的监理通知回复对整改情况进行复查，提出复查意见。

（9）对需要返工处理或加固补强的质量事故，项目监理机构应要求施工单位报送质量事故调查报告和经设计等相关单位认可的处理方案，并应对质量事故的处理过程进行跟踪检查，同时应对处理结果进行验收。项目监理机构应及时向发包人（业主）提交质量事故书面报告，并应将完整的质量事故处理记录整理归档。

（10）项目监理机构应审查施工单位提交的单位工程竣工验收报审表及竣工资料，组织工程竣工预验收。存在问题的，应要求施工单位及时整改；合格的，总监理工程师应签认单位工程竣工验收报审表。工程竣工预验收合格后，项目监理机构应编写工程质量评估报告，并应经总监理工程师和公司技术负责人审核签字后报发包人（业主）。

（11）项目监理机构应参加由发包人（业主）组织的竣工验收，对验收中提出的整改问题，应督促施工单位及时整改。工程质量符合要求的，总监理工程师应在工程竣工验收报告中签署意见。

2. 进度控制

（1）项目监理机构应根据项目的监理范围对相关方的进度管理体系进行控制，相关方的进度计划体系主要包括监理机构的进度计划、发包人（业主）进度计划、设计勘察单位进度计划、承包单位的进度计划、全过程工程咨询机构的进度计划。监理项目机构应根据相关方的进度计划建立监理进度计划并报全过程工程咨询机构审核实施。监理机构应按规定审核相关单位报送的总进度计划和阶段性进度计划，提出审查意见，并应由总监理工程师审核后报发包人（业主）。监理机构应与全过程工程咨询机构、承包方共同制定进度控制管理办法，并根据管理办法的要求对工程进度实施控制。

（2）项目监理机构与相关方协商确定项目进度里程碑计划，里程碑计划由相关方根据各自合同工期要求，结合项目特点编制，编制完成后报项目监理机构审核，项目监理机构审核后报全过程工程咨询机构审批实施。

（3）相关方应编制网络进度计划，确定关键节点和关键线路，并根据项目的需要编制横道图进度计划。

（4）项目监理机构定期对项目进度进行跟踪，检查并掌握实际进度情况；发现实际进度严重滞后于计划进度且影响合同工期时，分析产生进度偏差的主要原因；确定相应的纠偏措施或调整方法。监理机构应每月向全过程工程咨询机构报送进度实施情况报告。

(5) 项目监理机构应按合同约定进行工程延期及工期延误处理。

3. 投资控制

(1) 监理机构应与全过程工程咨询机构、承包方共同制定投资控制管理办法，并根据办法的要求对工程投资实施控制。

(2) 项目监理机构应向造价咨询服务工作团队（或单位）获取造价咨询资料，以便在工程监理实施过程中掌握工程造价控制的关键点。

(3) 项目机构应审核工程变更资料，根据实际情况对签证原始资料进度核对并签署意见。

(4) 项目监理机构应按规定的程序进行工程计量和付款签证。

(5) 项目监理机构应对实际完成量与计划完成量进行比较分析，发现偏差的，提出调整建议，并向全过程工程咨询机构报告。

(6) 项目监理机构应按规定的程序进行竣工结算审核。

4. 合同管理

(1) 项目监理机构应依据合同的约定进行施工合同管理，处理工程变更、索赔及施工合同争议等事宜。

(2) 合同终止时，项目监理机构应协助发包人（业主）按合同约定处理合同终止的有关事宜。

(3) 项目监理机构在合同争议处理过程中，对未达到合同约定的暂停履行合同条件的，应要求合同双方继续履行合同。

(4) 在合同争议的仲裁或诉讼过程中，项目监理机构可按仲裁机关或法院要求提供与争议有关的证据。

5. 信息管理

(1) 项目监理机构应建立完善监理文件资料管理制度，设专人管理监理文件资料。

(2) 项目监理机构应及时、准确、完整地收集、整理、编制、传递监理文件资料。

(3) 项目监理机构应采用计算机技术进行监理文件资料管理，实现监理文件资料管理的科学化、程序化、规范化。

（4）项目监理机构应及时整理、分类汇总监理文件资料，按规定组卷，形成监理档案。

（5）项目监理机构应根据工程特点和有关规定，合理确定监理档案保存期限，并向有关部门移交监理档案。

6. 安全管理

（1）项目监理机构应根据法律法规、工程建设强制性标准，履行建设工程安全生产管理的监理职责；并应将安全生产管理的监理工作内容、方法和措施纳入监理规划及监理实施细则。全过程工程咨询机构或经发包人（业主）认可的其他监理单位的安全生产管理机构以及安全生产管理人员应组织或者参与制定本单位安全生产规章制度、操作规程和生产安全事故应急救援预案；组织或者参与本单位安全生产教育和培训，如实记录安全生产教育和培训情况；督促落实本单位重大危险源的安全管理措施；组织或者参与本单位应急救援演练；检查本单位的安全生产状况，及时排查生产安全事故隐患，提出改进安全生产管理的建议；制止和纠正违章指挥、强令冒险作业、违反操作规程的行为；督促落实本单位安全生产整改措施。监理机构应与全过程工程咨询机构、承包方共同制定文明施工管理办法，并根据办法的要求对工程文明施工实施控制。

（2）项目监理机构应审查施工单位现场安全生产规章制度的建立和实施情况，并应审查施工单位安全生产许可证及施工单位项目经理、专职安全生产管理人员和特种作业人员的资格，同时应核查施工机械和设施的安全许可验收手续。

（3）项目监理机构应审查施工单位报审的专项施工方案，符合要求的，应由总监理工程师签认后报发包人（业主）。超过一定规模的危险性较大的分部分项工程的专项施工方案，应检查施工单位组织专家进行论证、审查的情况，以及是否附具安全验算结果。项目监理机构应要求施工单位按已批准的专项施工方案组织施工。专项施工方案需要调整时，施工单位应按程序重新提交项目监理机构审查。

（4）项目监理机构应巡视检查危险性较大的分部分项工程专项施工方案实施情况。发现未按专项施工方案实施时，应签发监理通知单，要求施工单位按专项施工方案实施。对于按照规定需要验收的危大工程，监理单位应当组织相关人员进行验收。

（5）项目监理机构在实施监理过程中，发现工程存在安全事故隐患时，应签发监理通知单，要求施工单位整改；情况严重时，应签发工程暂停令，并应及时报告发包人（业主）。施工单位拒不整改或不停止施工时，项目监理机构应及时向有关主管部门报送监理报告。

（6）项目监理机构应重点对承包方安全管理体系、现场文明施工、安全设施、机械设备等进行检查或验收，并组织参加周检、月检、季检工作，落实施工现场安全隐患的排查，监督承包方进行整改。

（7）项目监理机构应当建立相应的机制，加强对安全生产责任制落实情况的监督考核，保证安全生产责任制的落实。安全生产责任制应当明确各岗位的责任人员、责任范围和考核标准等内容。

（8）现场监理人员发现事故隐患或者其他不安全因素，应当立即向发包人（业主）、施工单位现场负责人和项目总监报告。总监不在现场时，由总监代表或驻工地监理工程师参与，并以最快的方式报告总监。总监接到事故报告后，应当迅速采取有效措施，组织现场监理人员，参加发包人（业主）和施工单位组织的抢救工作，防止事故扩大，减少人员伤亡和财产损失。施工现场发生重大安全事故时，总监应参加现场协调工作，并不得在事故调查处理期间擅离职守。现场监理人员发现直接危及人身安全的紧急情况时，有权立即发出停工要求或者在采取可能的应急措施后组织现场人员撤离施工场所。总监应立即签发停工令。除了停工要求外，停工令还应要求发包人（业主）和施工单位分析事故原因，按照国家有关规定将事故情况报告当地负有安全生产监督管理职责的部门；对于特别重大事故，还应要求发包人（业主）和施工单位按照法律法规的规定在 24h 内写出事故报告，报上级主管部门、所在地地方人民政府。同时要求发包人（业主）和施工单位保护事故现场和有关证据。监理人员应当为事故抢救提供一切便利条件，配合政府有关部门对安全生产事故进行调查。

（9）项目监理机构应建立危大工程安全管理档案。项目监理机构应当将监理实施细则、专项施工方案审查、专项巡视检查、验收及整改等相关资料纳入档案管理。

7. 设备采购与设备监造

(1) 项目监理机构应根据全过程工程咨询合同或建设工程监理合同约定的设备采购与设备监造工作内容，配备监理人员，明确岗位职责。

(2) 项目监理机构应编制设备采购与设备监造工作计划，协助发包人（业主）编制设备采购与设备监造方案。

(3) 设备监造实施，项目监理机构需检查设备制造单位的质量管理体系，审查设备制造单位报送的设备制造生产计划和工艺方案。审查设备制造的检验计划和检验要求，确认各阶段的检验时间、内容、方法、标准以及检测手段、检测设备和仪器等；项目监理机构应对设备制造过程进行监督和检查，对主要及关键零部件的制造工序应进行抽检。

(4) 设备监造需按建设工程监理规范中对于设备监造要求及设备供应商与业主所签订合同中的相关约定及要求执行与实施。

8. 沟通协调

(1) 项目监理机构应建立与项目相关方沟通管理机制，健全项目协调制度，确保组织内部与外部各个层面的交流与合作。

(2) 项目监理机构应将沟通管理纳入日常管理计划，沟通信息，协调工作，避免和消除在项目运行过程中的障碍、冲突和不一致。

(3) 项目各相关方应通过制度建设、完善程序，实现相互之间沟通的零距离和运行的有效性。

(4) 项目监理机构可采用信函、邮件、文件、会议、口头交流、工作交底以及其他媒介沟通方式与项目相关方进行沟通，重要事项的沟通结果应书面确认。

(5) 各项目管理机构应识别和发现问题，采取有效措施避免冲突升级和扩大。在项目运行过程中，项目管理机构应分阶段、分层次、有针对性地进行组织人员之间的交流互动，增进了解，避免分歧，进行各自管理部门和管理人员的协调工作。

(6) 总监理工程师在项目总咨询师（或项目经理）的总体协调下组织工

作，总监理工程师定期向项目总咨询师（或项目经理）负责人汇报工程监理工作情况，对工程监理工作出现的困难需要及时向项目总咨询师（或项目经理）沟通交流，便于项目总咨询师（或项目经理）了解工程监理具体情况并提供所需的相关指导与支持。

9. 成果文件编制要求

（1）项目监理机构应根据建设工程监理合同约定的服务内容，按照不同阶段向全过程工程咨询机构报送监理成果文件。

（2）监理成果文件的内容必须真实、准确，与工程实际相符。成果文件资料应字迹清楚、图样清晰、图标整洁、签字盖章手续完备，并且要求是原件。成果文件资料应及时收集、整理，移交的档案资料要求完整、准确、系统。

（3）监理成果文件资料的收集、整理、归档应符合《中华人民共和国档案法》《建设工程监理规范》《建筑工程施工质量验收统一标准》《建设工程文件归档整理规范》等相关政策法规文件规定归档管理，项目监理机构根据工程实际情况安排资料员按要求进行分类与收集归档。

（4）监理成果文件资料的提交，全过程工程咨询机构有要求的，应按要求进行提交。

七、BIM 咨询

为规范全过程工程咨询项目中 BIM 咨询的相关业务活动，推动工程建筑信息化技术发展，保障工程建设工程质量安全，提高经济效益，提高 BIM 技术服务的工作质量及其项目工程技术成果文件的质量，应开展 BIM 咨询服务，用于项目建设方案策划、招投标管理、设计、施工、竣工交付和运维管理等全生命周期各阶段中，有效保障资源合理控制、数据信息高效传递共享、各专业人员间的准确及时沟通；支持工程环境、能耗、经济、质量、安全等方面的分析、检查和模拟，为项目全过程的方案优化和科学决策提供依据；保证软件版本及接口一致、BIM 模型维护与实际同步等。

（一）工作内容及实施要求

1. 工作内容

（1）全过程工程咨询 BIM 咨询服务工作团队主要负责开展及执行项目

BIM咨询服务，并配合全过程工程咨询服务其他阶段的团队及项目各阶段相关参与方开展工作，基于工程项目全生命周期，运用建运一体集成化管理模式，将传统管理模式下相对分离的项目策划决策阶段、设计阶段、建设实施阶段等在管理目标、管理组织和管理手段等方面进行有机集成。

（2）通过BIM技术提供重点部位、关键区域的可视化设计方案比选、优化等工作；进行施工图的BIM模型搭建，检查设计的错漏碰缺等问题；指导项目相关参与方基于BIM技术开展协同办公；与各专业建立设计协同，多系统综合与协调；搭建BIM协同管理平台；工程变更的模型调整；建立完善的竣工模型，为项目提供合理化建议及技术支持等。

（3）利用BIM技术在工程建设全过程管理中以完备的管理手段落实复杂技术，提高建设工程的集成化程度，让建设工程参与各方都能够共享信息，真正将BIM的应用效应在工程项目全生命周期内发挥到最大。

2. 实施要求

（1）BIM咨询服务负责人在项目总咨询师（或项目经理）的总协调下开展BIM咨询工作，BIM咨询负责任人定期向项目总咨询师（或项目经理）汇报BIM咨询工作情况，便于项目总咨询师（或项目经理）了解BIM咨询服务的总体进展，为BIM咨询服务工作中所需协调提供帮助。

（2）BIM咨询服务负责人组织BIM咨询团队根据工作任务召开会议，研讨工作分工以及工作内容，编制BIM咨询服务详细工作计划，将BIM咨询服务的具体工作落实到BIM咨询团队的每一个人的工作任务中，相应的具体工作责任人根据其负责的工作内容提出需要其他相关服务团队配合提供的资料，注明要求。需其他团队配合的事宜应汇总至BIM咨询负责人，由BIM咨询服务负责人与其他全过程工程咨询服务团队负责人沟通联系。

（二）成果提交

1. 一般规定

（1）BIM模型交付物应满足使用需求且充分表达专业交付信息集合；

（2）BIM模型交付物内对象构件的交付有效性均应设置共享数据或出版数据；

（3）BIM模型交付物以通用的数据格式传递工程模型信息，保障信息安全的前提下，便于即时阅读和修改。不宜或不需要使用三维模型输出的部分信息，可以图形或图表的形式带出以供出传递；

（4）当以第三方数据交换格式作为BIM模型交付物时，交付人应保障信息的完整性和正确性。

2. BIM成果交付形式

（1）模型文件。模型成果主要包括建筑、结构、机电等专业所构建的模型文件，以及各专业整合后的整合模型。

（2）文档格式。在BIM技术应用过程中所产生的各种分析报告等由Word、Excel、PowerPoint等办公软件生成的相应格式的文件，在交付时统一转换为pdf格式。

（3）图形文件。主要是按照施工项目要求，针对指定位置经Autodesk NavisWorks、Lumion等软件进行渲染生成的图片。

（4）动画文件。BIM技术应用过程中基于Autodesk NavisWorks、Lumion等软件按照施工项目要求进行漫游、模拟通过软件录制生成的mp4. avi格式视频文件。

第六章

特定专业领域的全过程咨询

我国推动实施的投资决策综合性咨询，以及工程建设实施的全过程咨询，本质上都是聚焦于项目周期特定阶段的跨专业集成性综合咨询，不是真正覆盖项目周期全过程的咨询服务，而且都是推动大型综合性工程咨询机构承担跨专业多环节的工程咨询业务。我国的工程咨询实践中，存在着针对特定专业领域且覆盖项目周期全过程的专业性工程咨询服务，是全过程工程咨询服务的重要组成部分，且有利于发挥专业性工程咨询机构在特定专业领域的专业优势。通过推动实施特定专业领域的全过程工程咨询服务，并发挥全过程项目管理专业咨询服务的统筹协调和集成管理功能，是实现我国工程项目跨专业全过程咨询服务的重要途径。本章聚焦全过程工程设计优化、工程造价、工程采购及合同管理，以及投融资专业咨询四大专业咨询服务领域，阐述各类专业咨询服务的内容及组织实施方式，并阐述全过程项目管理专业咨询服务如何发挥统筹管理功能，实现全过程工程咨询服务的目标诉求。本章和第四章、第五章所涉及的各专业咨询服务内容在逻辑上存在交叉，但侧重点不同。第四章和第五章侧重于大型综合性工程咨询机构承担跨专业及综合性咨询服务，重点介绍相关专业咨询服务的内容及深度要求；本章针对专业性工程咨询机构，侧重于项目寿命周期跨阶段整合及特定专业领域全过程咨询服务的连续性等角度进行阐述，重点介绍特定专业领域全过程咨询服务实现形式及操作流程。

第一节　工程设计全过程专业咨询

一、工程设计全过程专业咨询的主要任务

（一）工程设计全过程专业咨询的主要内容

1. 工程设计全过程专业咨询的主要依据

（1）《建设工程勘察设计管理条例》（国务院令第293号）（2015年修订）；

（2）《建设工程设计文件编制深度的规定》（建质函〔2016〕247号）；

（3）《房屋建筑和市政基础设施工程施工图设计文件审查管理办法》（建设部2004年第134号令）（2013年修订）；

（4）《建设项目设计概算编审规程》（CECA/GC 2—2015）；

（5）各专业设计规范、标准；

（6）政府有关主管部门对设计的有关要求；

（7）全过程工程咨询合同；

（8）与工程设计有关的依据性文件；

（9）设计基础资料、施工合同、图纸、签证、变更费用洽商单、索赔报告等。

2. 工程设计全过程专业咨询的主要内容

（1）参与规划。统筹建筑设计和城市设计协调统一。

（2）参与策划。参与项目建议书、可行性研究报告与开发计划的制定，确认环境与规划条件、提出建筑总体要求、配合制定项目策划咨询报告、概念性设计方案及设计要求任务书。

（3）完成设计。完成方案设计、初步设计、施工图技术设计和施工现场设计服务。综合协调把控幕墙、装饰、景观、照明等专项设计，审核承包商完成的施工图深化设计。

（4）组织设计评审。包括初步设计评审、施工图审查、抗震设计审查、消防设计审查等。

（5）设计优化。提出建筑、结构、机电及其他专项设计的优化意见。

（6）配合报批、报审。设计咨询机构应积极主动配合业主开展项目报批和设计报审工作。

（7）辅助招标。辅助业主进行施工招投标管理，对承包商的选择提出要求。

（8）监督施工。对总承包商、分包商、供应商和指定服务商履行监管职责，监督工程建设项目按照设计文件要求进行施工，开展相关的设计变更工作。

（9）协助验收。协助业主开展工程验收服务。

（10）指导运维。组织编制建筑使用说明书，督促、核查承包商编制房屋维修手册，指导编制使用后维护计划。参与制定建筑改、扩建或拆除计划。

3. 工程设计全过程专业咨询内容的深度要求

（1）设计咨询必须考虑各个专业之间、系统设计与工点设计之间互提资料的需要，制定资料互提的要求和提交时间，避免由于工作上的疏忽影响设计进度。

（2）设计咨询成果的内容和深度应符合有关规定的要求，要严格把关，精心设计，由浅入深、循序渐进，满足下阶段工作的需要。

（3）设计优化咨询要根据工程实施的需要，在计划、工期上要根据工程总体策划考虑工程招投标、设备采购、施工组织所需要的时间，按时交付相关成果文件。

（4）方案设计及优化审查、初步设计及优化审查、施工图设计优化及审查需体现投资控制的理念，并满足施工的需要。

（5）设计咨询保证所提供的初步设计（施工图设计）文件中的工程概（预）算的准确性。

（6）跟踪了解实际施工进程，并根据实际施工情况绘制竣工图，达到工程结算要求，符合国家档案管理存档要求。

（二）项目周期不同阶段的设计咨询

1. 工程策划阶段的设计咨询

（1）参与项目前期策划，包括环境调查分析和项目决策策划。

（2）参与编制项目建议书。

（3）参与项目选址论证及选址报告。

（4）参与项目可行性研究，参与编制可行性研究报告。

（5）参与组织项目评估。

（6）实施项目概念设计。

（7）协助建设单位组织项目概念设计方案征集、评审工作。

（8）实施设计相关报批工作。

（9）收集策划阶段与设计工作相关的主要资料文件。

（10）协助建设单位调查相关设计单位情况。

2. 施工准备阶段的设计咨询

（1）确定建设项目设计委托方式。

（2）组织设计招标，签订勘察、设计合同，实施设计合同管理。

（3）实施设计相关报批工作。

（4）向相关单位分发设计阶段所需要的依据性文件、政府批文、工程设计基础资料及相关协议、工程数据等。

（5）对勘察、设计任务书和工作方案等文件组织评审。

（6）对比选设计方案、技术科研试验专题等进行审查。

（7）实施设计过程质量控制。对设计进行质量跟踪，实现过程控制，及时发现和处理不符合质量要求的设计质量缺陷，保证设计成果质量。

（8）控制设计进度。从各设计阶段和专业设计的时间节点着手，做好设计的进度控制，满足项目报建、招标、采购和施工进度的要求。

（9）审核概、预算，对相关费用及计算方法提出合理化建议，做好设计阶段投资控制。

（10）审核主要设备及材料清单，对适用性、经济性提出合理化建议。

（11）对勘察报告、初步设计文件等成果文件组织评审。

（12）做好接口管理。包括各设计专业、各专项设计的技术协调，前期总体设计与后期专业深化设计的协调，设计计划与采购、施工等有序衔接。

(13) 协调设计外部协作关系与工作计划，包括协调落实外部接入系统（动力、水、电、通信等）、资源条件、环境影响与水土保持评价、地方政府承诺的征地和移民安置规划等。

3. 工程建设阶段的设计咨询

(1) 向参建单位提供准确的施工图设计文件。

(2) 组织施工图会审和设计交底。

(3) 参与施工组织设计的审查，对涉及主要设计工作的方案技术措施、进度及费用保证措施进行必要论证。

(4) 组织深化设计或设计优化。

(5) 控制和审查施工过程中发生的设计变更。

(6) 处理施工中相关设计接口工作。

(7) 参加施工过程中主要技术问题的设计校核等工作。

(8) 跟踪检查相关设计的施工质量情况，发现问题或偏差，及时与责任单位沟通，纠偏解决问题。

(9) 配合建设单位进行主要设备或材料的考察工作，落实设备材料采购工作。

(10) 参与施工过程中有关的投资控制工作，协助处理工程预付款、进度款的支付及索赔等。

(11) 按照规定参与施工过程中相关的中间验收，提出明确验收意见，整理相关验收资料。

(12) 配合安全、质量事故的调查，提出设计意见或技术措施，或者组织相关技术鉴定。

(13) 及时收集整理设计变更等相关的资料、数据及文件，为可能发生的工程纠纷或索赔做好资料准备。

4. 竣工验收阶段的设计咨询

(1) 协助参建各方制定竣工验收计划。

(2) 确定建设工程按设计文件的规定内容和标准全部完成。

(3) 确定施工单位在工程完工后已对工程质量进行了检查，确认工程质量符合有关法律、法规和工程建设强制性标准，符合设计文件及合同要求，并已提出工程竣工报告。

(4) 协助建设单位开展竣工图的编制、整理、审核、归档等工作。

(5) 参加项目竣工验收条件的检查核实工作。

(6) 参加竣工验收，审阅验收资料，现场查验工程质量，不合格的工程不予验收。有遗留问题的，要监督落实销项。

(7) 工程竣工验收合格后，参与验收报告编制及相关竣工资料归档工作。

(8) 参与生产性项目的安装调试及验收工作，督促设计单位提供试运行过程中的技术支持以及相关问题的处理。

(9) 办理竣工验收手续后，发现存在工程质量缺陷的，督促责任单位及时修复。

(10) 编制项目设计咨询工作总结。

(11) 进行设计回访和后评价，提出项目改进的建议。

5. 运营阶段的设计咨询

(1) 项目使用功能调整引起的相关设计优化咨询。

(2) 项目改扩建或拆除引起的相关设计优化咨询。

(3) 项目使用较长时间后（接近或达到设计使用寿命、遭受不可抗力影响等）的安全性评估等设计优化咨询。

二、工程设计全过程专业咨询的组织实施

（一）工程设计全过程专业咨询的核心理念

工程设计全过程专业咨询，不同于投资决策综合性咨询和工程建设全过程咨询，强调发挥工程设计专业机构的专业优势，发挥工程设计在全过程工程咨询中的引领作用，把项目周期全过程的工程设计咨询专业服务进行跨阶段整体集成，改变工程设计咨询按阶段碎片化管理的状况，尤其是强调设计方案优化对项目决策阶段方案选择和优化的作用，让专业化设计咨询机构尽早参与到项目中去，最大限度地发挥设计咨询从源头优化项目方案的作用，通过设计优化促进项目周期全过程的资源优化配置，实现工程设计全过程专业咨询对项目全生命周期的增值作用。

（二）工程设计全过程专业咨询业务的委托及质量管控

1. 业务委托

（1）设计优化咨询工作应签订书面咨询合同，合同文本应选择国家或行业已有的合同示范文本，或者由合同双方协商确定合同条款。合同中应明确工程设计咨询服务的内容、范围、双方的义务、权利、责任、服务周期、服务酬金、支付方式及成果文件表现形式等要求。

（2）全过程工程设计咨询机构应按委托咨询合同要求出具成果文件，并应在成果文件或需其确认的相关文件上签章，承担合同主体责任。设计咨询工作主要负责人应在各自完成的成果文件上签章，承担相应责任。

2. 质量管控

（1）高质量完成设计任务书的编制及评审工作，指导设计工作的持续开展。

（2）协调解决各专业设计单位的系统接口和技术矛盾，配合业主进行决策定位。

（3）对于建筑专业、结构专业、机电专业等设计，提出可比选方案，针对项目特点，进行专项分析，提出设计优化建议，配合与指导整体设计，并做好设计后评估等后续服务。

（4）对于节能（绿色）、幕墙、智能化、声学、灯光照明、景观、标识等专项设计，应组织专业设计团队较早介入项目整体设计，发挥专业优势，优化专项设计，从美学价值、施工便捷、使用舒适等方面使项目实现最大价值。

（5）管理协调各专业设计团队的设计进度，特别是对接口部分资料的配合及时沟通并进行严格控制。

（6）根据工程总进度要求及时调整专项设计时间进度，督促各专业设计团队按期提供设计成果。

（7）牵头组织各专业设计团队召开设计协调会，明确设计界限，做好各专业间的配合，及时解决现场施工中的难点问题，并督促落实相关意见。

（8）组织造价咨询提前介入设计咨询，共同做好设计过程中的造价控制。

（9）通过 BIM 技术的应用，提高设计质量。

(10) 通过设计优化咨询，设置科学合理的设计、施工周期，减少施工变更。

(11) 设计咨询成果文件均需满足国家和地方相关工程设计文件编制深度规定，满足国家工程建设标准强制性条文及其他相关法律法规和技术标准的要求。

(三) 工程设计全过程专业咨询与全过程工程咨询其他业务的衔接配合

1. 项目策划阶段

与投资决策咨询相互配合，开展项目建议书、可行性研究报告、项目申请报告等策划，组织实施概念方案、交通评估、节能评估等工作，提供专业咨询意见。

2. 施工准备阶段

完成施工图设计及相关咨询工作，特别是与造价咨询工作保持密切配合，实现概算与设计相匹配，并组织或配合完成各项报批、招标级合同等工作。

3. 施工阶段

与造价、项目管理、监理等咨询工作配合，组织做好设计深化、变更等工作，开展施工质量监督，配合施工安全、质量、进度、投资等工作顺利实施。

4. 竣工验收阶段

参与验收工作，与项目管理、监理等咨询工作配合做好验收管理咨询工作，与造价咨询工作配合做好竣工结（决算）算、审计等咨询工作。

5. 运营阶段

与后评价单位做好设计总结工作，与造价咨询、合同管理等咨询工作配合实施运营阶段的设计变更、设计咨询等工作。

第二节　工程造价全过程专业咨询

一、工程造价全过程专业咨询的主要任务

(一) 工程造价全过程专业咨询的主要内容

1. 工程造价全过程专业咨询的主要依据

(1)《住房和城乡建设部办公厅关于印发工程造价改革工作方案的通

知》(住建部令第 50 号)。

(2) 住房和城乡建设部关于修改《工程造价咨询机构管理办法》《注册造价工程师管理办法》的决定(建办标〔2020〕38 号)。

(3)《建设工程造价咨询合同(示范文本)》(GF-2015-0212)。

(4)《建设工程工程量清单计价规范》(GB 50500)。

(5)《建设工程造价咨询规范》(GB/T 51095)。

(6)《建设项目全过程造价咨询规程》(CECA/GC 4—2017)。

(7) 全过程工程咨询合同。

(8) 施工合同、图纸、签证、变更费用洽商单、索赔报告等。

2. 工程造价全过程专业咨询的主要内容

(1) 投资估算的编制与审核。

(2) 经济评价的编制与审核。

(3) 设计概算的编制、审核与调整。

(4) 施工图预算的编制与审核。

(5) 工程量清单的编制与审核。

(6) 最高投标限价的编制与审核。

(7) 工程结算的编制与审核。

(8) 工程竣工决算的编制与审核。

(9) 全过程工程造价管理咨询。

(10) 工程造价鉴定。

(11) 方案比选、限额设计、优化设计的造价咨询。

(12) 合同管理咨询。

(13) 建设项目后评价。

(14) 工程造价信息咨询服务。

(15) 其他工程造价咨询工作。

3. 工程造价全过程专业咨询内容的深度要求

(1) 工程造价咨询机构在承接具体咨询业务时,应根据企业自身的业务胜任能力等因素进行是否承接咨询业务的判断。工程造价咨询机构承担咨询业务时，应编制工程造价咨询成果文件，确保符合国家有关法律、法规的有关规定。

(2) 当委托单位委托多个工程造价咨询机构共同承担大型或复杂的建设项目咨询业务时，委托单位应明确业务主要承担单位，并应由业务主要承担单位负责总体规划、统一标准、阶段部署、资料汇总等综合性工作；其他单位应按合同要求负责其所承担的具体工作。

(3) 工程造价咨询机构承担咨询业务后，应根据项目特点编制工作计划；承担大型项目或全过程工程造价管理咨询业务时，应依据项目特点、投标文件、工程造价咨询合同等编制工程造价咨询项目的工作大纲。工作大纲的内容应包括项目概况、工程造价咨询服务范围、工作组织、工作进度、人员安排、实施方案、质量管理等。

(4) 工程造价咨询机构应按工程造价咨询合同的要求制定工作进度计划，各类工程造价咨询成果文件的提交时间应与总体进度相协调，工程造价咨询的工作进度计划除应服从整个建设项目的总体进度和施工工期的要求外，还应满足各类工程造价咨询成果文件编制的合理工期的要求。

(5) 对同一项目、同一阶段工程造价咨询成果文件的审核，当对编制所采用的计价依据、计价方法无异议时，宜与编制时采用的计价依据和计价方法保持一致。

(6) 工程造价咨询机构承担全过程工程造价管理咨询业务时，应掌握各阶段工程造价的关系，加强管理，在实施过程中做到工程造价的有效控制，并应依据工程造价咨询合同中约定的服务内容、范围、深度和参与程度编制相应的工程造价咨询成果文件。

(7) 工程造价咨询成果文件的内容、格式、深度和精度等要求应符合工程造价咨询合同的要求，以及国家和行业相关规定。

(二) 工程策划阶段的工程造价咨询

1. 投资估算的编制与审核

(1) 工程造价咨询机构可接受委托编制或审核建设项目、单项工程以及单位工程投资估算。

（2）工程造价咨询机构编制建设项目投资估算的精度应随建设项目决策分析与评价的不同阶段，即建设项目规划阶段、项目建议书（投资机会研究）阶段、初步可行性研究阶段、可行性研究阶段而逐步提高。

（3）投资估算编制应内容全面、费用构成完整、计算合理，编制深度满足建设项目决策的不同阶段对经济评价的要求。

（4）投资估算的编制依据、编制方法、成果文件的格式和质量要求应符合《建设项目投资估算编审规程》的要求。

（5）工程造价咨询机构可接受委托，对由其他专业机构负责编制的建设项目投资估算进行审核，审核时应根据工程造价管理机构发布的计价依据及有关资料，对编制依据、编制方法、编制内容及各项费用进行审核，并向委托人提供审核意见及建议。

（6）工程造价咨询机构可接受委托，依据投资估算内容和估算方法编制项目总投资表；根据估算的建设期利息、流动资金、项目进度计划及其他相关资料编制项目年度投资计划表。

（7）工程造价咨询机构可接受委托，依据投资估算、项目整体建设计划以及资金使用需求，协助委托人编制融资方案。

（8）经评审批准后的投资估算应作为工程造价咨询机构编制设计概算的限额指标，投资估算中相关技术经济指标和主要消耗量指标应作为项目设计限额的重要依据。

2. 决策阶段方案经济比选

（1）工程造价咨询机构应根据委托和建设项目需要，针对建设项目的不同方案或同一方案的不同建设标准编制对应的投资估算，形成方案经济比选分析报告。

（2）方案经济比选应结合建设项目的使用功能、建设规模、建设标准、设计寿命、项目性质等要素，运用价值工程、全生命周期成本等方法进行分析，提出优选方案及改进建议。

（3）工程造价咨询机构应根据建设项目的使用功能、技术标准、投资限额，结合项目的环境因素，建立合理的评价体系并进行设计方案经济比选。评价体系中对于设计方案经济比选的具体方法包括单指标法、多指标法以及多因素评分法。

（4）方案经济比选分析应根据设计方案评价的目的，依据初步筛选的比选方案确定经济评价指标体系，计算各项经济评价指标值进行方案比选择优。

（5）方案经济比选评价指标体系应包括技术层面、经济层面和社会层面，依据项目类别按照不同比选层面分成若干比选因素，按照指标重要程度设置主要指标和辅助指标，选择主要指标进行分析比较。

（6）方案经济比选分析报告应包括下列内容：①参与比选分析的方案及其概况；②比选分析范围及内容；③比选分析依据；④采用的比选方法与评价指标；⑤相关评价指标及参数对比表；⑥比选分析结果与合理化建议；⑦其他与方案比选分析相关的内容。

（7）工程造价咨询机构应根据最终优化方案编制投资估算报告及对应的项目各年度投资计划表。

3. 建设项目经济评价

（1）工程造价咨询机构对于建设项目的经济评价应符合《建设项目经济评价方法和参数》相关规定。

（2）工程造价咨询机构对于建设项目经济评价的深度应满足项目决策阶段的要求。

（3）建设项目经济评价的编制依据、编制方法、成果文件的格式和质量要求应符合《建设项目经济评价方法和参数》的要求。

（三）施工准备阶段的工程造价咨询

1. 设计概算的编制与审核

（1）工程造价咨询机构可接受委托编制或审核建设项目、单项工程、单位工程设计概算以及调整概算。

（2）工程造价咨询机构编制的建设项目设计概算总投资应包括建设投资、建设期利息及流动资金。

（3）工程造价咨询机构编制设计概算时，应延续已批准的建设项目投资估算编制范围、工程内容和工程标准，并将设计概算控制在已经批准的投资估算范围内。如发现投资估算存在偏差，应在设计概算编制与审核时予以修正和说明。

(4) 工程造价咨询机构接受委托对建设项目设计概算进行审核时，应审核建设项目总概算、单项工程综合概算、单位工程概算的准确性及提出相关的合理化建议。

(5) 工程造价咨询机构对于设计概算的审核可采用对比分析法、主要问题复核法、查询核实法、分类整理法、联合会审法等方法，并应依据工程造价管理机构发布的计价依据及有关资料，分别审核编制依据、编制方法，编制内容及各项费用。

(6) 工程造价咨询机构在编制或审核设计概算时，应比较并分析设计概算费用与对应的投资估算费用组成，提出相应的比较分析意见与建议。

(7) 提供全过程造价咨询服务的咨询机构应根据经批准的建设项目设计概算，参照项目招标策划将设计概算值分解到各标段中，作为各招标标段的参考造价控制目标。

(8) 工程造价咨询机构应根据建设项目设计概算、已确定的项目实施计划和招标策划，编制建设项目资金使用计划书。

2. 优化设计的造价咨询

(1) 工程造价咨询机构在建设项目初步设计阶段可根据委托要求，采用合理有效的经济评价指标体系和分析方法对单项工程或单位工程设计进行多方案经济比选，提交优化设计造价咨询报告。

(2) 工程造价咨询机构应根据经济比选优化后的设计成果编制设计概算，并依次按照建设项目、单项工程、单位工程、分部分项工程或专业工程进行分解作为深化设计限额。当超过限额时应向委托人提出修改设计或相关建设标准的建议，同时修正相应的工程造价至限额以内。

(3) 优化设计造价咨询报告应包括下列内容：①范围及内容；②优化的依据；③采用的方法；④相关技术经济指标；⑤结论与建议。

3. 施工图预算的编制与审核

(1) 工程造价咨询机构接受委托编制施工图预算，应根据已批准的建设项目设计概算的编制范围、工程内容、确定的标准进行编制，将施工图预算值控制在已批准的设计概算范围内，与设计概算存在偏差时，应在施工图预算书中予以说明，需调整概算的应告知委托人并报原审批部门核准。

（2）工程造价咨询机构可接受委托对由其他专业机构负责编制的建设项目施工图进行预算，依据工程造价管理机构发布的计价依据及有关资料，运用全面审核法、标准审核法、分组计算审核法、对比审核法、筛选审核法、重点审核法、分解对比审核法等方法，审核施工图预算的编制依据、编制方法、编制内容及各项费用，并向委托人提供审核意见与建议。

（3）施工图预算的编制人或审核人应提供施工图预算编制或审核报告，将施工图预算与对应的设计概算的分项费用进行比较和分析，并应根据工程项目特点与预算项目，计算和分析整个建设项目、各单项工程和单位工程的主要技术经济指标。

4. 工程量清单的编制与审核

（1）建设项目工程量清单应依据相关工程量清单计量标准编制。全部使用国有资金投资或者以国有资金投资为主的建设项目，应当采用工程量清单计价和行业相关规程规定。非国有资金投资的建设项目，鼓励采用工程量清单计价。

（2）工程造价咨询机构按照《建设工程工程量清单计价规范》（GB 50500—2013）编制工程量清单时，如遇现行计算规范未规定的项目，可按补充项目进行编制。

（3）工程量清单的编制范围及内容、计量与计价依据及原则要求、主要材料及设备采购供应方式及定价原则、综合单价包含的内容描述、其他项目费用以及相关描述应与招标文件保持一致。

5. 最高投标限价的编制与审核

（1）最高投标限价的工程量应依据招标文件发布的工程量清单确定，最高投标限价的单价应采用综合单价。

（2）工程造价咨询机构编制的最高投标限价应客观反映市场真实价格，不得随意提高或降低。

（3）工程造价咨询机构应将最高投标限价与对应的单项工程综合概算或单位工程概算进行对比，出现实质性偏差时应告知委托人进行相应调整。

6. 清标

（1）工程造价咨询机构对于商务标的清标工作可采用初步分析或详细分析两种方式进行。

（2）工程造价咨询机构应向委托人出具清标报告。清标报告仅供委托人和评标专家评标时参考。

（四）工程建设阶段的工程造价咨询

1. 项目资金使用计划的编制

（1）工程造价咨询机构应根据发承包合同约定及项目实施计划编制项目资金使用计划。其中编制建筑安装工程费用资金使用计划时应依据施工合同和批准的施工组织设计，并与计划工期和工程款的支付周期及支付节点、竣工结算款支付节点相符。

（2）工程造价咨询机构应根据项目标段的变化、施工组织设计的调整、建设单位资金状况适时调整项目资金使用计划。

（3）工程造价咨询机构应根据由粗到细、由近期及远期、逐期调整的原则编制项目资金使用计划。

2. 工程计量与工程款审核

（1）工程造价咨询机构应根据工程施工或采购合同中有关工程计量周期及合同价款支付时点的约定，审核工程计量报告与合同价款支付申请，编制《工程计量与支付表》《工程预付款支付申请核准表》及《工程进度款支付申请核准表》。

（2）工程造价咨询机构应对承包人提交的工程计量结果进行审核，根据合同约定确定本期应付合同价款金额；对于发包人提供的甲供材料（设备）金额，应按照合同约定列入本期应扣减的金额中，并向委托人提交合同价款支付审核意见。

（3）工程造价咨询机构应对所咨询的项目建立工程款支付台账，编制《合同价与费用支付情况表（建安工程）》。工程款支付台账应按施工合同分类建立，其内容应包括当前累计已付工程款金额、当前累计已付工程款比例、未付工程合同价余额、未付工程合同价比例、预计剩余工程用款金额、预计工程总用款与合同价的差值、产生较大或重大偏差的原因分析等。

（4）工程造价咨询机构可接受委托对工程建设其他费用进行审核，并建立工程建设其他费用支付台账，编制《合同价与费用支付情况表（工程建设其他费用）》。工程建设其他费用支付台账应按其他费用合同分类建立，其内容应包括当前累计已支付费用金额、当前累计已付费用比例、未支付费用合同价余额、未支付费用合同价比例、预计剩余费用金额、预计总费用与合同价的差值、产生较大或重大偏差的原因分析等。

（5）工程造价咨询机构向委托人提交的工程款支付审核意见。

3. 询价与核价

（1）工程造价咨询机构可承担人工、主要材料或新型材料、设备、机械及专业工程等市场价格的咨询工作，并应出具相应的价格咨询报告或审核意见。

（2）工程造价咨询机构在确定或调整建筑安装工程的人工费时，应根据合同约定、相关工程造价管理机构发布的信息价格以及市场价格信息进行计算。对于主要材料或特殊新型材料、设备、机械及专业工程等相关价格的咨询与审核，应根据市场调查所获取的价格信息计算。

（3）对于因工程变更引起已标价工程清单项目或工程数量变化，应组织相应的核价工作。

（4）对采用工程量清单方式招标的专业工程暂估价、材料设备暂定价，工程造价咨询机构应对后续招标采购和直接采购材料或设备价格提供咨询意见。对于招标采购的，工程造价咨询机构应编制或审核专业工程暂估价项目的清单和最高投标限价；对于直接采购材料或设备的，工程造价咨询机构应通过对三家及以上同等档次并符合要求的材料设备供货商询价、比价，提供审核意见。

（5）工程造价咨询机构应依据国家及行业有关规定、相关执业标准及合同约定独立进行询价与核价工作。当遇有分歧意见时，应在委托人和意见分歧单位或相关利益方共同参加的前提下进行讨论，并有权保留自己的专业意见，拒绝其他人员无正当理由修改核价结果的要求，以及完成工作过程的记录。

4. 工程变更、工程索赔和工程签证审核

（1）工程造价咨询机构应按施工合同约定对工程变更、工程索赔和工程签证进行审核。当施工合同未约定或约定不明时，应按国家和行业的有关规定执行。

（2）工程造价咨询机构应在工程变更和工程签证确认前，对其可能引起的费用变化提出建议，并根据施工合同的约定对有效的工程变更和工程签证进行审核，计算工程变更和工程签证引起的造价变化，并计入当期工程造价。工程造价咨询机构对工程变更、工程签证认为签署不明或有疑义时，可要求施工单位、建设单位或监理单位予以澄清。

（3）工程造价咨询机构收到工程索赔费用申请报告后，应在施工合同约定的时间内予以审核，并应出具工程索赔费用审核报告或要求申请人进一步补充索赔理由和依据。

（4）工程造价咨询机构审核工程索赔费用后，应在签证单上签署意见或出具报告。

5. 合同期中结算、终止结算审核

（1）工程造价咨询机构对于工程实施阶段期中结算审核，应包括工程预付款和工程进度款支付的结算审核，以及单项工程或单位工程或规模较大的分部工程或标段工程完成后的结算审核。

（2）工程造价咨询机构对于工程实施阶段期中结算审核，应遵循合同约定并按国家和行业现行相关标准规范执行。

（3）经发承包双方签署认可的期中结算成果，应作为终止结算或竣工结算编制与审核的组成部分，无须再对该部分工程内容进行计量计价，但对于已完工程部分有变更或返修的除外。

（4）合同终止结算的编制与审核应按国家和行业现行相关标准规范执行。

6. 工程造价动态管理

（1）工程造价咨询机构可接受委托进行项目实施阶段的工程造价动态管理，并应提交动态管理咨询报告。

（2）工程造价咨询机构编制的工程造价动态管理报告应至少以单位工程为

单位对比相应概算，并根据项目需要与委托人商议确定编制周期，编制周期通常以季度、半年度、年度为单位。

(3) 工程造价咨询机构应与项目各参与方进行联系与沟通，并应动态掌握影响项目工程造价变化的信息情况。对于可能发生的重大工程变更应及时做出对工程造价影响的预测，并应将可能导致工程造价发生重大变化的情况及时告知委托人。

(五) 竣工验收阶段的工程造价咨询

1. 竣工结算编制

工程造价咨询机构编制竣工结算应针对不同的施工合同形式采用相应的编制方法，并符合下列规定：采用总价合同的，应在合同总价基础上，对合同约定可调整的内容及针对超过合同约定范围的风险因素进行调整；采用单价合同的，在合同约定风险范围内的综合单价应固定不变，并应按合同约定进行计量，且应按实际完成的工程量进行计量；采用成本加酬金合同的，应按合同约定的方法。

2. 竣工结算审核

工程竣工结算审核应采用全面审核法，不得采用重点审核法、抽样审核法或类比审核法等其他方法，工程造价咨询合同另有约定的除外。

3. 竣工决算编制

(1) 工程造价咨询机构可接受委托承担竣工决算的全部编制工作，也可承担竣工决算中的投资效果分析，交付使用资产表及明细表等报表部分的编制工作。

(2) 工程造价咨询机构承担竣工决算全部编制工作时，除应具备相应工程造价咨询资质、人员资格和质量管理等要求外，还应符合国家有关竣工决算的其他规定，与会计人员配合完成编制工作。

(3) 竣工决算应综合反映竣工项目从筹建开始至项目竣工交付使用为止的全部建设费用、投资效果以及新增资产价值。

4. 缺陷责任期修复费用监控

(1) 工程造价咨询机构可接受委托，承担项目缺陷责任期修复费用审核工作。

(2) 依据施工合同约定，在项目缺陷责任期内，对于承包人未能及时履行保修而发包人另行委托施工单位修复的工程，造价咨询机构按修复施工当时、当地建设市场价格予以审核。审核的相关修复费用由发承包双方确认后在项目质量保证金中扣除。

对于运营阶段的工程造价专业咨询，工程造价咨询机构可接受委托，承担项目运营期内项目维护与更新造价管理相关咨询工作。

二、工程造价全过程专业咨询的组织实施

(一) 工程造价全过程专业咨询的核心理念

工程造价咨询的专业性很强，在项目周期不同阶段的投资匡算、估算、概算、预算和决算等具有很强的内在关联性，对开展涵盖项目生命周期全过程的工程造价专业咨询有很强的需求。承担全过程工程造价专业咨询服务的工程造价专业咨询机构，应对其所承担的工程造价专业咨询项目实施有效的组织管理，对其咨询工作中涉及的基础资料的收集、归纳和整理，各类成果文件的编制、审核、审定和修改，成果文件的提交、归档等，建立完善的管理制度，发挥项目周期全过程工程造价把关的专业作用。

(二) 工程造价全过程专业咨询业务的委托及质量管控

1. 业务委托

(1) 工程造价咨询应签订书面咨询合同，合同文本应选择国家现行的《建设工程造价咨询合同（示范文本）》。合同中应明确工程造价咨询服务的内容，范围，双方的义务、权利、责任、服务周期、服务酬金、支付方式及成果文件表现形式等要求。

(2) 全过程工程造价咨询机构应按委托咨询合同要求出具成果文件，并应在成果文件或需其确认的相关文件上签章，承担合同主体责任。造价工程师和造价员应在各自完成的成果文件上签章，承担相应责任。

2. 质量管控

(1) 工程造价咨询机构应针对工程咨询业务特点建立质量管理体系，并应通过流程控制、企业标准等措施保证工程造价咨询质量。

（2）工程造价咨询机构提交的各类成果文件应由编制人编制，并应由审核人、审定人进行二级审核。

（3）承担咨询业务的编制人应审核委托人提供书面资料的完整性、有效性、合规性，并应对自身所收集的工程计量、计价基础资料和编制依据的全面性、真实性和适用性负责，按工程造价咨询合同的要求，编制工程造价咨询成果文件，并整理好工作过程文件。

（4）承担咨询业务的审核人应审核委托人提供书面资料的完整性、有效性、合规性；应审核编制人使用工程计量、计价基础资料和编制依据的全面性、真实性和适用性，并应对编制人的工作成果进行一定比例的复核，完善工程造价咨询成果文件，并整理好工作过程文件。

（5）承担咨询业务的审定人应审核委托人提供书面资料的完整性、有效性、合规性，应审核编制人及审核人所使用工程计量、计价基础资料和编制依据全面性、真实性和适用性，并应依据工程经济指标进行工程造价的合理性分析，对工程造价咨询质量进行整体控制。

（6）工程造价咨询机构应在工程造价咨询成果文件的封面（或内封）、签署页签章。承担工程造价咨询项目的编制人、审核人、审定人应在工程造价咨询成果文件的签署页及汇总表上签章，并应在其所有承担的咨询业务文件的明细表上署名。

（三）工程造价全过程专业咨询与其他咨询业务的衔接配合

1. 项目策划阶段

工程造价咨询与投资决策咨询相互配合，应根据委托合同要求，配合勘察设计单位、施工单位做好方案比选、优化设计和限额设计，以及利用价值分析等方法，提出合理决策和设计方案的建议。工程造价咨询机构在参与优化设计时，应依据有关技术经济资料，对设计方案提出优化设计建议与意见，通过设计招标、方案竞选、深化设计等措施，使技术方案更加经济合理。工程造价咨询机构参与限额设计时，应配合设计单位，按项目实施内容和标准进行投资分解和投资分析，通过有关技术经济指标分析，确定合理可行的建设标准及限额。

2. 施工准备阶段

配合招标及合同咨询做好工程量清单编制与审核、最高投标限价编制与审核等工作，与设计团队配合做好施工图预算编制与审核等工作。

3. 施工阶段

与设计、项目管理、监理等咨询工作配合，实施工程计量支付、工程款审核支付等咨询，提出资金后续使用计划建议。配合设计、施工做好设计费用变化的深化设计、工程洽商、变更等咨询工作。

4. 竣工验收阶段

参与验收工作，与项目管理、监理等咨询工作配合做好验收管理咨询工作，组织实施相关造价鉴定及竣工结（决算）算、审计等咨询工作。

5. 运营阶段

与运营咨询机构相互配合，承担项目运营期内项目维护与更新造价管理相关咨询工作。

第三节　工程招标采购及合同管理全过程专业咨询

一、工程招标采购及合同管理全过程专业咨询的主要任务

（一）工程招标采购及合同管理全过程专业咨询的主要内容

1. 工程招标采购及合同管理全过程专业咨询的主要依据

(1)《中华人民共和国建筑法》。

(2)《中华人民共和国招标投标法》。

(3)《建设工程施工合同纠纷司法解释》。

(4)《中华人民共和国招标投标法实施条例》。

(5)《中华人民共和国政府采购法》。

(6)《建设项目工程总承包合同示范文本》。

(7)《建设工程勘察合同（示范文本)》。

(8)《建设工程设计合同（示范文本)》。

(9)《建设工程施工合同（示范文本)》。

(10)《建设工程施工专业分包合同（示范文本）》。

(11)《建设工程施工劳务分包合同（示范文本）》。

(12)《建设工程监理合同（示范文本）》。

(13)《建设工程造价合同（示范文本）》。

(14)《建设工程招标代理合同（示范文本）》。

(15) 全过程咨询合同。

(16) 建设项目工程资料等。

2. 工程招标采购及合同管理全过程专业咨询的主要内容

(1) 开展招标策划工作。

(2) 协助落实招标采购条件。

(3) 组织编制或审核招标采购计划。

(4) 组织潜在投标单位的考察管理。

(5) 组织编制招标采购前期准备文件。

(6) 监督和管理招标采购实施过程。

(7) 参与合同谈判和签订工作。

(8) 合同签订后管理咨询工作。主要是对合同签订以后的执行情况进行管理，以确保合同当事人的工作是按合同约定的范围、计划、支付条款等程序完成的，同时也包括双方对合同交底、履行及合同跟踪与诊断、合同变更与索赔等的管理，直至合同终止。

3. 工程招标采购及合同管理全过程专业咨询内容深度要求

(1) 招标采购及合同管理咨询工作应确保实施过程符合法律、法规及地方管理规定等要求。

(2) 招标采购及合同管理咨询工作应符合有关合同、设计文件所规定的技术、质量和服务标准。

(3) 招标采购及合同管理咨询工作应符合项目进度、安全、环境和成本管理要求。

(4) 招标采购及合同管理咨询工作充分发挥全过程工程咨询服务优势，保持全过程咨询服务各阶段服务的一致性及协调性、准确性、满足项目各阶段实体工作的需求。

（二）工程策划阶段的招标采购及合同管理咨询

1. 策划阶段招标采购管理

策划阶段招标采购的内容主要是对招采工作进行整体策划，列明各阶段招标采购工作进度及质量要求，形成招标采购管理工作总体计划。

（1）招标采购内容界面的划分。包括但不限于：是否为依法必须招标的实施内容，复合资金项目不同资金的招标采购内容范围，工程总承包实施范围与其他实施内容，施工总承包与各专业分包之间，各专业分包内容之间，各标段（标包），设备、材料的采购内容、采购批次的划分等。

（2）确定招标采购方式或发包方式。确定需要以招标方式及可以使用招标以外的方式进行采购或发包的内容、总体合同划分及合同的大致数量，同时列明判定依据。

（3）招标采购进度计划的策划。招标采购工作计划应当包括阶段明确、清晰、完整的招标采购进度目标或进度计划。

（4）各个招标采购内容的采购预算控制及综合投资目标策划。策划应确定具体招标采购内容的招标采购上限控制金额。不能确定金额的，应当确定控制系数。

（5）各个分项招标采购内容的合同条件策划。策划应确定每个独立招标采购内容适用的合同文本，并完成合同条件风险识别及应对条款编制。

（6）招标采购工作目标的制定。包括但不限于：文件合规性目标、行为合规性目标、进度目标、预算限额目标。

特别要注意，该阶段招标采购工作主要集中于投资机会研究、市场调研、可行性研究报告（项目建议书）、节能评估、环境评价、安全预评价、水土保持方案、地质灾害危险性评估、交通影响评价等方面，对于不属于强制招标范围的招标采购可根据项目特点采取邀标、指定发包等形式进行灵活处理。

2. 策划阶段合同管理

策划阶段主要涉及的合同有①总体规划咨询合同；②专项规划咨询合同；③区域规划咨询合同；④项目投资机会研究咨询合同；⑤项目建议书咨询合

同；⑥项目可行性研究报告咨询合同；⑦项目申请报告咨询合同；⑧专题研究报告（市场研究、行业分析、厂址选择等）咨询合同；⑨政府和社会资本合作（PPP）专项研究咨询合同；⑩环境影响评价咨询合同；⑪全过程咨询合同；⑫概念设计合同；⑬招标代理合同；⑭项目管理合同；⑮造价咨询合同；⑯其他合同。

策划阶段合同管理咨询工作重点：①签订全过程咨询合同，明确合同管理咨询职责；②收集必要的工程相关资料；③进行必要的现场调研；④建立标准合同管理制度及程序，明确合同相关各方的工作职责、权限和工作流程，明确合同关于工期、造价、质量、安全等事项的管理流程与时限等，确保建设项目有序进行；⑤及时开展合同备案及归档工作。

（三）施工准备阶段的招标采购及合同管理咨询

1. 施工准备阶段招标采购管理

施工准备阶段招标采购的内容主要是工程勘察、设计、施工（总包、分包）、工程监理、项目管理等。此阶段招采管理的重点：①认真审核工程设计图纸，明确招标范围；②编制严谨的工程量清单，选择合适的合同计价形式；③规范招标程序，选择合适的承包商；④拟定责权利平衡的合同条件。

2. 施工准备阶段合同管理

施工准备阶段主要涉及的合同：①全过程咨询合同；②招标代理合同；③项目管理合同；④造价咨询合同；⑤监理咨询合同；⑥勘察设计合同；⑦工程施工合同；⑧其他合同。

施工准备阶段合同管理咨询工作重点：①协助建设单位组织各类合同的谈判、制定、评审及签订等工作；②重点关注合同中关于投资估算、概算的内容，单独或协同相关方做好概算评审、设计评审等工作；③重点关注合同中关于工程投资（预算、结算、决算）、安全、质量、进度的内容；④重点关注施工合同中关于合同变更及争端处理的内容，做好相应条款制定及咨询工作；⑤及时开展合同备案及归档工作。

（四）工程建设阶段的招标采购及合同管理咨询

1. 建设阶段的招标采购管理

建设阶段招标采购的内容主要是施工及工艺主要设备和材料、专业及劳务分包、工程监测、风险管理等。应重点关注主要设备材料的招标采购，特别是对供方较少、要求较高、涉及“四新”（新技术、新工艺、新材料、新设备）或进口的重要设备、材料，招标采购工作要提前筹划，做好市场询价、实地考察等工作，选定最优招标采购模式，确保工程顺利实施。

2. 建设阶段的合同管理

建设阶段主要涉及的合同：①全过程咨询合同；②勘察设计合同；③工程施工合同；④施工分包合同；⑤劳务分包合同；⑥项目管理合同；⑦造价咨询合同；⑧监理咨询合同；⑨设备、材料采购合同；⑩第三方监测合同；⑪其他合同。

建设阶段合同管理咨询工作重点：①监督参建各方对合同的实施情况；②重点关注合同中关于工程投资（预算、结算、决算）、安全、质量、进度的实施情况，如有偏离应及时分析原因，采取针对性措施进行纠偏；③处理涉及合同变更、终止的相关工作；④及时开展合同备案及归档工作。

（五）竣工验收阶段的招标采购及合同管理咨询

1. 竣工验收阶段的招标采购管理

竣工验收阶段招标采购的内容主要是编写招标采购总结报告、运营需要的招标采购准备工作。工作重点是分析总结已实施招标采购的经验得失，形成总结报告，并为运营阶段的招标采购工作提出相关建议。

2. 竣工验收阶段的合同管理

竣工验收阶段主要涉及的合同：①全过程咨询合同；②所有咨询类合同（项目建议书、可行性研究报告、专项研究、项目管理、监理、造价、勘察设计等合同）；③所有施工类合同（施工、施工分包、劳务分包、设备、材料等合同）；④所有施工中第三方服务合同（监测、风险管理、信息化等合同）；⑤其他合同。

竣工验收阶段合同管理咨询工作重点：①全面梳理分析各方合同履行情况，针对未解决的合同问题，采取措施，组织责任单位进行沟通，逐条销项；②对达成共识有困难的合同问题，及时协调各方关系，组织各方加强沟通，并提供专业咨询意见，尽力促成问题解决。经协调仍无法达成共识的问题，建议相关方按照合同争端条款采取后续措施；③编写合同咨询工作总结或报告，报送建设单位；④及时开展合同备案及归档工作。

（六）运营阶段的招标采购及合同管理咨询

1. 运营阶段的招标采购管理

运营阶段招标采购的内容主要是运营维护、物业、计算机网络或信息安全设备、环保、二次装修或修缮、建筑物清洁、合同能源管理、环境服务；存储、档案、信息系统集成、场地租赁、商务服务、资产及其他评估；改扩建及拆除相关招标采购等。重点工作是补充相关专业招标采购人员（如酒店运营、会展运营等），并根据项目运营特点的不同细化各专业招标采购控制要点，采取不同的招标采购策略。

2. 运营阶段的合同管理

运营阶段主要涉及的合同：①全过程咨询合同；②运营相关合同（水电气供用合同、对外租售合同、产品及技术采购合同、资产管理合同等）；③其他合同。

运营阶段合同管理咨询工作重点：①结合项目属性及运营特点，全面梳理分析工作特点，制定工作计划；②及时识别、评价可能的合同问题，及时协调各方关系，组织各方加强沟通，并提供专业咨询意见，尽力促成问题解决；③编写合同咨询工作总结或报告，报送建设单位；④及时开展合同备案及归档工作。

二、工程招标采购及合同管理全过程专业咨询的组织实施

（一）工程招标采购及合同管理全过程专业咨询的核心理念

工程招标采购及合同管理的全过程专业咨询，聚焦工程商务的专业咨询活动，着眼于项目周期全过程，授权工程项目招投标及合同管理的全过程专业咨询机构，在项目全寿命周期各阶段，通过集成化的招标采购及合同管理，组织协调各方关系，实施一系列招标采购及合同管理咨询工作，提高招标采购工作效率，强调专业性咨询服务，可以有效保证项目招标采购及合同管理的目标实现。

（二）工程招标采购及合同管理全过程专业咨询业务的委托及质量管理

1. 业务委托

(1) 全过程工程招标采购及合同管理咨询工作应签订书面咨询合同，合同

文本应选择国家或行业已有的合同示范文本，或者由合同双方协商确定合同条款。合同中应明确工程招标采购及合同咨询服务的内容、范围、双方的义务、权利、责任、服务周期、服务酬金、支付方式及成果文件表现形式等要求。

（2）全过程工程招标采购及合同管理咨询机构应按委托咨询合同要求出具成果文件，并应在成果文件或需其确认的相关文件上签章，承担合同主体责任。具体招标采购及合同咨询工作人员应在各自完成的成果文件上签章，承担相应责任。

2. 全过程合同管理咨询质量管控要点

（1）招标采购策划应遵循有利于充分竞争、控制造价、满足项目建设进度要求以及招投标工作顺利有序的原则进行。

（2）全过程工程招标采购及合同管理咨询机构按照国家现行的有关规定和标准、规范、示范文本等编制招标文件时，应结合招标项目的特点和需要。

（3）全过程工程招标采购及合同管理咨询机构按照《建设工程工程量清单计价规范》(GB 50500—2013)编制工程量清单时，如遇现行计算规范未规定的项目，可按补充项目进行编制。

（4）全过程工程招标采购及合同管理咨询机构对最高投标限价的编制与审核应符合现行的相关标准规范规程等要求。

（5）全过程工程招标采购及合同管理咨询机构按照《中华人民共和国招标投标法》和《中华人民共和国招标投标法实施条例》等法律法规规定的程序，遵循公开、公平、公正和诚实守信的原则，完成项目的招标过程管理。

（6）全过程工程招采及合同管理咨询机构在招标采购及合同管理过程中需要与各阶段服务工作团队之间深度沟通招投标相关要求。

（7）全过程工程招标采购及合同管理咨询机构在项目实施过程中，主要负责人及其主要专业负责人负责对招标采购过程文件与归档成果文件进行管理。

（8）全过程工程招标采购及合同管理咨询机构应履行涉及招采及合同的保密义务。

（9）全过程工程招标采购及合同管理咨询机构应根据项目实际情况，依据现行的合同示范文本，科学合理拟订项目合同条款，组织合同签订，并做好合同签订后的动态管理工作。

（三）工程招标采购及合同管理全过程专业咨询与其他咨询业务的衔接配合

1. 项目策划阶段

与各咨询方一起了解项目基本资料，明确涉及项目的相关招标采购及合同需求，明确整体工作计划，提供专业咨询意见。

2. 施工准备阶段

与各咨询方一起，进行招标采购及合同管理的建章立制工作，完成相关招标采购及合同的谈判、制定、评审及签订等工作。

3. 施工阶段

与造价、项目管理、监理等咨询工作配合，开展施工阶段的设备材料招标采购及合同管理工作，重点配合造价、项目管理、监理等完成合同条款的落实、变更、争端处理等工作。

4. 竣工验收阶段

根据合同条款的整体实施情况，配合各咨询方参与验收工作，提出招标采购及合同管理方面的专业咨询意见。

5. 运营阶段

配合业主实施项目运营期内项目招标采购及合同管理相关咨询工作。

第四节　工程投融资全过程专业咨询

一、工程投融资全过程专业咨询的主要任务

（一）工程投融资全过程专业咨询的主要内容

1. 工程投融资全过程专业咨询的主要依据

（1）《中共中央国务院关于深化投融资体制改革的意见》（中发〔2016〕18号）。

（2）《中共中央 国务院关于防范化解地方政府隐性债务风险的意见》（中发〔2018〕27号）。

（3）《中共中央办公厅 国务院办公厅关于印发〈地方政府隐性债务问责办

法〉的通知》(中办发〔2018〕46号)。

(4)中共中央 国务院办公厅《关于加强国有企业资产负债约束的指导意见》。

(5)《国家发展改革委 住房城乡建设部关于推进全过程工程咨询服务发展的指导意见》(发改投资规〔2019〕515号)。

(6)《住房城乡建设部关于开展全过程工程咨询试点工作的通知》(建市〔2017〕101号)。

(7)《国家发展改革委关于开展政府与社会资本合作的指导意见》(发改投资〔2014〕2724号)。

(8)《关于推广运用政府和社会资本合作模式有关问题的通知》(财金〔2014〕76号)。

(9)《关于在企业债券领域进一步防范风险加强监管和服务实体经济有关工作的通知》(发改办财金〔2017〕1358号)。

(10)2017年《关于进一步规范地方政府举债融资行为的通知》(财预〔2017〕50号)。

(11)《商业银行委托贷款管理办法》(银监发〔2018〕2号)。

(12)《关于进一步增强企业债券服务实体经济能力 严格防范地方债务风险的通知》(发改办财金〔2018〕194号)。

(13)《关于规范金融企业对地方政府和国有企业投融资行为有关问题的通知》(财金〔2018〕23号)。

(14)《关于规范金融机构资产管理业务的指导意见》(简称"资管新规")(银发〔2018〕第106号)。

(15)《关于进一步加强政府和社会资本合作(PPP)示范项目规范管理的通知》(财金〔2018〕54号)。

(16)《关于完善市场约束机制 严格防范外债风险和地方债务风险的通知》(发改外资〔2018〕706号)。

(17)《关于做好地方政府专项债券发行工作的意见》(财库〔2018〕72号)。

（18）《关于加强规范资产管理业务过渡期内信托监管工作的通知》（信托函〔2018〕37号）。

（19）《关于支持优质企业直接融资　进一步增强企业债券服务实体经济能力的通知》（发改财金〔2018〕1806号）。

2. 工程投融资全过程专业咨询的主要内容

工程项目的投融资全过程专业咨询，就是立足于项目周期全过程，从项目决策、准备、实施、竣工验收到运营及再融资的各个阶段为工程项目提供投融资专业咨询服务，包括项目投资决策算、融资方式选择、融资方案策划、融资谈判和融资方案执行等各项工作。

3. 工程投融资全过程专业咨询的内容深度要求

（1）投融资咨询成果文件报告应达到内容齐全、数据准确、论据充分、结论明确的要求，以满足决策者确定投融资模式的需要。

（2）投融资咨询要以市场为导向，围绕增强核心竞争力做工作，以经济效益或投资效果为中心，最大限度地优化方案，提高投资效益或效果。对项目可能的风险作出必要的提示。

（3）决策阶段的投融资方案，应有两个以上方案的比选。

（4）融资方案应能满足项目资金筹措及使用计划对投资数额、时间和币种的要求，并能满足银行等金融机构信贷决策的需要。

（5）投融资方案的实施情况应与工程进展情况相一致。

（6）投融资咨询成果文件应符合国家、行业、地方或公司有关法律、法规和政策，符合投资方或业主有关规定和要求。

（二）工程策划阶段的投融资咨询

1. 投资决策分析

项目投资决策的做出，需要进行周密专业的前期论证，包括宏观经济背景的分析、产业环境的判断以及项目的竞争力分析、开展系统深入的可行性研究等。

2. 融资决策分析

在项目投资可行性研究的基础上，策划融资方案，并对资金筹措渠道及方式的可行性进行研究。

（三）施工准备阶段的投融资咨询

1. 确定融资结构及融资方案

全面研究项目的融资结构和信用安排，研究融资条件，测算融资成本，分析实际融资条件的变化及其对项目财务可行性的影响。对项目融资风险进行全面分析和判断，确定项目的债务承受能力，明确项目融资结构，设计出切实可行的融资方案。

2. 融资谈判

在确定项目融资方案的基础上，协助项目业主开展融资谈判，包括起草项目融资的有关文件。项目投融资全过程专业咨询机构应充分发挥自身的专业优势，提升项目投资者的谈判地位，保护投资者的利益，并在谈判陷入僵局时，及时灵活地找出适当的变通办法，绕过难点解决问题，提出切实可行的解决方案，并最终签订融资协议。

（四）工程项目实施阶段的投融资咨询

1. 工程建设阶段的投融资咨询

在正式签署项目融资的法律文件之后，项目融资将进入其执行阶段。在传统的融资方式中，一旦进入贷款的执行阶段，借贷双方的关系就变得相对简单明了，借款人只要求按照贷款协议的规定提款和偿还贷款的利息和本金。然而，在项目的建设期，贷款银团经理人将根据融资文件的规定，经常性地监督项目的建设进展，参与部分项目工作的决策程序，根据资金预算和建设日程表，安排贷款的提取。如果融资协议包括多种货币贷款的选择，银团经理人可以为项目投资者提供各种资金安排上的策略性建议。

2. 竣工验收阶段的投融资咨询

项目竣工验收阶段，项目融资全过程工程咨询机构应将工程整体情况与投融资进度进行综合比较，分析是否一致，若存在问题，应尽快查明原因，提出纠偏措施。若保持一致，则将重点放到竣工结算、保修等方面。在项目的试生产期，银团经理人监督项目试生产情况，将实际的项目生产成本数据和技术指标与其融资文件的规定指标进行比较，确认项目是否达到了融资文件规定的完工标准。

3. 项目运营阶段的投融资咨询

在项目的正常运行期，项目的投资者所提供的完工担保将被解除，贷款的偿还将主要地依赖于项目本身的现金流量。银团经理人将按照融资文件的规定管理全部或一部分项目的现金流量，以确保债务的偿还。与之相对应的，就是已建成投产的基建项目需要再度进行评估、咨询再融资工作。项目投融资全过程专业咨询机构可以继续提供专业咨询服务，协助业主降低再融资的各项风险，策划再融资方案，并从实现再融资的角度对项目进行整体评判，尽快实现项目业主收回资金的目标。

二、工程投融资全过程专业咨询的组织实施

（一）工程投融资全过程专业咨询的核心理念

要强调投融资咨询应贯穿于项目周期的全过程，为项目业主提供全方位专业咨询服务，实现项目风险的合理分担，尽可能降低融资成本，处理好项目投资者的近期融资战略和远期融资战略的关系，确保提升项目的可融资性。

（二）工程投融资全过程专业咨询业务的委托及质量管控

1. 业务委托

（1）投融资咨询工作应签订书面咨询合同，合同文本应选择国家或行业已有的合同示范文本，或者由合同双方协商确定合同条款。合同中应明确工程投融资咨询服务的内容、范围、双方的义务、权利、责任、服务周期、服务酬金、支付方式及成果文件表现形式等要求。

（2）全过程投融资咨询机构应按委托咨询合同要求出具成果文件，并应在成果文件或需其确认的相关文件上签章，承担合同主体责任。投融资咨询工作主要负责人应在各自完成的成果文件上签章，承担相应责任。

2. 全过程投融资咨询质量管控要点

（1）项目必须符合国家的产业政策。对项目进行整体评估，项目应符合国家、地方及行业的有关发展政策。

（2）投融资咨询应当提供具有贯穿项目建设全寿命周期的总体咨询计划，咨询计划应具有良好的可操作性。

（3）使投融资相关方充分了解投资风险，包括市场风险、环境风险、税收风险、法律风险、不可抗力等。

（4）保证项目各方面手续办理及时。在项目的每一阶段，咨询机构在最短的时间内协助业主完备项目在土地、规划、环保等方面的手续，避免因手续问题影响投融资的正常进展。

（5）定期评估投融资执行情况。咨询机构应根据项目不同阶段的特点，对投融资实施情况进行检查、评估，对发现的问题及时分析，提出针对性的纠偏措施，促进投融资工作的顺利推进。

（6）明确投融资合同期满处理方式。工程项目投融资与传统的投融资模式不同，因为涉及合同时间较长、各方合同关系较复杂等因素，必须在明确整体融资模式的基础上，对合同期满的处理方式等作出明确而清晰的规定，避免因规定不明确导致投融资单位未达到合同规定的收益。

（三）工程投融资全过程专业咨询与全过程工程咨询其他业务的衔接配合

1. 项目策划阶段

配合投资决策咨询，开展项目建议书、可行性研究报告、项目申请报告等咨询工作，为项目投融资决策提供专业咨询意见。

2. 施工准备阶段

与投融资决策咨询、造价咨询、项目管理、工程监理等咨询业务相互配合，确定投资概算，设计出切实可行的融资方案，与合同管理咨询业务配合，组织签订融资协议。

3. 施工阶段

与造价、项目管理、监理等咨询工作配合，监督施工阶段的资金落实情况。

4. 竣工验收阶段

与各咨询业务配合，总结资金使用情况及融资协议落实情况，配合参与验收工作，提出投融资管理方面的专业咨询意见。

5. 项目运营阶段

与投融资决策咨询、项目管理、后评价等咨询业务配合，组织实施资本运营及再融资专业咨询工作。

第五节 全过程项目管理专业咨询及综合集成

一、全过程项目管理与全过程工程咨询的关系

(一) 全过程项目管理与全过程工程咨询的区别

1. 定义不同

《建设工程项目管理规范》(GB/T 50326—2017) 对项目管理的定义：运用系统的理论和方法，对建设工程项目进行的计划、组织、指挥、协调和控制等专业化活动。《工程咨询行业管理办法》(中华人民共和国国家发展和改革委员会令第 9 号) 对全过程工程咨询的定义：采用多种服务方式组合，为项目决策、实施和运营持续提供局部或整体解决方案以及管理服务。表面来看，全过程项目管理与全过程咨询都提供项目全过程的咨询服务，但目前国内项目实践表明，全过程工程咨询被认为是涵盖了投资决策及工程建设阶段的各项咨询工作，更多的是强调解决方案 (整体或局部)，可以承担设计、监理、造价等工作，也可以承担相应管理工作，但项目管理更多的是强调管理协调，较少直接承接设计、监理、造价等工作。

2. 业务范围不同

全过程工程咨询涵盖了项目投资决策、实施和运营全寿命周期，而全过程项目管理的重点是在项目实施阶段，决策阶段的项目管理也基本上以项目报批管理为主，其他方面涉及较少。当然，国际上的项目管理与我国项目管理存在较大区别，国际上的项目管理也是强调全寿命周期管理。

3. 资质要求不同

国内对于项目管理单位和个人没有具体的资质要求，但关于全过程工程咨询的众多文件均有类似规定：全过程咨询机构提供勘察、设计、监理或造价咨询服务时，应当具有与工程规模及委托内容相适应的资质条件。

4. 行业管理不同

全过程项目管理的行业主管部门主要是住建系统，全过程咨询除要接受住建部系统的管理，还要接受发展改革部门的管理。

（二）全过程项目管理与全过程工程咨询的联系

1. 理论层面

从《项目管理知识体系指南》（PMBOOK 指南）、《建设工程项目管理规范》（GB/T 50326）一系列文件来看，项目管理工作的范围和内容基本涉及了项目建设的全过程，与全过程工程咨询内容类似。

2. 实践层面

近年来的全过程工程咨询出现了“1＋N”“1＋1＋N”等多种业务模式，其中最主要的第一个“1”都是项目管理。这说明在工程项目的实践中，项目参建各方基本上认可了项目管理在工程实施阶段工程咨询工作中的关键地位和作用。

（三）全过程项目管理与全过程工程咨询的协调配合

社会各界对全过程工程咨询及项目管理的定义和模式还未完全达成一致意见，对项目管理在全过程工程咨询中的地位和作用存在不同看法，因此全过程工程咨询和全过程项目管理应进一步协调，共同促进全过程咨询的高质量发展。

1. 业主充分授权

今后的工程建设主体会越来越多元化，作为投资方（业主）不可能熟悉项目建设的每个阶段的情况，应充分授权给全过程工程咨询机构，发挥全过程咨询的优势，提高建设及投资效率，实现共赢。

2. 全过程工程咨询机构全面提升业务能力

全过程工程咨询的推进离不开咨询机构的参加，作为为业务提供全过程咨询服务的一方，理应全面优化自身的人才队伍，提升全过程咨询服务能力，用好的服务赢得业主信赖。

3. 强化全过程项目管理的核心地位

全过程项目管理对项目的质量、进度、投资、安全及功能目标的全面、完整实现起到决定性作用，也是进行项目建设的关键环节，这就决定了项目管理工作在整个项目建设工作中的核心地位。全过程工程咨询实践中应进一步推进项目管理的核心地位和作用，在咨询服务的阶段、内容、模式上积极探索，不断累积经验，促进全过程工程咨询的健康发展。

二、工程项目管理全过程专业咨询的主要任务

（一）工程项目管理全过程专业咨询的主要内容

1. 工程项目管理全过程专业咨询的主要依据

(1)《中华人民共和国合同法》。

(2)《中华人民共和国建筑法》。

(3)《中华人民共和国招标投标法》。

(4)《中华人民共和国安全生产法》。

(5)《建设工程施工合同纠纷司法解释》。

(6)《中华人民共和国招标投标法实施条例》。

(7)《建设工程质量管理条例》(国务院令第 279 号)。

(8)《建设工程安全管理条例》(国务院令第 393 号)。

(9)《关于完善质量保障体系 提升建筑工程品质的指导意见》(国办函（2019）92 号)。

(10) 关于《征求在民用建筑工程中推进建筑师负责制指导意见》[征求意见稿）意见的函（建市设函〔2017〕62 号]。

(11)《建筑工程施工质量统一验收规范》(GB 50300)。

(12)《建设工程项目管理规范》(GB/T 50326)。

(13)《建设工程监理规范》(GB/T 50319)。

(14) 全过程工程咨询合同。

(15) 建设项目工程资料等。

2. 项目管理全过程专业咨询的主要内容

(1) 项目全过程的组织协调工作。

(2) 投资决策阶段的管理咨询工作（项目建议书、可行性研究报告等)。

(3) 工程勘察设计咨询协调管理（勘察、概念设计、方案设计、初步设计、施工图设计、深化设计、专项设计等)。

(4) 报批报建。

(5) 招标采购管理。

(6) 合同管理。

(7) 投资管理。

(8) 进度管理。

(9) 质量管理。

(10) 安全生产管理。

(11) 沟通管理。

(12) 绿色、节能、环保管理。

(13) 信息和资料管理。

(14) 项目整体风险评估和管理。

(15) 收尾管理。

(16) 项目移交运维管理。

(17) 项目后评估管理。

(18) 其他管理咨询事项。

(二) 项目管理全过程专业咨询的内容深度要求

1. 一般规定

(1) 全过程项目管理咨询机构应识别项目需求和项目范围，根据自身项目管理能力、相关方约定及项目目标之间的内在联系，确定项目管理目标。

(2) 全过程项目管理咨询机构应遵循策划、实施、检查、处置的动态管理原理，确定项目管理流程，建立项目管理制度，实施项目系统管理，持续改进管理绩效，提高相关方满意水平，确保实现项目管理目标。

2. 项目范围管理

(1) 全过程项目管理咨询机构应确定项目范围管理的工作职责和程序。

(2) 项目范围管理的过程应包括下列内容：①范围计划；②范围界定；③范围确认；④范围变更控制。

(3) 全过程项目管理咨询机构应把项目范围管理贯穿于项目管理的全过程。

3. 全过程项目管理流程

(1) 项目管理机构应按项目管理流程实施项目管理。全过程项目管理流程应包括启动、策划、实施、监控和收尾过程，各个过程之间相对独立，又相互联系。

(2) 启动过程应明确项目概念，初步确定项目范围，识别影响项目最终结果的内外部相关方。

(3) 策划过程应明确项目范围，协调项目相关方期望，优化项目目标，为实现项目目标进行项目管理规划与项目管理配套策划。

(4) 实施过程应按项目管理策划要求组织人员和资源，实施具体措施，完成项目管理策划中确定的工作。

(5) 监控过程应对照项目管理策划，监督项目活动，分析项目进展情况，识别必要的变更需求并实施变更。

(6) 收尾过程应完成全部过程或阶段的所有活动，正式结束项目或阶段。

4. 全过程项目管理制度

(1) 全过程项目管理咨询机构应建立项目管理制度。项目管理制度应包括下列内容：①规定工作内容、范围和工作程序、方式的规章制度；②规定工作职责、职权和利益的界定及其关系的责任制度。

(2) 全过程项目管理咨询机构应根据项目管理流程的特点，在满足合同和发展需求条件下，对项目管理制度进行总体策划。

(3) 全过程项目管理咨询机构应根据项目管理范围确定项目管理制度，在项目管理各个过程规定相关管理要求并形成文件。

(4) 全过程项目管理咨询机构应实施项目管理制度，建立相应的评估与改进机制。必要时，应变更项目管理制度并修改相关文件。

5. 全过程项目管理的系统管理

(1) 全过程项目管理咨询机构应识别影响项目管理目标实现的所有过程，确定其相互关系和相互作用，集成项目寿命期阶段的各项因素。

(2) 明确全过程项目管理咨询的系统管理方法，包括：①系统分析；②系统设计；③系统实施；④系统综合评价。

(3) 全过程项目管理咨询机构在项目管理过程中应用系统管理方法，应符合下列规定：①在综合分析项目质量、安全、环保、工期和成本之间内在联系的基础上，结合各个目标的优先级，分析和论证项目目标，在项目目标策划过程中兼顾各个目标的内在需求；②对项目投资决策、招投标、勘察、设计、采购、施工、试运行进行系统整合，在综合平衡项目各过程和专业之间关系的基础上，实施项目系统管理；③对项目实施的变更风险进行管理，兼顾相关过程需求，平衡各种管理关系，确保项目偏差的系统性控制；④对项目系统管理过程和结果进行监督和控制，评价项目系统管理绩效。

6. 项目相关方管理

（1）全过程项目管理咨询机构应识别项目的所有相关方，了解其需求和期望，确保项目管理要求与相关方的期望相一致。

（2）全过程项目管理咨询机构的项目管理应使顾客满意，兼顾其他相关方的期望和要求。

（3）全过程项目管理咨询机构应通过实施下列项目管理活动使相关方满意：①遵守国家有关法律法规；②确保履行工程合同要求；③保障健康和安全，减少或消除项目对环境造成的影响；④与相关方建立互利共赢的合作关系；⑤构建良好的全过程项目管理咨询机构内部环境；⑥通过相关方满意度的测评，提升相关方管理水平。

7. 项目管理持续改进

（1）全过程项目管理咨询机构应确保项目管理的持续改进，将外部需求与内部管理相互融合，以满足项目风险预防和业主整体发展需求。

（2）全过程项目管理咨询机构应在内部采用下列项目管理持续改进的方法：①对已经发现的不合格情形采取措施予以纠正；②针对不合格的原因采取纠正措施予以消除；③对潜在的不合格原因采取措施防止不合格的发生；④针对项目管理的增值需求采取措施予以持续满足。

（3）全过程项目管理咨询机构应在过程实施前评审各项改进措施的风险，以保证改进措施的有效性和适宜性。

（4）全过程项目管理咨询机构应对员工在持续改进意识和方法方面进行培训，使持续改进成为员工的岗位目标。

（5）全过程项目管理咨询机构应对项目管理绩效的持续改进进行跟踪指导

和监控。

三、项目周期不同阶段的项目管理咨询

（一）工程策划阶段的项目管理咨询

1. 总体策划

项目管理咨询机构在策划阶段应编写项目管理服务大纲及细则。大纲是项目管理咨询服务工作中，具有战略性、全局性和宏观性的指导文件。实施细则应结合不同类型建设项目的特点，具有可操作性，并随项目的推进进行补充和细化。

主要工作内容：①论证并确定项目建设目标；②策划组织模式；③确定项目管理咨询范围；④建立健全项目管理制度体系；⑤组织编制项目建议书、可行性研究报告、环境影响评价、节能评估、安全评价、社会稳定风险评价、地质灾害危险性评估、水土保持评价、交通影响评价、绿色建筑评价等报告，并配合业主报送相应的政府各主管部门进行审批。

2. 项目报批管理

项目管理咨询机构应建立报批制度，配备必要的人员和资源，实施项目策划阶段的相关报批报建工作。实施过程中应确保符合法律、法规及地方管理规定等要求。

主要工作内容：①工程项目立项；②项目建议书审查；③一般建设工程抗震设防要求备案；④建设项目选址意见书审查；⑤建设项目用地预审；⑥绿化用地和节能评估报告审查；⑦可行性研究报告审批；⑧环境影响评价报告书（表）审查；⑨建设项目核准备案（分为企业投资项目、外商投资项目）和规划条件核实确认。

（二）施工准备阶段的项目管理咨询

1. 项目报批管理

项目管理咨询机构根据已建立报批制度，配备必要的人员和资源，实施项目开工前准备阶段相关报批报建工作。实施过程中应确保符合法律、法规及地方管理规定等要求。

主要工作内容：①建设用地批准（分为划拨用地、出让用地）手续办理；

②获取建设用地规划许可证；③项目配套建设手续审查，包括交通和防洪影响评价报告、人防、超限抗震设防、水土保持方案、取水许可、用电许可、用气许可等手续审查；④建设项目设计方案审查、初步设计审查；⑤合同备案；⑥建设工程质量安全监督手续办理；⑦获取建设工程施工许可证。

2. 勘察管理

项目勘察管理指通过科学的管理理论与技术，为建设项目提供准确可靠的勘察资料，对勘察的开展进行合理的计划、组织、指挥、协调、检查、控制和评价的过程，保证工程建设项目的质量、工期、安全、经济等目标有效地实现。

项目管理咨询机构在工程勘察工作开展之前，应编写工程勘察管理的工作计划或方案，内容包括拟建工程环境调查和分析、需求分析、组织策划、技术策划、风险分析等内容。按照计划落实勘察相关管理咨询工作。

主要工作内容：①协助确定勘察单位；②审查勘察单位资质；③协助编制勘察设计任务书；④审查勘察方案；⑤检查勘察工作质量；⑥审查勘察报告。

3. 设计管理

项目设计管理指通过科学的管理理论与技术，为建设项目提供准确可靠的设计资料，对设计的开展进行合理的计划、组织、指挥、协调、检查、控制和评价的过程，保证工程建设项目的质量、工期、安全、经济等目标有效地实现。

项目管理咨询机构在工程勘察工作开展之前，应编写工程设计管理的工作计划或方案，内容包括拟建工程环境调查和分析、需求分析、组织策划、技术策划、风险分析等内容。按照计划落实设计相关管理咨询工作。

主要工作内容：①协助确定设计单位；②审查设计单位资质；③协助编制设计任务书；④明确设计范围；⑤划分设计界面；⑥审查项目设计方案；⑦督促设计单位完成方案设计、初步设计任务；⑧配合完成设计概算；⑨组织评审初步设计，并提出评估意见；⑩组织施工图审查工作，并提出图纸优化意见。

4. 招标采购管理

项目管理咨询机构应依据项目特点，建立招标采购管理制度，确定招标采购管理流程和实施方式，规定管理与控制的程序和方法。招投标工作应符合有关合同、设计文件所规定的技术、质量和服务标准，符合进度、安全、环境和成本管理要求，全过程工程咨询服务机构应确保实施过程符合法律、法规及地方管理规定等要求。

主要工作内容：①开展招标策划工作；②协助落实招标采购条件；③组织编制或审核招标采购计划；④组织潜在投标单位的考察管理；⑤组织编制招标采购前期准备文件；⑥监督和管理招标采购实施过程；⑦参与合同谈判和签订工作。

（三）工程建设阶段的项目管理咨询

项目管理咨询在建设阶段的工作内容包括设计管理、投资管理、质量管理、安全管理、进度管理、信息管理、合同管理、招标采购管理、沟通管理等内容。

（四）竣工验收阶段的项目管理咨询

1. 项目竣工验收管理

当项目已按设计要求全部建设完成，并已符合竣工验收标准时，项目管理咨询机构应协助业主及时组织竣工验收。

主要工作内容：①组织各类专项验收，做好项目竣工验收准备；②组织项目竣工验收；③组织工程档案移交；④办理项目移交手续；⑤组织办理固定资产权属登记工作。

2. 项目竣工结算管理

当项目已按设计要求全部建设完成，并已通过验收，可进行竣工结算工作。项目竣工结算主要内容：①项目竣工财务决算说明书；②项目竣工财务决算报表；③项目造价分析资料表；④其他资料。

3. 项目回访及保修

项目管理咨询机构需审查施工单位的项目回访和保修制度，并根据咨询合同和有关规定编制回访保修工作计划。

主要工作内容：①明确主管回访与保修的部门；②执行回访保修工作的责任单位；③保修与回访时间；④保修工作内容。

（五）运营阶段的项目管理咨询

1. 后评价

（1）进行现场调查和收集相关资料。

（2）开展项目后评价。

（3）组织编制后评价报告。

2. 设施管理

（1）优化空间分配，分摊空间费用。

（2）合理配置不动产和办公空间。

（3）规范管理建筑运维。

（4）恢复设施功能，保证业务连续性。

（5）监控固定资产成本和分配，规划人员和资产搬迁。

（6）提供一站式自助服务门户。

（7）物业管理。

（8）做好其他系统与运维系统的数据交换管理。

3. 资产管理

（1）做好资产保值和增值工作。

（2）分析和策划运营安全。

（3）清查和评估建设项目运营资产。

（4）规范建设项目招商策划和租赁管理。

（5）运营期内的招标采购、合同、绩效考核等其他运维咨询工作。

四、项目管理全过程专业咨询的组织实施

（一）项目管理全过程专业咨询的核心理念

项目管理是一项独立的专业性工程咨询服务工作。从事项目管理咨询业务的工程咨询机构接受项目业主单位的委托，开展全过程项目管理咨询服务，要在有限的资源约束下，运用系统的观点、方法和理论，对项目涉及的全部工作进行有效管理，涵盖项目投资决策到项目结束的全过程，对项目周期各项活动进行计划、组织、指挥、协调、控制和评价，以实现项目目标。

（二）项目管理全过程专业咨询业务委托及质量管控

1. 业务委托

（1）全过程项目管理咨询工作应签订书面咨询合同，合同文本应选择国家或行业已有的合同示范文本，或者由合同双方协商确定合同条款。合同中应明确工程设计咨询服务的内容、范围、双方的义务、权利、责任、服务周期、服务酬金、支付方式及成果文件表现形式等要求。

（2）全过程项目管理咨询机构应按委托咨询合同要求出具成果文件，并应在成果文件或需其确认的相关文件上签章，承担合同主体责任。具体项目管理咨询工作人员应在各自完成的成果文件上签章，承担相应责任。

2. 项目管理全过程专业咨询质量管控要点

（1）全过程项目管理咨询机构应组建满足工作需要的项目团队，配备必要的办公与咨询服务所需的仪器设备。

（2）全过程项目管理咨询机构负责人应根据法定代表人的授权范围、期限和内容，履行管理职责。

（3）合同履行过程中，全过程项目管理咨询机构项目总负责人及重要岗位人员应保持相对稳定，以保证全过程工程咨询工作正常进行。

（4）全过程项目管理咨询机构可根据工程进展和工作需要调整全过程工程咨询机构人员。更换全过程工程咨询项目总负责人单位项目总负责人及重要岗位人员时，应按合同规定提前报告，经业主同意后方可更换。

（5）全过程项目管理咨询机构应建立项目管理总体管理机制，明确项目各实施主体的项目管理组织和人员分工。项目建设相关责任方应在各自的实施阶段和环节，明确工作责任，实施目标管理，确保项目正常运行。

（6）全过程项目管理咨询机构应建立协同工作机制，根据工作需要组织项目相关参建单位通过例会、交底、座谈等沟通方式，解决项目运行中的障碍和冲突，推动项目顺利实施。

（7）全过程项目管理咨询机构接受业主方关于管理责任的监督及相关约束，并在业主授权下建立项目各方责任追究机制，按项目进度和时间节点，对各方的管理绩效进行验证性评价。

（三）项目管理全过程专业咨询与其他业务的衔接配合

1. 项目策划阶段

配合投资决策咨询、项目管理、工程监理等咨询业务，开展项目建议书、可行性研究报告、项目申请报告等相关咨询工作，为项目整体策划方案专业咨询意见。

2. 施工准备阶段

与设计、监理等咨询业务相互配合，组织落实勘察设计、招标采购、项目报批等工作。

3. 施工阶段

与监理、造价、设计等咨询业务配合，组织落实合同管理、设计管理、进度管理、质量管理、投资管理、安全生产管理、信息管理、沟通管理等工作。

4. 竣工验收阶段

与各咨询业务配合，参与验收工作；与造价咨询业务配合，落实项目结算、决算等工作；与监理咨询业务配合，落实项目回访及保修相关工作。

5. 运营阶段

与运营咨询机构相互配合，独立或合作承担项目运营期内招采、合同、造价、后评价等项目管理咨询工作。

五、全过程工程咨询“2＋N”集成管理模式

（一）全过程工程咨询集成管理“2＋N”模式内涵

全过程工程咨询服务强调建设项目全生命周期的理念，注重为项目投资决策阶段、项目实施阶段、运营阶段等全生命周期各阶段提供整体咨询解决方案，必须解决咨询服务碎片化或者碎片化的简单叠加问题，实现全过程工程咨询的集成管理，才能实现建设项目全生命周期价值最大化。全过程工程咨询的集成管理主要表现在实施怎样的全过程工程咨询模式上。

基于全过程工程咨询的“集成化”内涵及发展趋势，这里提出全过程工程咨询“2＋N”模式。其中：“2”是指投资决策咨询和项目管理咨询（必选项），分别对应项目投资决策阶段和项目实施阶段的核心咨询能力；“N”包括但不限于：监理咨询、勘察设计咨询、造价咨询、招标代理、运营维护咨询等

专业咨询（可选项）。要真正实现全过程工程咨询，必须具备各阶段的核心咨询能力。围绕这种模式，各类型工程咨询机构可以根据自身业务特点，整合内外部力量，提升专项或综合工程咨询能力。

（二）"2＋N"模式的优势

1. 有利于促进全过程工程咨询机构的内部改革

"2＋N"模式可以促使有核心咨询能力的大型工程咨询机构进一步整合内部资源，提升全过程工程咨询服务水平；可以促使中小型工程咨询机构进一步优化内部资源，做强做精专业咨询；也可以促进一部分中小型咨询机构采取联合经营、并购重组等方式发展壮大，提升全过程工程咨询多业务集成能力。

2. 提高全过程工程咨询服务的连贯性，实现投资效益的最大化

我国同时具有投资决策咨询和项目管理咨询能力及丰富业绩的单位并不多见，但这两项咨询能力是一家优秀全过程工程咨询机构必备的核心能力。只有同时具备这两项核心咨询能力和业绩，才能更宏观地把控项目整体性，发挥项目决策与实施阶段各专业特长以及系统管理和资源整合的优势，能够紧密围绕业主的建设目标进行集约化管理，能够发挥建设工程项目咨询工作连贯性的优势，能更好地提高项目的投资效益，实现投资效益的最大化。

3. 打破行业条块管理的壁垒

我国工程项目的管理很长一段时间以来，都是发改系统主管投资决策阶段，住建系统主管项目实施阶段。目前市场上较多的全过程工程咨询还是将两阶段咨询进行简单叠加，并没有有机整合。而"2＋N"模式要求全过程工程咨询机构同时拥有这两个阶段的核心咨询能力，打破了条块管理的界限，有利于推动政府对工程管理的进一步"简政放权"，能够帮助业主有效满足不同主管部门的不同行业要求。大型工程咨询机构应主动整合决策咨询、工程项目管理咨询业务，积极推动全过程工程咨询的发展。

4. 更加注重项目决策阶段的咨询工作

我国工程建设长期以来有着"轻前期、重实施、调整多"的特点，伴随着投资体制改革的深化，我国将更加重视项目决策阶段综合性工程咨询服务，不断加强决策阶段的统筹论证，提高决策科学化水平，以便规避或减少决策失

误，为项目全生命周期高质量发展奠定基础。

5. 进一步提升咨询机构的国际竞争力

“2＋N”模式促使大型咨询机构进一步重视全过程工程咨询复合型人才的培养，使中小型咨询机构进一步重视专业咨询人才的培养，有利于培养一批符合全过程工程咨询服务需求的综合型人才，提高工程咨询业务水平，进一步提升工程咨询机构的国际竞争力，为更好参与“一带一路”及其他国际工程咨询市场奠定坚实基础。

（三）“2＋N”模式的主要组织架构

1. 确定全过程工程咨询机构

工程建设全过程咨询服务可由一家具有综合能力的工程咨询机构（具有“2＋N”的两项核心能力的咨询机构）单独实施，或可由多家具有不同专业特长的工程咨询机构联合实施，也可以根据发包人的需求，依据工程咨询机构自身的条件和能力，为项目工程建设阶段提供不同层面的组织、管理、经济和技术服务。由多家工程咨询机构联合实施工程建设全过程咨询的，应明确牵头单位，并明确各单位的权利、义务和责任。

2. 组建全过程工程咨询项目团队

全过程工程咨询机构应根据全过程工程咨询合同约定的服务内容、服务期限，以及项目特点、规模、技术复杂程度、环境等因素，组建项目全过程工程咨询项目团队。全过程工程咨询项目团队由全过程工程咨询项目负责人、全过程工程咨询专业咨询负责人、专业咨询工程师等人员组成。

全过程工程咨询项目负责人，是由工程建设全过程咨询机构法定代表人书面授权，履行合同、主持工程建设全过程咨询服务机构工作的负责人。全过程工程咨询项目负责人应具备建筑师、结构工程师、其他勘察设计类工程师、造价工程师、监理工程师、建造师等一项或多项执业资格且具有工程类或工程经济类高级职称和类似工程经验。

全过程工程咨询专业咨询负责人，是由专业咨询机构委派，具备相应资格和能力、主持相应专业咨询服务工作的负责人。全过程工程咨询专业咨询负责人应具备咨询工程师、建筑师、结构工程师、其他勘察设计类工程师、造价工程师、监理工程师、建造师等一项或多项执业资格或具有工程类、工程经济类中、高级职称，并具有类似专业咨询经验。专业咨询工程师根据咨询岗位职责情况，具备相应的执业资格，并具有类似专业咨询经验。

3. 全过程工程咨询项目团队主要管理人员配置

项目团队应根据服务内容配备专业齐全，数量应满足建设项目全过程工程咨询的工作需要。主要管理人员配置如下：

(1) 任命项目总负责人，负责工程建设全过程咨询服务项目所有事务，各专业负责人在项目总负责人的带领下开展各项工作。

(2) 任命前期咨询负责人，根据需要建立工作团队，负责项目策划相关服务工作。

(3) 任命工程设计咨询负责人，根据需要建立工作团队，负责工程设计相关服务工作。

(4) 任命工程总监理工程师，根据需要建立工作团队，负责工程监理相关服务工作。

(5) 任命造价咨询负责人，根据需要建立工作团队，负责造价咨询相关服务工作。

(6) 任命招标采购负责人，根据需要建立工作团队，负责招标采购相关服务工作。

(7) 任命 BIM 咨询负责人，根据需要建立工作团队，负责 BIM 咨询相关服务工作。

全过程工程咨询服务机构组织示意图如图 6-1 所示。

4. 全过程工程咨询项目团队人员职责

全过程工程咨询机构应书面授权委托项目全过程工程咨询负责人，实行全过程工程咨询项目负责人责任制。全过程工程咨询业务涉及勘察、设计、监理、造价咨询业务的，相应咨询业务应在咨询项目负责人的协调下，分别实行勘察项目负责人、设计项目负责人、总监理工程师、造价咨询项目负责人责任制。

全过程工程咨询项目负责人应履行下列职责：①牵头组建工程咨询项目团

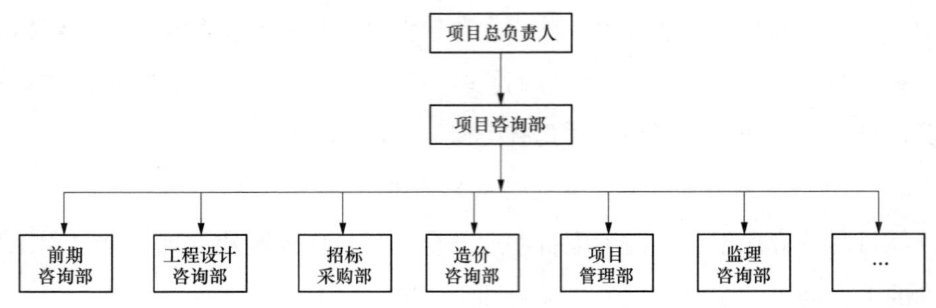

图 6-1　全过程工程咨询服务机构组织示意图

队，明确咨询岗位职责及人员分工，并报送业主批准；②组织编制工程建设全过程咨询服务规划，制定咨询目标，审批专业咨询服务实施细则；③根据咨询工作需要及时调配专业咨询人员；④统筹、协调和管理项目各专业咨询服务工作，检查和监督工作计划执行情况；⑤代表工程咨询方协调咨询项目内外部相关方关系，调解相关争议，解决项目实施中出现的问题；⑥组织评价咨询工作绩效；⑦参与工程咨询机构或联合体重大决策，在授权范围内决定咨询任务分解、利益分配和资源使用；⑧审核确认工程咨询成果文件，并在其确认的相关咨询成果文件上签章；⑨参与或配合工程咨询服务质量事故的调查和处理；⑩定期向委托方报告项目进展计划完成情况及所有与其利益密切相关的重要信息；⑪根据合同约定，参与工程竣工验收，接受审计，处理项目合同履约后的善后工作；⑫业主或投资人委托授予的其他职责。

专业咨询负责人应履行下列职责：①投标文件及合同中约定的职责；②参与编制工程建设全过程咨询服务规划，负责编制所负责专业咨询服务的实施细则；③按工作计划、任务分配和现行法律法规、标准规范、质量要求等，完成所负责的专业咨询服务工作，对所承担的任务和出具的成果负责，并向项目总负责人报告；④协助项目总负责人实施项目投资、质量、安全、进度、信息、合同等各项管理措施；⑤协助和配合业主进行专业咨询服务阶段的项目检查、鉴定等工作；⑥根据合同约定，参与工程竣工验收，接受审计，处理项目合同履约善后工作；⑦完成项目总负责人下达的其他任务；⑧其他专业咨询人员根据咨询岗位职责分工，履行相应咨询职责。

全过程工程咨询“2＋N”集成管理模式任务清单见表 6-1。

表 6-1　　全过程工程咨询"2+N"集成管理模式任务清单

服务内容	项目周期全过程阶段					
	项目决策阶段	施工准备阶段		工程施工阶段	竣工验收阶段	运营维护阶段
		勘察设计阶段	采购阶段			
决策咨询	1. 规划咨询 2. 项目建议书 3. 可行性研究报告 4. 项目申请报告 5. 资金申请报告 6. 环境影响评价 7. 节能评估 8. 安全评价 9. 社会稳定风险评价 10. 水土保持评价 11. 地质灾害危险性评估 12. 交通影响评价	绿色建筑评价	—	动态分析决策实施情况	—	项目后评价
项目管理	项目策划管理、项目报批、勘察管理、设计管理、合同管理、进度管理、投资管理、招标采购管理、组织协调管理、质量管理、安全生产管理、信息管理、风险管理、收尾管理、后评价、运营维护管理等					
工程勘察	初步勘察	1. 勘察方案编审 2. 初步勘察 3. 详细勘察 4. 勘察报告编审	—	补充勘察	参与单位、单项工程验收	—
工程设计	—	1. 方案设计及优化、审查 2. 初步设计及优化、审查 3. 施工图、深化设计及优化、审查 4. 施工图设计技术审查	提出技术规格书	1. 设计交底和图纸会审 2. 重大施工方案的合理化建议 3. 设计变更管理 4. 施工技术服务工作 5. 地基验槽、基础分部验收、主体结构验收	1. 参与专项验收 2. 参与单位工程验收	—

续表

<table>
<tr><td rowspan="3">服务内容</td><td colspan="6">项目周期全过程阶段</td></tr>
<tr><td rowspan="2">项目决策阶段</td><td colspan="2">施工准备阶段</td><td rowspan="2">工程施工阶段</td><td rowspan="2">竣工验收阶段</td><td rowspan="2">运营维护阶段</td></tr>
<tr><td>勘察设计阶段</td><td>采购阶段</td></tr>
<tr><td>招标采购咨询</td><td colspan="6">编制招标采购方案，编制招标文件（含工程量清单、招标控制价、合同条款等），发布招标（资格预审）公告，组织答疑和澄清，组织开标、评标工作，协助编制评标报告，发送中标通知书，协助合同谈判和签订等</td></tr>
<tr><td>造价咨询</td><td>1. 投资估算编制、审核
2. 项目经济评价报告编制、审核</td><td>1. 设计概算编制、审核
2. 参与限额设计
3. 参与造价测算
4. 对设计文件进行造价测算，提出经济优化建议
5. 施工图预算编制、审核
6. 分析项目投资，提出管控措施</td><td>1. 工程量清单编制、审核
2. 招标控制价编制、审核
3. 制定项目合约规划
4. 清标
5. 拟定合同文本，协助合同谈判
6. 编制项目资金使用计划</td><td>1. 合同价款咨询
2. 造价风险分析及建议
3. 审核工程预付款和进度款
4. 变更、签证及索赔管理
5. 材料设备的询价、核价
6. 审核工程结算
7. 项目动态造价分析</td><td>1. 竣工结算审核
2. 工程技术经济指标分析
3. 竣工决算报告编制、审核
4. 配合竣工结算审计</td><td>项目维护与更新造价管控</td></tr>
<tr><td>工程监理</td><td>项目策划管理</td><td>1. 勘察管理
2. 设计管理
3. 项目报批
4. 组织协调管理</td><td>1. 招标采购管理
2. 合同管理
3. 组织协调管理</td><td>1. 编制监理规划和细则
2. 进度控制
3. 质量控制
4. 投资控制
5. 合同管理
6. 信息管理
7. 组织协调管理
8. 履行监理安全职责</td><td>1. 工程验收策划
2. 组织单位工程预验收，提出质量评估意见
3. 参与专项验收
4. 参与技术验收
5. 参与单位工程验收
6. 参与试生产
7. 竣工资料收集与整理</td><td>工程质量缺陷管理</td></tr>
</table>

续表

服务内容	项目周期全过程阶段					
	项目决策阶段	施工准备阶段		工程施工阶段	竣工验收阶段	运营维护阶段
		勘察设计阶段	采购阶段			
运营维护咨询	—	设计管理/协调	招标采购管理	质量管理	1. 参与单位工程验收 2. 参与试生产	1. 项目绩效评价 2. 设施管理 3. 资产管理
BIM咨询	1. 采用BIM进行项目方案与财务分析工具集成 2. 修改相应参数，实时获得项目各方案投资收益指标	1. 编制BIM模型深度标准 2. 采用BIM进行自动化算量、成本控制 3. 基于BIM的设计优化与变更	1. 采用BIM进行自动化算量及错漏处理 2. 基于BIM的快速询价	基于BIM平台的质量、进度、成本、材料设备等多维信息管理及流程优化	采用BIM进行竣工结算审核	采用BIM进行运营信息的管理、修改、查询、调用工作

注　决策咨询、项目管理属于必选项，其他咨询属于可选项。

第七章

全过程工程咨询行业管理及规范发展

基于项目周期全过程多要素整合及实现项目周期整体利益最大化的角度，树立全过程工程咨询的专业理念，是现代工程咨询理应遵循的核心思维逻辑。我国工程咨询服务存在着严重的专业切割、阶段分割等问题，使得推动实施高质量的全过程工程咨询面临很大挑战。本章从宏观、行业、企业等不同层面阐述全过程工程咨询的创新发展需要解决的问题，以期为我国全过程工程咨询健康发展营造良好的制度环境、市场环境及行业发展生态。

第一节　以全过程工程咨询服务推动工程咨询业高质量发展

一、我国工程咨询业发展面临的挑战

（一）高质量发展对工程咨询的新要求

党的十九大以来，中国特色社会主义进入新时代，经济增速由高速转为中高速，经济结构由增量扩能为主转向调整存量、做优增量并存，增长动力由要素驱动转向创新驱动，进入总体优化、调整、转型、升级的新常态，全面转向高质量发展阶段。投资（特别是固定资产投资）是连接供给与需求两端的重要变量，对经济发展起着重要支撑作用。高质量投资是推动经济高质量发展的重要先导力量。

高质量投资要求工程咨询行业提供高质量、高效率、高水平的咨询服务，要求工程咨询机构与时俱进，建立新的服务理念、技术标准、管理标准，不断完善质量管理体系、职业健康安全和环境管理体系，大力开发和利用建筑信息模型（BIM）、大数据、物联网、云计算等现代信息技术和资源，为开展高质

量工程咨询业务做好硬件、软件支撑与保障。

（二）审批制度改革对工程咨询提出新要求

为进一步理顺政府、市场之间的关系，各级政府陆续推进简政放权、放管结合、优化服务的投资审批制度改革，加快全流程在线审批，不断提升工程建设项目审批效能。按照《住房和城乡建设部关于进一步深化工程建设项目审批制度改革　推进全流程在线审批的通知》（建办〔2020〕97号）要求，我国要基本实现工程建设项目审批涉及的行政审批、备案、评估评审等事项线上办理，推行工程建设项目从勘察、设计、施工到竣工验收全过程数字化图纸闭环管理。

《国家发展改革委 住房城乡建设部关于推进全过程工程咨询服务发展的指导意见》（发改投资规〔2019〕515号）明确规定，开展的各专项评价评估结论应当与可行性研究报告相关内容保持一致，各审批部门应当加强审查要求和标准的协调，避免对相同事项的管理要求相冲突。鼓励项目单位采用投资决策综合性咨询，减少分散专项评价评估，避免可行性研究论证碎片化。审批制度的持续改革优化，要求工程咨询机构进一步发挥全过程工程咨询服务的协同作用，整合咨询机构内、外部产业链资源，进一步优化与创新工程咨询服务内容。

二、全过程咨询对工程咨询业务发展的影响

（一）全过程咨询推动工程咨询理念创新

改革开放以来，我国工程投资建设和领域建立了符合国际惯例的工程项目管理模式，推行项目法人责任制、招标投标制和合同管理制等主要制度，并逐步形成了具有中国特色的工程咨询制度。与此同时，由于项目建设业主、设计、施工、监理等参建单位分别负责不同环节和不同专业的工作，工程咨询服务的分阶段及专业分工割裂了工程的内在联系。在以成本、工期与质量控制的绩效考核导向下，原有咨询服务理念与内容已不能较好地适应新时代的工程咨询市场需求。

立足于创新、协调、绿色等新发展理念，通过鼓励投资咨询、勘察、设计、监理、招标代理、造价等企业采取联合经营、并购重组等方式发展全过程

工程咨询，在工程建设项目前期研究和决策以及工程项目实施和运营的全生命周期内，为业主提供包含设计和规划在内的涉及组织、管理、经济和技术等各有关方面的工程咨询服务，推动工程咨询服务的跨阶段、集成化、全生命周期的理念不断形成广泛共识。

（二）全过程咨询推动工程咨询业务组织模式创新

国家有关部门陆续发布的一系列关于推进全过程工程咨询的政策文件，展现了极强的政策引导力度。全过程工程咨询已经成为未来工程咨询行业高质量发展的重要抓手。大批的工程项目已经采用全过程工程咨询服务，并推动工程咨询业务组织模式的持续创新。

全过程工程咨询机构通过取长补短，建立与其咨询服务相适应的专业部门及组织机构，配备结构合理的专业咨询人员，提升核心竞争力，培育综合性多元化服务及系统性问题一站式整合服务能力，包括内部采用矩阵管理、外部强强联合等，从而把规划咨询、咨询评估、工程管理、管理咨询、投融资策划等各方面的专业人才有效地组织起来，实现综合性、跨阶段、一体化的业务组织模式创新。

（三）全过程咨询推动工程咨询市场竞争结构变革

全过程工程咨询覆盖面广、涉及专业多、管理界面宽，对提供服务的咨询机构专业资质和综合能力提出更高要求，有助于进一步推进我国工程咨询服务市场化快速发展。政府与建设方对于投资咨询、招标代理、勘察设计、造价咨询、工程监理及项目管理等专业化全过程工程咨询服务产生的新需求，正在形成工程咨询新业态。头部咨询机构应采用战略投资、并购重组等合作方式，加速推动全过程工程咨询市场竞争结构变革。

三、全过程咨询推动中国工程咨询业务的国际化进程

（一）工程咨询行业的国际融合进入新时代

当前，世界正处于百年未有之大变局，相较于国外，我国新冠肺炎疫情逐步得到有效控制，正处于一个大有可为的历史机遇期。在“一带一路”倡议和构建人类命运共同体理念的引导下，国内咨询机构通过国际政策研究、规划咨询、咨询评估，以及相关咨询技术、标准制定等带动咨询

服务出口，积极为政府援外项目、对外投资企业以及亚洲基础设施投资银行等国际开发性金融机构投资的项目提供全方位、全过程、全生命周期的咨询服务。

同时，在中国双循环发展格局和新时代扩大开放的背景下，伴随海量外国资本进入中国，优秀的外资咨询机构开拓中国工程咨询市场将更加有力，工程咨询行业也将进入更全面、更深入的国际融合发展阶段。

（二）全过程咨询推动我国工程咨询业务模式与国际接轨

经过多年发展，我国工程咨询业取得了令人瞩目的成绩，但与国际工程咨询业百年发展的历史相比还并不成熟，我国全过程咨询链条还处于断裂的、条块分割的状态，不论在企业管理的理念上，还是管理方法、手段上都与国际先进同行存在一定差距。而国际上被普遍接受的理念是工程咨询必须坚持项目周期全过程统筹协调，并加强各专业的协同合作。

全过程工程咨询有助于缩小我国工程咨询水平与国际的差距，从而将推动国内工程咨询机构在模式、程序、方法、管理技术上与国际咨询公司接轨，推动全过程工程咨询的统筹协调，形成跨周期、跨专业的综合性工程咨询业。通过与国际工程咨询惯例接轨，在国际工程咨询规则体系中发出“中国声音”，实现国际、国内两个市场协调发展，增强国际影响力、话语权和国际市场竞争力。工程咨询机构应加快与投资、施工、运营等企业组成战略联盟，抱团“走出去”，加快培育一批国际化、开放型工程咨询公司（集团），提升我国工程咨询业在全球工程咨询市场中的竞争地位。

（三）全过程咨询推动我国工程咨询走向高质量发展的新阶段

全过程咨询具有强大的服务能力，包括服务方式创新、服务特色形成、服务质量提升、服务内容拓展、服务手段变革及服务技术应用等多个方面。在深度融合创新、协调、绿色、开放、共享新发展理念的基础上，全过程咨询着力破除制度性障碍，摒弃咨询服务碎片化弊端，使工程咨询业务内在联系加强，实现咨询过程的系统性、全面性、整体性、连续性，为工程咨询业务营造巨大的发展空间。

第二节　推动全过程工程咨询业务平台建设

在新形势下，工程咨询机构应创新工程咨询组织模式，推动全过程工程咨询业务平台建设，提高工程咨询服务集成度和“一站式”服务能力，带动形成全过程工程咨询服务的中坚力量，开拓全过程工程咨询服务新局面。

一、推动发展平台型全过程工程咨询服务

平台型全过程工程咨询机构（简称“平台型咨询机构”）是指能够提供综合性、多元化、定制化服务及解决系统性问题的一站式整合服务载体。平台型咨询机构以客户个性化、多样化需求为导向，按照创新、协调、绿色、开放、共享的原则，整合各相关咨询机构内外部资源，以契约关系为纽带，通过规范组织内部流程，构建良好的合作机制，为客户提供投资咨询、招标代理、勘察、设计、监理、造价、项目管理等一体化的全过程咨询服务。

（一）满足政府部门“放管服”改革的新诉求

在工程领域，政府部门通过深化“放管服”与审批制度改革，充分发挥“有为政府”和“有效市场”作用，构建规范有序、公平竞争的营商环境。政府在转变管理方式的同时，产生了新的诉求，包括项目投融资策划，统一组织开展的地震安全性评价、地质灾害危险性评估、环境影响评价、节能评价等评估评审。依托工程建设项目审批管理系统网络平台，将能对中介服务行为实施全过程监管，开展投资事中事后跟踪与绩效评价等业务，更好满足政府部门“放管服”改革后的相关服务诉求。

（二）适应项目单位多元化服务的需要

为更好地实现投资项目建设意图，项目单位对综合性、跨阶段、一体化咨询服务的需求日益增强，迫切需要由一家咨询机构或者采用联合体的形式，委托平台型咨询机构协调管理。鼓励发展平台型咨询机构的目的，在于更好地实现建设投资意图。通过工程咨询业内优质资源的集成、重组，为投资者或建设单位提供综合性、跨阶段、一体化的咨询服务需求，克服与现行单项目服务供给模式之间的矛盾，减少碎片化服务，降低管理成本，最大限度整合相关资

源，充分授权，快速应对外部环境，提高投资效益与效率。同时，针对大型、特大型项目中的施工单位，平台型咨询机构可提供专业、对等的技术支撑咨询服务。

（三）提高工程咨询服务供给多元化能力的需要

我国工程领域专业化、精细化及其多元化的咨询服务，一直伴随着经济社会和投融资体制改革不断深化发展而成长，工程咨询机构逐步由以往的项目可行性研究报告编制、评估咨询服务，拓展到政策咨询、融资咨询、管理咨询、专项咨询等领域。例如，在为政府或企业编制规划、为政府与社会资本合作（PPP）等新型融资模式的咨询服务中，需要众多专业能力、服务水平较高的专业型咨询机构，进一步发挥其不同领域的研究特长，并借鉴国际经验，在专题研究、投融资咨询方面提供更加专业化、精细化的服务，构建全过程工程咨询平台型咨询机构，将使行业中各类专业资源和有专长的咨询机构得到有效整合，提升响应工程咨询服务需求多元化的能力。

二、平台型咨询机构是全过程工程咨询服务的中坚力量

（一）牵头单位在全过程工程咨询中将发挥主导作用

传统的工程咨询将整个工程流程分割开来，分别由各个相对独立的机构完成，这些机构包括设计、造价、监理和招投标等，由于缺乏整体的交流和沟通机制，造成项目咨询的碎片化，导致项目建设过程中极易发生合同纠纷或意见分歧，甚至因某一方的问题导致工期延长、成本提高、效益降低。

全过程工程咨询则通过招标确定牵头单位，在其总负责下，可以有效整合多个咨询机构，把各个咨询机构在项目全生命周期内不同阶段串联起来，形成系统性、集成化的咨询管理系统，避免了传统工程咨询所带来的机制性缺陷。牵头单位将在全过程工程咨询中将发挥主导作用。

（二）全过程咨询业务平台型机构对牵头工程咨询提出更高的质量要求

为满足市场对咨询业务综合性一体化的需求，加快向专业化和高质量价值链的延伸，全过程咨询业务平台型机构要求牵头单位发挥全方位的统筹能力和跨阶段的整合作用，使之对核心目标、时效性、经济性、资源配置等多方面进行全面规划和融合。因此，牵头单位一方面需要与优秀的工程咨询机构开展多

种形式的合作，加强工程咨询理论与方法研究，不断改进工程咨询方法和手段，结合自身优势，开发专有咨询技术或产品，建立完善技术标准；另一方面，需要更加重视高层次复合型人才培养，增强专业技术跟踪、知识体系和信息数据建设，形成专业人才团队，健全完善的知识体系和信息数据库，从而在工程建设全过程服务中，提供专业化、精准化的咨询服务，形成难以复制的核心竞争力。

（三）平台型工程咨询机构是整合专业咨询、精准化服务的有效载体

平台型咨询机构牵头单位，通过内外部的重组和融合，在发挥原有资质优势及其专业服务管理基础上，按照委托合同要求，以满足项目建设需求为目标，进一步整合不同领域的专业人才、专业技术和工具，开展全过程工程咨询服务。同时，借助如BIM等信息化技术手段，增强项目各专业信息共享，加强管理、明确责任，由牵头单位将上下游投资咨询、勘察设计和工程施工协同融合，成为整合专业咨询、提供精准服务的有效、有为载体。

三、以平台型工程咨询机构推动行业整合

（一）我国工程咨询行业结构状况

20世纪80年代中期以来，顺应国家投资审批体制的改革，各级政府发起设立了一批工程咨询机构，主要为各级政府投资主管部门的项目审批决策服务。经过近四十年的发展，我国工程咨询机构无论是数量还是质量均取得长足进步，但中小型咨询机构数量庞大，特大型集团化工程咨询机构严重缺乏，市场集中度极低。

根据《国务院关于取消一批行政许可事项的决定》（国发〔2017〕46号），国家发改委于2017年7月23日起停止工程咨询机构资格认定工作，2018年1月1日起实行告知性备案管理制度。为便于委托单位择优选择工程咨询机构，建立了行业自律性质的工程咨询机构资信评价制度，由国家和省级发展改革委指导和监督行业组织开展，期间咨询机构的数量出现稳定增长。截至2021年底，全国投资在线审批监管平台登记的工程咨询机构超过2万家，但普遍规模很小，从业人员达数万人的综合性、网络型、平台化、集团化特大型工程咨询机构仍属空白。

（二）我国应进入工程咨询行业兼并重组的新时代

随着国家审批制度的改革，大量审批和核准项目已经取消，过去以编制项目审批、核准等相关报告为主要业务的众多工程咨询机构面临市场急剧萎缩的严峻形势。如何把握行业发展趋势，主动转型发展，寻求新的增长点，将是众多工程咨询机构必须面对的紧迫问题。兼并重组是企业加强资源整合、实现快速发展、提高竞争力的有效措施，是化解产能严重过剩矛盾、调整优化产业结构、提高发展质量效益的重要途径。

为促进我国工程咨询行业进一步发展，增强产业竞争力，营造良好的市场环境，需要尽快推进行业内优质资源整合，根据工程咨询的主要市场需求，将相关业务整合到同一个经营载体。平台型工程咨询机构只有加快转变发展思路，抓住政策机遇，提供具有价值和品质的全过程咨询服务，才能赢得市场的广泛认可和客户满意程度，使工程咨询服务得到持续、稳定的健康发展。

（三）通过行业整合推动平台型工程咨询机构发展

经过近些年全过程工程咨询服务的试点，通过行业优质资源整合，由牵头单位统筹面对新的咨询市场，增强联合体在同一行业或跨阶段咨询服务能力，改变以往“一业多头”管理，能很好地适应项目参与各方需求的整体性，这一模式得到项目业主广泛认同。通过咨询机构内部矩阵管理、外部战略合作等方式，实现纵向或横向优质资源整合，可以更好地承接全过程工程咨询业务，也有利于提供更专业、精细化的技术标准和规范化的服务。

在行业资源整合过程中，由平台型全过程咨询机构作为牵头单位统筹安排工作、细化分工和明确责任，充分实现协同协作，提高服务质量，可通过专业的、精准的沟通协调，弥补单项、碎片化服务的工作缺陷。可打破项目执行过程中的资源重复浪费与信息障碍，提高工作效率，实现全过程工程咨询服务的转型升级，增强综合实力，提高工程咨询服务水平与能力。

（四）通过平台型机构高质量发展促进具有专业特色的中小型工程咨询机构高质量发展

我国工程咨询业界已涌现出一大批具有专业特色、精细化的中小型咨询机构，其中有如运维管理咨询、BIM 咨询、绿色建筑咨询等的特色专项咨询，可通过平台型全过程工程咨询机构，根据市场需求，将这些具有专精特新特征的中小咨询机构的优质资源快速选择匹配，高质量完成相关任务。

在选择该类中小型咨询机构时，应核实相关业绩、人员、信誉等进行筛选，以确保平台机构的服务质量。在组建具体项目组时，全过程咨询机构负责总牵头的咨询工程师是项目执行的关键，在编制投资机会研究、项目可行性研究（项目申请报告）、前期策划和项目全过程建设的专业咨询（服务）中，要统筹安排相关勘察设计、造价咨询、施工管理等工作，选择好各专业负责人和项目组成员，选择熟悉相关业务知识的领军专家、建筑师、造价工程师、监理工程师等具有职业资格的专业人员，在促进平台型机构高质量发展的同时，推动具有专业特色的中小型工程咨询机构高质量发展。

第三节　完善政策法规规范行业管理

一、完善全过程工程咨询政策法规及行业规范

（一）我国全过程工程咨询行业相关政策、法规、行业规范现状

全过程工程咨询在国内发展属于起步阶段，有关政策法规仍在陆续出台，尚缺乏系统的政策法规指导体系。目前主要遵循的仍是行业性专业法规及标准规范，如《中华人民共和国建筑法》《中华人民共和国招标投标法》《中华人民共和国招标投标法实施条例》《建设工程监理规范》等。从全过程工程咨询管理角度看，目前仅有一个行业性部门规章《工程咨询行业管理办法》（中华人民共和国国家发展和改革委员会令第 9 号），第一次把全过程咨询纳入咨询行业管理范围，从从业人员到服务对象，对于加强工程咨询行业管理、规范从业行为、保障工程咨询服务质量等都作了明确规定。

在《国家发展改革委　住房城乡建设部关于推进全过程工程咨询服务发展的指导意见》（发改投资规〔2019〕515 号）的指导下，江苏、浙江、广东、湖南等地出台了相应的指导意见或工作实施方案，进行了全过程工程咨询工作模式的试点。2020 年 4 月，住建部公开征求《房屋建筑和市政基础设施建设项目全过程工程咨询服务技术标准》的意见，对部分专业推动全过程咨询服务

的技术标准做出了实际探索，对推动行业规范管理有着重要的促进作用。2020年10月，中国建筑业协会发布《全过程工程咨询管理服务标准》，加速了工程咨询行业团体标准的制定和研究工作。

（二）加快推动完善全过程工程咨询行业政策法规体系

经过多年建设，我国政策法规体系建设取得了巨大成就，基本形成以宪法为核心的社会主义法律体系，相关传统行业的专业法律体系也较为完善。随着全过程工程咨询的推进，为促进行业健康快速发展，需要进一步明确全过程工程咨询的内涵界定、业务范围、项目类型、服务模式、委托方式、单位资质要求、人员资质要求及收费标准等环节。为此，应将全过程工程咨询行业法规建设提上日程，做出相关探索。根据我国宪法规定的法律体系，全过程工程咨询行业法律法规体系应主要包括三个层面的内容，即法律、行政法规、部门规章。

法律层面，研究作为全过程工程咨询的基本法律，明确全过程工程咨询工作的性质、法律地位和作用，业务范围，相应机构和从业人员的资质，权利与义务，知识产权保护、收费及奖惩等。

行政法规层面，作为全过程工程咨询法的主要配套法规，可设置全过程工程咨询管理条例及合同管理条例等。对新设合同管理条例，应明确全过程工程咨询合同的定义、特征和适用范围；合同条款和合同各方当事人的权利和义务，知识产权保护，合同生效、变更，违约责任，合同管理等内容，指导编制工程咨询合同范本。

部门规章层面，可具体编制全过程工程咨询费用的收支管理办法，明确全过程工程咨询的收费范围、费用计算方法、支付方式，全过程工程咨询机构、人员的资格认证办法等内容。

（三）加速完善全过程工程咨询行业规范及团体标准

在全过程工程咨询政策法规体系尚不完善的当下，咨询、造价等有关行业协会、服务企业及从业人员需发挥自身能力水平，结合我国全过程工程咨询行业的发展需要和市场环境的变化，放眼全球，学习国外的先进标准和经营模式，进行因地制宜改造，探索完善全过程工程咨询的服务界面、标准、内容、定价及责任等，初步形成一套符合我国国情和市场环境的全过程工程咨询行业规范与标准体系，促进全过程工程咨询服务科学化、标准化和规范化运作。投资审批部门与行业主管部门应加快发布引导全过程工程咨询服务的合同示范文本及专业咨询服务业务导则，为全过程工程咨询实践提供专业指导，为全过程工程咨询政策法规完善作出有益探索。

二、加强全过程工程咨询行业管理

（一）加强全过程工程咨询行业自律管理

行业自律是指咨询市场参与主体自我约束，应遵守宗旨、实现承诺的行为准则。同时，按照“与行政机关脱钩”的“五分离”（机构分离、职能分离、资产财务分离、人员管理分离、党建外事分离等事项）原则，行业协会作为独立运行的责任主体进行行业管理。

行业自律的目的是协调沟通行业内咨询机构，增强行业自我约束力量，包括规章制定权、规则实施权和惩罚权。其中，规章制定权包括制定协会章程、行业规范（职业道德规范和行业准则）、惩罚规则、争端解决规则等。

我国工程项目全过程咨询业务正处在初期成长阶段，运作管理制度还不完善。全过程咨询机构的评价标准、信息披露等制度需要进一步完善。建立全过程咨询机构自律及声誉披露机制、监督制度，应从以下几方面着手。

（1）培育充分竞争的咨询市场，由市场选择全过程咨询机构。对于项目业主而言，一个充分竞争的咨询市场可以使全过程咨询机构的能力与努力程度的信息更加公开，在一定程度上减少信息不对称。对全过程工程咨询机构而言，竞争可以产生具有持久利益驱动的隐性激励，可以促使其提高工作投入程度。

（2）建立有效充分的信息披露机制，用咨询机构的声誉评价咨询机构。由于信息不对称，项目业主无法得知全过程咨询机构工作的真实情况，从而妨碍了有效的博弈和选择。因此，需要监督机构对相关信息进行客观披露，以利于项目业主及时做出正确的判断和选择。

（3）制定全过程咨询机构的评价标准。对于不同类型的项目业主，出于不同的利益驱动，可能有不同的要求和偏好。因此，制定客观、合理、公正的评价标准，是选择全过程咨询机构的依据，也是声誉激励的关键所在。

（4）制定行业内企业及人员“黑名单制度”。对从业人员工作中的徇私舞弊、滥用职权、收受贿赂或严重失职的从业人员，实行“失信惩戒制度”，可以保护信誉良好的咨询机构和从业人员从事咨询服务的资格。

（二）增强全过程工程咨询行业人才队伍建设

工程咨询机构人员的素质，决定着满足客户需求的程度和深度，决定着咨询业务的质量和工作效率，决定着企业未来的生存和发展，是构成工程咨询机构核心竞争力的最主要的因素之一。

1. 完善人才队伍的知识结构

完善从业人员的知识结构，是全过程工程咨询机构未来发展的重要方向。企业可以通过组织员工的定期和不定期的培训，不断完善员工的知识结构；可以采用激励措施鼓励员工自学相关的知识以及轮岗制度，使员工全面接触和学习各个岗位方面的知识，不断提高员工的业务能力。

2. 加强人才的培训和引进

当前，我国全过程工程咨询人才缺乏、后续能力不足，这是影响企业未来持续发展动力的关键。全过程工程咨询机构需要采取多种形式加大对咨询人员的培训和引进，开展经济、金融专业知识和专业技能、管理技能的继续教育，鼓励并支持具有潜力的员工到高校和科研机构进行在职学习，利用国内和国际行业内的交流平台，加强与国际知名的工程咨询机构的业务交流和学习，重点培训一批中、高级全过程工程咨询的项目经理与总牵头人，培养一批符合全过程服务需求的综合型人才和行业领军专家，为开展全过程工程咨询业务提供人才支持。

3. 加强人才队伍的管理与培养

在人才管理中，要有因事设岗、因岗设人及在岗职责明确的机制，使高素质人才配置到最能发挥其能力的岗位，实现整体功能的最大化。要不断从业务层中选拔具有管理能力的优秀员工参与企业的管理决策层，以提高员工工作的积极性，增强员工的使命感和责任感。

（三）推动全过程工程咨询技术标准规范建设

我国目前的工程咨询技术标准，其中有不少是在我国计划经济时代或改革开放初期制定的，亟待优化提升，以适应全过程工程咨询和工程建设的需要。

按照当前全流程全覆盖项目审批制度和深化“放管服”改革要求，需要尽快建立和完善全过程工程咨询服务技术标准和合同体系。

1. 转变观念、统一认识

推动全过程工程咨询技术标准建设，应明确两个着力点，要在项目决策和建设实施两个阶段，着力破除制度性障碍，重点培育发展投资决策综合性咨询和工程建设全过程咨询；要在全过程工程咨询的内涵和外延方面，解决好人们对全过程工程咨询认识不一、理解各异的现实问题。

2. 创新理论方法，构建完善规范的技术标准体系

为加快建立全过程工程咨询新业态和工作程序、方法及标准体系，应借鉴国际经验，继续深化丰富全过程工程咨询理念的内涵，完善优化全过程工程咨询理论方法体系。在此基础上，推动全过程工程咨询技术标准的编制，指导一批有发展潜力的工程咨询机构承担全过程工程咨询服务，增强国内、国际两个咨询市场竞争力，引领行业发展。

3. 构建科学规范的全过程工程咨询技术标准体系

全过程工程咨询技术标准涉及工程项目建设全过程咨询链，内容丰富，是一个完整的技术标准体系，应当包括项目前期策划的投资决策综合性咨询产品，如各类发展规划、项目建议书、项目可行性研究报告、项目申请报告、政府与社会资本合作（PPP）实施方案及其评估报告等，与前期策划决策相关的社会评价、资源利用、环境影响、建设方案、经济评价、投融资等专题咨询研究，以及项目建设全过程咨询或项目管理的产品（服务），如招标代理、勘察设计、造价咨询和工程监理等。这些可借鉴ISO质量管理体系的管理经验，研究制定相应规范的技术标准，构建较为科学规范的全过程工程咨询技术标准体系。

（四）完善全过程工程咨询行业准入及执业监管制度

我国工程咨询业的管理实行企业资信评价和个人职业资格双重认证制度。对于投资咨询工程咨询机构的资信登记，以一定时期内的合同业绩、守法信用记录和专业技术力量为主要指标，分为甲级和乙级两个级别。甲级资信工程咨询机构的评定工作，由国家发展改革委指导有关行业组织开展，乙级资信单位

的评定工作，由省级发展改革委指导有关行业组织开展。在个人职业资格上，国家设立工程咨询（投资）专业技术人员评价职业资格制度，从事工程咨询（投资）的从业人员，通过职业水平考试并取得职业水平证书，且仅选择一个工程咨询机构为其执业单位进行工作；有关勘察设计、工程造价咨询、工程监理等单位的资质，由住房和城乡建设部指导相关专业协会办理。按专业则可分为注册建筑师、注册结构工程师、注册监理工程师、注册造价工程师等，均应通过专业考试办理相关手续。

全过程工程咨询行业准入制度和执业监管正在逐步完善，其监督检查内容可参照国家发展改革委颁发的《工程咨询行业管理办法》的规定，对咨询机构从遵守国家法律法规及有关规定的情况、信息备案情况、咨询质量管理制度建立情况、咨询成果质量情况、咨询成果文件档案建立情况，以及其他应当检查的内容进行监督检查。

参照中国工程咨询协会的相关要求，对咨询工程师（投资）的监督检查内容包括遵守国家法律法规及有关规定的情况；登记申请材料的真实性；遵守职业道德、廉洁从业情况；行使权利、履行义务情况；接受继续教育情况；其他应当检查等情况进行监督检查。

（五）推动完善基于咨询质量的服务收费模式

工程咨询实行有偿服务，其服务价格由双方协商确定，促进优质优价，禁止价格垄断和恶意低价竞争。而全过程工程咨询服务收费应推动完善、基于咨询质量的服务收费模式。全过程工程咨询服务酬金可按各专项服务酬金叠加后再增加相应统筹管理费用计取，也可按人工成本加酬金方式计取，鼓励投资者或建设单位根据咨询服务节约的投资额对咨询机构予以奖励。

全过程工程咨询替代或部分替代碎片化咨询服务，以工程咨询质量和全过程服务形成的价值创造或价值贡献为基础，计取管理费用提成与奖励，并经叠加形成总酬金，是一种以优质优价为基础、综合确定的咨询服务收费模式。

三、推动全过程工程咨询在线信息平台建设

国内很多工程咨询机构尚未普及数字平台的应用，工程链的成果数据分散在各个环节的工程末端，缺乏完整的全景数据采集。虽然咨询机构能够采用数

据分析与信息加工方法辅助具体工程项目咨询服务，但对于日常项目的数据采集积累不够重视，缺乏自主化的数据库。在数据应用过程中，存在一些不足。

（一）全过程工程咨询学习平台概念及建设模式

由工程咨询龙头机构牵头，联合各专业咨询机构共同建立全过程工程咨询知识平台，规范、畅通沟通渠道，充分反映行业诉求，传达贯彻政府对全过程工程咨询的管理理念与要求，促进各咨询机构间的沟通合作，推广先进的咨询理念与方法，加强信息与知识共享。平台建设内容主要包括：

1. 网上协同平台

网上协同平台不仅可以实现全过程工程咨询信息管理的协同，而且可以实现项目决策意图、设计图纸与工程建设之间的协同。现有协同软件已经可以实现，包括将设计参数传递给结构分析软件，进行结构计算，还可以根据计算结果生成节点和杆件加工的图纸。以芬兰 Tecla 公司的软件为例，可以通过三维模型自动生成钢结构详图和各种报表，实现作业协同。

2. 人工智能平台

人工智能可以参与详图设计。在施工图设计文件中包含的一大部分内容是各种详图，如包括其中楼梯详图、卫生间详图、厨房详图、梁详图、柱详图及基础详图。由于设计师对于详图表达越来越概念化，所以深入的构造措施就留给总包企业在放样过程中完成。这些详图设计工作定式化内容很多，细节调整的要求比较高。因此，可以使人工智能更加全面地参与设计工作，通过人工智能高效出色地完成设计，节约大量时间和成本。

3. BIM 运维平台

BIM 运维平台是连接建设与运营过程的信息化平台，通过 BIM 运维平台技术可以实现资源整合，将项目建设方案打造成为一个数字化产品。BIM 运维平台的价值首先体现在能实现建筑室内空间和全部相关产品的管控。设计团队提供 BIM 模型可以展现室内空间的设计尺寸和机电系统概念，数据传递到总包团队以后，在建造过程中，总包团队根据建筑完成面的实际尺寸，调整建筑模型尺寸，使之与实际尺寸相符。同时，要求各机电安装队伍根据实际产品的状况和机电线路实际情况，重新反映到 BIM 模型当中，保证实际交付的建筑产品的一致性和准确性，从而实现全过程咨询工作要求的建造工作和运营工作实现有效连接。

从实践经验上看，只有改变当前建设管理的模式，才能发挥出 BIM 技术的力量。通过 BIM 运维平台把全过程建设系统整合起来，实现数据互联互通，并在一个统一的界面上实现管理统一。例如微软公司已经在建筑物管理方面实现统一管理。

（二）全过程工程咨询信息管理体系建设

全过程工程咨询信息管理体系是一个资源整合型平台网络，是提高项目决策及建设质量的工程咨询重要基础设施。通过资料收集、整合信息、数据更新、项目归档、服务构成等高技术信息工具，把现有工程咨询项目资料和咨询行业现行政策的整理并记录在库，构建在线信息网络平台，逐步形成全过程工程咨询智能化生态链，构建工程咨询机构的市场化服务模式，有利于更快捷和有效的服务，满足参与各方的需求，具有重要战略指导意义和应用价值。

（三）全过程工程咨询知识管理平台建设

随着全过程工程咨询服务模式的推广，传统的工程管理项目模式将难以适应大型复杂的工程项目，也不符合现代化咨询机构的发展要求，新旧管理模式的替代必将推动咨询机构重视转型发展，提高管理水平和服务价值。

全过程工程咨询知识管理平台为推动全过程工程咨询高质量发展而构建的统一信息数据平台，全国投资项目在线政务平台的重要补充。通过运用新兴的数字化技术，包括 BIM、云计算、物联网、大数据、区块链等先进技术，建设全过程工程咨询知识管理平台，为工程咨询的集约化、精益化、数字化管理提供新的手段，奠定了发展基础，促进其向全过程工程咨询服务提质增效转变。

整个全过程工程咨询知识管理平台主要包含政府政策和项目信息等主要模块。全过程工程咨询知识管理平台信息处理流程如图 7-1 所示，整个流程具有专业化分工的特点。首先，平台收集海量资料后，由系统完成对信息的预处理，对资料的真实性进行筛选，通过设置关键词等技术手段过滤掉广告信息、无效信息等，再将通过筛选的信息记录下来；信息记录在库后，对每一条在库数据进行跟踪核实，然后对政府发布的相关政策和项目信息，如审批核准、项目初步设计、施工图和公共设施接入等信息分类列入；最后，专业人员对信息进行分析、筛选、核实和完善。全过程工程咨询知识管理平台信息处理流程如图 7-1 所示。

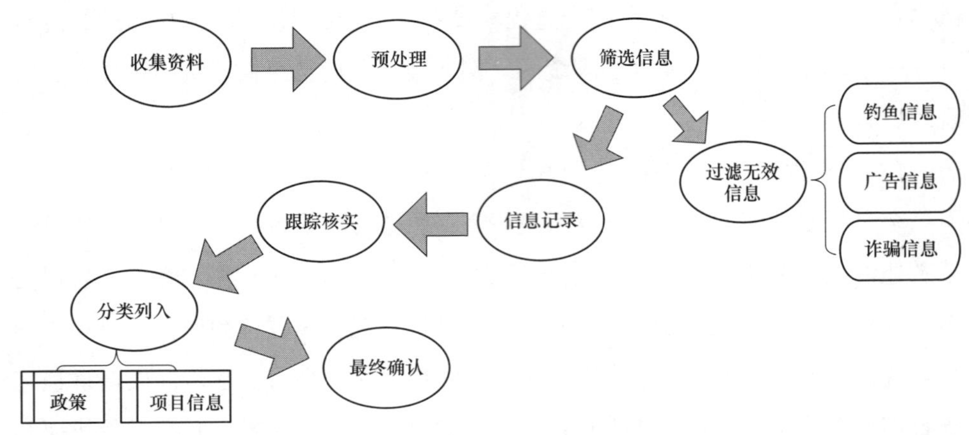

图 7-1 全过程工程咨询知识管理平台信息处理流程

（四）推动项目信息共享和网络平台高质量发展

在全过程工程咨询行业，常见问题往往并不是信息难以获取，而是如何体现信息差别化的重要性。搭建信息管理平台，推动项目的信息共享，不仅有利于项目信息的消化，而且对推动项目信息共享和网络平台高质量发展，即在强化组织协同能力、信息传递能力、资源共享等方面迈出重要步伐。

推动项目信息共享和网络平台的高质量发展，有利于集聚和培育出适应新形势的新型全过程工程咨询服务企业，加快我国咨询建设服务模式与国际建设管理服务模式的接轨。同时，为了保证项目信息共享过程中的实时性和准确性，通过实时记录及审计跟踪，最大程度地确保沟通信息在源头上的准确性和实时性，尽早检查数据资料的错误，并实时地发出反馈预警，可帮助项目减少误解，提高在线网络平台的合作效率以及项目的成功率。

第四节 全过程工程咨询风险管控

风险是指某种特定的事故或意外事件发生的概率及其可能产生后果的组

合。全过程工程咨询风险管理的目的是对可能出现的内、外部风险因素进行识别，对出现的风险导致经济社会效益、财务等损失进行分析，并提出必要的对策措施进行控制，规避损失或将损失降至最低程度。

一、全过程工程咨询主要风险

（一）内部风险

内部风险是指风险事件主体产生在机构组织内部，如从业人员能力不足、合同管理不规范、项目管理制度和奖惩激励机制不健全等引起的质量风险、管理风险等。

1. 咨询机构专业能力不足

长期以来，我国工程咨询以专业化咨询服务为主，包括前期咨询、工程设计、招标代理、项目管理、工程监理及造价咨询等咨询业务形态，分别有不同的实施方式、监管体系和资质要求。咨询产业链被划分为明显的若干阶段和条块实施，且分属于不同的行政主管部门。全过程工程咨询则打破这种条块分割、碎片化的咨询服务模式，提供咨询产业链整体服务。然而，由于涉及多个环节、多个领域的专业化咨询工作，对全过程咨询机构提出了很高的专业要求，而当前我国的全过程工程咨询机构大多尚处于起步或中间发展阶段，并没有完全形成工程咨询全产业链的综合性、一体化咨询服务能力，距离全过程工程咨询的专业化要求尚有一定距离，咨询机构专业能力有待提高。

2. 人才短缺，工作方式有待进一步提升

全过程工程咨询是知识密集型的技术服务，对全面具备工程技术、经济、管理和法律专业技术知识的高素质综合性咨询人才需求高，全过程工程咨询必须强化人才队伍建设。从人才结构来看，咨询机构约束了专业人才的工作范围和定位，相关人员参与进度控制、合同管理、造价咨询、设计管理等方面的程度较低，长此以往限制了综合性管理人才体系的培养和发展。

从工作方式来看，传统的咨询服务工作方式较为粗放，套用模板问题突出，信息化管理水平较低，工作协作性不足、项目信息掌握不全面、可追溯性差、知识再利用率较低。随着建筑业数字化技术快速发展，大数据、BIM 技术、图像识别等数字化技术正在引领工程项目管理和工程咨询走向高效协同的

更高层次，咨询从业人员必须借助数字化技术优化工作方式，提升咨询服务能力。

（二）外部风险

外部风险，又称不可抗力风险，是指风险事件发生在机构组织的外部、只能被动接受，如在服务过程中出现信息不对称、重大政策变化、政府和业主的变更、自然灾害（如地震、疫情）等风险。异常的工作环境、国家政策的变化和管理不规范等因素可能会导致设计变更。设计变更频率过高，可能导致项目成本增加，还可能影响项目整体进度。

（三）不同阶段的咨询风险及管控

1. 项目策划阶段

项目策划阶段，全过程工程咨询机构主要协助业主完成项目建议书、可行性研究报告等，所承担的服务内容包括构思策划、组织策划、目标策划、财务策划、实施策划及项目经济评价等。策划阶段的咨询质量对整个工程项目的影响最大，特别是建设方案策划、财务策划、实施策划和经济评价能力，一旦决策有误，项目后续实施过程中将出现种种问题，轻则产生额外的成本，重则导致项目的失败。项目决策阶段的风险常常表现为项目规划与区域未来发展方向不符、项目定位缺乏前瞻性、项目投资估算偏低、项目违规等风险。决策阶段的风险最为隐蔽，检测度很低，往往在后续建设阶段和运营阶段才表现出来。如今，建设项目的技术经济要求越来越复杂，前期的决策分析离不开科学的理论和方法指导，也离不开细致深入的调查和论证。

2. 项目实施阶段

项目实施阶段，咨询机构依据自身的技术实力和管理经验检查设计标准和设计规范，控制施工进度和施工效果，协调监理、设计、施工、审计等关联关系，及时向业主反馈项目进展和合理化建议，保证工程项目按计划执行。项目实施阶段涉及勘察、设计、物料采购及施工建设等，风险的表现形式比较多样。比如勘察方面，主要是勘察质量风险；设计方面，主要是设计变更风险、设计特征描述错误风险；采购方面，主要是物料采购价高质低风险、物料采购延迟风险；工程管理方面，归纳起来就是质量风险、安全风险、进度风险、成本风险、内业管理风险和自然灾害风险。

勘察质量风险的来源可能是勘察单位专业能力的不足，也可能是业主的强行干预导致。无论原因来自何处，工程勘察的质量风险都可能造成工程量不规范、工期延误、成本增加等后果。

物料采购价高质低，原因众多，可能是物料采购员疏忽导致，也可能是供应商恶意欺骗、以次充好导致，还可能是采购员与供应商串通一气，联手蒙骗导致。物料采购价高质低可能引发项目质量风险和成本超支风险。物料采购延迟的原因在于采购员下单不及时或者供应商物料紧张，无论原因归属何处，物料采购延迟都可能影响项目的整体进度。

工程管理中，控制质量风险、安全风险、进度风险、成本风险是重中之重。风险因素可能与前期规划、勘察、设计、采购有关，也可能与现场监理管理水平有关，也可能与自然灾害有关。

为防范实施阶段的风险，全过程工程咨询机构首先应弄明白不同风险的发生原因，根据发生原因确定风险责任承担方，业主原因导致的风险（如政策变化风险）业主承担损失，咨询机构原因导致的风险（如设计特征描述错误）向咨询机构追讨损失，承包单位原因导致的风险（如安全事故）向承包单位追讨损失，对于地震、火山、泥石流、海啸等自然灾害，可遵循各自损失各自承担的处理原则。为避免后续的争议，咨询机构需要分别在与业主的服务合同及与承包单位的合同中明确说明风险处理原则。其次，全过程工程咨询机构内部也要加强风控管理，针对物料采购等重大事项制定规范的审批流程。加强内业管理，定期检查，通过多次检查、评估等发现问题。

3. 项目运营阶段

建设完工后，咨询机构按照项目特点可能承担运营管理的责任，运营内容不尽相同，有些涉及项目商业化运营、有些涉及公共基础设施的运营维护，有些仅涉及设备和器材的维修保养。

运营项目的运营风险很多，如发生公共伤亡事故、招商失败、稳商不力、收入偏低、成本偏高、管理混乱、定价混乱及竞争无力等。商业运营非常复杂且具有相当的难度，当前的商业综合体、商业街同质化程度高、竞争惨烈。商业运营成功与否，前期的规划与定位是关键，在项目可行性研究论证阶段需对区域的消费群体、消费偏好、未来规划及同质竞争等情况做充分的调研与分析，根据调研分析的结果设计商业体的规模、业态、主题和定位。除了规划与定位外，项目运营公司也可通过优惠政策、活动推广、科学管理等手段吸引商家入驻并为商家提供良好的经营环境。公共基础设施项目，运维风险主要表现在设施维护不力、保养不力、成本偏高、运维亏损等。

二、全过程工程咨询质量风险

（一）全过程工程咨询质量风险表现形式

工程咨询质量控制就是通过一系列的专业技术工作和有序的管理对各个过程实施控制，使工程项目的质量特性达到规定的要求，即满足业主、法律法规及技术标准规范等方面所提出的质量要求。但是因建设工程项目有异，工程内容有所不同，所以表现在各个项目上具体的质量特性要求程度有一定的差异。加之上述市场环境与条件的变化，更是增加了保证质量的难度。

工程咨询是一项知识面涵盖广，同时具有很强技术性、专业性的知识型服务，工程咨询执业人员应当是具备系统的工程管理、工程经济和工程技术等理论知识，同时具有一定的实践经验的复合型人才。但是，目前许多工程咨询机构为了降低人事成本，没有对咨询人员的知识储备和实践能力进行严格的考核，一些人员的业务能力远远不能满足工作需求。同时，企业也不重视在内部开展相关理论知识和技术的培训工作，导致相关工作人员欠缺专业理论知识，无法及时地对知识构架和技术方法进行更新，对新工具、新定额、新材料、新技术及新规范的掌握不够，容易造成信息掌握不准确或不完整，加大了工作失误的可能性，最终导致风险，也会对工程咨询机构的商誉和项目本身造成巨大损失。

（二）全过程工程咨询机构能力建设

工程咨询机构能力建设，实际上是咨询团队人才队伍的建设。要通过加强咨询人才队伍建设，高度重视全过程工程咨询项目负责人及相关专业人才的培养。全过程工程咨询对人才的要求很高，不仅需要在某个专业领域精通，还需要对工程建设的各个阶段和环节都有深入了解，同时还要懂管理、擅沟通，具备全过程、全要素及全方位思维转变能力。

我国全过程工程咨询领域的综合型高素质咨询人才短缺，相关专业协会应联合起来，建立全过程工程咨询人才培养体系，共同组织开展相关培训，尽快培养一批懂工程技术、工程经济、项目管理、法律法规、项目信息技术以及风险管控的综合型高素质的工程咨询人才，为开展全过程工程咨询业务提供人才支撑，加强工程咨询机构能力建设，推动全过程工程咨询服务水平提升。

（三）全过程工程咨询管理团队职能集成

全过程咨询团队由项目经理（或负责人）、专业咨询师、管理行政人员和外部专家构成，并且相应的组织模式需要配备满足建设项目的各种工作内容专业人员。

1. 选任项目经理（负责人）

工程项目的项目经理是工程项目承担单位的法定代表人在该工程项目上的全权委托代理人，是负责项目组织、计划及实施过程，处理有关内外关系，保证项目目标实现的项目负责人，是项目的直接领导与组织者。需要选任熟知全过程工程咨询项目中项目经理职责要求及管理要点，并能对其所负责的全过程工程咨询项目进行风险规避及把控的项目经理。

2. 选好全过程工程咨询团队成员

根据全过程工程咨询合同约定的服务范围，咨询机构从本部门或跨部门合理安排人力资源，选择高素质人才，组建好全过程工程咨询团队。具体相关人员要能够较好满足工作的专业技能、工作经验等需要。

3. 聘用外部专家

由于项目的不同特点及需要，项目成员完全来自本部门或公司往往很难满足项目要求，因此工程咨询机构应建立组织内部的专家选聘工作机制。包括规定专家提名、聘任和调整的工作程序，明确专家的权利和义务。根据业务发展需要建立专家库，专家聘用应首先在专家库中选择。专家应具有深厚专业知识和丰富的实际工作经验，熟悉相关领域的基本情况和发展趋势。工作时间，专家要能够配合做好相关保障。

（四）全过程工程咨询质量保证机制

全过程工程咨询应根据投资控制总目标、建设工程特点以及建设单位的特定需求，首先编制项目管理规划大纲、项目管理实施方案以及专业工作计划，送建设单位确认，并作为合同附件，明确界定双方的责任边界及风险；根据项目管理规划大纲、项目管理实施方案以及专业工作计划，编制各阶段、各专业质量管理制度，结合当前新一轮项目审批制度和“放管服”改革要求，补短板、强弱项，结合全过程工程咨询理论方法和技术创新、组织实施模式和咨询组织方式创新，建立完善质量管理体系。

三、工程全过程咨询合同风险管理

（一）工程全过程咨询业务开发模式

全过程工程咨询业务开发模式应以全过程项目管理为核心，以各专业咨询为支撑，包括如投资决策咨询、勘察、设计、监理、造价咨询、招标代理、运营维护等，将全过程工程咨询服务链向上游延伸，在项目投资决策、勘察设计等阶段就引入全过程工程咨询，利用咨询机构的专业优势，整合各阶段工作内容，实现全过程投资控制，确保项目目标的实现。

在全过程工程咨询业务中，全过程工程咨询合同是关于委托方（即甲方）与全过程工程咨询机构（即乙方）之前的法律约束文件，也是开展项目管理、监理等全过程工程咨询服务的重要法律依据。合同中明确各方的权利义务，并授权全过程工程咨询机构对建设项目进行全过程或分阶段的管理和服务活动。同时，全过程工程咨询机构根据投资人委托的管理和服务的内容，承担与工程建设、运营、监管相关的管理工作，协调承包人之间的合同关系，解决合同争议与纠纷等。

（二）全过程工程咨询合同签订、履约与变更

1. 合同签订阶段

（1）服务风险。全过程工程咨询合同中所涉及的内容较多，一些企业为了方便，常常自拟合同，此类合同的文本很难对当事人的权利与义务进行全面的规范，极易出现语言漏洞。词语、句式使用不规范、不严谨，极易产生误解或歧义，致使合同内容存在争议，存在一定的潜在风险。

（2）费用风险。投资者或建设单位应当根据工程项目的规模和复杂程度，咨询服务的范围、内容和期限等与咨询机构确定服务酬金。全过程工程咨询服

务酬金可按各专项服务酬金叠加后再增加相应统筹管理费用计取，也可按人工成本加酬金方式计取。全过程工程咨询服务酬金可在项目投资中列支，也可根据所包含的具体服务事项，通过项目投资中列支的投资咨询、招标代理、勘察、设计、监理、造价、项目管理等费用进行支付。全过程工程咨询服务酬金在项目投资中列支的，所对应的单项咨询服务费用不再列支。

（3）违约风险。工程合同是任务承担单位与发包者间就项目建设所形成的法律协定，合同一旦生效，双方必须依法遵守，履行各自的义务，若发生违约行为，应追究当事人的法律责任。但是，若违约的责任信息不明确，将导致合同的约束性变弱，进而产生一定的法律风险。

2. 合同履行阶段

合同生效后，双方当事人必须严格遵照合同的要求来履行各自的义务，行使自己的权利。然而，在合同履行阶段，依然会衍生一系列的法律问题。

（1）分包风险。依据广东等地区的试点方案中的要求，全过程工程咨询业务（包括项目策划、工程设计、工程监理、招标代理、造价咨询等）可以发包给同时具有相应设计、监理、招标代理和造价咨询资质的一家企业或具有上述资质或能力的联合体。咨询合同生效后，若出现违法分包、违法转包行为，分包与转包的合同是无效的，此类分包不受法律保护。

（2）服务变更风险。在合同履行过程中，由于特殊情况需要进行合同变更处理，不得不进行内容的变更，若不发生变更行为，会威胁到双方的利益。但是，不能排除一些任务承担单位以超低的价格中标后，到后期又要变更合同，合同一旦变更，招标结果也会发生改变，是一种严重的违法行为。

（3）索赔风险。在全过程工程咨询合同履行中，一旦出现纠纷，常常发生索赔行为，部分人员想借此谋取利益，势必会产生索赔的风险。索赔时，常常表现在两个方面，一是已经被确认，能将其视为工程结算的重要依据；二是没有被确认的部分，需要在诉讼的条件下，让法院或一些司法鉴定单位来进行确认。

（三）咨询契约精神与合同风险管控

1. 咨询契约精神

契约精神在民主法治的形成过程中有极为重要的作用。无论在私法或是公法领域，契约精神对我国社会主义法治国家的构建和社会主义市场经济的良性运转都有着积极的作用。工程全过程咨询要想良性发展，最重要的是需要合作双方都具备契约精神。

2. 合同风险管控

全过程工程咨询合同中所涉及的内容较多，一旦出现问题，极有可能引发法律纠纷，对企业构成一定的威胁。为应对此项问题，应对全过程工程咨询合同法律风险进行从容应对，提前构建风险评估机制，并制定相关的预警机制，以实现对法律风险的有效防范与控制，以保护企业的合法权益不受侵犯。

附件：中咨公司全过程工程咨询业务导则[1]

1. 总　　则

1.1　为规范建设项目全过程工程咨询业务，提高公司全过程工程咨询服务质量和水平，根据《国家发展改革委　住房城乡建设部关于推进全过程工程咨询服务发展的指导意见》等政策法规及管理制度规定，制定本导则。

1.2　本导则适用于公司接受有关部门及企业委托，开展全过程工程咨询相关业务的咨询服务项目。

1.3　公司与全过程工程咨询服务委托方应订立全过程工程咨询合同（简称合同）。合同应明确工程咨询服务的范围、内容、服务期限和酬金、咨询成果形式，以及双方义务、违约责任等条款。

1.4　全过程工程咨询服务委托方应明确工程项目目标、建设内容、建设条件等，明确项目资金来源，为公司提供必需基础资料，审查咨询成果，对重大事项做出决策，并依法承担相应责任。

1.5　全过程工程咨询强调原创性策划、多阶段集成，通过工程项目投资决策综合性论证和工程建设实施全过程管控，为委托方的投资决策和建设管理提供增值服务。公司为全过程工程咨询服务委托方提供合同约定范围内的工程咨询服务，对咨询服务工作的内容及成果负责。

1.6　公司秉承“敢言、多谋、慎断、公正、科学、可靠”的精神，强化“品牌意识、前瞻意识、进取意识、廉洁意识、合作意识”，按照 ISO9001：2018 质量管理体系的要求，为委托单位提供高质量的全过程工程咨询专业服务。

1.7　公司承担的全过程工程咨询服务，除应符合本导则的相关要求之外，还应符合国家有关标准规范及政策法规规定。

---

[1] 本导则供中咨公司内部使用，并根据情况变化适时进行修改完善。相关内容仅供参考。

2. 术　　语

2.1 全过程工程咨询服务委托方

建设项目权益所有者，也即全过程工程咨询服务发包方，简称委托方。

2.2 全过程工程咨询机构

为委托方提供投资决策综合性咨询、工程建设全过程咨询及特定领域全过程专业咨询等全过程工程咨询服务的组织机构。

2.3 全过程工程咨询

综合运用多学科知识、工程实践经验、现代科学技术和经济管理方法，采用多种服务方式组合，为委托方在项目投资决策、建设实施阶段及特定专业领域提供阶段性或整体解决方案的综合性智力服务活动。

2.4 工程项目全生命周期

工程项目全生命周期是描述项目从规划到交付所经历的各个阶段，通常可划分为项目策划阶段、施工准备阶段、工程建设阶段、竣工验收和运营阶段，实际工作中可以针对不同领域项目进行具体划分。

2.5 投资决策综合性咨询

受委托方委托，在项目投资决策阶段，就投资项目的市场、技术、经济、生态环境、能源、资源、安全、社会等影响可行性的要素，结合国家、地区、行业发展规划及相关重大专项建设规划、产业政策、技术导则及相关审批要求进行综合分析研究和论证，为委托方提供决策依据和建议的活动。

2.6 工程建设全过程咨询

受委托方委托，在工程建设实施阶段，提供招标采购咨询、勘察设计咨询、工程监理、造价咨询、项目管理等综合咨询服务的活动。

2.7 特定领域全过程专业咨询

受委托方委托，在项目全生命周期各阶段，就工程投资、工程技术、项目融资、工程法律、工程保险、风险管控、项目管理等特定领域，为委托方提供全过程专业咨询。

2.8 全过程工程咨询项目团队

由公司相关业务部门、所属企业或联合体设立的，负责履行全过程工程咨询合同的组织机构，简称项目团队。

2.9 全过程工程咨询项目总负责人

由公司任命的具有与全过程工程咨询业务相适应的资格和能力，负责履行全过程工程咨询合同的项目团队总负责人。

2.10 全过程工程咨询项目工作计划

由全过程工程咨询项目总负责人编制，指导项目团队开展全过程工程咨询服务工作的计划文件。

2.11 项目投融资专业咨询

为委托方提供工程全生命周期单个或多个阶段投融资咨询服务的单项咨询活动，如设计项目投融资方式、策划项目投融资方案等。

2.12 项目风险管理咨询

为委托方提供工程全生命周期单个或多个阶段风险管理服务的单项咨询活动，如工程风险识别与分析、风险应对策略。

2.13 建筑节能或绿色建筑咨询

为委托方提供工程全生命周期单个或多个阶段建筑节能与绿色建筑技术与管理咨询的单项咨询活动。

2.14 项目后评价咨询

公司在全过程工程咨询服务委托方授权范围内进行工程项目后评价的单项咨询活动。

3. 基 本 规 定

3.1 全过程工程咨询包括投资决策综合性咨询、工程建设全过程咨询和特定领域全过程专业咨询。公司可分别承担投资决策综合性咨询、工程建设全过程咨询或特定领域全过程专业咨询业务，也可承担包含投资决策综合性咨询、工程建设全过程咨询和特定领域全过程专业咨询在内的全部咨询业务，还可根据全过程工程咨询服务委托方需求，承担不同专业与阶段的组合咨询业务，如特定专业的跨周期工程咨询或特定阶段的跨专业工程咨询。

3.2 公司单独承担工程设计优化咨询、工程造价专业咨询、工程采购及合同管理咨询、工程投融资专业咨询等咨询业务，属于单项咨询。单项咨询可作为全过程工程咨询的组成部分，纳入全过程工程咨询合同。

3.3 全过程工程咨询业务应由具备相应能力的项目团队承担。对于工程投资决策、勘察、设计、监理、造价等具有资质或资信要求的咨询业务，公司组建的项目团队具备相应资质、资信及专业能力要求。

3.4 公司承担全过程工程咨询业务，服务费宜采用人工成本加酬金的计费方式进行计算。

3.5 除合同另有约定外，全过程工程咨询业务投标文件、合同文件及合同履行过程中的各关键岗位负责人应保持一致，并依法承担相应责任。若出现各关键岗位负责人发生调整的情况，需取得委托方的书面同意意见。

3.6 公司应根据全过程工程咨询服务内容和期限，结合工程特点、建设规模、复杂程度及环境因素等确定全过程工程咨询项目团队的组织形式、总负责人和主要人员构成，并及时报送委托方。

3.7 全过程工程咨询项目总负责人应根据合同约定，结合工程实际情况，组织编制全过程工程咨询工作计划，内容应包括：工程概况、咨询业务范围及内容、项目团队组织机构、人员配备及岗位职责、咨询工作总体思路及重点难点、咨询工作制度及流程、咨询工作进度安排、咨询工作可交付成果及表达形式等。

3.8 合同履行过程中，因实际情况或条件发生变化，需要调整咨询工作计划时，应分别由项目总负责人和各关键岗位负责人组织专业咨询人员修改或调整工作计划，并按照原审批程序报审。

3.9 公司宜应用现代信息技术建立知识和数据管理平台，强化全过程工程咨询业务知识和数据管理，为全过程工程咨询提供有力支撑。

3.10 公司应统筹组织咨询服务文件资料收集整理工作，并按照咨询服务内容和职责划分组织文件资料存档。

4. 全过程工程咨询组织模式及人员职责

4.1 一般规定

4.1.1 公司制定并实施全过程工程咨询业务工作制度，明确全过程工程咨询的工作流程，明晰公司内部、公司与委托方及其他相关方之间的管理接口关系。

4.1.2 全过程工程咨询业务可由公司单独承担，也可由公司与所属企业及其他具有相应能力的工程咨询机构以联合体方式共同承担。

公司单独承担全过程工程咨询业务时，可根据合同约定或经委托方同意，将自身主营业务以外的工程咨询工作，依法依规择优委托给其他工程咨询机构。公司履行牵头咨询机构的职责，对全过程工程咨询服务及成果负总责。

公司以联合体方式共同承担全过程工程咨询业务时，应在合同中明确本公司及联合体各成员单位的权利、义务和责任，同时还应明确联合体各成员单位的项目负责人。

4.1.3 公司单独承担全过程工程咨询业务时，应委派一名专业人员担任项目总负责人，并在合同中予以明确。以联合体方式共同承担时，应在合同中明确本公司负责部分的项目负责人，项目总负责人应由联合体牵头单位委派。

4.1.4 项目团队可根据项目投资决策及建设实施不同阶段的单项咨询内容设立相应的专业工作小组，并由总负责人协调并委派专业工作小组负责人。

4.2 工程咨询组织模式

4.2.1 公司成立的全过程工程咨询项目团队可独立服务委托方，也可与委托方相关职能部门形成一体化工作团队。

4.2.2 全过程工程咨询实行咨询项目总负责人责任制。项目涉及前期决策、勘察、设计、监理、造价咨询等专业领域时，应在项目总负责人协调下，分别委派具有相应执业资格和业务能力的专业人员担任专业工作小组负责人，包括前期决策咨询负责人、勘察负责人、设计负责人、总监理工程师、造价咨询负责人等。

4.2.3 项目总负责人及专业工作小组负责人应在咨询工作开展前，组织相关专业咨询人员进行咨询工作计划交底。

4.2.4 项目团队应配备数量适宜、专业配套的专业咨询人员和其他辅助人员，其能力和资格应满足工程咨询服务工作需要。

4.2.5 项目团队应按全过程工程咨询合同及相关规范要求编制工程咨询成果文件，投资决策咨询负责人、勘察项目负责人、设计项目负责人、总监理工程师、造价咨询项目负责人等专业工作小组负责人应在其确认的相关咨询成果文件上签字并加盖执业印章，项目总负责人在总咨询成果文件上签字并加盖执业印章。

4.2.6 工程咨询成果文件应在公司内部履行必要的审查程序后，报送全过程工程咨询服务委托方。

4.3 工程咨询人员职责

4.3.1 全过程工程咨询项目总负责人应履行下列职责：

（1）协调公司各相关业务部门和所属企业组建项目团队，明确各咨询岗位职责及咨询人员分工。

（2）组织制定咨询工作计划，负责项目重大决策咨询。

（3）统筹管理全过程咨询业务工作，监督检查咨询工作进展情况，组织评价咨询工作绩效，根据咨询工作需要及时调配专业咨询人员。

（4）协调咨询项目内外部相关方关系，调解相关争议，及时解决咨询业务工作进展中出现的问题。

（5）在授权范围内决定咨询任务分解、利益分配和资源使用。

（6）定期向委托方报告项目进展情况及所有与其利益密切相关的重要信息。

（7）参与或配合工程咨询服务质量事故的调查和处理。

（8）审核确认工程咨询成果文件，签字并加盖执业印章。

4.3.2 投资决策咨询负责人、勘察项目负责人、设计项目负责人、总监理工程师、造价咨询项目负责人等专业工作小组负责人应根据工程决策、勘察、设计、监理、造价咨询相关法规政策及标准规范规定，分别履行其相应职责：

（1）参与编制咨询工作计划，并负责编制本专项咨询业务相关的工作计划。

（2）根据咨询工作计划及咨询任务分配，组织实施本专项咨询业务工作。

（3）组织编制工程咨询成果文件，签字并加盖执业印章。

4.3.3 项目团队其他专业咨询人员根据咨询岗位职责分工，履行相应咨询服务相关职责。

5. 投资决策综合性咨询

5.1 一般规定

5.1.1 公司根据全过程工程咨询合同约定，在项目投资决策阶段为委托方提供投资政策及发展战略策划咨询、投资规划及项目策划咨询、投资项目可行性论证、PPP项目综合咨询等方面的投资决策综合性咨询，也可提供建设项目用地与选址规划、环境影响评价、社会稳定风险评估、节能评估等单项咨询。

5.1.2 投资决策综合性咨询应针对固定资产投资决策事项，遵循系统性、科学性和前瞻性原则，从项目全生命周期角度出发，开展项目需求分析，论证项目建设方案、运营方案和财务方案，评价项目影响和风险，提高投资项目审批效率，推动优化投资项目前期审批流程，为投资项目科学决策、有序实施和有效运营提供智力支持。

5.1.3 投资决策综合性咨询包括前期准备、实地调研、分析论证、报告编制等环节，形成的咨询成果应符合国家、行业或地方有关规定和委托方有关要求，根据相关法律法规和行政审批要求，通过评审或评估后提交投资方。

5.1.4 投资决策咨询文件编制格式、内容和深度应达到规定要求。当实际情况或条件发生重大变化时，公司应按照相关要求修改完善投资决策咨询文件，并重新履行相关评估及审批手续。

5.2 投资决策咨询业务

5.2.1 投资政策及发展战略策划咨询

项目团队按照合同约定，根据国民经济和社会发展规划、相关领域专项规划、产业政策等，为委托方提供投资政策专项咨询、区域及行业投资战略咨询、企业投资战略策划咨询、项目群策划及管理咨询等服务，为委托方的发展战略提供决策支撑。

5.2.2 投资规划及项目策划咨询

项目团队按照合同约定，综合考虑政策、经济、技术、环境、社会等方面因素，为委托方提供区域及专项投资规划咨询、企业投资规划咨询、项目策划与项目建议书编制等服务，为委托方的投资规划及项目策划提供决策支撑。

5.2.3 投资项目可行性论证

项目团队按照合同约定，对项目建设地点、建设规模、建设内容、投资规模等进行全面分析论证，通过多方案比选等方式进行投资项目的可行性论证，为投资决策、建设实施及运营提供支撑和依据。

(1) 对于需要审批的政府投资项目，包括政府采取直接投资方式、资本金注入方式投资的项目，项目团队应编制项目可行性研究报告，并可协助投资方办理项目审批手续。政府投资项目可行性研究报告需要突出论证项目建设的必要性、政府资金介入方式、项目技术经济可行性、社会经济效益以及项目资金等主要建设条件的落实情况、项目组织实施方式等内容。

(2) 对于采用政府投资补助、转贷和贷款贴息方式的投资项目，项目团队应编制资金申请报告，并可协助投资方办理资金申请手续。项目资金申请报告内容包括：投资者或项目单位基本情况，项目基本情况，申请政府投资资金的主要理由和政策依据等。

(3) 对于需要核准的企业投资项目，项目团队编制项目申请报告，并可协助投资方办理项目核准手续。项目申请报告内容包括：申报单位和项目概况、项目利用资源情况及对生态环境的影响分析、项目对经济和社会的影响分析等。

(4) 对于需要备案的企业投资项目，项目团队应协助填写项目备案信息，并可协助投资方办理项目备案手续。项目备案信息包括企业和项目基本情况、项目符合产业政策的声明等。

(5) 政府投资项目审批、企业项目核准和备案均通过全国投资项目在线审批监管平台（简称在线平台）办理，使用在线平台生成的项目代码办理相关手续。

5.2.4 PPP项目综合咨询

（1）项目团队按照合同约定，对投资项目采用PPP模式建设的必要性、可行性等重大事项进行研究论证，并编制PPP项目可行性研究报告，合理确定项目主要内容和投资规模。

（2）项目团队按照合同约定，编制PPP项目实施方案，并可协助投资方组织专家进行评审。PPP项目实施方案内容包括：项目概况、运作方式、社会资本方遴选方案、投融资和财务方案、建设运营和移交方案、合同结构与主要内容、风险分担、绩效考核、监管措施等。

（3）项目团队可协助投资方，将PPP项目信息（不包括涉密项目）录入全国PPP项目信息监测服务平台，并协助办理各项审批手续。涉及政府付费或财政补贴的PPP项目，还需要根据财政部门相关要求，办理财政部政府和社会资本合作（PPP）综合信息平台项目库入库手续。

5.3 建设条件单项咨询

5.3.1 建设项目用地与选址规划

（1）项目团队按照合同约定，在建设项目可行性研究阶段开展项目用地与选址论证工作。

（2）建设项目用地与选址应符合国家及地方国土空间规划和土地利用总体规划、城乡规划要求，坚持生态优先，保护耕地和永久基本农田，节约集约用地。

（3）建设项目涉及新增建设用地的，应开展用地论证，编制建设项目用地预审申请报告，并协助投资方申请办理建设项目用地预审与选址意见书。建设项目用地预审申请报告内容包括：拟建项目的基本情况、拟选址占地情况、拟用地是否符合土地利用总体规划、拟用地面积是否符合土地使用规定、拟用地是否符合供地政策等。

（4）建设项目占用城镇规划区内既有建设用地的，应协助投资方取得该地块的位置、使用性质、开发强度等规划条件。

5.3.2 建设项目环境影响评价

（1）项目团队按照合同约定，分析建设项目对环境的影响程度，编制建设项目环境影响评价成果文件。根据建设项目对环境影响的程度不同，环境影响评价成果文件可分为环境影响报告书、环境影响报告表和环境影响登记表。

（2）对于可能造成重大环境影响的项目，应编制环境影响报告书，对产生的环境影响进行全面评价。建设项目环境影响报告书内容包括：建设项目概况，建设项目周围环境现状，建设项目对环境可能造成影响的分析、预测和评估，建设项目环境保护措施及其技术、经济论证，建设项目对环境影响的经济损益分析，对建设项目实施环境监测的建议，环境影响评价结论。

（3）对于可能造成轻度环境影响的项目，应编制环境影响报告表，对产生的环境影响进行分析或专项评价。环境影响报告表应采用规定格式，并可根据工程特点、环境特征，有针对性地突出环境要素或设置专题开展评价。

（4）对环境影响很小、不需要进行环境影响评价的项目，应填报环境影响登记表，并按主管部门要求进行网上备案。

（5）建设项目环境影响报告书、环境影响报告表或环境影响登记表应在开工建设前办理审批、审核手续。

5.3.3 建设项目节能评估

（1）项目团队按照合同约定，编制固定资产投资项目节能报告，并协助委托方向节能审查机关申请办理节能审查意见。项目节能报告内容包括：分析评价依据，项目建设方案的节能分析和比选，节能技术和管理措施，项目能源消费量、能源消费结构、能源效率等方面的分析，项目所在地完成能源消耗总量和强度目标、煤炭消费减量替代目标的影响等分析评价。

（2）对于政府投资项目，项目团队应协助委托方在报送项目可行性研究报告前取得节能审查机关出具的节能审查意见。

（3）对于企业投资项目，项目团队应协助委托方在开工建设前取得节能审查机关出具的节能审查意见。

（4）对于《不单独进行节能审查的行业目录》内的项目、年综合能源消费量不满 1000 吨标准煤且年电力消费量不满 500 万千瓦时的固定资产投资项目以及涉密项目，可不编制单独的节能报告。项目团队应在项目可行性研究报告或项目申请报告中对项目能源利用情况、节能措施情况和能效水平进行分析。

5.3.4 社会稳定风险评估

（1）项目团队按照合同约定，对重大项目社会稳定风险进行识别、预测和分析，提出风险应对策略和社会稳定风险等级建议。

（2）重大项目社会稳定风险分析应作为项目可行性研究报告、项目申请报告的重要内容，与项目社会影响评价统筹考虑。

（3）项目团队应在调查研究的基础上，识别项目主要风险，分析风险发生概率和影响，提出风险应对措施，确定风险等级，完成重大项目社会稳定风险评估报告。重大项目社会稳定风险评估报告内容包括：项目建设实施的合法性、合理性、可行性、可控性，可能引发的社会稳定风险，各方面意见及其采纳情况，风险评估结论和对策建议，风险防范和化解措施及应急处置预案等。

6. 工程建设全过程咨询

6.1 一般规定

6.1.1 公司根据全过程工程咨询合同约定，在工程建设实施阶段为委托方提供项目管理咨询、工程勘察咨询、工程设计咨询、招标采购咨询、工程造价咨询、工程监理咨询、BIM 咨询等方面的工程建设全过程咨询。

6.1.2 公司应以合同管理为主线、创新为驱动、信息技术为支撑、组织协调为手段开展工程建设全过程咨询，鼓励项目团队提供项目管理、勘察、设计、招标采购、造价、监理、BIM 等全过程咨询服务，满足全过程工程咨询服务委托方一体化咨询需求。

6.1.3 项目团队应在委托权限范围内，按照相关法律法规要求、遵循公开、公平、公正和诚信原则，开展项目管理、勘察、设计、招标采购、造价、监理、BIM 等全过程咨询活动。

6.1.4 项目总负责人应根据合同约定和项目特点，编制工程建设全过程咨询工作计划，工作计划应经公司内部审核后及时报送委托方。工程建设全过程咨询工作计划内容应包括：工程概况、工程建设全过程咨询服务范围及内容、咨询组织机构及人员安排、咨询工作进度安排、咨询工作可交付成果、咨询成果质量监督等方面内容。

6.2 工程项目管理咨询

6.2.1 工程报批报建服务

（1）项目团队按照合同约定，协助委托方办理设计方案审查、土地划拨决定书核发、建设用地批准书核发、建设工程规划许可证核发等工程建设申报手续。

（2）项目团队按照合同约定，协助委托方办理施工图设计文件审查、施工许可证核发等施工许可手续。

（3）项目团队按照合同约定，协助委托方办理规划、消防、环保等部门出具的验收认可文件、市政公用基础设施接入和不动产首次登记（涉及房屋建筑工程）等竣工验收手续。

（4）项目团队在工程报批报建及备案咨询服务中，应协助委托方与相关主管部门沟通，及时进行文件资料整理和归档工作。

6.2.2 工程勘察管理

（1）项目团队应按照合同约定，协助委托方进行工程勘察招标及工程勘察合同签订工作。

（2）项目团队应根据既有工程资料、工程勘察相关规定及拟建工程范围和设计需求，编制工程勘察任务书，并在报送委托方批准后提供给工程勘察单位。

（3）项目团队应定期检查勘察现场及室内试验主要岗位操作人员资格、设备和仪器的计量检定情况、工程勘察方案及勘察进度计划执行情况，加强工程勘察成本、进度、质量等管理工作。

（4）项目团队应审核工程勘察单位提交的勘察费用支付申请，签署审核意见后报送委托方。

（5）项目团队应审查工程勘察单位提交的勘察成果报告，向委托方提交勘察成果评估报告，并留存勘察成果资料及审查资料。

6.2.3 工程设计管理

（1）项目团队按照合同约定，协助委托方进行工程设计招标及工程设计合同签订工作。

（2）项目团队应根据项目可行性研究报告、工程建设相关规定及拟建工程范围和委托方需求，编制工程设计任务书，并在报送委托方批准后提供给工程设计单位。

（3）项目应检查各阶段工程设计进度计划执行情况，督促设计单位完成设计合同约定的工作内容，按计划时间提交相应设计成果。

（4）项目团队应审核工程设计单位提交的设计费用支付申请，签署审核意见后报送委托方。

（5）项目团队应审查工程设计单位提交的各阶段设计成果质量，并在综合考虑技术先进性和经济合理性的基础上，向工程设计单位提出设计方案优化建议。

（6）项目团队应审查设计单位提交的设计概算、施工图预算，并将审查意见报送委托方。

（7）工程施工过程中出现设计变更的，项目团队应审查工程设计变更成果，并可要求工程设计单位进行变更前后的工程造价对比分析。

（8）项目团队可协委托方向政府有关部门报审工程设计文件，并根据政府有关部门审批意见，敦促设计单位予以完善。

（9）项目团队应做好设计收尾管理及设计文件资料归档管理工作。

6.2.4 施工项目管理

（1）项目团队应按照合同约定进行施工项目管理服务。受托提供工程监理与项目管理一体化服务时，施工监理服务应实行总监理工程师负责制。

（2）项目团队应协助委托方建立健全工程建设质量管理体系，督促工程承包方落实质量管理人员、机构和制度。

（3）项目团队应督促工程承包方加强施工安全生产管理，并协助委托方定期组织安全生产联合检查。

（4）项目团队应督促工程承包方按照施工合同要求编制施工进度计划，并对施工进度计划执行情况进行定期检查和分析评估。

（5）项目团队应结合项目投资分解安排和总体进度计划编制建设资金使用

计划，并对资金使用计划执行情况进行定期检查和分析评估。

（6）项目团队应协助委托方与工程承包方签订工程质量保修合同，并督促工程承包方行合同。

（7）项目团队应根据委托方要求，协助和配合工程审计单位的全过程审计工作。

（8）项目团队应根据施工合同与工程承包方约定处理工程变更和索赔事宜，并组织审查承包方提交的竣工结算申请，还可协助委托方编制工程竣工决算。

6.3 工程勘察服务

6.3.1 项目团队应按照合同约定，为委托方提供可行性研究勘察、初步勘察、详细勘察和施工勘察等单项或多项咨询服务。

6.3.2 项目团队应遵循工程勘察相关规定实施勘察作业，包括室外作业、室内试验分析和报告编制。

6.3.3 工程勘察应查明场地和地基稳定性、地层结构、持力层和下卧层的工程特性，土的应力历史和地下水条件及不良地质作用等，提供满足工程设计、施工所需的岩土参数，并确定地基承载力和预测地基变形性状。对于抗震设防烈度等于或大于 6 度的场地，应进行场地与地基的地震影响评价。

6.3.4 项目团队应根据工程勘察任务书要求及工程勘察相关要求编制工程勘察报告，必要时根据委托方要求及项目需求，编制水文地质勘察报告、文物保护勘察报告等专项勘察报告。

6.3.5 工程勘察报告内容组成应完整，结论表述应清晰，并应满足工程勘察合同、勘察任务书及工程设计的深度要求，确保工程勘察成果的科学性、真实性和准确性。

6.3.6 项目团队应配合委托方完成工程勘察报告的审核验收。

6.4 工程设计服务

6.4.1 方案设计

（1）项目团队应按照合同约定，依据相关法律法规、政策及工程设计规范、项目策划决策阶段咨询成果文件及其批复意见、工程咨询合同及工程设计任务书、内外部设计条件及设计案例等信息资料，开展方案设计工作。

（2）项目团队应根据项目范围及内容确定设计原则，结合功能需求，比选推荐项目主要技术方案。

（3）项目团队应比选推荐项目总图方案，并确定主要设备选型。

（4）项目团队应进行多方案的技术经济比选，确保选定的设计方案能够满足投资成本控制要求。

（5）项目团队应根据工程咨询合同及工程设计任务书要求，向全过程工程咨询服务委托方提交方案设计成果。方案设计成果应包括设计说明书（含投资估算表）和方案设计图纸、模型（实体模型或计算机虚拟模型）等。涉及建筑节能、环保、绿色建筑、人防等设计的，设计说明书中应有相应内容。涉及装配式建筑技术的，方案设计文件还应包括装配式建筑技术策划文件。

（6）项目团队应配合委托方完成方案设计成果的审核验收。

6.4.2 初步设计

（1）项目团队应按照合同约定，依据相关法律法规、政策及工程设计规范、项目策划决策阶段咨询成果文件及其批复意见、工程勘察报告及审核通过的方案设计成果、工程咨询合同及工程设计任务书、工程设计相关基础资料，开展初步设计工作。

（2）项目团队应在确定设计原则的基础上，明确建设规模、主要设计方案和工艺流程以及总平面布置。

（3）项目团队应确定能源介质参数和消耗，进行主要设备选型，并编制主要设备材料表及技术规格书。

（4）项目团队应绘制初步设计图纸，并计算工程量、编制工程概算。对于政府投资项目，工程总概算不宜超过可行性研究所确定的工程建设投资估算总额。政府投资工程总概算因故超过投资估算总额的，应履行相关审查或报批程序。

（5）项目团队应根据工程咨询合同及工程设计任务书要求，向委托方提交初步设计成果。初步设计成果主要包括设计说明书、初步设计图纸、主要设备材料表及技术规格书、工程概算书和有关环保、人防、消防、安全、节能和抗震专篇。涉及绿色建筑、装配式建筑的，设计说明书中应有相应内容。

(6) 项目团队应配合委托方完成初步设计成果的审核验收，并协助委托方办理初步设计文件报批手续。

6.4.3 施工图设计

(1) 项目团队应按照合同约定，依据相关法律法规、政策及工程设计规范、批准的初步设计成果文件、投资决策阶段咨询成果及其批复意见、工程（详细）勘察报告及有关设备、材料订货资料、工程咨询合同及工程设计任务书、工程设计相关基础资料，开展施工图设计工作。

(2) 项目团队应落实设计条件和要求，解决专项技术问题，并绘制工程施工、设备安装所需的全部图纸。对于重要施工、安装部位，应编制施工操作说明。

(3) 项目团队应提出设备、材料采购技术文件，并详细说明非标设备和结构件的加工制作要求。

(4) 项目团队应在施工图设计文件中注明涉及危险性较大工程的重点部位和环节，提出保障工程周边环境安全和工程施工安全的意见，必要时进行专项设计。

(5) 项目团队应编制施工图预算，施工图预算额不应超过批准的工程概算总额。

(6) 项目团队应根据工程咨询合同及工程设计任务书要求，向委托方提交施工图设计成果。施工图设计成果应包括图纸目录、说明、设备表、材料表等专业设计图纸，专业工程计算书、计算机辅助设计软件及资料、施工图预算书。涉及建筑节能、绿色建筑、装配式建筑设计的，设计说明及图纸应有相应设计内容。

(7) 项目团队应协助委托方完成施工图设计文件的审查工作。

(8) 项目团队应参加委托方组织的设计交底和图纸会审会议，详细阐释施工图设计意图及施工中应注意的事项，回答相关方提出问题并进行修改完善。

6.5 工程招标采购咨询

6.5.1 工程监理招标代理

(1) 项目团队应进行工程监理招标策划，并协助委托方划分工程监理标段、选择工程监理招标方式。

(2) 项目团队应协助委托方合理设定工程监理投标条件，编制和发布招标公告或发出投标邀请书。工程监理招标设有资格预审环节的，项目团队应组织工程监理投标资格预审。

(3) 项目团队应协助委托方选定工程监理合同示范文本和制定合同主要条款，并应编制和发出工程监理招标文件。

(4) 项目团队应从注重考察工程监理能力的角度，组织评标委员会按照招标文件中确定的评标方法进行工程监理评标。

(5) 项目团队应协助委托方与拟中标监理单位进行合同谈判，并协助委托方签订工程监理合同。

6.5.2 工程施工招标代理

(1) 项目团队应进行工程施工招标策划，并协助委托方合理设定施工合同边界和划分工程施工标段，选择工程施工招标方式。

(2) 项目团队应协助委托方合理设定工程施工投标条件，编制和发布招标公告或发出投标邀请书。工程施工招标设有资格预审环节的，项目团队应组织工程施工投标资格预审。

(3) 项目团队应为委托方提供招标工程量清单和招标控制价文件，根据需要合理设定暂估价项目，避免产生不平衡报价和重大偏差项目。

(4) 项目团队应协助委托方选定工程施工合同示范文本和制定合同主要条款，并编制和发出工程施工招标文件。

(5) 项目团队应协助委托方在招标文件和合同中合理设置工程量及价款调整方式，明确施工风险的处理方式，以减少施工过程中的纠纷并做好投资控制。

(6) 项目团队应协助委托方合理设定工程款支付条件，重点关注安全文明施工费支付条款、奖罚条款、工程质量保证条款等。

(7) 项目团队应协助委托方组织评标委员会按照招标文件中确定的评标方法进行工程施工评标（含清标），不得选取可能影响合同履行的异常低价投标者中标。

（8）项目团队应协助委托方与拟中标承包方进行合同谈判，并协助签订工程施工合同。

6.5.3 材料设备采购代理

（1）项目团队受托提供材料设备采购管理的，应制定材料设备采购计划，并应根据需要分别制定直接采购、询价采购和招标采购管理制度，报送委托方批准后方可实施。

（2）需要采用直接采购方式进行采购的，项目团队应就每一种直接采购产品提供专门咨询报告，并建立直接采购产品台账。对于超过暂估价的产品应重点报告。

（3）需要采用询价采购方式进行采购的，项目团队应制定询价采购产品清单，编制询价书，明确产品技术要求和主要合同条款，列出拟询价供应商清单，报送委托方批准。

（4）需要采用询价采购方式进行采购的，项目团队应组织询价小组，向拟询价供应商发出报价邀请并进行资格预审。制定评比办法，对不少于三家公开报价的单位进行评比，根据评比结果推荐预成交供应商，将询价结果报告报送委托方。

（5）需要采用招标采购方式进行采购的，项目团队应合理制定投标条件，提出技术要求，发布招标公告或发出招标邀请函。项目团队应编制资格预审文件、招标文件，制定评标办法，经委托方同意后组织开标评标，并应协助全过程工程咨询服务委托方定标。

（6）项目团队应制定材料设备进场验收程序，并写入招标文件和合同文件。

（7）项目团队应协助委托方进行合同谈判，详细列明付款条件、交货验收要求、交接保存责任等主要条款。

（8）项目团队应在合同谈判基础上，结合合同示范文本，协助委托方签订材料设备供货合同，并监督管理材料设备供货合同履行过程。

6.6 工程造价咨询

6.6.1 项目团队应按照合同约定，依据相关法律法规、部门规章及规范性文件、工程建设规定及各类工程计价依据、项目策划、评估报告及批复文件、工程咨询合同及全过程工程咨询服务委托方工程造价咨询需求、工程勘察设计文件、合同文件、工程变更及索赔报告等，为全委托方提供全过程或分阶段造价咨询服务。

6.6.2 项目团队应在投资决策阶段编制或审核项目投资估算，并编制或审核项目经济评价报告。

6.6.3 项目团队应在工程设计阶段编制或审核设计概算、施工图预算，并针对设计方案优化、限额设计方案进行工程造价比较分析。

6.6.4 项目团队应在工程发承包阶段编制或审核工程量清单、标底或最高投标限价，进行合同策划，拟定工程合同中有关造价条款，审核投标报价文件，并协助委托方签订工程承包合同。

6.6.5 项目团队应在工程施工阶段协助委托方编制资金使用计划，进行预付款、工程计量及进度款支付审核，审核工程变更、索赔费用，进行工程造价动态分析，审核合同价款调整等工作。

6.6.6 项目团队应在工程竣工阶段审核工程结算报告，编制或审核工程竣工决算报告，配合审计部门完成工程竣工决算审计工作。

6.7 工程监理服务

6.7.1 项目团队应按照合同约定实施工程监理，或提供工程监理与项目管理一体化服务。

6.7.2 项目团队实施工程监理时，应按相关法律法规及标准规范要求选派项目总监理工程师，并实行总监理工程师负责制。

6.7.3 项目团队应按照合同及建设工程监理规范要求，在施工现场派驻项目监理人员，履行监理职责。

6.7.4 项目团队应编制监理规划及监理实施细则，按照监理规划及监理实施细则要求开展监理工作。

6.7.5 项目团队应审查承包方在施工现场的工程质量、安全生产管理制度及组织管理机构，并检查承包方在施工现场的主要管理人员和专职安全生产管理人员的配备情况。

6.7.6 项目团队应审核分包单位资质条件，并在报审文件中签署审查意见。

6.7.7 项目团队应审查施工管理人员和特种作业人员资格，并核查主要施工机械的准用验收文件。

6.7.8 项目团队应审查承包方提交的施工组织设计、施工方案及专项施工方案，并监督承包方执行施工图设计文件和工程建设规定，按照批准的施工组织设计、施工方案及专项施工方案组织施工。

6.7.9 项目团队应审查承包方报送的工程材料、构配件、设备质量证明文件，并按规定对用于工程的材料、构配件取样送检进行见证。

6.7.10 项目团队应采取巡视、旁站、平行检验等方式对工程质量实施过程控制，对隐蔽工程、分项工程、分部工程和单位工程进行验收，并应在报验文件中签署验收意见。

6.7.11 项目团队应审查承包方提交的施工进度计划，并检查分阶段进度计划执行情况，通过监理例会等形式协调施工进度问题。

6.7.12 项目团队应审查承包方报送的工程进度款支付申请，并应按相关规定审查工程变更和索赔申请，协调处理施工进度调整、费用索赔、合同争议等事项。

6.7.13 项目团队应审查承包方提交的竣工验收和结算申请，编写工程质量评估报告，并应参加工程竣工验收。交付竣工验收的建筑工程，必须符合规定的建筑工程质量管理规定。当整体工程达到竣工条件后，在质量监督部门监督下，项目团队应协助委托方，协同施工总承包单位、勘测单位、规划单位以及监理单位办理五方联合验收工作。

6.7.14 项目团队宜采取信息化手段管理监理文件资料，按照档案管理相关要求进行监理文件资料建档和归档，包括完整的工程技术经济资料和经签署的工程保修书等。

6.8 BIM 咨询

6.8.1 项目团队应按照合同约定，为委托方提供工程建设实施全过程的 BIM 咨询服务。

6.8.2 项目团队应配合全过程工程咨询服务其他团队开展工作，基于工程项目全生命周期，运用建运一体集成化管理模式，将传统管理模式下相对分离的项目策划决策阶段、设计阶段、建设实施阶段等在管理目标、管理组织和管理手段等方面进行有机集成。

6.8.3 项目团队应根据合同约定，通过BIM技术提供工程重点部位、关键区域的可视化设计方案比选和优化，进行施工图的BIM模型搭建、检查设计的错漏碰缺，指导项目相关参与方基于BIM技术协同办公，建立完善的竣工模型并根据工程变更进行模型调整，为项目提供合理化建议及技术支持等服务。

6.8.4 BIM咨询服务负责人应在项目总负责人的协调下开展BIM咨询工作，并定期向总负责人汇报BIM咨询工作情况。

6.8.5 BIM咨询服务负责人应根据工作任务组建工作小组，编制BIM咨询服务详细工作计划，并进行工作分工。需其他咨询团队配合的事宜应由BIM咨询服务负责人与咨询服务团队负责人沟通联系，必要时由项目总负责人进行协调。

6.8.6 项目团队应按照合同约定和委托方要求，交付BIM咨询服务成果。

7. 特定领域全过程专业咨询

7.1 一般规定

7.1.1 公司接受委托提供特定领域全过程专业咨询服务时，应根据特定专业领域的单项咨询合同组建咨询项目团队，并委派一名专业人员担任单项咨询项目负责人。公司调换单项咨询项目负责人时，应征得全过程工程咨询服务委托方书面同意。

7.1.2 项目负责人应根据单项咨询服务需求和特点等确定项目团队的组织形式和人员构成，并在单项咨询合同签订后及时报送委托方。

7.1.3 单项咨询开始前，项目负责人应根据合同约定及委托方需求编制单项咨询工作计划。单项咨询工作大纲应经公司内部审核后及时报送委托方。

单项咨询工作计划内容应包括：咨询工作目标和任务；咨询工作依据；咨询工作组织机构、人员配备及岗位职责；咨询工作制度及流程；咨询工作进度安排；咨询工作可交付成果及其表达形式。

7.1.4 单项咨询活动实施过程中，因实际情况或条件发生变化而需要调整工作计划时，应由项目负责人组织专业咨询人员修改，经公司内部审核签字盖章后报送委托方。

7.1.5 项目团队应根据合同约定，为委托方提供集技术、经济、管理等内容于一体的特定领域全过程专业咨询服务。

7.1.6 项目团队应按合同要求在不同时间节点编制单项咨询报告，由项目负责人签字，经公司内部审核盖章后报送全过程工程咨询服务委托方。

7.2 项目投融资全过程专业咨询

7.2.1 项目团队应按照合同约定，为委托方提供项目投融资全过程专业咨询服务，为项目周期不同阶段的投融资提供专业化咨询服务。

7.2.2 项目投融资咨询应依据有关法律法规及行业规范进行，并应符合相关产业、土地、金融、财税、保险、环保和投资管理等政策要求。

7.2.3 项目投融资咨询应以投资机会研究及项目投资决策为基础，确定项目投融资方式，设计项目投融资结构，分析投资回报和融资风险，开展融资谈判等工作。

7.2.4 项目投资结构确定环节，应考虑项目投资方各项权益的法律拥有形式、项目投资方之间的法律关系、收益分配方式、债务责任及会计处理等内容，并编制合资协议、股东协议、公司章程等文件予以明确。

7.2.5 项目融资结构设计环节，应考虑项目资本金与债务资金的比例、项目融资渠道和方式，分析比选融资方案。

7.2.6 项目团队应编制项目融资方案，分析项目资金来源的可靠性和融资结构的合理性，分析项目融资成本及可能存在的融资风险。

7.2.7 项目团队可协助委托方进行项目融资谈判。项目融资谈判应坚持双赢或多赢原则，既能最大限度地保护委托方利益，又能形成双方认可的融资方案。

7.2.8 项目团队可协助委托方起草并签署项目融资有关文件，并协助实施项目融资方案。

7.3 项目风险管理全过程专业咨询

7.3.1 项目团队应按照合同约定，针对投资决策、建设实施、运营维护等项目周期全过程的风险管理，为委托方提供专业化咨询服务。

7.3.2 风险管理咨询的主要依据包括相关法律法规、政策及工程建设规范、工程自身情况及工程环境相关信息资料、相关阶段工程咨询成果文件、类似工程风险管理资料、工程咨询合同及委托方风险管理能力和需求。

7.3.3 项目团队应根据工程特点，考虑工程所处的自然、经济、社会及政策环境、工程进展阶段和类似工程风险等信息资料，建立工程风险清单。

7.3.4 项目应根据工程自身情况及所处环境，参考类似工程风险概率及损失的统计资料，采用定性分析与定量分析相结合的方法进行风险评估，判断风险发生的可能性及风险事件发生后导致的损失。

7.3.5 项目团队应根据风险评估结果、委托方风险接受准则及工程实际情况，提出风险应对策略。

7.3.6 项目团队应建立风险预警机制，监测风险应对策略的实施效果并进行细化或调整，预测风险因素的变化趋势，并识别新的风险因素。

7.4 建筑节能或绿色建筑全过程专业咨询

7.4.1 项目团队应按照合同约定，针对建筑节能或绿色建筑解决方案为委托方提供项目周期全过程专业咨询服务。

7.4.2 建筑节能与绿色建筑咨询应依据有关法律法规、政策、规范及合同进行，并符合上位规划对于项目所在区域建筑节能、绿色低碳建筑相关规定。

7.4.3 项目团队应针对新建、改建项目、扩建项目、既有建筑改造用能情况编制建筑节能报告，并协助委托方办理节能审查手续。

7.4.4 项目团队可根据委托方需求，在详细规划环节编制片区能源专项规划和绿色建筑专项规划。

7.4.5 项目团队可根据委托方需求，通过监测、诊断、模拟、计算和优化设计，编制既有建筑节能改造方案，包括可再生能源、高新节能技术及产品的应用等。

7.4.6 项目团队可自行开展或委托专业机构对建筑围护结构热工性能、主要用能系统及设备能效进行测评，检验节能效果并编制节能验收报告。

7.4.7 项目团队应协助委托方开发建筑能耗监控平台，收集、统计和分析建筑能耗数据，监控建筑用能状况。

7.4.8 项目团队应协助委托方确定项目应执行的绿色建筑评价规范和应达到的目标，策划和优选绿色建筑技术方案，并可为绿色建造提供技术支持。

7.5 项目评估评价全过程专业咨询

7.5.1 项目团队应按照合同约定，在投资决策阶段，为委托方对投资建设规划、项目建议书、可行性研究报告、项目申请报告和资金申请报告等提供评估咨询服务；在项目实施过程中或项目实施结束后，为委托方提供投资决策适当性、项目实施效率、效果和影响评价、可持续性评价等综合评价服务，或针对项目建设或运营的特定专题评价提供咨询服务。

7.5.2 项目前评估应根据委托要求，对投资规划、项目建议书、可行性研究报告、项目申请报告、资金申请报告、PPP项目实施方案、初步设计进行评估咨询，为项目决策提供专业咨询评估意见；

7.5.3 实施过程评估和后评价，应根据委托要求，依据可行性研究报告及其批复文件、工程设计、施工等实施过程文件资料、工程结算及竣工决算文件资料、项目运行及生产经营相关资料、工程咨询合同及项目单位自评价报告等进行评价。

7.5.4 项目实施过程评价应考虑投资决策、实施准备、工程设计和施工及投产运营各阶段工作实施过程，进行总结评价。

7.5.5 项目效益评价，应考虑项目经济效益、社会效益及环境效益进行综合评价或专项评价。

7.5.6 项目可持续性评价，应考虑项目产出需求情况、资源保障能力、工程技术和财务能力、政策法律风险等因素，对项目实施的可持续性进行评价。

7.5.7 项目团队应根据委托方要求及前评估、实施过程评估和后评价的相关要求，编制评价报告。

8. 能力建设和风险防范

8.1 全过程工程咨询能力建设

8.1.1 全过程工程咨询团队建设

1. 提高内部人才素质

全过程工程咨询人员应具有持续学习的能力，通过不断学习全过程咨询新知识，不断提升专业素质，以适应各类全过程工程咨询的要求。

2. 加强外部人才网络建设

从知识结构、专业技能、职业素质等角度，逐步构建和完善全过程工程咨询专家网络，适应更加灵活的项目组织方式，有效补充和增强全过程工程咨询专业团队力量。

3. 跨界整合团队资源

做好复合型人才的培养，如定期进行内部业务轮岗，探索与不同领域的专业人才和机构开展合作，整合各专业领域优势资源，寻求全过程工程咨询的业务合作。

8.1.2 全过程工程咨询制度和评价体系建设

1. 优化项目组织体系

综合考虑市场环境、工程项目特殊性以及个体能力等因素，建设与项目要求相适应的全过程工程咨询组织体系，实现组织结构、岗位职能、人员素质的协同匹配，完善全过程咨询服务组织体系。

2. 建立管理评价体制

建立适应开展全过程工程咨询服务的管理体系，对参与主体、组织形式、专业分布、专业能力进行系统管理，以适应发展全过程工程咨询的要求。同时，对全过程工程咨询流程和质量进行评价，建立全过程工程咨询全过程工作规范、评价体系和监管考核标准，促进公司全过程工程咨询工作的科学、标准和规范。

8.2 全过程工程咨询业务竞争力培养

8.2.1 技术竞争力培养

高度重视全过程工程咨询技术更新和业务创新，在立足传统工程咨询理论方法技术领域的基础上，不断更新已掌握的全过程工程咨询技术。在项目执行过程中，结合GIS技术、BIM技术、大数据技术等，实现对全过程工程咨询的事前、事中和事后管理。通过信息化、智能化、云计算等手段，不断拓展全过程工程咨询的专业能力。

8.2.2 全过程工程咨询竞争力培养

从完善现代工程咨询业务创新体系的角度出发，以全过程工程咨询为核心，逐渐向上下游拓展，尤其是向设计优化咨询、采购招标和工程商务咨询、工程法律咨询和工程投资融资咨询等专业领域拓展，提升工程项目咨询服务业务链条全过程各环节的专业咨询竞争力。

8.2.3 国际竞争力培养

1. 坚持拓展海外全过程工程咨询服务

通过分布在不同区域的合作伙伴、媒体等渠道收集项目信息，并加以研判，对项目可行、风险可控、盈利空间充足的全过程工程咨询业务积极组织开展国际竞标。充分发挥公司在工程咨询领域的专业技术和管理优势，与大型施工公司、国内大型装备公司或大型投资公司优势互补、强强联合，携手开发海外全过程工程咨询业务。

2. 重视综合性国际人才培养

在语言、技术、商务、礼仪等多方面提升高端人才综合素质。坚持开展IPMP项目管理培训、FIDIC认证工程师培训、IEC认证工程师培训，完善国际化人才队伍建设。

8.3 全过程工程咨询风险识别及防范

风险要素识别是应对全过程工程咨询风险的关键环节。风险存在于全过程咨询项目周期的各个环节，需要系统连续地对咨询业务风险进行分析识别。内部风险主要包括资料收集和甄别风险、设计风险、技术风险、管理风险等，外部风险主要包括政策风险、社会风险、金融风险、合同风险等。

在全过程工程咨询的风险防范中，一方面要尽力满足各方利益诉求。全过程工程咨询服务项目的实现需要使各方利益诉求得到合理满足；另一方面，要合理分担各类风险。首先分析风险，判断风险是否可控；其次要分析项目团队需要承担的风险，包括独立承担和与业主及其他利益相关方共担的风险；最后要根据相关风险对于完成全过程工程咨询合同任务以及可能产生的影响，选择制定风险应对措施和方法。

8.4 建立全过程工程咨询责任追究制度

按照实行咨询成果质量终身负责制的要求，建立全过程工程咨询成果质量追溯机制。通过建立全过程工程咨询从业档案制度，将委托合同、咨询成果文件等存档备查。全过程工程咨询承担部门及人员的违法违规信息，列入不良记录，建立违法失信联合惩戒机制，与职务晋升和绩效评定等实现挂钩。

参 考 文 献

[1] 柏永春．政府投资项目在全过程工程咨询模式下工程变更的管理［J］．建设监理，2019，000（012）：39-42.

[2] 车斯驹．浅析工程项目全过程管理方法［J］．中国高新技术企业，2017，392（05）：245-246.

[3] 丁洁，申恒杰．浙江省全过程工程咨询应用分析与研究［J］．中国工程咨询，2020，246（11）：98-100.

[4] 丁士昭．全过程工程咨询的概念和核心理念［J］．中国勘察设计，2018，312（09）：37-39.

[5] 堵亚兰，李红叶．全过程工程咨询服务评价体系研究［J］．建筑市场与招标投标（4）：6.

[6] 段鹏锦．大型工程项目质量管理与控制方法研究［D］．西南交通大学，2010.

[7] 丰琳琅，张玲．工程建设全过程咨询服务模式与价值体现研究［J］．中国工程咨询，2019（7）：51-53.

[8] 高宝东．全过程工程咨询的认知与探索［J］．中国工程咨询，2019，235（12）：68-72.

[9] 国家发展和改革委员会．中华人民共和国国家发展和改革委员会令第9号［J］．工程咨询行业管理办法，2017.

[10] 国务院办公厅．国务院办公厅关于保持基础设施领域补短板力度的指导意见［J］．交通财会，2018，000（012）：71-74.

[11] 国务院官网．政府投资条例［J］．中国工程咨询，2019（6）．

[12] 韩光耀，沈翔．全过程工程咨询的特点和内涵分析与实施措施［J］．中国工程咨询，2018，211（03）：38-41.

[13] 黄雅如，胡淑晶，李卓希，等．“技术＋管理”设计企业全过程工程咨询服务新路径．

[14] 焦健．基于价值工程的政府投资项目全过程工程咨询研究［D］．北京建筑大学．

[15] 李春文．建筑工程造价全过程工程咨询服务与质量控制分析［J］．智能城市，2019（24）．

[16] 李开孟．建立和完善我国政策评估体系的若干建议［J］．中咨研究，2020.

[17] 李阳．建设项目全过程管理背景下工程咨询机构转型升级模式研究［D］．西华大学，2018.

[18] 林辉，秦德政，殷吉超，等．关于全过程工程咨询模式的分析研究［J］．城市建设理论研究：电子版（19）：2.

[19] 刘俊武．全过程工程咨询模式应用研究——以CY公司B项目为例［D］．西南交通大学．

[20] 卢小宾．咨询导论［M］．中国人民大学出版社，2012.

[21] 陆敏敏，赵玲娴．基于价值链理论的全过程工程咨询服务模式分析［J］．工程经济，2019，29（12）：61-63.

[22] 罗卫．基于BIM的全过程工程咨询服务信息管理需求及应用研究［D］．重庆大学，2019.

[23] 聂宁雨．政府投资项目全过程咨询风险评估研究［D］．华北水利水电大学．

[24] 彭明明．全过程工程咨询服务质量评价体系研究［D］．郑州大学．

[25] 全国注册咨询工程师（投资）资格考试参考教材编写委员会．工程咨询概论［M］．北京：中国计划出版社，2011.

[26] 全国咨询工程师（投资）职业资格考试参考教材编写委员会．工程项目组织与管理［M］．北京：中国统计出版社．2018：5.

[27] 全国咨询工程师（投资）职业资格考试参考教材编写委员会．项目决策分析与评价［M］．北京：中国统计出版社，2018.

[28] 全国咨询工程师（投资）职业资格考试参考教材编写委员会．现代咨询方法与实务［M］．北京：中国统计出版社，2018.

[29] 任雅茹．基于风险分担的全过程工程咨询服务报酬模型研究［D］．天津理工大学，2019.

[30] 任展．政府项目实施全过程工程咨询探索和思考［J］．建设监理，2019（7）．

[31] 阮明华，贺晓东．全过程工程咨询的实践研究［J］．建筑经济，2019（10）．

[32] 上海同济工程咨询有限公司．全过程工程咨询实践指南［M］．中国建筑工业出版社，2018.

[33] 覃译徵．浅析全过程工程咨询对咨询机构的机遇与挑战［J］．商讯，2019，184（30）：140-140.

[34] 田立平．全过程工程咨询组织管理研究［D］．哈尔滨工业大学，2019.

[35] 王革平，吴振全．谈工程咨询行业高质量发展的能力建设［J］．中国工程咨询，2020，

237 (02): 74-77.

[36] 王莉. 建筑施工企业工程项目成本控制方法研究 [D]. 山东大学，2013.

[37] 王小玲，王晓宇. 全过程工程咨询创新实践及应用建议研究 [J]. 建筑经济，2019，040 (008): 5-9.

[38] 王奕麟，崔艳秋. 工程造价咨询机构开展全过程工程咨询服务对策研究 [J]. 经济师，2020，381 (11): 71-72.

[39] 吴红涛，王炜明. 用全过程信息思维助推全过程工程咨询业务开展 [J]. 建设监理，2020 (01): 9-10+34.

[40] 吴克生，周显武. 工程咨询机构如何应对投融资体制改革 [J]. 统计与决策，2004，000 (008): 102-103.

[41] 吴绍艳. 基于复杂系统理论的工程项目管理协同机制与方法研究 [D]. 天津大学，2006.

[42] 吴玉珊，韩江涛，王瑞镛，等. 建设项目全过程工程咨询理论与实务 [M]. 中国建筑工业出版社，2018.

[43] 武建平. 工程总承包模式下全过程工程咨询业高质量服务要点分析 [J]. 建筑经济 (S02): 5.

[44] 夏恩君. 项目投资决策与分析 [M]. 经济科学出版社，2008.

[45] 肖硕. 关于全过程咨询服务的思考 [J]. 建筑技术开发，47 (18): 2.

[46] 谢沛沄. 基于全生命周期理论的多项目管理过程研究 [D]. 西安电子科技大学，2017.

[47] 熊英汉. 工业建设项目全生命周期绩效评价体系研究 [D]. 天津理工大学，2011.

[48] 薛维锐. 面向协同施工的工程项目进度管理研究 [D]. 哈尔滨工业大学，2015.

[49] 燕少霞. 全过程工程咨询的发展与咨询要点分析 [J]. 中国工程咨询，2018，000 (009): 53-56.

[50] 佚名. 传统基础设施领域实施政府和社会资本合作项目工作导则 [J]. 交通财会，2016，000 (011): 80-83.

[51] 佚名. 关于推进全过程工程咨询服务发展的指导意见 [J]. 安装，2018，000 (005): 8-9.

[52] 佚名. 开展全过程工程咨询试点住建部开出八省市四十企业大名单 [J]. 武汉勘察设计，2017 (03): 68.

[53] 佚名. 企业投资项目核准和备案管理条例 [J]. 中国对外经济贸易文告，2017.

[54] 张波．全过程工程咨询服务——工程建设组织模式的深刻变革［J］．建筑，2018，000（022）：5.

[55] 张贵兴．工程造价咨询成果质量控制机制的构建［J］．城市建设理论研究：电子版，2015.

[56] 张桂芬，沈伟．基于 GIS 的城市土地全生命周期管理方案研究［J］．城市勘测，2019（04）：18-22.

[57] 张明美．全过程工程造价咨询服务质量控制研究［J］．产业创新研究．

[58] 张秋菊，王启昕．设计类工程企业发展全过程工程咨询服务的思考［J］．工程建设与设计，2018（13）：14-15.

[59] 张晓丹，肖跃军，吴涛．工程项目全寿命周期的价值管理探析［J］．徐州建筑职业技术学院学报，2008，8（4）：47-49.

[60] 张友葩，李丹凤．造价咨询机构开展全过程工程咨询服务的探讨［J］．工程经济，2020（9）．

[61] 张志刚．全过程咨询模式下的建设工程项目管理研究［J］．住宅与房地产，2020（26）．

[62] 赵地．浅析基于 CII 的全过程工程咨询目标管理模型创建方法［J］．建设监理，2019（03）：13-17.

[63] 赵福．咨询工程师在投资控制中的作用［D］．大连理工大学，2006.

[64] 赵轲．基于 BIM 的全过程工程咨询集成管理研究［D］．天津理工大学，2019.

[65] 赵新博．PPP 项目绩效评价研究［D］．清华大学，2009.

[66] 朱忠隆，杜嘉铭．企业投资项目全过程工程咨询服务的若干技术与管理问题探析［J］．中国工程咨询，2020，246（11）：45-49.